人力资源管理工作手记

HR如何破解高频难题

（赠工作手账）上册

任康磊 著

任力资源

人民邮电出版社

北京

图书在版编目（CIP）数据

人力资源管理工作手记：HR如何破解高频难题：赠
工作手账：上册、下册 / 任康磊著. -- 北京：人民邮
电出版社，2021.1（2024.2重印）
ISBN 978-7-115-54888-7

Ⅰ．①人… Ⅱ．①任… Ⅲ．①人力资源管理 Ⅳ.
①F241

中国版本图书馆CIP数据核字(2020)第178670号

内 容 提 要

　　HR在人力资源管理实务中遇到疑难问题时，往往很难找到解决问题的具体方案。本书以解决问题为导向，针对人力资源管理的实务问题，总结了150多类高频难题，列出了600多个具体问题，并根据这些问题梳理了1500多个核心知识点，读者可在书中快速找到疑难问题的答案。

　　图书在对疑难问题进行分析时，采取了问题解析、工具方法和方案总结的结构，将解决问题的方法转化为可视化、流程化、模板化的图表、工具和模型等，并结合大量实战案例，帮助读者有效解决人力资源管理实务中的高频难题。

　　全书共12章，主要内容包括HR的工作方法、人力资源规划、招聘管理、入职管理、离职管理、培训管理、薪酬管理、绩效管理、员工关系管理、企业文化、制度流程管理和人力资源法务。

　　本书通俗易懂、案例丰富、模板齐全、实操性强，适合人力资源管理各级从业人员、企业各级管理者、各高校需要人力资源管理实操教材的教师或学生、考取人力资源管理师及其他人力资源管理专业相关证书的学员，以及其他对人力资源管理工作感兴趣的人阅读与使用。

◆ 著　　　　任康磊
　　责任编辑　马　霞
　　责任印制　周昇亮

◆ 人民邮电出版社出版发行　　北京市丰台区成寿寺路 11 号
　　邮编　100164　电子邮件　315@ptpress.com.cn
　　网址　https://www.ptpress.com.cn
　　涿州市般润文化传播有限公司印刷

◆ 开本：700×1000　1/16
　　印张：36.25　　　　　　2021 年 1 月第 1 版
　　字数：673 千字　　　　2024 年 2 月河北第 4 次印刷

定价：149.00 元（全 2 册）

读者服务热线：**(010)81055296**　印装质量热线：**(010)81055316**
反盗版热线：**(010)81055315**
广告经营许可证：京东市监广登字 20170147 号

我有一位医生朋友。每次我有头疼脑热之类的小病，都去咨询他。他非常热心，也是个非常喜欢向他人传授医学知识的人。每次我向他咨询病情的时候，他总要先向我推荐书。有时候是让我看某几本书，有时候是让我看某一本书中的某几个部分。

渐渐地，我熟悉了他给我看病的这种模式，每次都会默默地忽略他前面推荐书的部分，仔细听他接下来对我病情的解读和建议。因为我需要的不是关于这个病的全部信息，而是治病的方法。

我这位朋友推荐我去看很多医学类的书是好意。他的思维逻辑是要想更好地治疗某种病，要先了解这种病的"前世今生"。这实际上是医生该有的思维，而不是患者想要的思维。医生的思维是"原因导向"，更注重病因；而患者的思维是"结果导向"，更注重如何治病。

医生思维和患者思维之间没有对错之分，只是各自所站的角度不同；也没有严格的立场界限。有的患者愿意了解关于自己病的全部信息，也就是用医生思维在治病；有的医生知道关于某种病的大量信息，但看病时只讲患者听得懂的，也就是用患者思维在给患者看病。

这种医生和患者的不同思维同样体现在人力资源管理实务的学习中。有的读者买人力资源管理实操类的书是为了全面系统地学习某类知识，这类读者在人力资源管理领域就具备医生思维；有的读者买人力资源管理实操类的书是为了解决某个实际问题，喜欢"对症买书"，这类读者在人力资源管理领域就具备患者思维。

我已经出版过比较全面的人力资源管理实战系列图书。很多买过我系列书的读者加入我的社群后，会提出一些问题与群友探讨。我一开始很奇怪，按理说看完我的系列书之后，他们的大部分问题应该都有答案，为什么还会提出来呢？

后来我知道这类读者是具备患者思维的人。他们喜欢聚焦实际问题，以问题为导向，直接找到解决方案。就像我那位医生朋友给我推荐的医学知识书，我可能会看，但不会全看。市场上大部分人力资源管理实战类图书的写作方式是以知识结构为导向的。虽然这类书可能知识比较全面，内容比较丰富，但当读者出现疑难问题的时候，却比较难从这类书中快速直接地找到答案。

针对企业中 HR（Human Resource，人力资源工作者的简称）经常遇到的实际问题，我以解决问题为导向，总结了超过 150 个大类的人力资源管理高频疑难问题，列出了超过 600 个具体问题，呈现了超过 1500 个针对这些具体问题的核心知识点，最终形成本书。

本书的内容不仅能解决某一个具体问题，更能解决与这个具体问题相似的同类问题。本书不仅能解决"点"的问题，更能解决"面"的问题。本书通过解决不同"面"的问题，搭建人力资源管理知识体系。

为了更好地解答这些人力资源管理的高频疑难问题，我对全书中大多数问题采取的是问题解析、工具方法和方案总结的 3 段结构。书中的内容不仅包括"是什么""为什么"，而且包括"如何做"以及"如何做得更好"。

本书中包含大量的实操工具、方法以及案例。我期望通过本书，帮助读者解决人力资源管理实战中的各类常见疑难问题。如果您想更系统、更完整地学习人力资源管理实操知识，也可以关注我其他的人力资源管理实战系列图书。

最有效的学习是通过解决问题来学习。建议读者拿到本书后，不要马上从第一个字看到最后一个字。而是先带着问题，根据企业当前的具体情况，选择自己最薄弱的环节，查找本书中类似问题的解析和操作方法，结合企业的实际情况，思考、制定、实施和复盘解决方案。

当具体问题得到解决之后，读者可以由问题点切入，查找知识点；由知识点延伸，找到流程线；由流程线拓展，发现操作面；由操作面升华，全面掌握整个人力资源管理体系的实施方法。这时再从整个体系的角度，自上而下地看问题，又会有新的、更深刻的认识。

本书内容皆基于书稿完成时的相关政策规定编写。由于与人力资源管理相关的法律、法规等政策文件具有时效性，可能会带来某些模块或操作方法的变化。届时，请读者朋友们以最新的官方政策文件为准。

祝读者朋友们能够学以致用，更好地学习和工作。

本书若有不足之处，欢迎读者朋友们批评指正。

本书特色

❶ 通俗易懂、案例丰富

读者拿到本书后能够看得懂、学得会、用得上。本书不仅知识点全面，而且包含丰富的实战案例，让读者们能够快速掌握针对人力资源管理实操高频难题的解决方法。

❷ 易于操作、保障效果

本书不仅解答和分析疑难问题，还为问题提供了可复制的解决方案。解决方案的操作方法清晰明确，易于执行，新入门的 HR 也可以轻松上手。

❸ 上手迅速、模板齐全

本书把大量复杂的理念转变成能在工作中直接应用的、简单的工具和方法，并把这些工具和方法可视化、流程化、模板化。

❹ 知识点足、实操性强

本书包含 270 多个图表，涉及 1500 多个实操核心知识点和相关内容，知识点的选择立足于解决工作中的实际问题，力求解决读者经常遇到的痛点问题。

本书内容及体系结构

本书主要针对人力资源管理实战中常见的高频疑难问题，通过对这些疑难问题进行拆解和分析，形成可复制、可操作的工具、方法，并结合大量实战应用案例，提示读者可能存在的应用注意点或潜在风险，帮助读者妥善解决人力资源管理实战中的高频难题。

第1章 HR 的工作方法

本章包含 6 大类常见问题，内容涵盖领导不重视人力资源管理的问题，人力资源管理工作不落地的问题，HR 难以体现自身工作价值的问题，HR 难以获得领导满意的问题，基层 HR 难以影响企业重大决策的问题，领导和业务部门之间意见不一致时 HR 两头为难的问题。

第2章 人力资源规划

本章包含 8 大类常见问题，内容涵盖组织机构的调整问题，权责利的划分问题，岗位编制设置问题，岗位分析问题，职业发展通道建设问题，业务淡季的员工管理问题，人力成本控制问题，人力资源规划的实施问题。

第3章 招聘管理

本章包含 20 大类常见问题，内容涵盖招聘满足率的提升问题，招聘管理体系设计问题，雇主品牌建设问题，中小企业招人难问题，岗位胜任力模型构建问题，人才画像描绘问题，招聘计划编制问题，招聘渠道选择和运用问题，招聘 JD（Job Description，指职位描述、岗位介绍和工作职责描述）编写问题，简历寻找和筛选问题，面试赴约率提高问题，结构化面试设计问题，非结构化面试实施问题，高端人才面试问题，用人部门面试官不专业问题，面试过程的吸引力提升问题，背景调查的实施问题，薪酬谈判的实施问题，内部招聘的实施问题，招聘费用的预算与控制问题。

第4章 入职管理

本章包含 11 大类常见问题，内容涵盖 Offer（录用通知书）的法律效力问题，实习期、试用期、见习期的含义问题，应届生的定薪问题，新员工的融入问题，新员工入职的法律风险防范问题，劳动合同的签署问题，劳动合同附件设计问题，非全日制员工管理问题，试用期和转正流程设计问题，人才梯队搭建问题，潜在候选人的沟通问题。

第5章 离职管理

本章包含 11 大类常见问题，内容涵盖新员工的保留问题，提前掌握员工去留动态的问题，降低员工离职率的问题，员工离职分析方法的问题，长假后离职潮的预防问题，不合格员工的劝退问题，员工离职风险的预防问题，员工离职率的统计分析问题，人才保留的方法问题，离职人才的人力资源的运用问题，缺乏物质激励基础的留人问题。

第 6 章　培训管理

本章包含 16 大类常见问题，内容涵盖员工的学习意愿问题，内训管理体系建设问题，培训工作与战略挂钩的问题，用人部门不重视人才培养的问题，年度培训计划的编制问题，培训需求调研问题，高潜力人才的发现和培养问题，新员工培训问题，师徒制有效运行问题，培训讲师建设问题，培训课程设计问题，培训形式选择问题，不同管理层的培训问题，员工岗位适应问题，培训评估的实施问题，培训工作考核问题。

第 7 章　薪酬管理

本章包含 20 大类常见问题，内容涵盖企业战略与薪酬战略的匹配问题，薪酬预算编制问题，薪酬调查信息的获取渠道问题，薪酬调查信息的内容问题，薪酬水平分析问题，晋升空间与涨薪平衡问题，老员工的贡献与工资不成比例问题，薪酬结构设计问题，高管薪酬设计问题，销售人员薪酬设计问题，核心人才保留问题，薪酬调整的激励性问题，降薪员工的安抚问题，年终奖的设计问题，福利项目的设计问题，福利的激励性问题，岗位津贴的设计问题，异常考勤的应对问题，员工假期工资的计算问题，计件工资的计算问题。

第 8 章　绩效管理

本章包含 20 大类常见问题，内容涵盖绩效管理和绩效考核的差异问题，管理者和员工排斥绩效管理的问题，绩效管理工具和程序的差异问题，不同岗位绩效指标设计问题，绩效目标和绩效指标的质量检验问题，个人绩效承诺的编制问题，绩效考核的周期问题，绩效指标的量化问题，绩效面谈的操作问题，绩效辅导的实施问题，奖惩的实施问题，绩效信息收集困难的问题，"鞭打快牛"的绩效问题，人才评价方式的选择问题，难量化绩效指标岗位的评价问题，绩效申诉的实施问题，绩效问题的诊断与改进问题，绩效问题的分析问题，强制分布法的使用问题，绩效结果的应用问题。

第 9 章　员工关系管理

本章包含 8 大类常见问题，内容涵盖员工关系管理的实施方式问题，员工访谈的实施问题，EAP（Employee Assistance Program，员工援助计划）的实施问题，鲶鱼型人才的应用问题，任人唯亲的防止问题，员工满意度调查的实施问题，员工投诉的处理问题，弹性工作制的实施问题。

第10章 企业文化

本章包含10大类常见问题，内容涵盖企业文化框架的构建问题，企业文化的提炼和设计问题，企业文化的选择问题，企业文化的传播与内化问题，跨地区企业文化建设问题，低成本举办企业文化活动问题，仪式感在企业文化中的应用问题，应避免的企业文化问题，高绩效企业文化打造问题，企业文化工作的考核问题。

第11章 制度流程管理

本章包含6大类常见问题，内容涵盖制度的汇编问题，规章制度的合法合规通过问题，规章制度走形式的问题，推行规章制度时遇到对抗的问题，员工违规的正确处置方式问题，员工手册的编制问题。

第12章 人力资源法务

本章包含15大类常见问题，内容涵盖劳动争议的处理与防控问题，劳动仲裁的时效与举证问题，不良员工的处理问题，调岗调薪的应用问题，违约金、补偿金、赔偿金的应用场景问题，无制度参考时员工"违规"处理问题，末位淘汰制的应用问题，病假的审批问题，医疗期的计算问题，工伤的认定问题，年终奖的发放范围问题，集体合同与劳动合同的差异问题，社会保险和商业保险的差异问题，劳动关系和劳务关系的差异问题，工时制度的选择问题。

本书读者对象

人力资源管理各级从业人员；
分管人力资源管理各模块的专员、主管、经理、总监、副总经理；
企业各级管理者；
考取人力资源管理师及其他人力资源管理专业相关证书的学员；
各高校需要人力资源管理实操教材的教师或学生；
需要人力资源管理实战工具书的人员；
其他对人力资源管理工作感兴趣的人员。

目 录

2 第 2 章 人力资源规划 / 026

第 6 章 培训管理 / 215

7 第7章 薪酬管理 / 275

第 8 章　绩效管理　/　354

10 第 10 章　企业文化 / 458

12 第 12 章 人力资源法务 / 512

第 1 章

HR 的工作方法

HR 要在实战中做好人力资源管理工作，不能抱着非黑即白的二元思维，不能抱着书本中讲的人力资源管理理论，也不能完全照搬一些成功企业的方法经验，而是应当采取适宜的工作方法，为企业提供高价值、个性化的服务。

1.1　领导不重视人力资源管理，怎么办

典型问题： 领导对人力资源管理部门要求很低，只要求其做好基础服务工作，平常开会对人力资源管理工作点评很少，主要精力都放在业务部门。人力资源管理部门有很多能够帮助企业发展的好想法都无法推行下去。如何应对这种状况？

类似问题： 领导几乎不参加人力资源管理部门的会议；领导不关心人力资源管理部门的工作；领导不在乎人力资源管理部门的工作成果；HR 在企业中没有话语权；HR 在企业中得不到重用等。

1.1.1　HR 的视角错位

HR 认为领导不重视人力资源管理，实际上是一种视角错位。什么叫视角错位？就是"不识庐山真面目，只缘身在此山中"，有时候太关注某一个环节，只看到了其中的一部分，看不到全貌，就有可能做出错误的判断。

首先，没有哪个领导是真的不重视人力资源管理的，因为企业的一切事务都是由人来完成的。这一点，我们可以测试一下，当我们问身边的领导，对于企业来说什么最重要，80% 的领导会告诉我们，人才最重要。人才的重要性其实很多领导都心知肚明。

可是到了实际工作的时候，为什么销售的事、采购的事、生产的事、技术的事、客服的事，甚至有时候连后勤保障的事都经常排在人力资源管理工作前面？一是因为领导的时间有限、精力有限，二是因为人力资源管理工作通常都是重要但不紧急的工作。

很多 HR 抱怨自己的领导不重视人力资源管理，然后就认为领导管理思

维有问题。如果我们总是按照这种思路来思考问题，那我们什么事都不用做了。因为企业里面一切的问题都可以往上推，都可以说是领导的问题。

比如，企业的市场做不好，我们可以说是领导管理不好，理念不行，品牌影响力不行，产品质量不行，总之都是外在因素不好。可如果企业什么都行，产品大家都抢着买，那还要销售人员做什么呢？

某人是销售人员。正是因为企业的产品不好卖，他能把这个产品卖出去，所以他才是优秀的销售人员。正是因为企业没有品牌和质量优势，但是通过他的努力，企业建立起了品牌，抢占了某一部分市场，所以才显示出他的能力。

做 HR 也是这个道理，不是企业的领导已经对人力资源管理有很高的认识，然后我们和领导一起把工作做好了，就代表我们有能力。事实上，这并不代表我们有能力，而是领导有能力，我们只不过是执行者而已；相反，恰恰是当领导没有时间和精力管理人力资源管理事务，或者没有这方面管理理念的时候，我们通过努力，能够让领导在理念上、在行为上做出改变，这才是我们能力的体现，这才能体现我们的价值。

1.1.2　领导思考的 5 环视野

HR 的视野和领导的视野是存在差异的，因为视野经常不在同一个维度，这让很多 HR 在实际工作中总是跟不上领导的思维。

很多 HR 对人力资源管理工作存在误解，认为人力资源管理工作就是想着怎么招募人、怎么选拔人、怎么培养人、怎么培训人、怎么保留人、怎么激励人，总之就是围绕着"人"，是关于怎么把人用好的工作。在这种认知之下，很多企业的 HR 也喜欢时时刻刻绕着"人"转。

我们看一个场景，领导说："我明年想做个新项目。"

HR 说："那看来我得抓紧时间招人了。您看，我该招什么样的人？应该招多少呢？"

这时，谈话就有可能进行不下去了。很多 HR 体会不到这其中有什么问题。领导想做事，HR 立即响应，有错吗？表面上没错，实际上有错。领导想做事的下一步就是马上招人吗？其实不一定。做事和招人之间并不存在因果联系，但 HR 却很容易习惯性地建立这种联系。

　　HR 思考问题的逻辑通常是以人为先，因为这是 HR 的工作职责。质量管理中的"人、机、料、法、环"5 大因素排第一的是"人"，企业管理的"人、财、事、物"4 大因素排第一的也是"人"，以人为先、以人为本、以人为始这些词似乎都在说明这一点。可领导却不这么想问题，领导是以事为先。

　　领导思考问题的逻辑如图 1-1 所示。

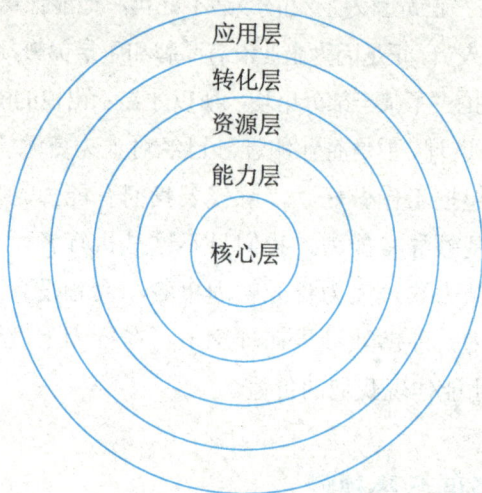

图 1-1　领导思考问题的逻辑

　　领导思考问题的逻辑的第一层是核心层，含义是"我要做什么事，完成这件事我能达成什么目标，通过这个目标我能得到什么"；

　　第二层是能力层，含义是"我是否具备做成这件事的基本能力"；

　　第三层是资源层，含义是"要做成这件事，我需要哪些资源，我要去哪里找这些资源，获得这些资源的难度有多大"；

　　第四层是转化层，含义是"我现有的能力和资源之间能不能通过某种转化或替代，以降低我获取资源的难度和成本，提高我完成这件事的概率"；

　　第五层是应用层，含义是"为了完成这件事，针对不同的资源和能力，我应该如何管理它们"，也就是很多 HR 所在的"以人为先"的那个思考层次。

　　领导和很多 HR 之间的思考层次，整整差了 4 层！领导是由内向外思考问题，而很多 HR 是由外向内思考问题。这就是很多 HR 跟不上领导思维的原因，也是很多领导不满意 HR 的回答的原因之一。HR 太容易关注具体工作，却看不到全局。

1.1.3　思维同步的 3 种体现

HR 与领导之间的视角错位与思考维度错位，要通过什么来弥补呢？最好的方法是时刻与领导思维同步，具体可以体现在 3 个方面，如图 1-2 所示。

图 1-2　HR 与领导思维同步的 3 个方面

❶ 站在领导身边，帮他解决问题

企业和家庭一样，领导就好像是父母的角色，部门干部就好像是家庭中的孩子的角色。领导偏爱什么，重视或不重视什么，精力放在哪里，与各部门干部的态度、素质、能力、水平、表现等直接相关。

在领导人力资源管理的理念比较淡薄的企业，或者是在人力资源管理和战略衔接得比较差的企业，HR 应该站在领导的身边，和他一起解决问题，哪怕那些问题不在 HR 的职责范围内。

❷ 站在领导角度，对企业的人力资源管理定位

HR 对企业人力资源管理的定位要和领导达成一致，不能想当然地做事。曾经有个咨询机构为我所在的企业做岗位分析，整个项目做了一个月，结果都已经出来了，领导回来后说，企业要做结构调整，内部管理模式和流程要变化。组织机构一变，整个岗位体系都变了，这一个月白做了。等结构调整稳定后，又重新做一版。结果半年后结构又变化了。

当时企业处在快速发展期，变化比较快是正常的。其实在这种时期，企业不适合特别精细的管理模式，比较适合简单有效的管理模式。但这个外部机构并不了解企业的情况，并不了解领导的想法，所以对工作的定位把握不准确，结果就做了无用功。

❸ 贴近业务，想办法让领导感受到价值

HR 要多接触营销部门、业务部门，了解学习业务知识，多支持这些部门的工作，多问领导一些业务上的问题，把企业的经营模式、产品定位、业务流程、目标顾客群等问题搞明白，把企业发展遇到的瓶颈、问题、关键点、需要提高的方向都搞清楚。

光说不练假把式。人力资源管理能给企业创造价值，HR 要将这一点体现出来，让领导感受到。在企业里领导最关心哪一类人？大多数情况下是营销人员。为什么？因为营销人员能直接给企业带来业绩。换句话说，他们创造的价值比较直观。HR 除了做好本职工作之外，也要想办法用数据来表达自己，用业绩来展现自己，用价值来证明自己。

1.2 为什么很多人力资源管理工作不落地

典型问题： HR 在学习了比较先进的人力资源管理理念之后，设计了一系列的人力资源管理策略，制定了一系列的人力资源规划，然而在实际应用的时候，常常推行困难，半途而废，并没有对企业的经营起到明显的积极作用。

类似问题： 为什么很多经典的人力资源管理方法在企业实战中不能落地；为什么在别的企业被验证有效的人力资源管理方法在自己所在的企业却不能执行；为什么企业人力资源管理工作的现状难以被改变等。

1.2.1 HR 的职能错位

在别的企业被验证有效的人力资源管理方法，在自己所在的企业却难以落地的最大原因是职能错位。什么叫职能错位？就是人力资源管理的职能要求 HR 做 A 事务，但 HR 偏要做 B 事务或 C 事务。

很多企业的人力资源管理水平还停留在事务性、功能性的阶段，也就是人力资源管理的"版本"比较低，可很多 HR 却想要做"更高版本"的工作，

结果造成"不兼容"。

这就好像一个人一不小心穿越了，来到了手机刚出现的那个时代，然后他发现这里的人用的都是第一代的手机产品，这种手机叫"大哥大"。手机上连个屏幕都没有，只能实现基本的通话功能，连短信也不能发。他一看这也太落后了，他知道未来的人都在用什么样的手机，他想改变这种情况。

可是，他能凭一己之力改变这种情况吗？答案是不能。现代手机行业的发展和技术升级、产业化发展、规模化效应都有关系，绝不仅是一个人站出来说"我知道"，然后这件事就能办成，不论这个人是谁。

一个想法能不能落地，并不取决于人们对这个想法的认知有多全面，甚至人们有多少亲身经历是在这种想法之中的，而是取决于周围的环境对这个想法落地有多大的支持。要想让人力资源管理工作在企业中落地，也是同样的道理。

比较成功的人力资源管理实践通常表示人力资源管理在企业中的位置已经被提升到了一定的高度，已经不属于传统的探讨人力资源事务层面工作的范畴，而是在功能性上更多地侧重战略层面。相应地，从事人力资源管理的人员也要有视野高度和能力，要有和高层之间相互协助、平等对话的能力。

然而，很多企业的人力资源管理规划和策略设计职能实际上在高层管理者身上，普通的 HR 很少参与，HR 更多是中规中矩的执行者。这时，HR 对自己的职能定位，应该放在执行者的层面，而不是放在人力资源管理职能的设计者和推动者的层面。

1.2.2 人力资源管理的"3+4"模型

HR 要找准自己的职能定位，可以参考"3+4"模型。

所谓的"3"，就是美国著名的人力资源管理专家戴维·尤里奇（Dave Ulrich）提出的"HR 三支柱"模型，如图 1-3 所示。

HR 三支柱模型将人力资源管理的职能分成三类：人力资源业务伙伴（HR BP，HR Business Partner）、人力资源专家中心（HR COE，HR Center Of Expertise）和人力资源共享服务中心（HR SSC，HR Shared Service Center）。

HR BP
挖掘业务部门需求
针对内部客户提供咨询
关注：客户关系维护与管理

内部客户：
人才管理
领导力
组织文化
绩效

HR SSC
处理人力资源事务
交易操作、薪酬调整
福利问题、员工问题
关注：提高效率

HR COE
设计政策和流程
关注：优化政策及流程

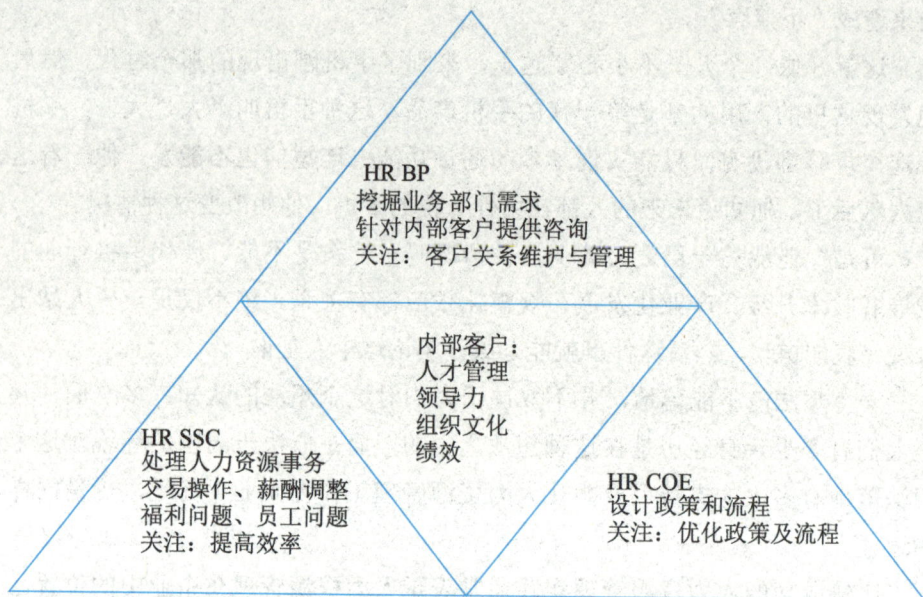

图 1-3　HR 三支柱模型

　　HR 三支柱是从人力资源管理流程和核心业务流程之间相互作用关系的角度定位的，HR SSC 本质上是为所有业务单元提供常规性、基础性的人力资源服务；HR BP 本质上是为不同业务单元提供灵活、个性化的人力资源服务；HR COE 则是为业务单元提供系统化、集成化的人力资源服务。在人力资源管理流程上，这三种角色缺一不可，共同推动核心业务流程的发展。

　　所谓的"4"，同样是戴维·尤里奇提出的"HR四角色"模型，如图 1-4 所示。

战略/决策/未来

战略执行过程中
的合作伙伴

企业持续
变化的推动者

程序　　　　　　　　　　人员

任务组织与实施方面
的行政专家

员工的坚强后盾

日常运作

图 1-4　"HR 四角色"模型

根据着眼于"战略 / 决策 / 未来"与着眼于"日常运作"的不同，更加关注"程序"与更加关注"人员"的不同，尤里奇把人力资源管理在企业中应该扮演的角色分为四类：战略执行过程中的合作伙伴、任务组织与实施方面的行政专家、员工的坚强后盾、企业持续变化的推动者。

"3+4"模型已经被很多 HR 熟知，也被很多 HR 应用在企业中。然而，很多企业在实际应用"3+4"模型的时候，只应用了其中的一部分。"3+4"模型的正确用法是放在一起，根据企业的实际情况，有选择性、有针对性地使用，而不是分开使用。

很多人把"3+4"模型分开来看，要么只谈三支柱，要么只谈四角色。虽然三支柱是立足于人力资源管理如何为核心业务流程做服务和支持，四角色是立足于人力资源管理自身的定位，似乎它们是在解决不同的问题，但实际上它们属于一个体系。

"3+4"模型其实是互补关系，这两个模型在企业中发挥的作用应该是为企业构建一个功能矩阵，一方面是组织机构纵向功能上的定位，一方面是横向功能上的定位。两种定位方式相互作用，形成一个有机系统，"3+4"模型才能同时发力，才能让人力资源管理方法得以落地，让人力资源管理功能成功升级。

1.2.3　聚焦业务的 3 个关键点

国内传统企业中，很多是直线职能式或事业部型组织机构，采取的是纵向型的管理模式，缺少横向型的管理模式。人力资源部门和业务部门一直都是垂直管理关系或者平行关系，人力资源部门很难针对不同业务部门提供差异化的人力资源服务。

所以很多企业的业务部门经常与人力资源部门发生冲突，除了人力资源管理的功能升级，有时候实施一些常规性的工作都经常遇到阻碍。因此，要实施"3+4"模型，还需要在人力资源部门与各业务部门之间建立起一种横向的管理关系。这不仅需要整个组织机构和管理模式的支持，更需要 HR 聚焦业务。

华为总裁任正非曾在多个公开场合表达过对 HR 的工作要求，总结下来是：HR 如果不懂业务、不贴近业务、不围绕业务、不支持业务、不服务业务，那

HR 就可以下岗了。关于 HR 如何聚焦业务，需要注意 3 个关键点，如图 1-5 所示。

❶ 成为业务部门的支持伙伴

每个企业对人力资源部门的定位都不尽相同，有的企业人力资源部门是核心部门，有的企业人力资源部门是支持部门。不论是哪一种角色，HR 都要根据企业的实际情况做好自身的角色定位。就算是把人力资源部门作为核心部门的企业，HR 也并不是"主角"，HR 要服务好为企业创造价值的关键部门和关键岗位。

❷ 深入了解和学习业务

在什么情况下 HR 能够与企业的价值创造产生比较强的关系呢？前提一定是 HR 要先深入了解和学习业务，通过对业务部门的充分认知，让人力资源部门与业务部门之间形成深度绑定，让人力资源部门成为业务部门不可分割的一部分。

❸ 随业务部门的变化而变化

在这个一切都在快速变化的时代，业务部门在发展、在变化，人力资源管理工作也要随着业务部门的变化而快速适应、快速变化。人力资源管理工作只有适应业务部门，随业务部门变化，才能够适应企业发展的需要，才能为企业创造价值。

图 1-5　HR 聚焦业务的 3 个关键点

支持伙伴

深入学习

随时变化

1.3　HR 如何体现自身的工作价值

典型问题： 做 HR 已经很长时间了，为企业付出了很多，做了大量的基础事务性工作，却没有办法像业务部门一样证明自己为企业创造了价值。HR 应该如何体现自身的工作价值呢？

类似问题： 做了很久 HR，感受不到工作的意义，不知道自身的价值在何处；人力资源管理工作本质上是不是很像文员的工作，对企业来说没有价值，可有可无；HR 究竟能为企业做哪些有价值的工作等。

1.3.1　HR 的价值错位

HR 感受不到工作的价值，不知道如何体现自己的工作价值，通常与价值错位有关。什么叫价值错位？价值错位就是 HR 没有真正了解企业创造价值的过程，以至于人力资源管理工作没有服务于高价值的位置，HR 没有找到属于自己的"价值位"。

人力资源管理工作绝不是文员工作，它可以创造的价值非常多样，不论是直接帮助企业提高效益和效率，还是间接帮助企业降低成本和风险，只要 HR 认真去做、用心总结，总可以找到人力资源管理工作可以创造价值的机会点。

美国著名的竞争战略专家迈克尔·波特（Michael E. Porter）教授曾经提出价值链（value chain）理论。价值链就是创造价值的过程。通过绘制价值链，我们能清晰地看到企业创造价值的过程。

在商业世界中，价值链无处不在，其中比较常见的价值链有 3 条，分别是行业价值链、企业价值链和产品价值链，如图 1-6 所示。

图 1-6　商业世界常见的 3 条价值链

行业价值链，指的是整个行业创造价值的过程。它代表着通过整个行业中不同的分工，不同企业承担着何种角色，最终把产品交付到消费者的手中，并完成交易。

企业价值链，指的是企业创造价值的过程。它代表了一家企业是经过何种环节，把产品交到下一级消费者手中，并且完成交易。

产品价值链，指的是企业内部产品产生的过程。它是围绕某个产品，让产品按照某种流程实现从无到有，然后再通过产品的创造产生价值的过程。

HR 要以全局的视角了解价值链,审视价值链。HR 要知道在不同的价值链中,自己处在什么位置,自己在不同价值链中的角色定位是什么,自己为价值链的生成和巩固做了哪些事情,自己是如何为这些价值链服务的。

价值在价值链中并不是平均分布的,而是集中分布的。也就是说,价值链中的某些环节,是企业创造价值的关键点,是企业的核心位置。这些位置,也可以叫"核心价值位",通常也是企业核心竞争力所在。

1.3.2 创造价值的靶心图

一谈价值,很多人觉得它是很虚的东西,听起来很像是成功学的概念。实际上,价值一点都不虚,是可以被具体化和量化的。企业中的价值,总是可以归结到 4 个维度,分别是效益、效率、成本和风险,如图 1-7 所示。

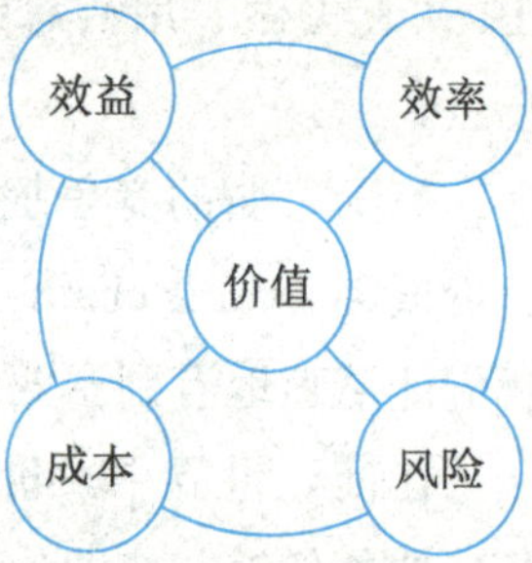

图 1-7 价值靶心图

对企业来说,如何判断一个行为创造了价值?

要么是这个行为提高了某方面的效益,比如从财务结果上看,某方面的销售额提高了;

要么是这个行为提高了某方面的效率,比如从单位时间获得的结果来看,销售量提高了;

要么是这个行为降低了某方面的成本,比如完成某个任务,企业需要付出的成本降低了;

要么是这个行为降低了某方面的风险,比如企业在某个领域的风险系数下降了,或者因为某种风险而造成的损失降低了。

到这里还没结束,还要注意创造价值的前提是,在其他方面不变差的情况下优化了这 4 个方面中的某一个方面或某几个方面,才是真正创造了价值,也就是要保证这 4 个维度的总和是正收益。如果某个方面改善了,但前提是另外的方面变得更差了,那么这并不是真的创造价值。

举例 ❓

小明是某公司的员工关系专员,平时的事务性和重复性的工作比较多,在公司里面很没有存在感。小明有一项职责，是处理员工发生工伤后的事务。为了降低员工发生工伤后的风险，小明给公司员工买了一份商业保险。

小明为公司创造价值了吗？实际上没有。他确实降低了公司的风险，但同时公司也付出了成本。风险降低的代价是成本提高，购买保险的过程只是等价交换的风险转移。

职责不是价值，任务不是价值，态度不是价值，努力也不是价值。只有做出好的结果，把结果聚焦在效益、效率、成本和风险这 4 个维度，让 4 个维度的总和为正收益，才是真的创造价值。

1.3.3　寻找适合的价值位

有的企业的优势在研发能力上，那这个企业的产品研发在市场中占据领先位置；有的企业的优势在销售渠道上，这个企业掌握了供应商资源或者终端渠道的资源，那么这个企业的销售能力就很强。HR 在了解价值链的时候，不仅要知道自己在什么位置，还要知道企业在什么位置，更要知道企业中的价值核心在什么位置。

知道了企业的核心价值位以后，HR 要体现自己的价值，有以下两条途径。

❶ 成为核心价值位

核心价值位不是由个人决定的，而是由市场决定的。顺应市场的需求，成为市场中的核心价值位，是一种方法。

举例 ❓

我有个朋友，是技术出身，在一家互联网企业做 HR BP。他所在的团队是技术研发型团队，是那家企业的核心团队。这个团队的工作领导非常重视，虽然有分管副总经理，但领导经常要求他直接向其汇报工作情况。后来，因为工作出色，他在这家企业越来越有话语权，职位晋升和薪酬提升非常迅速。

我这个朋友为什么能够实现个人价值？因为他让自己成了这家企业的核心价值位。他一开始并不属于这个核心团队，是企业内部竞聘 HR BP 的时候，他主动报名，从另一个业务部门转岗过去的。

❷ 服务核心价值位

不是每个 HR 都有机会成为核心价值位，但每个 HR 都可以为核心价值位服务。相同的努力、相同的付出、相同的工作，如果服务高价值位，就能获得高价值的结果；如果服务低价值位，或者没有服务价值位，只能获得低价值的结果。

作为 HR，在清楚了企业创造价值的过程，清楚了企业中的核心价值位之后，就要思考企业的核心价值位当前最需要哪些支持，最需要解决哪些人力资源问题，自己做哪些工作能够帮助核心价值位创造更高的价值。

1.4　HR 如何获得领导的满意

典型问题： 领导的需求不明确，平时讲工作只讲大方向，HR 参照领导的想法做了大量的工作，领导还是对 HR 的工作不满意。HR 不知道应该如何与领导沟通，或者应该做什么，才能让领导满意。

类似问题： 不知道领导到底想要什么，好像不论怎么做都达不到领导的要求；不知道领导对人力资源管理工作的定位和期望是什么；不知道领导对人力资源管理工作满意的标准是什么等。

1.4.1　HR 的信任错位

HR 的工作无法让领导满意，大多数情况下是因为出现了信任错位。什么叫信任错位？信任错位就是 HR 没有真正理解领导的意图，没有做出领导想要的行为，出现了行为错位，从而没有取得领导的信任。

HR 的工作如果不能让领导满意，未来开展工作很可能会比较困难。这也是为什么很多 HR 跳槽到一家新的企业，通常在工作半年之后，过了职业的"蜜月期"，开展工作会变得步履维艰。

HR 的工作性质决定了要想有效开展工作，必须取得领导的信任。不论个人能力有多强，HR 都要和领导之间形成一种强连接。

　　HR 的工作成绩本来就很难量化，当领导信任 HR 的时候，就算工作成绩难以量化，领导还是会肯定 HR 的贡献，因为领导知道 HR 在帮助企业创造价值；如果 HR 不能得到领导的信任，就算能把工作成绩量化，领导也不会认为 HR 对企业是有贡献的。

　　要取得领导的信任，HR 的工作心态非常重要。HR 是以一个打工者的心态工作，还是从企业的角度出发，站在领导的身边，以领导的心态工作，通常决定了 HR 能不能得到领导的持续信任。

　　如果 HR 只把自己定位成一个打工者，那么肯定所有事都会以个人利益为先；如果 HR 把自己定位成和领导站在一起的人，那么 HR 凡事都会以企业利益为先。面对同一件事，心态不同，行为也就完全不同，给领导的感受也是完全不一样的。

1.4.2　创造满意的 KANO 模型

　　要让领导满意，有个非常重要的工具，叫 KANO 模型，如图 1-8 所示。

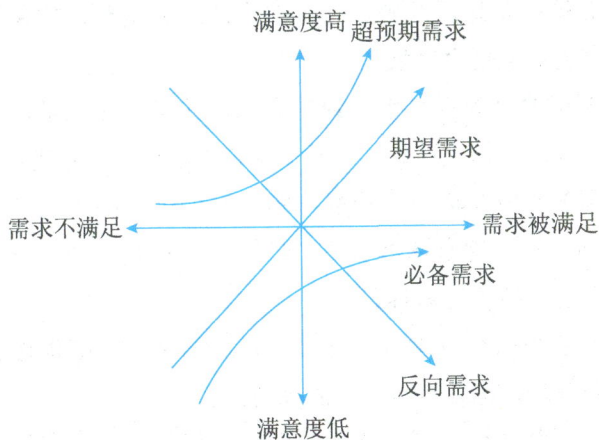

图 1-8　KANO 模型

　　KANO 模型最早被用在营销领域，体现了用户需求和用户满意度之间的关系，可以用来解释商家如何满足顾客的需求。在企业当中，领导就相当于顾客，HR 就相当于提供商品或者服务的商家。HR 要满足领导的需求，其实和商家要满足顾客的需求的道理是一样的。

KANO 模型定义了 4 个层次的顾客需求，分别是必备需求、期望需求、超预期需求和反向需求。

必备需求指的是顾客对产品或者服务的基本要求，是顾客认为产品或者服务必须有的属性或者功能。当产品或服务能满足这类需求的时候，用户满意度不会提升；但是当产品或服务不能满足这类需求的时候，用户满意度会大幅降低。

比如，顾客在夏天买空调，如果买回来的空调能正常制冷，顾客不会因为这个，就对买回来的空调感到满意，因为这是空调本来就应该有的基本功能；但是，一旦顾客买回来的空调不能制冷，那么顾客对这个品牌空调的满意度一定会大幅下降。

期望需求是指顾客的满意度与需求的满足程度成一定比例关系的需求。当满足这类需求的时候，顾客的满意度会提升；当满足不了这类需求的时候，顾客的满意度会降低。

比如，酒店提供的免费早餐服务。免费早餐服务通常不是酒店服务中必备的，可是如果很多酒店都已经提供了这一项服务，顾客就会对这项服务有期望。如果酒店能提供这项服务，顾客的满意度会提升；如果酒店不能提供这项服务，顾客的满意度会降低。

超预期需求指的是顾客意想不到的需求。如果不能满足这类需求，顾客的满意度不会降低；但如果满足了这类需求，顾客满意度会有很大提升。

比如，某顾客在咖啡店点了一杯咖啡，因为自己的原因不小心把咖啡碰洒并把咖啡杯摔碎了。这家咖啡店的店员不仅没有要求顾客赔偿咖啡杯，还为顾客免费提供了一杯新的咖啡。

反向需求指的是顾客原本没有这类需求，如果硬要提供这类需求，顾客的满意度反而会下降，也就是俗话说的画蛇添足。

比如，顾客在某商场购买商品后的电话销售回访。从表面上看，商家是为了方便顾客的再次购买，但其实打电话给顾客是对顾客的打扰，很容易引起一些顾客的反感，反而降低顾客的满意度。

有句话叫"人人都是产品经理"。HR 为了更好地服务企业和领导，不断提供自己的产品和服务，相当于不断满足顾客需求的产品经理。HR 一定要搞清楚领导的必备需求、期望需求、超预期需求和反向需求分别是什么。

有的领导需求很低，很容易就满足了；有的领导需求很高，HR 必须要具备很高的能力和水平才能满足他；有的领导需求很偏门，可能 HR 认为重要的，他并不认为重要，这时 HR 需要进一步和领导沟通，了解领导和自己的认知差异在哪里。

HR 在弄清楚这些需求之后，就可以以 KANO 模型为工具，以产品经理的心态做事，让自己提供的产品和服务能不断地循序渐进、迭代升级，能持续地满足领导的需求，持续获得领导的信任。

1.4.3　构建信任的 3 个关键点

在清楚了领导的需求之后，HR 围绕领导的需求，通过持续行动，不断满足领导的需求，有助于和领导构建起相互信任的关系。在这个过程中，HR 应注意 3 点，如图 1-9 所示。

图 1-9　HR 与领导构建信任的 3 个关键点

❶ 既要会治标，也要会治本

解决任何问题都有两个方向，一个方向是治标，另一个方向是治本。它们一个比较简单，一个比较复杂；一个比较快，一个比较慢；一个解决外在问题，一个解决内在问题；一个在表象上解决问题，一个能从根本上解决问题。

HR 要帮助企业和领导从根本上解决问题，治标的同时，还要学会治本。比如，员工普遍缺乏创新意识，如果要治标，可以通过培训、开会、设立奖罚机制来鼓励员工创新；但如果要治本，就要在企业中构建创新的企业文化。

❷ 帮助领导解决棘手的问题

领导最需要的人才，是能帮助自己解决问题的人。很多人不清楚职业的本质，不喜欢动脑筋思考怎么解决问题，一有问题就退缩，总想着把问题推给别人。实际上，放弃解决问题的机会也是在放弃被领导发现和信任的机会。

❸ 视情况适度满足领导需求

HR 没有办法,也不可能满足领导所有的需求。有时候 HR 比较关注基础工作,和员工走得很近,领导可能会说"你要多了解企业的战略,不要总做基础工作";有时候 HR 比较关注战略和经营,领导可能会说"你要多去一线走走,多和一线员工接触,别浮在表面"。

领导很可能不安于现状,所以 HR 和领导的关系类似于商家与顾客的关系,在共生共赢的同时,也存在天然的博弈。有时候就算 HR 当前表现得再好,领导也会觉得 HR 做得不够好,想要 HR 做得更好。

所以,HR 要给自己做好定位,不需要因为没办法持续满足领导的需求而产生愧疚感,但要清楚当前自己能提供什么样的服务,当前更擅长做战略还是更擅长和一线员工接触。定位好之后,就不需要总是纠结,毕竟每个人在企业中担任的角色不同。

1.5 基层 HR 如何影响企业的重大决策

典型问题:人力资源管理工作常常会遇到一些要协助顶层决策和推行制度的事,HR 因为能够接触到企业业务一线的工作,有很多好的想法,可觉得自己层级比较低,只是专员级,不知道如何向领导提建议。

类似问题:HR 的工作年限比较短,职位比较低,怕自己的理解不到位,不知道如何表达自己;因为是基层,不敢放开手做事,怕说得或做得不到位影响自己未来发展;基层 HR 应不应该牵头开展一些层级比较高的人力资源管理工作等。

1.5.1 HR 的功能错位

基层 HR 没有自信,很多情况下是因为功能错位。什么是功能错位?功能错位就是 HR 本应发挥人力资源管理功能(这里的功能与职级无关,与职能有关),可是因为职级低,有的 HR 在企业中没有话语权,无法发挥原本的功能。

人力资源管理岗位的特殊性，决定了这类岗位必然带有一定的管理职能，就算是基层 HR 岗位，大部分时间都在做事务性或重复性工作，其仍然存在人力资源管理职能。

造成 HR 功能错位的因素通常包括 3 个：组织文化、管理模式和 HR 自身的沟通协调能力。

企业的组织文化影响着功能错位。在等级制度比较森严的企业中，职级较低的 HR 拥有的话语权比较小，企业将基层 HR 的功能定位为执行。这时，基层 HR 本该具有的管理职能就无法发挥出来。

企业的管理模式影响着功能错位。在流程制度比较明确的企业中，职级较低的 HR 想要发声，必须经过更高级的管理者。如果高级管理者不为基层 HR 传达想法，基层 HR 的管理职能同样无法发挥出来。

HR 自身的沟通协调能力也影响着功能错位。有的 HR 性格比较内向，不善于沟通表达，不懂得主动与管理层接触。在比较复杂的问题面前，不能理清各部门的关联关系，不能协调各部门一起解决问题。

要解决功能错位的问题，可以从以上 3 个方面做出努力。基层 HR 虽然不能改变组织文化和管理模式，却可以想办法从中找到机会和突破点。实际上，如果操作得当，沟通到位，基层 HR 不仅能够落实岗位的管理职能，还可以影响企业的大决策。

1.5.2　从高维度打击低维度

基层 HR 影响企业的大决策其实不存在"能不能"的问题，而在于通过什么样的方法影响企业的大决策。HR 要影响企业决策，让自己在企业中有话语权，最有效的方法之一是到更高维度找资源，实施降维打击。

在科幻小说《三体》中有一种说法，高维度的生物是可以"秒杀"低维度的生物的。可以这么理解，在地球的生态环境中，狮子、老虎和猎豹之类的食肉动物都是同一个维度的生物，它们可以"秒杀"比自己低一个维度的羊、鹿、马等食草类动物。

在企业的生态环境中，也是同样的道理，企业中不同的层级代表着不同的维度。假如我们去某个企业销售某个产品或者和某个企业谈商业合作，可能我们和基层人员来来回回沟通几十次、几百个小时，都不如找这个企业的领导沟通 15 分钟有用。因为基层人员不一定有决策权，但领导有决策权。

那么，基层 HR 在企业里面如何实施降维打击呢？

实施降维打击的关键是直接与高维度的关键人物对话。这个关键人物具有决策权和影响力。在多数企业中，关键的人物是领导。简单来说，基层 HR 如果有好的想法，在自己无法推动想法实现的情况下，最好的办法就是让领导认同这个想法，让领导来推动这个想法实现。

和关键人物对话的方式不是绕过自己的直属上级，私下去找领导沟通，而是综合运用各类公开或半公开表达的机会，如总结、述职、竞聘、竞赛、活动等机会，在领导面前表达自己的想法。如果企业本身就有向基层人员征集意见的渠道，也要注意运用。

与关键人物对话时要注意分寸。曾经有一个应届生入职华为后不久，就给华为总裁任正非写了一封万言建议信，结果任正非对这种行为非常不欣赏；阿里巴巴的主要创始人马云也曾经在公开场合说过："在阿里巴巴工作不满 3 年的人，不要谈战略。"

1.5.3 深度参与换来影响力

要做好与关键人物的对话，实现降维打击，影响企业的决策，前提是 HR 要做好本岗位的工作，在真正了解相关的背景和事实之后再给出建议，而不是在一知半解之下，贸然与高维度的关键人物接触，那样做可能会起到反作用。

这就需要 HR 深度参与自身职责范围内的关键领域，与相关部门做深度沟通，掌握关键数据，了解事实根据。用心付出、真诚沟通是实现深度参与的关键。

2019 年 4 月 15 日凌晨，京东商城对京东物流发布内部信，信中提到要对物流员工的薪酬制度做改革，其中重要的一点是取消底薪。当然，京东这么做不是为了降低物流员工的工资，因为增加了浮动部分的收入。

京东物流的这项薪酬改革制度，在华南地区测试了不到半年。信中提到，表现特别优秀的配送员一个月可以挣四五万元，甚至月薪最高的员工一个月工资超过了 8 万元。这个月薪超过 8 万元的物流员工叫黄少波，他是京东物流华南区广州大石营业部的一名快递员。在 2019 年 2 月，他的总揽件数为 13

万件，平均一天揽 4 643 件，当月收入近 8 万元，全部是揽件提成。

这个叫黄少波的快递员为什么能达到这样的收入呢？其实是因为他拿了几家企业的大单。他为什么能拿到这几笔大单呢？因为京东的很多快递员给企业送快递都是直接送到前台，但是黄少波每次都把快递送到收件人手中，一来二去，他就和几个电商企业的领导熟了起来。有了这层交际之后，他就开始和领导谈起揽件的生意。后来，这些企业就把自己的揽件业务都交给黄少波来做。

用心付出、真诚沟通能感化别人。即使是处在基层岗位的 HR，只要真心帮助领导和业务部门，全心全意帮他们解决问题，最终一定能打动他们，得到他们的支持。

1.6　领导和业务部门意见不一致，HR 如何夹缝生存

典型问题： 业务部门缺人，领导却不同意招人，HR 夹在业务部门和领导中间，该怎么办？

类似问题： 领导布置的工作，各部门有抵触情绪，HR 该怎么办；业务部门的管理者和领导意见不合，HR 该怎么办；企业管理层之间的心不齐，又不愿意相互沟通，HR 该怎么办等。

1.6.1　HR 的共识错位

HR 夹在业务部门和领导中间这类问题通常是由企业里的共识错位引起的。什么叫共识错位？共识错位是指沟通不畅造成信息不对称，企业内部上下级之间、平级业务部门之间无法达成共识，从而产生不理解、不接受、不协同、不执行等问题。

如何解决共识错位呢？最好的方法就是通过沟通减少信息不对称的情况，让信息在企业中可以充分互通。如果企业的领导没有引导内部沟通的意识，HR 可以作为沟通发起人和协调人，引导企业内部各部门之间充分沟通。

企业中沟通的方式可以多种多样，传达信息的渠道也可以丰富多彩，不

一定要面对面交谈或者聚在一起开会。企业的决策层想向全体员工传达一条重要信息时，也不是只有通过发邮件、发公告等方式。

比如，某大型企业推行"全员销售"的策略，虽然并不强制每个员工必须完成企业规定的销售额，但却让每个员工都有了重视销售的理念。这个策略虽然会引起一些员工不理解，甚至不认同，但企业重视销售、重视业绩的理念却因为这个策略得以传达给每一个员工。

在企业中，很多时候不是员工不想了解战略，而是战略渗透不到每一个员工那里。员工并不知道企业重视什么、企业的核心目标是什么。而全员销售的策略，相当于向全员通知了企业的目标，把企业的目标和个人的行动强行用一个软目标联系起来，实际上是在警醒员工。

而有的企业传达企业精神是怎么做的呢？比如召集全体员工开大会，领导在大会上喊口号，说这件事很重要，大家一定要理解、一定要执行、一定要做到。这种做法有效果吗？相信读者朋友都有目共睹。

在人数较多、层级较多的公司，一条指令从高层到基层的传递过程是很漫长的，而且常常是失真的。最高层说"我们公司的一切任务就是提高销售业绩"，到了基层可能变成"我们的一切任务就是要加班加点"。

1.6.2 上下同声的沟通视窗

要实现企业内部的有效沟通，可以用一个很有效的工具——沟通视窗，也叫乔哈里视窗（Johari Window），这个工具最初是由乔瑟夫（Joseph）和哈里（Harry）在 20 世纪 50 年代提出来的。沟通视窗把人际沟通的信息比作一个窗子，这个窗子被分成 4 个区域，如图 1-10 所示。

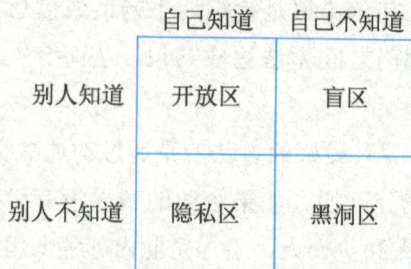

	自己知道	自己不知道
别人知道	开放区	盲区
别人不知道	隐私区	黑洞区

图 1-10　沟通视窗

❶ 开放区

开放区，指的是自己和别人都知道的信息，如姓名、性别、年龄、职业等。上级的开放区越大，上下级之间沟通越顺畅，下属对上级越信任，团队工作的配合度越好。所以上级要多说、多问，与下属充分交换信息，不断扩大自己的开放区。

❷ 盲区

盲区，指的是自己不知道，但是别人知道的信息，如性格弱点、不好的习惯、他人的评价等。说得多，问得少，盲区就会变大。上级和下属之间要想有效沟通，拉近彼此之间的距离，可以通过多询问对方关于自己的信息，缩小认知盲区，改善不好的行为习惯。

❸ 隐私区

隐私区，指的是自己知道，但是别人不知道的信息，如某些不想让他人知道的经历、秘密、心愿等。为了扩大开放区，上级应以开放的心态和下属交流，缩小自己的隐私区。当隐私区越来越小的时候，开放区将会越来越大。

❹ 黑洞区

黑洞区，指的是自己不知道，别人也不知道的信息，如某种潜能、隐藏的疾病等。通过开放的沟通环节，通过主动询问下属，通过自我发现，上级能够不断了解自己。一段时间之后，上级的黑洞区会越来越小。

对不熟的人，人们的心灵窗户通常不会随便打开，所以在上下级沟通中，有的下属不愿意暴露自己的隐私区。要想下属逐渐开放自己的隐私区，上级要多和下属沟通，先对下属开放自己的隐私区，对下属的问话要多走心，多观察下属的情况，多和其聊一些生活细节，体现出对下属的关心。

在企业中，HR 也可以参考沟通视窗的原理，创造充分沟通的氛围。如果企业中的每个人都在刻意放大自己的开放区，缩小自己的隐私区，企业内部的信息透明度会越来越高，沟通会变得越来越顺畅。

1.6.3　共识体系的沟通网络

HR 要在企业中落实沟通视窗的原理，可以通过管控企业中的沟通信息流，打造共识体系，让企业形成全通道式的沟通网络，如图 1-11 所示。

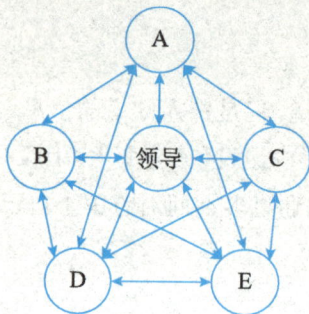

图 1-11　全通道式的沟通网络

所谓全通道式的沟通网络，指的是企业中的每一个成员都能够和其他成员之间保持信息通畅，让信息在企业内部保持透明。企业如果没有形成全通道式的沟通网络，很容易出现各类沟通问题。

常见的有问题、需要尽力避免形成的沟通网络形式如下。

1. 环式沟通网络，也就是领导只和某几个管理者沟通紧密，通过这几个管理者向其他管理者传达信息，如图 1-12 所示。

图 1-12　环式沟通网络

2. 轮式沟通网络，也就是领导和各个管理者沟通充分，但是各个管理者之间却沟通不畅，如图 1-13 所示。

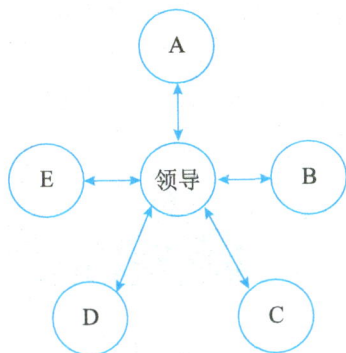

图 1-13　轮式沟通网络

3.链式沟通网络，也就是企业中的信息流是呈链条状传递的，领导想传递的信息要经过一层一层传导，才能传递到其他人那里，如图 1-14 所示。

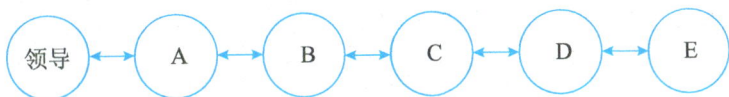

图 1-14　链式沟通网络

4.分群式沟通网络，也就是企业中分成了不同的小集体，各个小集体内部沟通是比较顺畅的，但各个小集体之间的沟通形式比较单一，如图 1-15 所示。

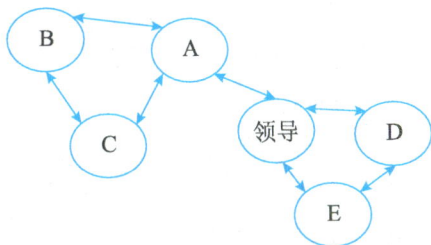

图 1-15　分群式沟通网络

有问题的沟通网络存在不同程度的信息交互问题。信息不通畅必然带来团队内部的沟通问题，产生不必要的管理内耗。很多 HR 在企业中左右为难，处在领导和业务部门的夹缝中，正是因为企业中存在这些异常的沟通网络。要想彻底改变这种情况，就要重塑企业的沟通网络，让企业的沟通网络向全通道式的沟通网络转变。

第 2 章

人力资源规划

做人力资源规划是为了承接和满足企业总体的战略发展要求，促进人力资源管理工作更好地开展，提高人力资源管理的工作效率，让企业的目标和员工个人发展的目标达成一致。人力资源规划一旦出问题，企业战略将失去重要的支撑。

2.1 什么情况下需要调整组织机构

典型问题： 企业做出组织机构调整的消息成为新闻，被很多媒体报道，HR
不知道自己所在企业当前的组织机构是否适宜，不知道是否需要调整，不知
道在什么情况下需要调整组织机构以适应企业的发展。

类似问题： 企业在设计自身组织机构的时候，需要考虑哪些因素；在什么情
况下，企业需要调整组织机构；企业的组织机构调整和战略之间存在什么样
的关联等。

2.1.1 组织效能是评判依据

所有企业的组织机构调整都与一个关键词相关，那就是"效能"。组织
机构调整，意味着管理效能的变化。提升管理效能既可能是组织机构调整的
原因，也可能是组织机构调整之后企业期望见到的结果。

苹果公司的创始人史蒂夫·乔布斯（Steve Jobs）曾经在接受一家美国媒
体采访时说过一段话："你们知道苹果公司有几个委员会吗？答案是 0 个！
苹果公司为了保持运转效率，一直保持着初创公司的管理模式。当然，如果
这样定义，苹果公司可能是世界上最大的初创公司。"

乔布斯把苹果公司划分成几个大的板块，市场、研发、供应链、内部事
务等分别属于不同的板块，在每个板块中有一个总负责人。乔布斯每周和这
些板块的总负责人沟通各自的事务，这些总负责人也要做好自己负责的事务，
否则乔布斯可能会立即换人。除了产品大方向上的决策之外，不同板块的总
负责人的具体工作决策乔布斯不会过多干预。

乔布斯为什么要这样定义苹果公司的组织机构和管理模式？因为这种组

织机构和管理模式下的管理效能很高。这种组织机构和管理模式让乔布斯在管理苹果这种巨型公司的时候，依然能像管理一个初创公司那样，每周只和几个人在办公室研讨产品在整个世界的销售情况、供应链情况、研发情况等非常具体的事务，保证苹果公司的运转效率，同时能够保证战略的落实。

2.1.2 组织诊断的6个盒子

要诊断组织机构的管理效能，可以用到一个工具——6个盒子。6个盒子也叫6盒模型，是一种诊断组织机构健康状况的工具。通过6个盒子，企业能够诊断组织机构的现状，快速找到组织机构当前存在的问题，更精准、高效地解决问题。

6个盒子实际上指的就是6个维度，分别是使命与目标、结构与组织、关系与流程、奖励与激励、支持与工具、管理与领导，如图2-1所示。

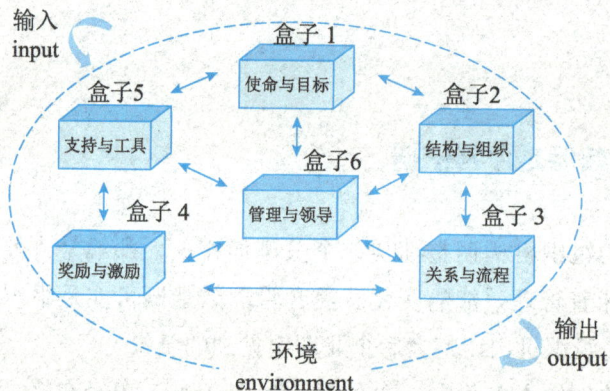

图 2-1 6个盒子工具

这6个维度的含义如下。

使命与目标指的是企业是否有明确的使命与目标，员工是否清楚并理解企业的使命与目标，企业的使命与目标和企业的组织能力是否相符，企业准备为谁创造价值，企业实际正在为谁创造价值。

结构与组织指的是企业的组织机构是如何划分的，企业的组织机构是否能够对企业的使命与目标起到支持作用，企业内部是如何开展分工协作与内部信息沟通的，企业内部的分工协作是否顺畅、高效。

关系与流程指的是企业内部各业务部门之间的关系如何，是否存在流程上的矛盾或问题，当前的流程是否存在冗余，内部流程运行的效率如何，企业是否存在内部关系或流程上不必要的耗损。

奖励与激励指的是企业当前的奖励或激励是否及时，企业当前的奖励或激励是否能够支持员工的工作任务和工作目标达到预期，企业当前的奖励或激励能否有效地激发员工采取企业想要见到的行动。

支持与工具指的是企业是否存在支持自身发展的系统，员工能够获取的工具是否简单、有效，员工能不能快速获得工作需要的资源。

管理与领导指的是企业是否存在能够随时衡量其他 5 个盒子问题的管理系统，管理者是否能及时发现异常并采取有效的行动。

2.1.3 效率最优的 4 个导向

根据公司特点，公司的管控模式可以分成 3 种：财务管控型、战略管控型和运营管控型。其中，运营管控型最集权，财务管控型最分权，战略管控型介于这两者之间，如图 2-2 所示。

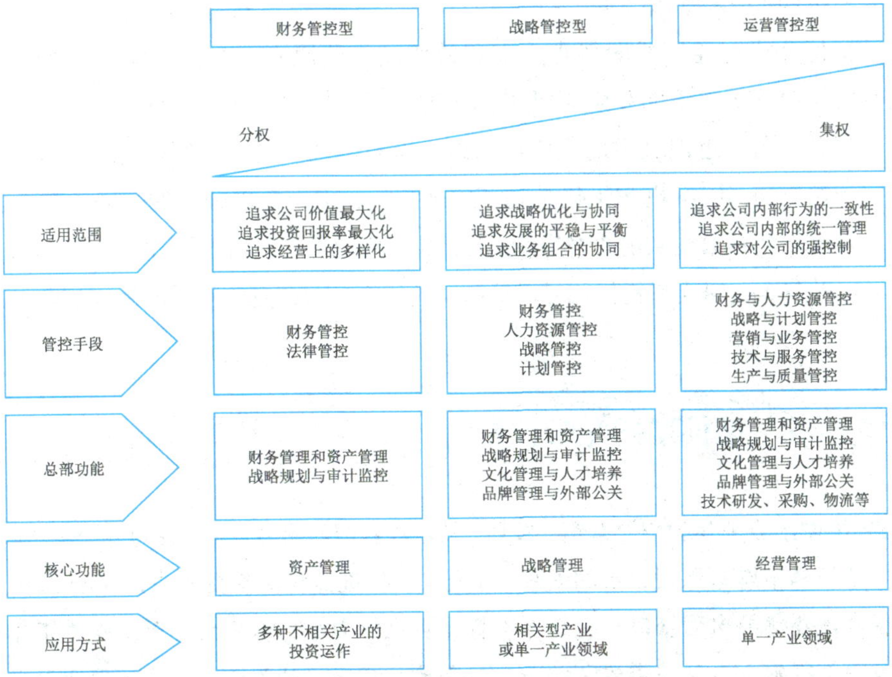

图 2-2　常见的 3 种公司管控模式

在发展目标方面，财务管控型更强调子公司或各部门在投资回报、投资业务组合的结构优化和公司价值的最大化等财务结果层面。

运营管控型强调各业务单元经营行为的统一与优化、公司整体协调成长、对行业成功因素的集中控制与管理等具体操作层面。

战略管控型既强调财务结果层面，又强调具体操作层面，介于两者之间。

对应的，在总公司和分公司之间的关系、公司的管理手段的侧重点和母公司或者集团公司的核心功能方面，以及在管理的应用方式方面，这 3 种类型的管控模式都有不同的特点。

财务管控型的公司偏向于放权式的管理，适合采取偏横向型的组织机构。总公司对各子公司或者各部门的管理相对比较宽松，主要看财务结果或者一些特定的数据。

运营管控型的公司偏向于集权式的管理，适合采取偏纵向型的组织机构。总公司对各子公司或者各部门的管理相对比较严格，管控相对比较集中，强调上下协同、执行力强、步调一致。

战略管控型的公司则介于放权式和集权式之间，它适合的组织机构模式也介于纵向型和横向型之间。

根据公司管控模式的特点，本着效率最优的原则，企业在运用 6 个盒子工具实施组织效率诊断和组织机构优化的时候，要注意 4 个导向。

问题导向：组织机构优化应当以组织诊断表现出来的组织问题为导向。

战略导向：组织机构优化是为了实现战略，同样要以公司的战略为导向。

发展导向：公司实现战略的前提是健康平稳地发展，因此要以发展为导向。

经验导向：组织机构优化可以参考其他优秀公司或竞争对手的经验和做法。

2.2 如何准确划分权责利

典型问题：企业运营需要营销、策划、技术等各部门通力合作。在跨部门协作时，各部门都不愿意承担自己的责任，每项工作推进都需要花费不少的沟通成本，经常需要领导出面统筹。有的部门觉得自己权力小、责任大，无法推进工作；有的部门觉得自己获得的利益少，却需要承担很大的责任，认为不公平。

类似问题： 企业在设置岗位定位的时候，权责利不对等；责任人制度在企业中很难落实，因为当工作任务无法完成时，责任人需要承担全部的责任，相关人员却不需要承担责任，可是当工作任务完成时，责任人通常并不享受工作成果带来的全部收益，相关人员却可以分享收益。

2.2.1 权责利分配不清

企业在平时工作中喜欢强调：责任一定要落实到人，不落实到人的任务是落不了地的；如果一件事有一个人以上的负责人，等于没有人负责。这两句话都没错，所以很多企业就在这两句话的影响下，简单实施所谓的责任人制度。

如果一件事前后只需要一个人来完成，这么做当然没问题。可企业中的大部分工作都涉及协作，需要多个部门或岗位共同参与完成。这时，只让一个人负全责，而不让其他的参与人负担责任，这肯定是不行的。

所谓的工作责任人只是企业简单地把很多岗位该负的责任给了一个人或一个部门，其他的关联岗位或部门可能对工作的完成情况感受不到直接的关联性，就可能出现消极配合的情况。

组织中的每个岗位，都有对应的权限、责任和利益。当这 3 项达到平衡状态的时候，是一个岗位比较完整的时候。如果这个岗位的权限和利益太小，但是责任太大，没有人会愿意做这个岗位的工作。这时，在这个岗位上工作的人一定会频繁离职，而且 HR 很难招聘到新的人才。

如果一个岗位的权限和利益很大，但是责任却很小，那对组织来说就是一种浪费。这时，你会发现所有人都想做这个工作，在这个岗位上工作的人也会非常稳定。

实际上，放眼全社会所有岗位，除了那些本身有任期的岗位之外，当在一个岗位上工作的人长期比较稳定时，通常代表着这个岗位的"权限＋利益"大于"责任"；当在一个岗位工作的人长期比较不稳定时，通常代表着这个岗位的"责任"大于"权限＋利益"。

为什么简单的责任人制度和权责利不对等会出现问题呢？

如果从人性角度解释,可能会是:人都有惰性,都趋向于追求最小的能量损耗,都希望别人把事情给办了,自己坐享其成。所以在工作中推责任现象非常常见。不过,这种人性论是站不住脚的。因为任何企业、任何需要人与人协作完成的工作都会遇到人性的问题。那些管理到位的企业,难道是因为员工比较高尚吗?其实并不是。

那些管理到位的企业,更多是依靠管理手段,避免了人性的负面展示。那些管理不到位的企业,更多是因为管理能力比较差,不知道怎么拆解任务,不知道怎么分配任务,不知道怎么做好计划、组织、领导、协调、控制、评价等人力资源管理环节的工作。

另外一个非常重要的原因,是不能很好地分配岗位的权限、责任、利益。

2.2.2　权责利分配矩阵

要发现岗位的权责利问题,可以采用岗位权责利问题查找表,如表 2-1 所示。

表 2-1　岗位权责利问题查找表

岗位	当前权限	当前责任	当前利益	当前权责利问题								
				权限过大	权限过小	利益过大	利益过小	责任过大	责任过小	责任重叠	责任错位	……

企业在发现岗位存在的权责利问题后,可以召集相关人员进行专题研讨;运用岗位权责利问题查找表,厘清岗位当前的权限、责任、利益,以及权责利对比之后发现的问题;根据当前的权责利问题,经过讨论后,重新划分岗位的权责利。

关于岗位的权责利划分,可以采用权责利分配矩阵,如表 2-2 所示。

表 2-2　权责利分配矩阵

项目贡献占比	任务	姓名 1	姓名 2	姓名 3	姓名 4	姓名 5
	任务 1 责任划分					
	任务 1 权限划分					
	任务 1 收益划分					
	任务 2 责任划分					
	任务 2 权限划分					
	任务 2 收益划分					
	任务 3 责任划分					
	任务 3 权限划分					
	任务 3 收益划分					

权责利分配矩阵的纵向，是具体的工作任务或工作目标，这些工作任务或目标最终会指向部门或企业更大的目标。权责利分配矩阵的横向，是相关部门、相关岗位或相关责任人。对每一个工作任务或工作目标，可以有对应的权责利划分。

权责利分配矩阵是根据待达成的目的来划分权责利的。这样划分出来的权责利，最终指向具体的工作任务或工作目标。在这个矩阵中，不同的部门、岗位或相关责任人在不同工作任务或工作目标中的角色，可以有负责、参与、审批、知悉等划分，可以按照任务目标确定利益分配的具体比例。

2.2.3　定量划分权责利

在应用权责利分配矩阵时，可以参照如下步骤。

1. 划分工作项目需要完成的任务，写入权责利分配矩阵的纵向。

2. 划分任务占项目贡献的百分比。

3. 确定参与各项任务的人员，写入权责利分配矩阵的横向。

4. 对不同的任务或目标，划分出负责、参与、审批、知悉等角色，以及责任程度百分比。

5. 划分不同的任务或目标中，不同参与人的权限。

6. 根据责任程度百分比，划分收益分配百分比。

权责利分配矩阵的实际应用案例如表 2-3 所示。

表 2-3　权责利分配矩阵的实际应用案例

项目贡献占比	任务	张三	李四	王五	赵六	徐七
30%	任务 1 责任划分	负责	参与程度 30%	协助程度 5%	协助程度 5%	协助程度 10%
	任务 1 权限划分	审批	知悉	知悉	知悉	知悉
	任务 1 收益划分	50%	30%	5%	5%	10%
50%	任务 2 责任划分	参与程度 20%	负责	参与程度 20%	协助程度 10%	协助程度 10%
	任务 2 权限划分	知悉	审批	知悉	知悉	知悉
	任务 2 收益划分	20%	40%	20%	10%	10%
20%	任务 3 责任划分	协助程度 5%	协助程度 5%	负责	协助程度 10%	参与程度 20%
	任务 3 权限划分	知悉	知悉	审批	知悉	知悉
	任务 3 收益划分	5%	5%	60%	10%	20%

通过权责利分配矩阵的划分，对于一个具体的任务或目标，主要负责人负责从整体上推进这个任务或目标的工作。但如果这个任务或目标失败，并不是主要负责人负全责，因为任务中还有参与的人，他们也有责任；如果任务或目标成功，也不是主要负责人获得全部收益，而是根据项目人员的参与程度分配收益。

每个岗位的参与程度、负责程度和收益分配都是匹配的。如果某个任务或目标成功，某个岗位获得的收益是 10%，那么该岗位在项目中的参与程度就是 10%，负责程度也是 10%。无论该任务或目标成与败，该岗位都有 10% 的责任。

在完成任务或目标的过程中，负责审批的人一般对这个任务或目标负主要责任，因为过程中的一些审批权限，在一定程度上决定了这个任务或目标的完成质量。

2.3　如何设置岗位编制

典型问题： HR 不知道如何给用人部门设置岗位编制。用人部门负责人想要增加岗位编制，HR 无法答复，只能让用人部门负责人找领导审批，领导又反过来问 HR 用人部门增加岗位编制是否合理，HR 依然无法答复。

类似问题： 为了岗位编制问题，HR 和业务部门之间常常发生冲突，谁也无法说服谁；领导认为岗位编制比较多，可以用更少的人完成更多的工作，可业务部门却认为岗位编制已经很紧张，没有提升空间；领导让 HR 给各部门设置岗位编制，HR 不知道从何入手等。

2.3.1　数据"说话"免做众矢之的

因为专业分工不同、立场不同，加上很多企业里的中基层管理者缺乏人力资源管理理念，他们常常会为了完成部门的绩效，扩充部门的人员配置，招募过量的人力，不在意人力费用和劳动效率。

岗位编制本质上是一种资源配置方法，是对企业人力资源的合理配置。既然是资源配置，就要有配置的依据。不论这种资源配置的依据是什么，一定要用数据"说话"。

如果没有数据，因为各自所站的角度不同，企业在进行资源配置的时候，HR 很可能会和业务部门成为博弈对手，HR 和各部门中层管理者之间的沟通协作会变成互相妥协、折中的谈判。这种博弈和谈判的结果很可能演变成谁比较坚持己见、谁能说得过谁的问题。

但是当有数据时，因为双方都以客观数据为依据，业务部门和 HR 之间才有理性对话的可能性，HR 才有可能成为业务部门的合作伙伴。

如果没有数据，业务部门的人力费用超标，代表 HR 的管理失败；如果 HR 在彼此的博弈中表现得过于强势，减少业务部门的岗位编制，导致业务部门业绩没有达成，同样代表 HR 的管理失败。

没有数据，HR 很容易变成众矢之的，纵有千百般理由，却百口莫辩。企业建立基于数据的、科学的、量化的岗位定编模型，才有可能避免因为人力资源配置问题引起的 HR 与各部门中基层管理者之间的博弈问题。

2.3.2 岗位定编的 4 种方法

常见的岗位定编方法有 4 种，分别是预算控制定编法、劳动效率定编法、业务流程定编法和行业对标定编法，如表 2-4 所示。

表 2-4 常见的 4 种岗位定编方法

定编方法	预算控制定编法	劳动效率定编法	业务流程定编法	行业对标定编法
适用情况	适合财务管控型公司	适合实行劳动定额的岗位，特别是以手工操作为主的岗位	适合运营管控型的公司，以及员工人数与业务数据关联性较大的岗位	适合难以确定岗位编制的岗位
计算方法	用人力成本预算的金额或比率管控在岗人数	定编人数 = 计划期生产任务总量÷（员工劳动效率 × 出勤率）	根据流程数据计算岗位编制	某类岗位定编人数 = 另一类岗位人员总数 × 行业内对标企业定员比例

❶ 预算控制定编法

预算控制定编法是财务管控型公司最常使用的定编方法，它是一种通过人力成本预算的金额或比率控制在岗人数而不对某一部门或某类岗位的具体人数做硬性规定的方法。部门负责人对本部门的业务目标、岗位设置和员工人数负责，在获得批准的预算范围内，自行决定各岗位的具体人数。由于企业的资源是有限的，且与产出是密切相关的，所以预算控制对企业各部门人数的扩展有着严格的约束。

❷ 劳动效率定编法

劳动效率定编法是根据生产任务和员工的劳动效率以及出勤等因素来计算岗位人数的方法，或者说是根据工作量和劳动定额来计算员工数量的方法。因此，凡是实行劳动定额的岗位，特别是以手工操作为主的岗位，都适合采用这种方法确定岗位编制。

劳动效率定编法的计算公式如下。

定编人数 = 计划期生产任务总量 ÷（员工劳动效率 × 出勤率）。

劳动定额的基本形式有产量定额和时间定额 2 种。

如果采用时间定额，则计算公式如下。

定编人数 = 生产任务 × 时间定额 ÷（工作时间 × 出勤率）。

❸ 业务流程定编法

业务流程定编法是根据岗位的工作量，确定各岗位每名员工单位时间的工作量，如单位时间的产量、单位时间处理业务数量等。根据业务流程衔接，确定各岗位编制人员比例。根据企业总的业务目标，确定单位时间流程中总工作量，从而确定各岗位人员编制。

❹ 行业对标定编法

行业对标定编法是用某一特定行业中，某类岗位人数与另一类岗位人数的比例来确定该岗位人数的方法。在企业中，由于专业化分工和协作的要求，某一类人员与另一类人员之间往往存在一定的比例关系，并且两者同时变化。这种方法比较适合人力资源管理、行政管理、后勤管理等各种难以确定编制的辅助支持类岗位。

行业对标定编法的计算公式如下。

某类岗位定编人数 = 另一类岗位人员总数 × 行业内对标企业定员比例。

2.3.3　编制计算的 4 个案例

常见的 4 种岗位定编方法的实施案例如下。

❶ 预算控制定编法举例

某集团公司给 A 子公司设定明年的销售预算额为 10 亿元，预算人力费用率为 10%，A 子公司平均每人每年的人力成本（非工资）为 8 万元。如果采取预算控制定编法，A 子公司应配置的人数计算过程如下。

A 子公司定编人数 $=10\times10^{8}\times10\%\div(8\times10^{4})=1\ 250$（人）。

若组织战略调整或市场环境发生较大变化，预算相应发生了重大变化，则定编人数也应相应调整。假如市场形势较好，A 子公司明年的销售预算额调整为 12 亿元，则按照预算控制定编法，A 子公司的定编人数计算过程如下。

A 子公司定编人数 $=12\times10^{8}\times10\%\div(8\times10^{4})=1\ 500$（人）。

❷ 劳动效率定编法举例

某企业计划明年生产产品 100 万件，工人平均的生产效率（或劳动产量定额）为每天生产 10 件，工人的年平均出勤率为 90%。采取劳动效率定编法，该企业工人定编人数的计算过程如下。

工人定编人数 $=1\times10^{6}\div[10\times(365-2\times52-11)\times90\%]=444$（人）（四舍五入）。

如果单位产品的时间定额为 1 小时，则计算过程如下。

工人定编人数 $=1\times10^{6}\times1\div[8\times(365-2\times52-11)\times90\%]=556$（人）（四舍五入）。

❸ 业务流程定编法举例

某部门每天全部的工作流程一共分 5 个步骤，每个步骤需要的工作量（换算成数值）以及平均每名员工每小时能完成的工作量如表 2-5 所示。

表 2-5　某部门流程与工作量测算表

流程	1	2	3	4	5
每天需要的工作量	72	64	160	40	80
每名员工每小时能完成的工作量	3	4	5	5	1

假设员工的出勤率为 80%，采取业务流程定编法，该部门应配备员工人数的计算过程如下。

该部门定编人数 $=[72\div(3\times8)+64\div(4\times8)+160\div(5\times8)+40\div(5\times8)+80\div(1\times8)]\div80\%=25$（人）。

❹ 行业对标定编法举例

某餐饮连锁服务业现有一线服务人员 1 万人，在该行业的其他对标企业中，

HR 与企业一线服务人员之间的比例一般为 1 ： 100。采取行业对标定编法，该企业应配置的 HR 人数计算过程如下。

该企业应配置的 HR 人数 =$1\times10^{4}\times1\div100$=100（人）。

2.4　如何对看不懂的岗位做分析

典型问题： 企业里的技术岗位比较多，HR 不懂技术，不理解这些岗位的工作内容，导致一些岗位一直没有岗位说明书。HR 对这些岗位不了解，不知道如何开展岗位分析。

类似问题： 岗位分析有哪些方法；哪种岗位分析方法最有效；如何对不熟悉的岗位编制岗位说明书；如何引导从事某岗位的人总结出本岗位的职责要求；对看不懂的岗位，HR 可不可以不做分析等。

2.4.1　岗位管理是管理基础

不论是为了评估岗位价值，还是为了做岗位管理，设计岗位说明书，HR 都免不了要对岗位进行分析。不过术业有专攻，HR 不可能对所有岗位都了解，对很多岗位来说，HR 只能做到略知一二。对一些专业技术岗位来说，HR 可能连略知一二都做不到。

这时，HR 不能因为不懂就不去做岗位管理。HR 可以不懂某个岗位需要的具体技术，但是不能不懂这个岗位本身，不然怎么确定这个岗位有没有发挥它应有的价值，怎么判断这个岗位有没有存在的必要呢？

许多企业存在一些岗位没有岗位说明书的问题，这是因为没有人去研究这些岗位的人到底应该做什么，应该做到什么程度，实际在做什么，做得怎么样。很可能这些岗位已经没有存在的必要，但因为岗位分析不到位，企业还继续保留着这些岗位，给企业造成损失。

所以，岗位分析是必要的。HR 应当具备岗位分析能力，不论是对熟悉的岗位，还是对不熟悉的岗位，都应有能力实施专业、完整的岗位分析。

2.4.2 岗位分析的 4 种方法

常见的岗位分析方法包括观察分析法、岗位访谈法、工作实践法和问卷调查法 4 种，如图 2-3 所示。

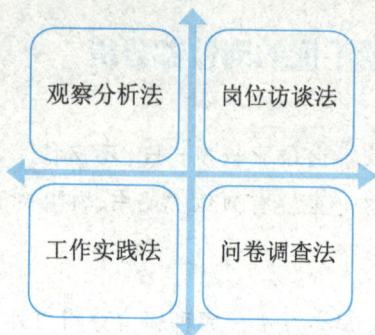

图 2-3 常见的 4 种岗位分析方法

其中，准确度比较高、最常用的分析方法是观察分析法和岗位访谈法。工作实践法可以作为这两种方法的补充验证。问卷调查法是比较简单的岗位分析方法，但准确度相对较低。

❶ 观察分析法

观察分析法是通过直接观察进行岗位分析的方法。观察者通过对特定对象的观察，把有关工作各部分的内容、原因、方法、程序、目的等信息记录下来，最后把取得的岗位信息归纳整理为适合的文字资料。

观察分析法取得的信息比较广泛、客观、正确，但要求观察者有足够的经验，而且在必要的时候要懂得提问和纠偏。这种方法比较适合用于岗位工作内容标准化程度比较高、变化性和创新性比较小的岗位，不适合用于创新性比较大、变化性比较大、循环周期长和主要以脑力劳动为主的岗位。

❷ 岗位访谈法

岗位访谈法是通过 HR 与任职人员面对面的谈话来收集信息资料。岗位访谈包括单独面谈和团体面谈。这种方法比较适合用于岗位工作内容标准化程度比较低、变化性和创新性比较大的岗位，如人力资源管理、行政管理、专业技术等难以从外部直接观察到具体工作内容的岗位。实施岗位访谈法，HR 需要掌握比较好的面谈技巧。

❸ 工作实践法

除了观察分析法和岗位访谈法之外，工作实践法也是一种比较常见的岗位分析方法。工作实践法又叫工作参与法，指的是 HR 实际从事待研究岗位的工作，在工作过程中掌握有关工作的第一手资料。HR 采用这种方法可以切身体会岗位的实际任务以及在体力、环境、社会方面的要求，能够细致、深入、全面地体验实践岗位的工作。

工作实践法适用于短期内可以掌握的工作，但是对于技术难度比较高、需要接受大量训练才能掌握或者危险系数比较高的工作，不适合采取这种方法。

❹ 问卷调查法

问卷调查法是 HR 根据岗位工作分析的目的、内容，编写结构性调查问卷表并将其发放给岗位任职者，由岗位任职者填写调查问卷之后，收集并整理信息，提炼出岗位信息的方法。

2.4.3 岗位分析的 4 个步骤

根据 4 种岗位分析方法的特点，对 HR 看不懂的岗位，比较适合采取岗位访谈法进行岗位分析。实施岗位访谈法的流程如图 2-4 所示。

面谈准备 ➡ 面谈开头 ➡ 面谈过程 ➡ 面谈结束

图 2-4 实施岗位访谈法的流程

❶ 面谈准备

HR 在做面谈准备的时候，要注意明确面谈的目标，要事先做好时间约定并准备好面谈需要的相关问题和资料，提前通知被访谈者让其做好准备，面谈的地点最好选择在不受干扰之处。

❷ 面谈开头

在面谈开始之前，HR 要说明面谈的目的，营造一个比较宽松的环境和友好的氛围，告知对方整个面谈过程中可能需要做必要的记录；HR 在访谈的时候要去除偏见，不要带着主观思想问问题，要通过全面的问题，获得对岗位工作的总体认知；HR 在面谈过程中要保持与被访谈者的目光接触。

❸ 面谈过程

岗位分析的面谈是一种事实挖掘类的面谈，其目的是获得事实而非观点或偏见，所以 HR 要注意引导整个面谈过程，把被访谈者带入整个面谈的主题中，让对方针对问题回答事实而不是个人的观点，同时给对方留出足够的时间思考。

❹ 面谈结束

在面谈结束的时候，HR 要核查自己是否已经获得了面谈需要的所有信息；总结关键信息，询问被访谈者是否还有话说；此时若还有内容不够清楚，可以继续追加询问；在面谈结束之后，感谢对方所投入的时间和努力。

2.5 中小企业如何建设职业发展通道

典型问题： 当前所在的企业规模比较小，近几年发现很多员工离职的原因是缺乏职业发展空间，可企业当前的主要精力都用在发展业务上，管理不成熟，有的管理层认为没有必要探讨职业发展通道的问题。

类似问题： 人数比较少的中小企业该不该为员工设计明确的晋升制度；中小企业设计职业发展制度，需要注意哪些环节；中小企业员工的晋升通道应该具体明确还是模糊抽象等。

2.5.1 成长之心人皆有之

成长之心人皆有之，"有奔头"是很多人行为动机的来源之一。这个道理不论是大型企业、中型企业还是小型企业，只要是有人存在的地方，就是通用的。所有人都希望自己越来越好。

相比之下，中小企业因为处在迅速发展的时期，更需要给员工提供成长的动力，这就免不了需要一个能激励人的晋升制度。不过，中小企业因为企业规模的限制，给员工设计职业发展通道的思路和大型企业相比，应当有所区别。

实际上，员工的职业发展制度是一套虚设的规则，是一个可以编排的故事，是能够"无中生有"的。这一点和客观存在的物理世界是不同的。设计了明确的职业发展通道，也不代表企业就一定会增加成本。

就算有的企业只有 10 个人，如果管理需要，也可以设置 20 个职级空间，也可以给企业的不同部门设置副经理、经理、副总监、总监等职位。大型企业往往制度鲜明，规则死板；而中小企业的制度可以比较灵活，不一定要学习大型企业设计员工发展制度的做法。

为员工设计职业发展通道的本质是什么？是让员工有奔头、有希望。中小企业通过为员工设计职业发展通道，给员工多一些奔头和希望，又有什么不好呢？

所以，中小企业不应当限制自己的想象，不应当觉得自己企业人少、发展时间短、管理不成熟，就认为职业发展通道就应该少或者不需要设计职业发展通道。

2.5.2 多通道和职业发展生态系统

不同的企业有不同的员工职业发展通道和职业发展路径，通用的企业职业发展通道如图 2-5 所示。

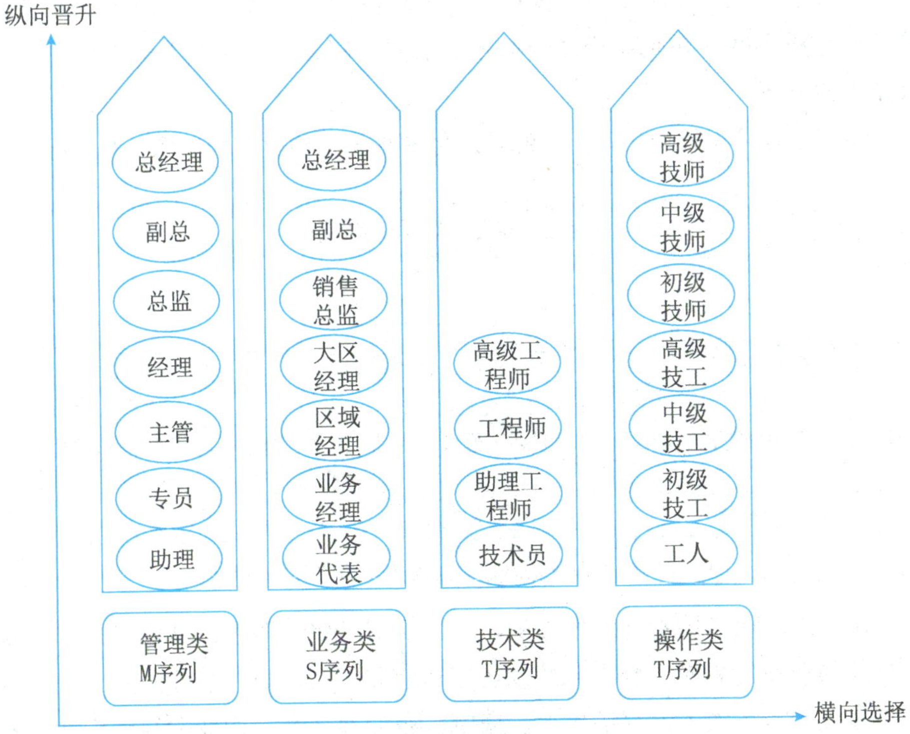

图 2-5 通用的职业发展通道

管理类通道适用于企业的各类人员；业务类通道适用于从事市场销售的人员；技术类通道适用于从事技术工作的人员；操作类通道适用于生产车间的人员。

不同的企业可以根据通用的职业发展通道设计适合企业的职业发展通道。企业在设计职业发展通道时要注意两个问题：一是条件和标准要明确，避免出现模棱两可的情况；二是条件和标准要符合企业的实际情况。

在职业发展过程中：如果员工想要转换职业发展通道寻求横向选择，一般情况下必须参加想要转换的序列的岗位培训，拥有该岗位要求的相关技能，并通过部门的面试；当员工选择继续留在本职业领域晋升时，员工需要参加晋升岗位的相关培训，并通过部门的考核。

很多企业的员工职业发展管理工作都存在形式化、落地难的问题。该问题产生的原因除了没有明确工作任务、设置管理机构和设计职业发展通道之外，还在于企业把职业发展管理和人力资源管理工作分割开来，将其变成了一项单独的工作。

其实员工的职业发展管理工作是人力资源管理系统中的一部分，通过平衡企业发展需要、员工发展需要以及人力资源管理的各模块，员工职业发展管理应当成为寄存在企业管理生态环境中的一部分，成为人力资源管理生态系统中的一环。

员工职业发展管理与人力资源管理生态系统的构建模型如图 2-6 所示。

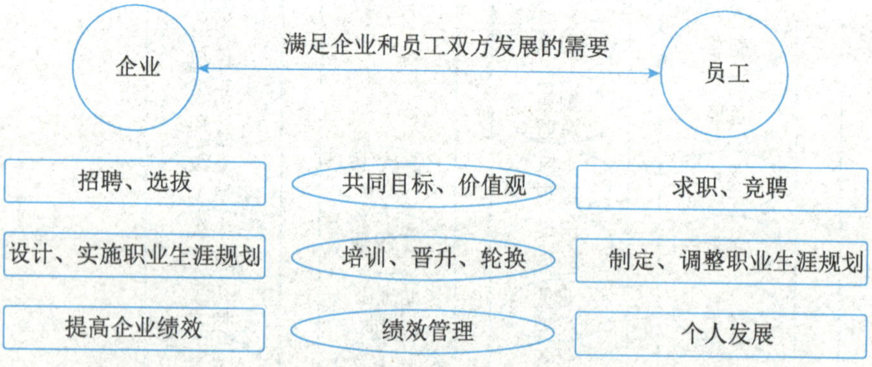

图 2-6　员工职业发展管理与人力资源管理生态系统

在员工职业发展管理的生态中，企业要明确员工职业发展的前提，也就是员工的职业发展应当和企业的发展相适应和匹配，员工职业发展管理应当满足企业和员工双方发展的需要。同时，企业要让员工职业发展管理成为整个人力资源管理体系的一环，和人力资源管理的其他模块相匹配。

企业在招聘管理的过程中，要招聘、选拔出与企业有共同目标、价值观的员工。在员工入职之后，企业要建立员工职业发展的档案，并对各类员工职业生涯规划进行评估和设计，建立与员工职业生涯规划相配套的培训管理体系。企业应通过绩效管理对员工每一阶段的工作进行绩效评估，了解员工的工作业绩，帮助员工寻找绩效方面的问题及产生问题的原因，提供改进意见。

做好员工的职业发展管理工作，绝不只是做好员工职业生涯规划就可以，还需要企业做好人力资源管理其他模块的工作，建设员工职业发展管理的生态系统。

2.5.3 职级、精神、远期、功劳

中小企业在设计晋升制度的时候，应当重点关注以下 4 点，如表 2-6 所示。

表 2-6 中小企业设计晋升制度时应注意的 4 点

序号	应当注重	不应当注重
1	职级	职位
2	精神	物质
3	远期	近期
4	功劳	苦劳

❶ 注重职级而不是职位

中小企业与大型企业的职位设置不同，中小企业一般人数比较少，能够设置的职位也比较有限。所以中小企业在员工晋升的设置上，可以以职级上的提升为主。

比如，可以给某个岗位设置 15 个级别，从事该岗位的人每半年或者每一年可以根据态度、绩效或能力情况评定一次是否晋级。这样从事该岗位的人可能会比较稳定，但是随着能力和绩效的提升，工资、福利、待遇、权限都会有所提升，员工还是会有晋升的感觉。

❷ 注重精神而不是物质

中小企业的财务状况可能不像一些大型企业的那么好，晋升奖励不一定要完全体现在薪酬的提升上，可以增加更多精神层面的激励，精神激励往往

比物质激励更有效。

常见的一些精神激励，比如职级晋升之后，能够更多地接触到公司的最上层，能够获得更多外出或者内部学习的机会；能够获得更加弹性的工作时间，能够获得一个更宽敞、自由的工作空间等。

❸ 注重远期而不是近期

由于中小企业的特点，员工晋升后的奖励不一定必须是即时的或者近期的，可以适当引入长期激励。一方面，有利于减少企业的财务压力；另一方面，能够提高企业员工队伍的稳定性。

这里的长期激励，不仅可以是股权激励，还可以是一些长期的薪酬计划、福利计划等。比如，达到某级别满五年，发一块小金牌；达到某级别满十年，发一块大金牌；达到某级别满五年，子女可以获得教育基金；达到某级别满十年，公司保证解决户口问题等。

❹ 注重功劳而不是苦劳

中小企业以成长和发展为目的，以市场的认可为目标。企业接受着市场的考验，员工更应当和企业一起承担。在大企业中，有时候只要员工工作年限到了、能力达标，企业有空位置，如果员工没有犯过原则性错误，就可以晋升。

中小企业员工的晋升，必须拿价值来兑换，用结果来说话。不仅是晋升制度，任何制度都要体现中小企业更关注市场、更贴近顾客的特点，一切以市场认可的功劳来判定，而不是员工做了多少苦劳。

2.6 业务淡季如何做好员工管理

典型问题： 企业业务有淡旺季之分，到了业务淡季，员工每天没有太多事情，工作激情不是很高。领导看到员工这种状态很不满意，希望 HR 可以采取一些方法，妥善做好业务淡季的员工管理工作。

类似问题： 业务淡季员工心散了如何处理；企业在业务淡季时，如何有效控制人力成本；如何在业务淡季调动员工的工作积极性；遇到业务淡季，HR 应采取什么方法营造良好的工作氛围等。

2.6.1　业务淡季员工管理的 3 大方向

很多企业的业务有淡旺季之分，淡旺季的业绩浮动通常会比较大。但最让企业头疼的不是淡旺季的业绩问题，而是员工管理问题。

很多企业旺季非常忙，员工忙起来的时候，其主要的精力都放在了如何保质、保量、按时完成工作任务上，没有太多空余时间去想一些与工作无关的事。

到了业务淡季，员工不忙了，一闲下来就会想一些与工作无关的事。而且闲下来之后，整个团队每天处在无所事事的状态，反而会失去忙时的那种团队凝聚力。

企业的淡旺季会根据市场的特点发生变化，虽然可以被预测，却很难被人左右，HR 能做的是加强企业的内部管理。企业到了业务淡季的时候，可以从 3 大方向管理好员工：第一个方向是控制人力资源成本；第二个方向是提高人力资源质量；第三个方向是盘活氛围，凝聚人心。

2.6.2　业务淡季员工管理的 4 个方法

在业务淡季，企业要控制人力资源成本，常用的方法有 3 种，分别是调整人员结构、调整工作时间、设置季节性薪酬；要提高人力资源质量，盘活氛围，凝聚人心，常用的方法是实施员工培训，如图 2-7 所示。

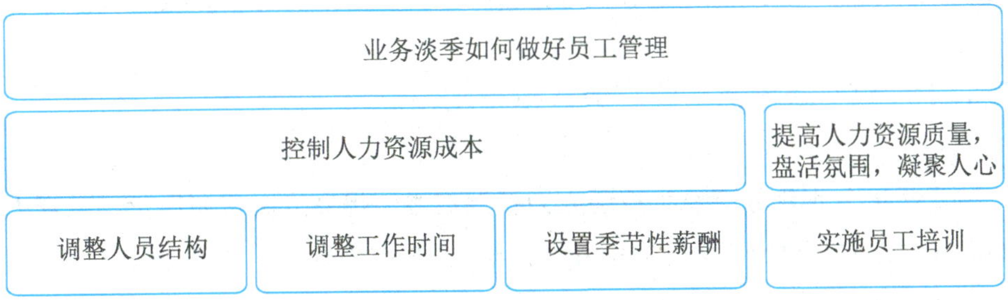

图 2-7　业务淡季做好员工管理的 4 个方法

❶ 调整人员结构

比较有效的人力资源运用策略是在设置人员组成时，可以有一定比例的非全日制员工、劳务合作、委托代理、项目承包或其他用工。这部分劳动力，主要是用来满足业务旺季产生的大量的、临时的用人需求。另外的人员由正式的全日制员工组成。这部分劳动力，可以满足企业业务淡季的、长期的用人需求。

❷ 调整工作时间

有的企业业务淡旺季的规律不是特别明显；有的企业不论是业务淡季还是旺季，都需要劳动者具备比较强的技能或者一定的经验；有的企业可能很难找到能长期稳定合作的、满足临时用人需求的人。这时企业可能总是需要保持比较多的全日制员工。在这种情况下，企业可以考虑用调整工作时间的方式来降低人力成本，采取综合工时制和不定时工时制。

❸ 设置季节性薪酬

有业务淡旺季特点的企业在薪酬制度的设计上应该体现出季节性的特点，应当建立针对业务淡旺季特点的薪酬体系。由于企业在业务淡季的时候创造的价值比较小，在业务旺季的时候创造的价值比较大，企业的全日制员工薪酬体系的设置，应体现这个特点。

❹ 实施员工培训

企业的业务淡季，非常适合用来提高人力资源的质量。因为在业务旺季的时候，员工的工作比较忙，企业没有时间组织培训。企业要在业务淡季组织员工培训，比较有效的方式是在业务旺季刚结束的时候马上组织，围绕着业务旺季的工作状态和工作结果，结合外部市场状况和内部管理情况，把培训和总结结合在一起，让培训贴近业务、贴近员工工作能力的提升，贴近人力资源价值的提升。

2.6.3 落实淡季员工管理的注意事项

要落实企业业务淡季时控制人力资源成本、提高人力资源质量、凝聚人心的 3 大方向和对应 3 大方向的 4 个方法，HR 要做好以下几个方面。

❶ 调整人员结构的注意事项

HR 在设置满足业务旺季临时用人需求的岗位时，要注意保持和这类人员的持续联系，关注他们的动态，为下一个业务旺季做准备。也可以给这部分人员一定的福利，体现出企业对他们的关怀。这类人员的获取最好选择那些住在企业周边的人，这样既有助于和他们保持情感上的联系，又有助于在企业需要时，能够快速与其取得联系。

❷ 调整工作时间的注意事项

综合工时制和不定时工时制都属于特殊工时制。企业如果不做任何申请，就默认实行标准工时制，而不是特殊工时制。这时如果出现劳动争议，企业主张自己采取的是特殊工时制是没有法律依据的，劳动者有权要求企业按照标准工时制支付加班工资。

❸ 设置季节性薪酬的注意事项

在有业务淡旺季之分的企业中，对全日制员工来说，可以设置一个相对比较低的无责任底薪。这样在淡季的时候可以有效节省人力成本，到了旺季的时候，可以通过津贴、加班费、奖金、福利等体现劳动时间和劳动成果的收入让员工的总薪酬仍然可以保持在比较高的水平。

❹ 实施员工培训的注意事项

企业可以采取的培训形式比较多，不应局限于传统的课堂授课式培训，可以组织员工做内部讨论、做头脑风暴、到标杆企业考察学习、做市场调研、做一些角色扮演的管理游戏、模拟经营或者举办技能比赛等，通过多种形式的活动丰富培训模式。

注意，虽然培训形式比较多，但培训内容不需要一次准备太多，不要为了培训而培训，不要为了消磨员工的时间而培训，也不要让员工学习一些工作中用不到的、形而上学的知识。不要忘记做培训的目的是提高人力资源的质量，改善团队的氛围。

2.7　如何在不影响业务的前提下降低人力成本

典型问题： 领导强调减员增效，HR 严格执行了领导的减员策略，按理说应该得到赞赏，可企业业绩下滑，领导怪罪下来，所有部门负责人都把矛头指向人力资源部。部门负责人认为人力资源部不准招人，大幅缩减工作人员，才让业绩降低，这时领导和业务部门一起责怪人力资源部。

类似问题： 领导推行减员增效没有依据，HR 如何执行；如何平衡人力资源成本控制和保证业务顺利推进的人员数量之间的关系；HR 如何让业务部门落实减员增效的政策等。

2.7.1 增效是因，减员是果

很多人不清楚减员增效的因果，增效是因，减员是果。因为效率增加了，所以实现了减员。可很多人把减员增效的因果倒置，以为减员是因，增效是果。因为减了员，剩下来的员工就得多做一部分工作，所以员工的工作效率增加了。

实际上，减员并不一定带来增效。减员后是增效还是减效，要看这两者能不能有机结合，以及管理要求与流程、方法、技术等其他因素能否有效支持与配合。如果只是盲目通过减员实现增效，是不现实的。

举例 ❓

某生产车间岗位员工的工作效率是每小时生产 10 件产品，每天工作 8 小时，每天生产 80 件产品，每月工作 22 天，每月生产 1 760 件产品。这个效率受生产工艺和设备的影响，是个相对确定的数字。生产计划要求该车间每月生产 176 000 件产品，那么工人的配置应该是 100 人。在其他条件不变的情况下，领导要求减员增效，100 人要减到 80 人。盲目减员之后不仅没有提高效率，反而完不成生产任务。

有的企业喜欢裁减非业务部门的员工，认为非业务部门的员工不直接给企业创造价值，可有可无。实际上，盲目裁减非业务部门的员工同样不会带来增效。

举例 ❓

某企业一共有 1 500 名员工，人力资源部有 10 名工作人员，工作内容覆盖了人力资源管理的全模块，其中有 2 人专门负责培训。这 2 人平时比较努力，经常加班。他们的工作内容包括从需求调研、需求分析，到培训组织、实施，再到结束后的基础评估的培训全过程，每年组织大大小小的培训 100 多场。

在其他条件都不变的情况下，领导要求减员增效，2 人减为 1 人，还要把原来所有的工作都做好。这必然带来培训的工作内容减少，从而可能让培训效果变差，让培训活动不能满足公司业务的需要。一方面，可能让培训没有效果，增加管理成本；另一方面，可能让员工达不到岗位技能要求，降低工作效率，同样增加人力成本。

企业员工办事慢、效率低有时候是因为流程冗余，有时候是因为技术落后，有时候是因为设备陈旧，有时候是因为组织机构，有时候是因为企业文化。在没有弄清楚原因的情况下盲目减员，不但不会提高效率，反而可能降低效率、增加成本。

2.7.2 人力资本投资回报

管控人力成本本质上是一门花钱的艺术，而不是一门节约的艺术；是一个考虑投入与回报关系的价值投资过程，而不是一个斤斤计较的市井买卖过程。如果企业只会用节约的理念来管控人力成本，最后很可能会走上折损员工利益的道路，形成恶性循环；企业按照价值投资的理念来管控人力成本，才有可能实现企业和员工的双赢，形成良性循环。

管控人力成本的最终目的不是减少人力成本的"总额"，而是管控人力成本的"比率"。这里的比率主要有两方面的含义：一方面指的是管控人力成本在销售收入中的比率，也就是管控人力成本费用率；另一方面指的是人力成本费用在总费用中的比率。

管控人力成本的"比率"是降低企业对人力资源投资与收益比率的理念。按照这个理念，企业要做的不一定是减少人力成本的总额（投入），反而有可能应当增加人力成本的总额（投入），来增加企业的销售额、利润（收益）或扩大市场规模，如图 2-8 所示。

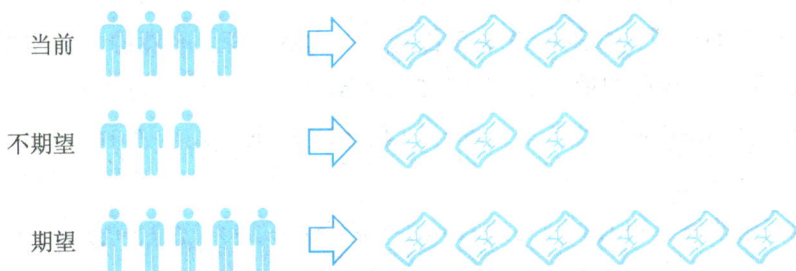

图 2-8　管控人力成本的正确思路

要体现投入与收益比率的降低，就应当管控人力成本在销售收入中的比重以及人力成本在总成本中的比重。也就是当人力成本在销售收入中的比重以及人力成本在总成本中的比重维持不变或有所降低时，代表着企业人力资源投资能力的提升，企业经营管理效率的提高。

举例❓

某企业有200名员工，这家企业每年的销售收入是2亿元，当前的人力成本总额是5 000万元。按照投资收益的理念，可以理解为这家企业投入了5 000万元的人力成本，换来了2亿元的销售收入。人力成本和销售收入之间的投资收益比率是1∶4，也就是投入1元的人力成本，可以获得4元的销售收入。

该企业要想有效地管控人力成本，不应该只聚焦于如何减少每年5 000万元的人力成本总额，而应该聚焦于降低人力成本和销售收入之间的投资收益比率，也就是有没有可能在人力成本投入1元的情况下，获得大于4元的销售收入。

假如当企业投入6 000万元的人力成本时（比原来增加1 000万元），有没有可能产生超过2.4亿元（比原来增加4 000万元以上）的销售收入。如果可以，那么说明人力成本和销售收入的投资收益比率有所降低，代表了人力资源管理的效率有所提升。这时虽然人力成本的总额增加了，但企业对人力成本的管控却是成功的。

企业在人力资源管理方面效率的提高同样体现在人均劳动效率的提高上。

某时期人均劳动效率＝某时期的销售收入 ÷ 某时期创造该销售收入的人员数量。

要提高人均劳动效率，首先可以增加相同人力资源创造的价值（销售收入），其次可以在创造相同价值的情况下，管控人力资源的数量。

上例中的企业，如果保持200名员工总人数不变，企业的人力成本增加到6 000万元，企业的销售收入变为2.5亿元。

原来企业每年的人均劳动效率 =2（亿元）÷200（人）=0.01（亿元／人）=1（百万元／人）。

现在企业每年的人均劳动效率 =2.5（亿元）÷200（人）=0.012 5（亿元／人）=1.25（百万元／人）。

现在企业每年的人均劳动效率高于原来企业每年的人均劳动效率，同样代表企业的人力成本总额虽然增加了，但是企业人力资源管理的效率却提高了。

2.7.3 精打细算，内部挖潜

在微利时代，内部挖潜非常重要。员工应意识到，成本既是企业的一种投资，也是可以通过所有员工的努力得到控制的因素。每一个员工都应该参与企业控制成本的过程。虽然关掉水龙头、随手关灯、不用纸杯、双面打印这些事情很微小，但积少成多，这些小事不仅能够降低成本，而且能够培养员工的成本意识，使其养成精打细算、精益求精的工作态度。

当企业在关于人力成本的定期评估中发现人力成本超过预算较多时，常见查找问题的思路和操作方法可以来自以下 5 个方面，如图 2-9 所示。

❶ **聚焦核心价值**

人力成本过高的原因有可能来自资源浪费在没有产生价值的事情上，HR 应当审视企业是否存在没有聚焦核心价值的问题。如果存在，应当聚焦核心价值，减少企业在其他方面投入的成本。

❷ **调整产业结构**

人力成本高的原因有可能来自企业所在的产业和产品附加值低。这时，HR 可以考虑和高层一起查找运营层面的问题，调整资产结构和产品结构，利用优良资产和盈利产品增加效益。

❸ **合理调配人员**

冗余的人力资源、不合理的组织结构、较差的工作状态以及较低的岗位技能水平等都有可能是人力成本高的原因。人力资源管理应当按照组织结构设置岗位职责要求，按照岗位职责要求择

图 2-9 人力成本超过预算后的 5 方面举措

聚焦核心价值

调整产业结构

合理调配人员

改进投入方式

调整薪酬结构

优调配适岗人员，形成精干高效的人员结构，强化对在职人员的培训管理和绩效管理，同时注意可以合理利用设备与人力资源的替代关系。

❹ 改进投入方式

HR 可以进一步分析人力成本高的具体领域。人力成本高有可能是人力成本的投入方式有问题；有可能是当前的人力成本没有主要投入在关键岗位和重点岗位上，而是投入在了一些不关键的岗位上，出现高岗低薪和低岗高薪问题。这时应及时做出调整。

❺ 调整薪酬结构

薪酬结构不合理有可能是造成人力成本高的原因。比如，有可能是员工的固定工资太高，浮动工资太低。HR 应当合理把握工资的结构，合理确定固定工资和浮动工资的比例。在迫不得已的情况下，可以考虑减少固定工资的策略。

2.8 如何实施人力资源规划

典型问题： 很多 HR 开展人力资源管理工作，根据的是领导的指示，对人力资源管理工作没有明确的规划，以致在工作中除了常规的事务性工作之外，常常出现不知道该做什么的情况。

类似问题： 每到年底或年初，领导期望 HR 做人力资源规划，可 HR 却不知道该如何做；不知道如何将人力资源规划与人力资源管理的其他工作匹配；不知道人力资源规划包括哪些内容等。

2.8.1 狭义与广义的人力资源规划

做人力资源规划是为了承接和满足企业总体的战略发展要求，促进人力资源管理工作更好地开展，提高人力资源管理的工作效率，让企业的目标和员工个人发展的目标达成一致。人力资源规划是为企业战略服务的。要做好人力资源规划，首先要有清晰明确的企业战略。如果没有清晰明确的企业战略，人力资源规划无从谈起。

人力资源规划其实有狭义和广义两种含义。

狭义的人力资源规划指的是人员的配置计划、补充计划和晋升计划，也就是和人力资源招聘与用人有关的计划。

广义的人力资源规划除了这 3 项外，还有员工的培训与发展计划、薪酬与激励计划、绩效管理计划、员工福利计划、员工职业生涯规划、员工援助计划等，也就是和企业人力资源管理相关的一系列计划的总和。

不论是狭义的人力资源规划，还是广义的人力资源规划，实施的目的都是实现目标。越远期的目标，HR 越应该关注一些宏观的、长远的、愿景层面的维度；越近期的目标，HR 越应该关注一些具体的、短期的、可操作、可执行的维度。根据目标制定行动计划，然后具体实施并做出评估。

2.8.2　人力资源规划的 5 环花

要实施人力资源规划，有 5 个关键词需要关注，分别是价值、目标、基础、资源和任务。这 5 个关键词围绕规划，可以组成一个 5 环花，如图 2-10 所示。

图 2-10　规划 5 环花

❶ 价值

没有价值，一切规划和计划都没有意义。HR 在制定人力资源规划的时候，一定要围绕价值进行。这里的价值，可以是一个定量的值，也可以是一个定性的状态。

HR 可以不断问自己：我希望收获哪些价值，这些价值是不是我想要的，这些价值真的能满足公司人力资源管理的需要吗？如果不能满足，那么就需要重新审视和寻找新的价值。

❷ 目标

要制定计划，就要对应目标；要实现价值，同样需要对应目标。目标是把所有抽象的概念具体化的一个重要工具。

制定目标要遵循 SMART 原则，也就是制定的目标应是具体的、可以衡量的、可以达到的、与其他目标具有一定的相关性、有明确截止期限的。

目标按照时间分解，在不同的时间点制定目标时关注的重点是不一样的。通过关注这些重点，在评估这些目标的完成情况的时候，可以有一定的侧重。

❸ 基础

基础就是为了完成目标，团队或个人需要的知识、技能、素质。基础通常是 HR 能控制的，是通过主观努力能提高的部分。如果当前团队或个人的基础比较弱，可以通过学习快速补足。

在看基础的时候，要结合目标和价值来看，要审视及盘点与目标和价值相关的基础。同时要不断地问自己：要实现目标，需要哪些基础；如果目前还不具备这些基础，有没有弥补的计划？这个弥补计划，也可以作为后续的目标和任务的一环。

❹ 资源

资源包括人际关系资源、财务资源、权力资源等。资源通常不是 HR 想有就能有的，它是来自外部的。有时候职位就决定着资源，有时候身份就决定着资源。

基础和资源之间是互补的。如果基础特别好，要完成目标所需要的资源就比较少；如果资源特别好，要完成目标所需要的基础就比较少。HR 对价值和目标做盘点的时候，可以把基础和资源放在一起盘点。

❺ 任务

HR 在聚焦价值、制定目标、盘点完基础和资源之后，就可以针对目标制定具体的任务。有了任务，才能知道在什么时间应该具体做什么事情。在制定任务的环节，HR 要不断问自己：要达成目标，我需要完成哪些具体的任务？

2.8.3 人力资源规划的 5 步骤

人力资源规划可以分成 5 步，如图 2-11 所示。

1.信息收集	企业战略规划	企业内部的经营情况和人力资源情况	企业外部的人力资源情况
2.现状分析	需求分析 企业需求的人力资源情况	供给分析 内部供给分析	外部供给分析
3.供需预测	需求预测 需求的数量、质量、能力、层次、结构等	内部供给预测 供给的数量、质量、能力、层次、结构等	外部供给预测
4.制定实施	人力资源规划的制定与实施		
5.评估控制	人力资源规划的评估与控制		

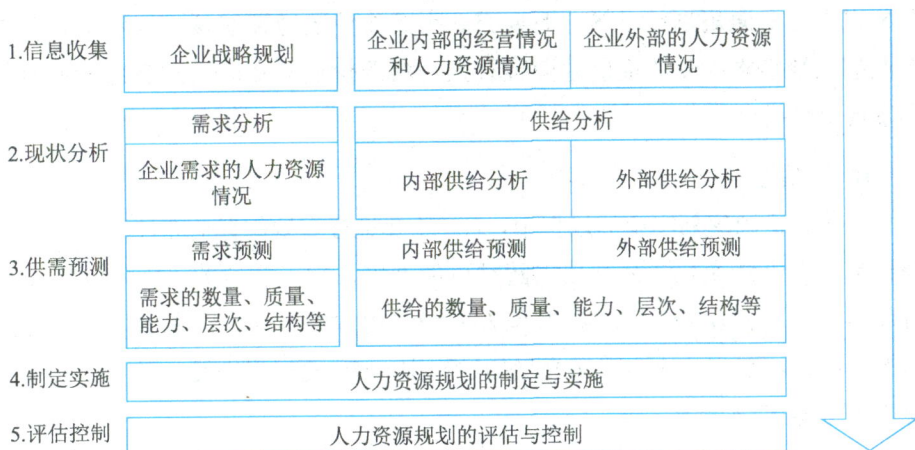

图 2-11　人力资源规划的 5 个步骤

❶ 信息收集

第一步，HR 要收集、调查、整理企业的战略规划、内部经营状况以及内外部的人力资源情况等各类相关信息。这里收集的信息要全面、真实、有效。企业的战略规划应包含市场、产品、技术、扩张等经营管理层面的全部规划。

❷ 现状分析

这一步是把所有收集到的信息进行整理分析。如果要做狭义的人力资源规划，那么 HR 可以只针对人力资源的数量做重点分析；如果要做广义的人力资源规划，那么 HR 要对人力资源管理的方方面面进行事无巨细的分析。

❸ 供需预测

根据第二步的分析，HR 就能对人力资源未来的发展情况做出预测。如果要做狭义的人力资源规划，可以通过定量或定性的方法，对人力资源的供需状况进行预测。在预测前，需要对当前的人力资源情况进行盘点，包括人力资源的数量、质量、能力、层次、结构等，掌握当前的存量情况，在盘活存量的基础上预测未来的增量情况。如果要做广义的人力资源规划，可以根据需要选择更多的预测维度。

❹ 制定实施

根据前 3 步的分析和预测，这时 HR 就可以制定比较具体的人力资源规划了。HR 在制定完人力资源规划之后，就可以实施了。这里需要注意，HR

在制定人力资源规划的时候：既要充分考虑企业的短期需求，也要充分考虑企业的长期需求；既要促进企业现有人力资源价值的实现，又要为员工的长期发展提供机会。

❺ 评估控制

在人力资源规划实施的过程中，HR 还要进行有效的评估和控制。由于内外部环境在不断变化，公司战略随时可能调整，加上制定的人力资源规划本身就存在一定的误差，所以在实施人力资源规划的过程中，常出现不适宜的情况。因此，在实施人力资源规划的过程中，HR 要根据需要，及时修改和调整人力资源规划。

第 3 章

招聘管理

  招聘管理是企业对人才吸引、招募、选拔的过程。通过招聘管理，企业可以把适合的人才放在适合的岗位。招聘管理水平决定了企业人才招聘与选拔工作的科学性和严谨性，从而影响着企业引进人才的质量，直接关系着企业的绩效水平。

3.1 如何快速地提升招聘满足率

典型问题： 招聘效率低下，招聘需求总是难以满足，不知道该从哪里入手，如何有效提高招聘效率？

类似问题： 用人部门急着要人，如何在短时间内将人才招聘到位；当招聘满足率低的时候，应该从哪些方面做出努力，提高招聘满足率；如何全面、系统地提高招聘效率等。

3.1.1 人才招聘的本来面貌

提高招聘效率是一项系统的工程，并不是在某一个方面做出努力就能够实现的。比如，有的企业认为招聘效率低的主要原因是员工薪酬水平比较低，可是在提高薪酬水平之后，发现招聘效率并没有明显提高。

人才招聘的本质其实就像产品营销。营销的过程大体是：先让大量的顾客了解企业的产品，然后让一部分对企业产品感兴趣的顾客产生购买行为。企业在寻找顾客，顾客在寻找产品，当双方的信息能够达成某种程度的对称，同时达成一致意见时，交易就达成了。

人才招聘也是这样，人才招聘的过程大体是：让求职者知道企业有空缺岗位，在招聘人才，然后让合格的求职者愿意来企业工作。企业在寻找求职者，求职者也在寻找雇主，当双方的信息能够达成某种程度的对称，同时达成一致意见时，雇佣关系就形成了。

在产品营销中，有一个 4P 理论，4P 分别是产品（Product）、价格（Price）、渠道（Place）和促销（Promotion），再配合不同的营销策略（Strategy），就能完成一次成功的营销活动。

如果把人才招聘与产品营销的 4P 理论对应，产品（Product）对应着公司的雇主品牌和所提供岗位的吸引力；价格（Price）对应着岗位薪酬待遇的吸引力；渠道（Place）对应着招聘渠道；促销（Promotion）对应着对招聘活动的宣传。

产品营销 4P 理论与人才招聘的对应关系如图 3-1 所示。

图 3-1　产品营销 4P 理论与人才招聘的对应关系

人才招聘的过程，实际上是招聘人员把企业的岗位"销售"给求职者的过程。

3.1.2　人才招聘的互联网思维

既然人才招聘的本质就像产品营销，运用产品营销的思维招聘，将有助于 HR 更深刻、更全面地理解人才招聘，有助于 HR 系统地提高人才招聘的效率。在这一点上，HR 可以学习互联网企业的营销思维。

在互联网企业中，销售产生的过程与 3 个维度息息相关，分别是产品、流量和转化率，如图 3-2 所示。

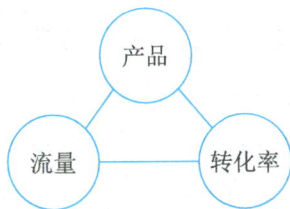

图 3-2　互联网企业销售的产生过程

要提高销量，企业可以从这 3 个方面做文章。

产品是企业向用户交付的物品，产品本身要具备实用价值，要能够满足用户的需求，要自带品牌，要具备一定的吸引力。除了功能属性之外，产品自带价值属性和价格属性，当产品的价格属性高于产品的功能属性和价值属性的总和时，产品将难以销售。

流量指的是对产品有认知的潜在用户的数量，也就是能够接收到产品信息的人员数量。流量越大，能够接收到产品信息的潜在用户群体就越大，产生交易的可能性就越大。当流量不足时，产品的销量也会受到影响。

转化率指的是由潜在用户转向实际用户（付费用户）的比率。产品本身的吸引力越强，产品的宣传推广信息投放越精准，产品的销售文案越有效，产品的转化率就越高。当转化率低时，产品销售成交量就会减少。

要保证人才招聘成功，提高招聘效率，HR 同样可以从这 3 个方面做出努力。

招聘中的产品，指的是企业的招聘岗位。企业的招聘岗位吸引力越强，招聘成功的概率越大，招聘效率也越高。

招聘中的流量，指的是招聘信息能够到达的范围。招聘信息到达的范围越广，接收到招聘信息的人越多，招聘成功的概率越大，招聘效率也越高。

招聘中的转化率，指的是接收到招聘信息的人最终选择企业招聘岗位的概率。转化率越高，招聘成功的概率越大，招聘效率也越高。

3.1.3　招聘成功的成交公式

互联网企业产品销售成交与人才招聘成功的公式一样，都是：产品 × 流量 × 转化率。

要系统性地提高招聘满足率，需要从产品、流量和转化率 3 个方面同时做出努力，不能只做好其中的某一个方面，不顾其他方面变差的情况。要系统性地提高招聘效率，HR 的努力方向如图 3-3 所示。

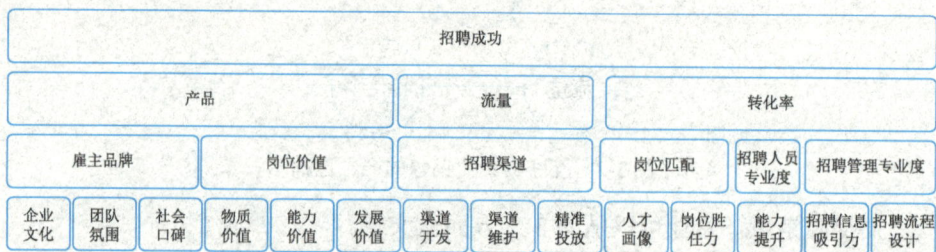

图 3-3　要系统性地提高招聘效率，HR 的努力方向

从企业的角度来说，雇主品牌影响着岗位的吸引力，雇主品牌与企业文化、团队氛围和企业的社会口碑有关；从岗位的角度来说，岗位价值影响着岗位的吸引力，岗位价值可以分成岗位的物质价值、能力价值和发展价值。

其中，岗位的物质价值包括岗位的薪酬待遇、工作环境、劳动条件、隐性福利等；岗位的能力价值指的是从事岗位能够给人们带来的能力提升，以及这种能力的社会价值；岗位的发展价值指的是从事岗位在未来会得到哪些职业发展或其他收益。

招聘的流量主要与招聘渠道有关。招聘渠道越多，招聘信息传播的范围越广，招聘流量就越大。招聘渠道的开发、招聘渠道的维护和根据岗位情况在不同的招聘渠道精准投放招聘信息，都能影响招聘的流量。

招聘的转化率与岗位本身的吸引力有关，与流量投放的精准度有关，还和岗位与候选人是否匹配以及招聘人员的专业度、招聘管理的专业度有关。通过人才画像，企业可以实现"人人匹配"；通过岗位胜任力，企业可以实施"人岗匹配"。

招聘人员的专业度影响着招聘管理的专业度。要提高招聘人员的专业度，可以通过培训提升招聘人员的能力。招聘管理是否专业，决定了投放的招聘信息是否具备吸引力，决定了招聘流程设计的专业度，这些都决定了候选人最终是否会选择企业，影响着招聘的成功率。

要在招聘的产品、流量和转化率方面进行优化，除了以上通用因素之外，还可能存在其他的影响因素。HR 可以根据企业的实际情况，运用人才招聘成功的成交公式，在这 3 个方面做出努力，提高招聘满足率。

3.2 如何设计招聘管理体系

典型问题： 作为负责招聘的 HR，每天的工作都是等着用人部门提需求，做着筛选简历、电话邀约、安排面试的工作。这样导致招聘效率不高，HR 应如何设计和实施招聘管理体系？

类似问题： 如何让招聘管理体系提高招聘效率；如何设计招聘流程；如何让招聘管理更规范；如何从整体上管控招聘运营等。

3.2.1 招聘管理体系的功能定位

招聘工作不只是简单地招聘、面试、办入职，这些都是招聘管理的"事务性"工作；要系统地实施招聘，还需要从管理的角度实施招聘管理。这就需要用到招聘管理体系。

招聘管理体系是以企业战略为指导，承接人力资源管理战略和人力资源规划，与组织管理、绩效管理、薪酬管理、员工关系管理等管理模块相连接，以岗位管理、能力管理等为基础，形成的包含招聘环境、招聘渠道、招聘流程、招聘方法、招聘技能和人才管理等项目的整套人才引进和选拔管理体系。

招聘管理体系如图 3-4 所示。

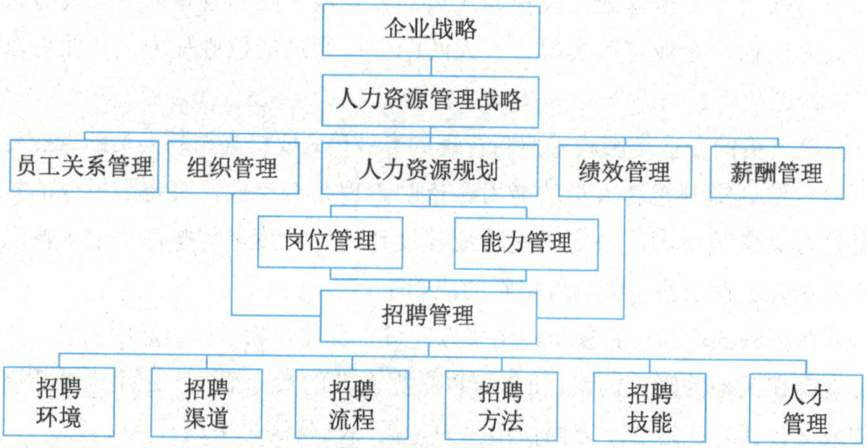

图 3-4 招聘管理体系示意

招聘管理体系具体落实到招聘工作中，可以分成几大环节：用人部门提出人员需求后，人力资源部根据人员需求和人员供给状况做招聘需求的分析，制定招聘计划，发布招聘信息，收集筛选简历，并协助用人部门进行人才选拔，录用人才并安排培训实习，对入职人员进行跟踪考核评估，最后对招聘工作进行效果评估。

招聘管理体系落实到招聘工作中的各环节如图 3-5 所示。

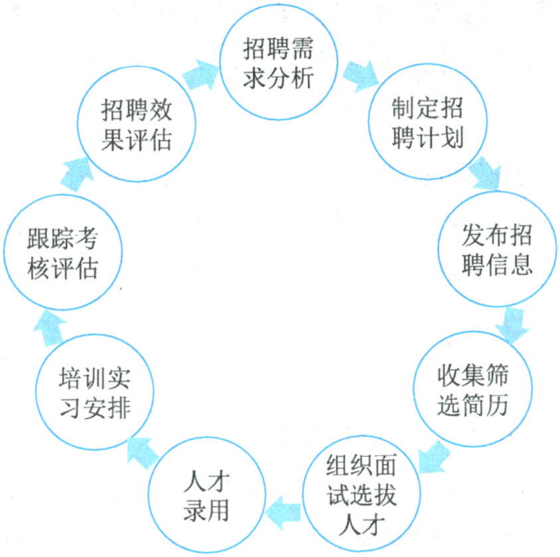

图 3-5　招聘管理体系落实到招聘工作中的各环节

3.2.2　建设招聘管理体系的 6 大关键

要建设招聘管理体系，除了要做好人力资源管理其他模块的相应工作之外，在与招聘管理工作操作层面相关性较大的内容中，应做好以下 6 大关键管理系统的建设，如图 3-6 所示。

图 3-6　建设招聘管理体系的 6 大关键

❶ 招聘环境

招聘环境指的是对企业人才的招聘选拔工作能够造成影响的一切因素的总和，通常包括外部招聘环境和内部招聘环境两部分。

外部招聘环境指的是能够影响企业招聘工作的外部环境因素，一般包括宏观环境状况、行业或产业发展状况、当地劳动力市场状况、同类企业用工状况等；内部招聘环境指的是能够影响企业招聘工作的内部管理机制、用工规范、招聘政策、企业文化等内部因素。

❷ 招聘渠道

招聘渠道是人才招聘的方式，通过对招聘渠道的管理和建设，企业能够快速传播自身的岗位招聘需求，能够让更多的人获得企业的招聘信息，从而达到人才招募的目的。招聘渠道不仅包括外部人才的招聘渠道，还包括内部人才的招聘渠道。

❸ 招聘流程

通过科学的招聘流程、规范的人才入职流程，企业在人才选拔和招募的过程中能够做到合法合规、合情合理，在满足人才需求的同时形成较强的人才选拔规范。规范的招聘流程还能增强人才吸引力，提高招聘满足率。

❹ 招聘方法

招聘的方法和技巧是提高招聘效率的关键手段，常见的招聘方法和技巧包括招聘海报编写技巧、简历筛选技巧、面试邀约技巧、人才测评方法和技巧、面试实施技巧、背景调查技巧以及薪酬谈判技巧等。

❺ 招聘技能

招聘人员是候选人见到的第一个人。从某种意义上说，招聘人员的形象和专业度代表了企业的形象与专业度。招聘人员的招聘知识、技能、技巧的掌握程度直接影响了招聘的成败。对招聘人员的招聘技能进行管理和提升，能够有效地提升企业整体的人才招聘选拔效能。

❻ 人才管理

人才的选拔和招募不局限于招聘，对内部、外部、现有人才的管理同样是满足企业人才需要的关键。做不好人才管理，招来的人才可能不久后就会选择离职，最后招聘变成"竹篮打水一场空"。

3.2.3 实施招聘管理的 5 项注意

企业在实施招聘管理的时候，要注意 5 项内容，如图 3-7 所示。

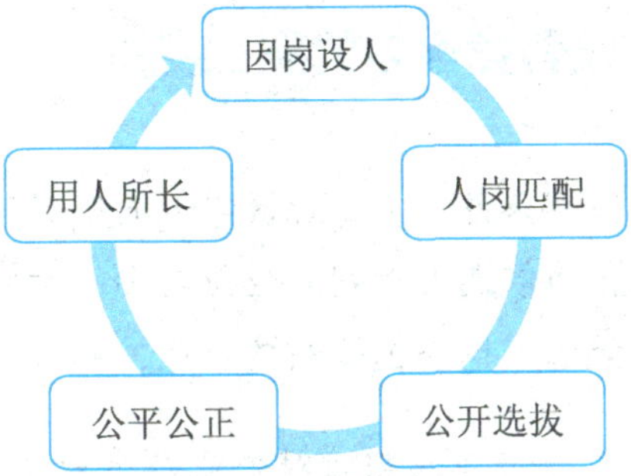

图 3-7　企业实施招聘管理的 5 项注意

❶ 因岗设人

企业的招聘应当因岗设人，而不是因人设岗。人才招聘的数量不论过多或过少，都将带来企业用人成本的提高和管理效率的降低。所以，企业在实施招聘管理之前，一定要坚持因事设岗、因岗设人。

❷ 人岗匹配

企业对人才的招聘选拔应当具备一定的标准，通常情况下，应当根据岗位的胜任力模型或人才画像进行招聘。对人力资源规划中的储备人才，企业必须按照招聘计划和人才需求实施招聘，合理控制人才数量。

❸ 公开选拔

企业的招聘信息、招聘渠道和岗位应聘方法应当公之于众，公开进行招聘，而且招聘信息的受众越多越好。一方面，这是为了把人才的录用工作置于公开监督之下，以防不正之风；另一方面，可以吸引大量的求职者，有利于招到一流人才。

❹ 公平公正

企业对所有的候选人要做到一视同仁，不可人为制造各种不平等的限制。通过公平、公正的测试选拔人才，为企业创造公平竞争的环境，这样既可以选出真正优秀的人才，又可以激励其他人员积极向上。

❺ 用人所长

没有不能用的人才，只有放错了位置的人才。用人所长，人人都是人才；用人所短，再好的人才也不能发挥作用。企业在选拔人才的过程中，必须考虑人才的长处，量才适用，做到人尽其才。

3.3 如何建设有竞争力的雇主品牌

典型问题： 在岗位、招聘条件、企业规模类似的情况下，有的企业在招聘时有一种天然的吸引力，当候选人听到某企业名字的时候，就算该企业的薪酬待遇比其他企业低，候选人也会选择到该企业工作。

类似问题： 新生代员工纷纷在入职前对企业进行背景调查，HR 如何应对；企业如何提高其在候选人心中的地位；企业如何打造有区别的雇主品牌等。

3.3.1 雇主品牌的推力与拉力

被称为"管理哲学之父"的查尔斯·汉迪（Charles Handy）曾经说过，"今后，我们将不再'寻找工作'，而是要'寻找雇主'"，意思是人们将逐渐地把找工作的重点从寻找岗位转移到寻找雇主上。

同等条件的两个岗位，一个是 A 企业提供的，一个是 B 企业提供的。如果 A 企业的雇主品牌明显优于 B 企业，那么求职者大概率会选择到 A 企业工作。就算 A 企业提供的岗位条件比 B 企业差一些，求职者还是有可能选择 A 企业。这就是雇主品牌的力量。

什么是雇主品牌？雇主品牌就是组织作为雇主在人力资源市场中的形象。雇主品牌代表着求职者对雇主的一种信任、一种想象和一种预期。

雇主品牌和商业品牌类似，当顾客买商品的时候，可能某种商品的价格比较贵，但如果这种商品属于某知名品牌，顾客可能还是会购买。雇主品牌也能让一些在人才市场上没有优势的岗位被求职者欣然接受。

但是雇主品牌和商业品牌也有不同。雇主品牌对应的是雇员，包括在职员工和外部人才；而商业品牌对应的是消费者。很多商业品牌做得很成功的企业，虽然企业提供的产品或服务普遍被消费者认可，但是企业在人才市场上的口碑却非常差，曾经在企业工作过的员工或还没有进入企业的外部人才对企业的评价普遍比较低。

不好的雇主品牌就像是一股无形的推力，把优秀的人才往外推，形成恶性循环；好的雇主品牌像是一股拉力，或者说自带吸引力，能够不断吸引优秀人才，形成良性循环。

3.3.2　打造雇主品牌的 4 个步骤

打造雇主品牌，可以分成 4 步进行，如图 3-8 所示。

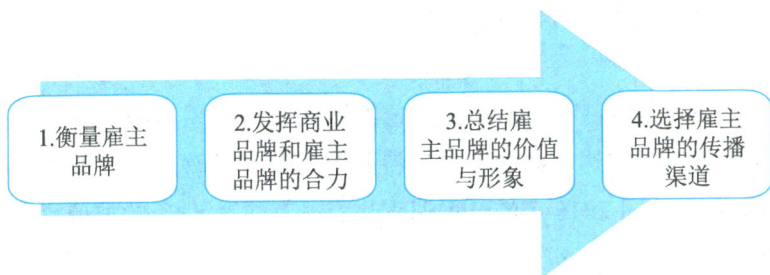

图 3-8　打造雇主品牌的 4 个步骤

❶ 衡量雇主品牌

衡量雇主品牌可以分成两个方面：一是在企业内部，可以通过对员工满意度、忠诚度和敬业度的调研来量化和评估雇主品牌对内的质量；二是在企业外部，可以通过请专业的调研机构或通过一些招聘平台的大数据分析获得求职者对企业的认知情况。

❷ 发挥商业品牌和雇主品牌的合力

雇主品牌不等于商业品牌，但是雇主品牌也不是脱离商业品牌而独立存在的，它们之间有一定的关联性和协同性。一般的企业重视商业品牌的建设，却很容易忽视雇主品牌的建设，这时如果 HR 能让企业的高层领导和负责商业品牌建设的部门参与雇主品牌的建设，通常会获得比较好的效果。

❸ 总结雇主品牌的价值与形象

HR 要提炼出雇主品牌的价值点，想好要在内部员工和外部人才的心中塑造什么样的形象。这里不论是价值点还是形象，都需要注意以下 3 点。

（1）符合实际。企业不要喊口号，要真正落地。

（2）和内部员工有关系。只有和内部员工有关系的价值点才能真正影响员工。

（3）要有一定的差异，不要做"人云亦云"的雇主品牌形象。

❹ 选择雇主品牌的传播渠道

在宣传雇主品牌的时候，企业除了可以采用与商业品牌宣传相同的渠道之外，还可以用企业的招聘渠道进行宣传。另外，对商品较好的传播是口碑，对雇主品牌较好的传播资源是企业现有的员工。再漂亮的文案，也不如员工对企业的肯定和赞美。

3.3.3　英特尔雇主品牌建设案例

英特尔公司（Intel Corporation）曾经连续 3 年入围美国《财富》杂志组织的全球最佳雇主评选。在我国，英特尔公司是较受欢迎的外企之一。任仕达（Randstad）公司 2016 年的一项调查显示，有超过 83% 的被调查者愿意到英特尔公司工作。

为什么英特尔公司能够受到雇员的欢迎？原因在于英特尔公司在雇主品牌方面的建设。英特尔公司除了给员工提供有竞争力的薪酬之外，还通过创新型的企业文化和树立全球一流的社会责任的形象建设自己的雇主品牌。

1. 英特尔公司设立了专门的雇主品牌建设团队，负责自身雇主品牌的战略定位、咨询和指导工作。

2. 英特尔公司通过许多体现其社会责任感的活动，基于"创新、催化、共享价值"的战略思考，着手解决一些社会问题，从而扩大了自身雇主品牌的影响力，其中包括环境方面的可持续发展、对教育事业的支持、公益组织等各类活动。

3. 英特尔公司对自身雇主品牌的设计还源于其对员工的关爱。英特尔公司一直遵循着可持续的人才管理策略，通过对办公环境的打造、对员工工作和生活的关怀、对沟通机制的建设以及对员工价值的认可等方式，体现对员工的关爱。

英特尔公司内设有足球场、网球场、健身房、咖啡厅、阅览室、美发沙龙等，让员工在工作的同时保持健康的体质和愉悦的心情。

英特尔公司员工俱乐部下设运动俱乐部和兴趣俱乐部，通过组织各种活动，为员工发展兴趣、培养爱好、学习技能提供了广阔的空间。

从 2015 年开始，英特尔公司在北京的办公室持续保持室内外 PM2.5 的检测和维护，全年 PM2.5 过滤效率维持在 80% 的平均水平，最大限度地保障员工的身体健康。

英特尔公司提倡多种灵活的工作方式，员工可以自行制定能够同时满足公司和个人需求的工作方案。公司在办公楼专门设立了哺乳室，方便刚刚成为母亲的女员工顺利工作。英特尔公司还会举行"家庭日"活动，促进员工与家人的相处。

英特尔公司为员工和其家庭成员提供 EAP 服务，提供 24 小时免费电话预约咨询；也会定期开展心理讲座，组织培训和减压活动，帮助员工提高工作绩效和生活质量。

英特尔公司鼓励员工发表自己的不同意见，建立平等的沟通文化，从而激发员工的创新精神。沟通渠道包括季度业务会议、总经理信箱、"inside blue"社交媒体、英特尔员工平台等。

英特尔公司对项目中表现优秀、有突出贡献的部门、团队和员工，会及时给予表彰、鼓励和认可。

3.4 中小企业如何破解招人难问题

典型问题：企业规模在人才市场上不具备优势，很多人才会优先选择规模比较大的企业，作为中小企业，如何提高自身的吸引力，突破招人难的问题？

类似问题：作为中小企业，为了吸引人才，已经学习大企业设置了一些薪酬福利政策，可为什么还招不到人；中小企业可以通过哪些方式提高招聘满足率；中小企业通常只能招聘到比较低端的人才，如何突破招聘人才的瓶颈等。

3.4.1 寻找局部优势，以少胜多

中小企业相比大企业，具备灵活性较高的特点。大企业流程制度比较健全，

这导致大企业给每个岗位提供的就业条件往往比较刚性，难以变化。

负责招聘的 HR 按照这些事先制定好的条件来实施招聘，如果候选人觉得能接受大企业为岗位提供的就业条件，招聘就成功了；如果候选人对这些条件不满意，即便候选人实际上比较优秀，值得更好的条件，但在某些大企业中，往往没有办法把条件提高到令候选人满意的程度。

但中小企业可以允许弹性的存在，当然，这里的弹性不仅指的是薪酬，还可以是福利、考勤、工作职责、权属关系等方面。只要实施弹性的方面不影响企业的正常运行，能让人才为企业所用，都是可以探讨的。

比如，有一位非常优秀的候选人，她当前最大的期望就是能有时间照顾家庭，所以她才会考虑离开有优厚条件的大企业，入职一家中小企业。这时，即便这家中小企业当前还没有让任何一个岗位实施弹性工作时间，为了吸引这个优秀人才入职，可以尝试对她应聘的岗位实施弹性工作时间。

3.4.2 酒提原理＞木桶原理

中小企业可能因为资金实力、财务状况等各种原因，无法像大企业那样给岗位提供薪酬、福利、学习、发展等各种待遇。但是中小企业可以通过在某一方面形成非常突出的优势，来掩盖自己在其他方面的短板。

经典的"木桶原理"，说的是一个木桶能装多少水取决于它最短的那块木板。木桶原理的示意如图 3-9 所示。

图 3-9　木桶原理示意

大企业提供的岗位条件基本上是遵循木桶原理的，也就是提供的岗位薪酬、福利、学习、发展等方面的吸引力都差不多，没有特别突出的方面，也没有特别差的方面。

中小企业要做的不是学习大企业——把自己当成一只木桶，而是把自己当成一只酒提，这叫作"酒提原理"。酒提是一种打酒的工具。以前的酒都是装在大坛子里的，因为人们拿起坛子来倒酒很费力，所以就发明了酒提，便于从酒坛里取酒。酒提原理的示意如图 3-10 所示。

图 3-10　酒提原理示意

酒提取酒的那个部分类似于小木桶，决定了一次取酒的量。中小企业要吸引人才，就要给岗位提供一些基本保障。如果没有这部分基本保障，再怎么突出优势也没有用。

酒提的长度决定了能够从坛子里取酒的深度。有了一定的基础之后，就可以在某一个方面发挥绝对优势，把大企业给比下去。这种绝对优势，每个企业可以根据实际情况自行选择、规划。

比如，有的企业经营和财务状况比较好，就是缺人才，那么就可以简单一点，直接通过高薪酬、高福利来吸引人才；有的企业如果近期经营情况不佳，但是预计远期经营情况很好，可以通过远期收益来吸引人才，如长期股权计划、长期现金计划或长期福利计划等；有的企业近期财务状况不好，远期财务状况也不敢保证能缓解，可以在其他的非财务方面吸引人才，如提供比较高的职位、提供充分的信任和授权、提供学习与锻炼的机会等。

3.4.3　初创期吸引人才的方法

中小企业要做好招聘工作，除了寻找企业优势、用好酒提原理之外，领导自己上阵实施招聘也是一种很好的方法。

企业能不能把招聘工作做好，不仅和 HR 的努力有关，还和领导对招聘工作的态度、重视程度和努力程度直接相关。如果对于人才招聘，领导根本就不想参与，或者有的领导总以自己忙、没有时间参加面试为借口，逃避招聘工作，这样的企业很难把招聘做好。

小米公司的创始人雷军曾说："招人是天底下最难的事。"小米公司在创立之初的半年里，雷军说他每天要把百分之七八十的时间用在招人上。

彼得·德鲁克说："招聘是所有管理活动中最重要的环节之一，因为我们几乎无法改变一个人，我们能做的就是选对人。"小米公司之所以后来能不断地创造商业奇迹，与雷军在创业初期对招人工作的执着和重视是紧密相关的。

雷军曾经为了找到一个非常出色的硬件工程师，连续打了 90 多个电话。为了说服这个人加入小米公司，小米公司的几个合伙人轮流与他交流了整整12 个小时。所以，有人给雷军起了一个外号——"招聘狂魔"。

2015 年 3 月，雅虎宣布要关闭北京全球研发中心的时候，有 350 位雅虎员工即将被裁员。虽然公司要关闭，但是这 350 人都是一流的 IT 人才。这个消息一出来，无数的互联网公司蜂拥而至，上演了一场"抢人大戏"。

雅虎建立了一个招聘群，这些人才都在里面。在这个群的二维码公布的2 小时内，群里一下子涌入了 300 多家互联网企业的 HR 和猎头。有些企业派人在雅虎楼下蹲守，有些企业在雅虎附近做"游击式"的推广，甚至有人追到地下车库去"抢人"。

有人在 1 分钟之内收到了 10 多家公司的邀请，还有人在 1 天之内增加了400 位微信好友，都是要聊工作的。当时，京东的创始人刘强东也参与了这场"抢人"大战，带着京东的招聘人员在雅虎楼下招人。

很多雅虎的员工看到刘强东给自己递名片、介绍京东的情况时，感觉受宠若惊。最后，京东在这场人才抢夺战中收益颇丰。

只有领导拿出诚意来，自己上阵参与招聘，中小企业的人才招聘工作才有希望。

3.5　如何构建岗位胜任力模型

典型问题： 经常出现招聘到的人才与岗位不匹配的问题。在招聘时 HR 觉得人才应该可以胜任岗位，可在人才上岗后发现其并不能胜任岗位，那么 HR 如何在招聘时做好人岗匹配呢？

类似问题： 岗位胜任力模型有哪些用处；如何搭建岗位胜任力模型；如何应用岗位胜任力模型等。

3.5.1　岗位判断的是非观与维度观

在很多人力资源管理能力和理念比较弱的企业中，领导与中基层管理者对人才的态度普遍是比较简单的"是非观"。

这种"是非观"简单来说就是：对待某个岗位需求，企业想要好的人才，可被问及什么是好的人才时，企业说不清楚；对待某个人才，企业要么觉得好，要么觉得不好，可是被问及究竟哪里好、哪里不好时，企业也说不清楚。企业对人的判断不是对，就是错；不是好，就是不好；不是行，就是不行。

对简单、客观、明确的事情，用"是非观"来判断是可以的，但如果是对人才，用"是非观"来判断很可能会出问题。因为人才具有复杂性和多样性，所以判断人才的时候应该使用"维度观"。

什么是维度观？维度观是指当 HR 在判断人才的时候，不是简单地判断人才好或不好、行或不行，而是设定出岗位需要人才具备的几个维度的特质，根据人才在这几个维度上的情况做判断。

比如，某岗位需要人才 ABCD 共 4 个维度的特质。现在有 3 位人才：甲在 ABC 这 3 个维度上符合，在 D 维度上不符合；乙在 BC 这两个维度上符合，在 AD 这两个维度上不符合；丙只在 A 维度上符合，在 BCD 这 3 个维度上不符合。所以，在人才之间相互比较和综合考量之下，甲更符合这个岗位。

一个人在某个维度上和岗位不匹配，不代表他在其他维度上和岗位也不匹配，也不代表他的这些维度和其他的岗位不匹配。现在不匹配的维度，不代表一段时间的发展变化之后还是不匹配。

岗位胜任力模型就是通过把一个岗位对人才的需求分成不同的维度，在不同维度下对人才进行比较，来实践这种人才维度观的。

3.5.2　岗位胜任力模型的组成要素

狭义的岗位胜任力模型仅是指达到岗位要求、完成岗位目标所需要的"能力"。广义的岗位胜任力模型一般可以包含岗位所需要的素质、知识、能力、经验等各项任职资格。不同任职资格类别包含的内容如表 3-1 所示。

表 3-1　岗位胜任力模型可以包含的类目

类别	内容
素质	性别、年龄、人格、智商、素养、自我定位、价值观等
知识	专业、学历、社会培训、证书、认证、专利、岗位所需知识等
能力	核心能力、通用能力、专业能力等
经验	持续运用某项能力的时间

素质维度一般是指那些由个人自身特质决定的，比较根深蒂固，不太容易改变的东西，包括性别、年龄、人格、智商、素养、自我定位、价值观等。

知识维度一般指的是那些通过学习、查阅资料等后天积累可以得到的信息，一般包含专业、学历、社会培训、证书、认证、专利以及岗位所需知识等。

能力维度一般是指在一定知识的基础上，能够完成某个目标或任务的可能性，是一种知识的转化。知识和能力是不同的，光有知识没有能力就是纸上谈兵。比如，掌握游泳的知识和掌握游泳的能力完全是两个不同的概念。如果某人只掌握游泳的知识，但是从来都没有实践过，这时如果把他直接扔到水里，恐怕凶多吉少。

经验维度一般是指某人从事一项工作的时间长短。能力一般和经验有一定的相关性、但二者并非持续相关。一般来说，随着时间的增加、经验的增长，能力的提升会趋于平缓。

比如，一般人开车 3 年左右基本就熟练了，在这 3 年之内，开车能力的提升是比较明显的。再开 3 年，在开车能力上一般不会有比较大的提升，这时提升的主要是开车经验。而开车经验的体现，主要是熟练程度和处理异常状况的能力。

素质维度，反映了人才"能不能"做；知识维度，反映了人才"知不知道"怎么做；能力维度，反映了人才"会不会"做；经验维度，反映了人才"做了多久"或者"熟练程度"。

比如，某企业办公室基层行政管理岗位的岗位胜任力模型如表 3-2 所示。

表 3-2　某企业办公室基层行政管理岗位的岗位胜任力模型

类别	内容
素质	诚信、团队精神、主动性、创新意识
知识	行政管理类专业本科学历，具备基础财务知识、了解公司发展及企业文化
能力	速录能力、Office 软件应用、学习能力、沟通能力、协调能力、应变能力
经验	3 年以上同类岗位工作经验

3.5.3　构建岗位胜任力模型的 3 种方法

构建岗位胜任力模型的方法，一般可以分为 3 种，如图 3-11 所示。

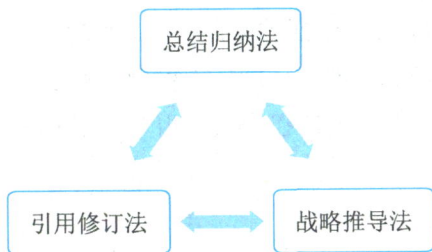

图 3-11　构建岗位胜任力模型的 3 种方法

❶ 总结归纳法

这种方法适合比较成熟、比较稳定、具备一定的规模且管理水平相对比较高的企业，应用时可以分成 3 步。

第一步，寻找目标。针对待研究的岗位，找出从事该岗位绩效比较高的员工。这里要注意，高绩效不一定是员工个体的原因，也可能是环境的原因。HR 找绩效比较高的员工时，要抛开环境因素，找因个体原因提高绩效的员工。

第二步，实施访谈。访谈高绩效员工，总结员工高绩效的原因。这个时候，也可以把高绩效员工与绩效一般的员工做比较，看他们之间在素质、知识、能力和经验上存在何种差异。在分析差异的时候，要评估这些差异是否引起了绩效的不同。

第三步，归纳总结。把高绩效员工所有个体方面绩效高的原因总结下来。这里，可以归纳总结到素质、知识、能力和经验 4 个维度上。

❷ **战略推导法**

这种方法的本质是一种逻辑推理的过程，应用时可以分成两步。

第一步，搞清楚企业的战略、愿景、使命和核心价值观。

第二步，根据企业要达成的目标，推导岗位的具体胜任力模型需求。

❸ **引用修订法**

这种方法其实就是学习其他企业已有岗位胜任力模型的实践，适用于想要快速建立岗位胜任力模型的企业。操作方法是通过直接引用专业咨询公司、同行业内优秀企业或对标企业的岗位胜任力模型，然后根据本企业实际情况将其修改后作为本企业的岗位胜任力模型。

HR 如果可以接触到比较专业的咨询机构、顾问，或者可以通过学习机会获得其他优秀企业已经成型的岗位胜任力模型，可以让企业内部的相关人员讨论，选择、筛选出适合自己所在企业的内容，形成适合本企业的岗位胜任力模型。

3.6 如何用数据和测试描绘人才画像

典型问题： HR 在招聘时，因为不知道该招聘什么样的人才，所以招来的人总是不能满足企业的需要。如何通过人才画像，实现更精准的人才招聘？

类似问题： 人才画像有什么用；人才画像与岗位胜任力模型有什么不同；如何应用人才画像；如何绘制人才画像；如何让人才画像更精准等。

3.6.1　以人找人的有效工具

岗位胜任力模型和岗位人才画像从表面看似乎功能是相同的，实际上它们之间确实存在一定的关联，但这两种工具定位的区别是比较明显的。

岗位胜任力模型是"以岗对人"或者叫"以岗找人"，就是通过岗位来匹配、确定这个岗位需要的人才特质；岗位人才画像是"以人对人"或者叫"以人找人"，就是通过岗位上能把工作做好的人才特质来匹配、确定这个岗位需要的人才特质。

岗位胜任力模型能够实现"人岗匹配"，人才画像能够实现"人人匹配"。人才画像和岗位胜任力模型之间既不矛盾，也不冲突。HR 在招聘人才的时候，可以根据需要把这两种工具结合使用，也可以使用这两种工具中的任何一种。

什么是人才画像？

在刑侦学中有犯罪心理画像，就是刑侦人员不需要见到犯罪嫌疑人本人，只需根据作案的时间、地点、手段、凶器等信息就可以大致判断出犯罪嫌疑人的生理特征、心理特征、受教育程度或家庭状况。

在产品营销中有用户画像，就是营销人员根据产品特征，描绘出对这种产品有需求、可能会购买和使用这种产品的用户的特征。

岗位人才画像也是类似原理，是 HR 在实施人才招聘之前，根据岗位需求的特性，描绘出所需求人才的各类特质。

不论是犯罪心理画像还是产品营销中的用户画像，都是为了把视野聚焦在某一类人身上，集中优势资源，重点针对这类人采取行动。这样做能以最低的成本、最快的速度达成目标。

描绘人才画像也是为了在茫茫人海中锁定企业要找的候选人，帮助企业快速、精准地实施招聘。有了岗位人才画像，企业就能知道所需要的人才特质，就可以有针对性地确定招聘渠道，更加精准地找到高匹配度的候选人。

3.6.2　描绘人才画像的 3 个步骤

描绘人才画像的步骤可以分成 3 步，分别是采集数据、构建画像和验证测试，如图 3-12 所示。

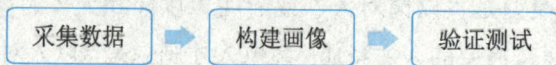

采集数据　➡　构建画像　➡　验证测试

图 3-12　描绘人才画像的步骤

❶ 采集数据

人才画像数据收集的维度可以和岗位胜任力模型的分类维度一样，按照大类分为素质、知识、能力和经验。如果细分，可以包括身高、体重、年龄、性别、性格、属地、爱好、动机、专业、学历、学校、成绩、培训、资质等。

这里要注意，数据采集的维度不是越多越好，也不是越细越好，而是要根据不同岗位的实际需要，在关键维度上多采集数据，在无关的维度上少采集或者不采集数据。

❷ 构建画像

对于采集到的数据，HR 在进行整理归纳、分类汇总和关键信息提炼之后，就能够初步得到人才画像。

这里的人才画像可以加入一些场景的描述，让人才画像更加真实和立体。比如，在某类人才的画像中加入：当你对他表示某件事不可能的时候，他会表示"世界上没有什么事是不可能的"。

HR 也可以在人才画像中加入一些标签，如固执、独立、幽默等；也可以加入一些数字化的描述，如"2 项成就、3 年经验、5 个项目"等包含具体数字的信息。

❸ 验证测试

没有经过应用的人才画像，企业并不知道其准确性如何。在正式应用之前，要有论证的过程，也就是需要验证测试。

HR 可以把描绘好的人才画像给人才样本的管理者看、给企业的高层管理者看或给外部专家看，请他们分别提出意见。除此之外，实践是检验真理的唯一标准，通过不断地实际应用和调整，企业就能够得出相对准确的人才画像。

不过要注意，环境是不断发展变化的，企业对岗位的要求也在不断变化，岗位人才画像也需要及时更新，随着企业的需要而发展变化。

3.6.3　人才画像数据来源举例

某互联网企业需要招产品经理，现在要给产品经理岗位描绘人才画像。这时 HR 首先要了解适合产品经理岗位的人的性格、年龄、背景等，这些就是数据。

产品经理岗位一般对人才的性别、属地、身高、体重、长相等这些维度没有特别的要求，所以收集这类数据对企业描绘人才画像的意义不大。产品经理岗位一般对人才的专业知识、岗位技能、从业资质、工作经验等这些维度要求比较高，所以 HR 要重点收集这些维度的数据。

HR 可以从哪里采集人才画像的数据呢？

人才画像是"以人对人"，人才画像较好的数据来源是"人才样本"。人才样本就是对这类岗位，HR 要以谁为目标样本，也就是照着谁的样子来描绘人才画像。较好的人才样本，是从事这个岗位的高绩效员工。

采集产品经理岗位人才画像的数据时，可以找企业内部或其他企业从事这个岗位的高绩效员工来做人才样本。高绩效员工绩效高，一定有其中的道理，HR 要通过人才画像的描绘过程去研究这个道理。

和构建岗位胜任力模型一样，HR 研究并绘制出的人才画像，不仅可以为人才招聘选拔服务，还可以成为人才评价、人才使用、人才培养等方面的重要依据。

除了人才样本外，HR 还可以从人才档案、岗位说明书、岗位分析、管理者访谈等这些层面来采集人才画像需要的数据。

对于人才样本，HR 可以通过调研、访谈、观察来获得数据；对于资料类文件，HR 可以查阅档案、检索关键信息。为了不让对人才样本的调研和访谈变成一场无意义的聊天，HR 在实施访谈之前可以先列出一份问题清单，根据问题清单操作，就不至于跑题。

在对人才样本访谈和调研的过程中,HR 要注意收集"关键事件",通过对关键事件的分析,得出关键信息,总结出关键特质。

3.7 如何编制承接战略的招聘计划

典型问题: 到了年终,领导要求人力资源部做好总结和计划。平时招聘都是用人部门提出需求,人力资源部实施招聘,HR 不知道从哪里入手做招聘计划。

类似问题: 如何做好招聘过程中人力资源的需求预测;招聘计划应该包含哪些内容;如何保证招聘计划有效落实等。

3.7.1 人才需求预测

企业层面的人才需求预测来源于对企业战略的承接。比如,某企业处在快速发展时期,人才数量规划要承接企业的战略规划。该企业每年都会制定未来 3 年的规划,在企业的 3 年规划中,说明了要在哪些城市和地区开一定数量的店。从人力资源管理的岗位设置来说,开店必然需要店长、主管和员工,因此需要预测开店需要的店长、主管和员工数量,这就为人力资源部进行人才需求预测和规划提供了方向,如表 3-3 所示。

表 3-3 承接企业战略的人才需求预测举例

需求与储备情况比较	20×1 年(120 家)					20×2 年(132 家)					20×3 年(151 家)				
	A 城市	B 城市	C 城市	D 城市	总计	A 城市	B 城市	C 城市	D 城市	总计	A 城市	B 城市	C 城市	D 城市	总计
计划开店的数量	12	48	36	24	120	26	40	46	20	132	23	45	53	30	151
需求店长数量	12	48	36	24	120	26	40	46	20	132	23	45	53	30	151
已储备店长数量	14	55	32	21	122	20	33	16	15	84	3	12	11	9	35

续表

需求与储备情况比较	20×1 年（120 家）					20×2 年（132 家）					20×3 年（151 家）				
	A城市	B城市	C城市	D城市	总计	A城市	B城市	C城市	D城市	总计	A城市	B城市	C城市	D城市	总计
店长已储备与需求的差异	2	7	-4	-3	2	-6	-7	-30	-5	-48	-20	-33	-42	-21	-116
需求主管数量	84	336	252	168	840	185	277	323	139	924	158	315	368	210	1 051
已储备主管数量	88	395	379	185	1 047	151	223	276	128	778	78	123	158	69	428
主管已储备与需求的差异	4	59	127	17	207	-34	-54	-47	-11	-146	-80	-192	-210	-141	-623
需求员工数量	348	1 392	1 044	696	2 500	766	1 148	1 340	574	3 828	653	1 305	1 523	870	4 350
已储备员工数量	267	658	698	379	2 002	145	368	389	197	1 099	78	136	194	76	484
员工已储备与需求的差异	-81	-734	-346	-317	-498	-621	-780	-951	-377	-2 729	-575	-1 169	-1 329	-794	-3 866

不同层级对应着不同的能力要求。为了应对开店的人才需求，该企业对不同层级的人才已经有一定数量的储备。用储备人数减需求人数，能够得到储备与需求之间的差异。这个差异，正是该企业需要招聘、培养和补充的人数。

层级越高的岗位，培养的周期越长，需要提前准备的时间越早；层级越低的岗位，培养的周期越短，需要提前准备的时间越晚。人才有一定的地域性限制，由于不同城市的人才需求数量不同，所以该企业总部除了规划出总的人才需求之外，还要规划出不同城市的人才需求。

一些战略并不清晰或者业务形态比较复杂的企业，可以采取的做法如下。

❶ 人才需求上报

企业各用人部门每年根据企业发展战略和年度经营目标编制本部门年度计划的同时，制定本部门的年度人才需求计划，填写人才需求计划表，人力资源部负责收集、审核各部门的人才需求。

❷ 人才需求预测

人力资源部根据各部门上报的需求，综合考虑企业战略、组织机构调整、部门编制、员工内部流动、员工流失、竞争对手的人才政策等因素，对各部门人才需求预测进行综合平衡，分别制定年度人才需求计划，确定各部门人员编制，上报总经理审批。

❸ 招聘指标确定

在年度人才需求计划审批通过后，人力资源部确定各部门的招聘指标，通知各部门，并将经总经理、人力资源部负责人批准后的人员需求计划表留在人力资源部备案，作为年度人才招聘的依据。

除了统一制定的人才需求计划之外，企业还会产生临时的人才需求。临时的人才需求，指的是除年度人才需求预测之外，部门因人员离职或临时业务需求需要招聘的人才。这时，由各部门临时填写人员需求申请表，相关领导审批通过后，HR 进行信息整理，开始招聘。

3.7.2 招聘计划编写

人力资源部负责根据企业的人才需求和人力资源供给预测，制定年度招聘计划和具体行动计划，如表 3-4 所示。

表 3-4　招聘计划样表

需求部门	需求岗位	岗位描述	招聘要求	需求数量	需求原因	拟招聘渠道	预算费用	需求资源	计划开始时间	计划结束时间	笔试面试部门	预计人才到位时间

招聘计划中的内容可以包括招聘岗位、人数及资格要求（年龄、性别、学历、工作经验、工作能力、个性品质等），招聘渠道和方式，招聘计划开始时间、结束时间和新员工到位时间，招聘笔试面试实施的具体部门，以及招聘预算（招聘广告费、交通费、场地费、住宿费、招待费、出差津贴及其他费用等）等。

有细节才能有落实。为了保证招聘计划有效实施，在制定出总体的招聘计划之后，人力资源部可以形成具体的行动细则，如表 3-5 所示。

表 3-5　招聘行动计划样表

招聘项目	计划开始时间	计划结束时间	行动计划	预期结果	需要的资源和支持	预计费用	负责人	评估人	备注

3.7.3　招聘需求申请

当用人部门在日常业务运行过程中产生不在年初招聘计划中的人才需求时，其可以临时提出新的人才需求。这时，用人部门需要填写用工申请表，走岗位申请流程，用工申请表的格式模板如表 3-6 所示。

表 3-6　用工申请表

编号：			
需求部门		部门编制	
申请日期		拟到岗日期	
部门现有人数		定编人数	
拟招聘人数		拟招聘岗位	
是否为增编岗位		若是增编岗位写明原因	
岗位职责			
学历要求		专业要求	
外语水平		计算机水平	
工作技能		其他要求	
部门负责人签字		HR 签字	
分管副总签字		总经理签字	

人力资源部汇总各部门临时的岗位需求后，形成岗位需求汇总表，报相关领导审批。岗位需求汇总表的模板如表 3-7 所示。

表 3-7　岗位需求汇总表

序号	公司	部门	岗位	专业要求	学历要求	人数	岗位要求	其他要求	需求原因
1									
2									
3									

3.8 如何有效选择和运用招聘渠道

典型问题： 为了提高招聘满足率、提升招聘效率，如何把各类招聘渠道的应用效果最大化？

类似问题： 招聘渠道有哪些；如何判断某类招聘渠道要不要参加；面对很多招聘渠道，企业应该把能用的都用上，还是只用其中的一部分等。

3.8.1 招聘渠道对招聘效果的影响

应用招聘渠道的本质是为了获得流量。最终入职的人才数量与接收招聘信息的受众数量之间成正比例关系。如果把接收招聘信息的受众数量作为"分母"，把入职的人才数量作为"分子"，不断增大"分母"的值，"分子"的值就有可能增加。

举例 ?

我曾经做过一个比较难的招聘项目，要在不到 3 个月的时间内招聘到 800 名一线操作工人、150 名班长和 50 名车间主任，加起来一共 1 000 人的招聘量。这 800 名操作工人可以零经验，但是班长和车间主任必须要有相同或相似行业从业 3 ~ 5 年以上工作经验，至少要有 2 年以上的生产管理经验。

因为是新项目，人员的生产操作要从零开始培训，培训期最少要 2 周，也就是留给招聘的时间实际上不足 3 个月。当时这个项目的敲定时间是 8 月，这个时间也是招聘的淡季，人才市场上找工作的人比较少。项目是临时的，不在企业的人力资源规划中，当时企业本身还有大大小小 200 多个岗位在滚动招聘。

接了这个项目以后，我成立了一个专项招聘小组，一共 6 个人，用了 2 个月把人全部招齐，而且给培训留足了时间，最后项目顺利开展并运行。我当时运用的方法就是列出企业所有正在运用的招聘渠道和有可能用得上的招聘渠道，把所有能想到但是没用上的招聘渠道全部用上。

因为是重要项目，时间紧、任务重，保证人才到位是当时的第一要务，所以在招聘渠道的选择上，没有考虑成本的问题。事实证明，当招聘渠道足够多、招聘信息投放足够广、受众流量足够大的时候，招聘满足率能够获得有效提升。

3.8.2 人才招聘的 7 大核心渠道

常见的招聘渠道可以分成 7 大类，分别是网络招聘、校园招聘、社会招聘、内部招聘、传媒招聘、外部合作、政府协助，如图 3-13 所示。

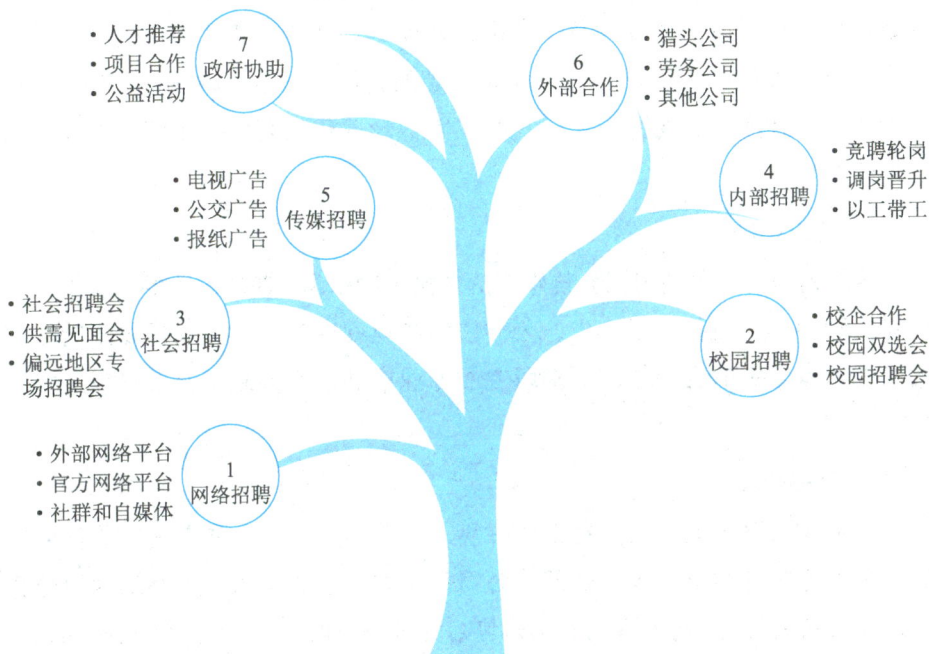

图 3-13 常见 7 大类招聘渠道

❶ 网络招聘

网络招聘是目前应用比较广泛的招聘方式。企业可以通过网络招聘渠道发布招聘信息，实施招聘。网络招聘平台可以分为外部网络平台、企业官方网络平台、社群和自媒体 3 种。

❷ 校园招聘

对于招聘具备一定知识文化背景、经验要求较少的岗位人员，如管理培训生、储备干部等，校园招聘是一个比较好的选择。校园招聘的形式可以分为校企合作、校园双选会、校园招聘会 3 种。

❸ 社会招聘

社会招聘往往是通过线下的形式，面向全社会求职者的一种招聘方式。它的形式主要有社会招聘会、供需见面会。对于某些一线的岗位需求，企业还可以联合政府和其他企业到偏远地区举办专场招聘会。

❹ 内部招聘

内部招聘是最容易被 HR 遗忘的一种招聘渠道。当内部有岗位空缺时，企业可以优先考虑用内部竞聘、轮岗、调岗、晋升等方式从内部选拔人才，形成一个内部人才市场。对于一些难以招聘的岗位，企业可以奖励内部员工"以工带工"，鼓励员工通过微信朋友圈或其他形式传播公司的招聘信息，以吸引外部人才。

❺ 传媒招聘

传媒招聘是一种利用社会传媒广泛传播招聘信息，获取人才的招聘渠道。传媒招聘的形式包括报纸广告、公交广告和电视广告等。如果需要招聘人才的岗位具有一定的通用性，对求职者的专业度和能力要求不高，可以选择这种方式。

❻ 外部合作

当企业在招聘上遇到困难无法解决，或者招聘的投入和产出比较低的时候，可以考虑将招聘外包给外部的公司。比如，企业可以将中高端的岗位招聘外包给猎头公司，将低端的岗位外包给劳务公司做劳务派遣或者委托招工。

❼ 政府协助

除了以上 6 类招聘渠道之外，还有一种招聘渠道很容易被 HR 忽略，就是寻求政府部门的帮助。比如，组织、科技、发展、人社、工会甚至残联等部门经常会有大量高、中、低端的人才资源。

3.8.3 招聘渠道选择与应用方法

企业在选择和应用招聘渠道的时候，需要注意 4 个关键点，分别是招聘结果、招聘效率、招聘质量、招聘成本，如图 3-14 所示。

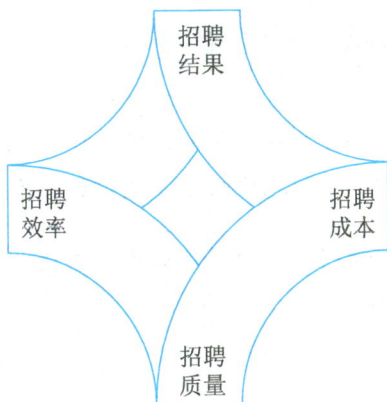

图 3-14　招聘渠道选择与应用需要注意的 4 个关键点

为便于记忆和理解，可以想象这 4 个关键点分别对应着"多""快""好""省"。

❶ 招聘结果

招聘结果指的是招聘渠道对应的招聘满足率和对招聘结果的贡献度等情况。招聘满足率和招聘贡献度越高的招聘渠道，在满足人才需求方面的能力越强，能够招聘到更多的人才。

❷ 招聘效率

招聘效率指的是招聘渠道对应的简历获取率、简历合格率、面试赴约率、面试通过率和最终到岗率等情况，是招聘的效率。招聘效率越高的招聘渠道，招聘人才需要的周期越短，能够快速招聘到人才。

❸ 招聘质量

招聘质量指的是通过某种招聘渠道招聘到的人才的素质、知识、能力、经验与岗位的匹配程度，以及人才到岗后的绩效与预期的符合程度。招聘质量越高的招聘渠道，招聘到的人才质量越好。

❹ 招聘成本

招聘成本指的是通过某种招聘渠道招聘人才需要花费的成本。这里的成本不仅包括财务成本这类显性成本，还包括时间成本、管理成本这类隐性成本。在招聘结果相同的情况下，招聘成本越低的招聘渠道，招聘人才需要花费的成本越少。

3.9　如何编写吸引人的招聘 JD

典型问题： 相似企业、相似岗位、相似待遇，在相似招聘渠道中投放招聘广告之后，为什么有的招聘 JD 能精准吸引并招聘到人才，有的招聘 JD 却不行？

类似问题： 什么样的招聘 JD 能吸引候选人；招聘 JD 包括哪些要素；招聘 JD 上要不要体现薪酬等。

3.9.1　招聘 JD 的 3 大常见问题

招聘 JD 中的 JD，指的是 Job Description，具有职位描述、岗位介绍和工作职责描述的含义。随着应用，招聘 JD 逐渐具有招聘广告的含义。好的招聘 JD 能起到吸引候选人、精准选人的作用；不好的招聘 JD 很难引起候选人的注意，会降低招聘效果。

企业在编写招聘 JD 时，经常遇到的 3 大问题如图 3-15 所示。

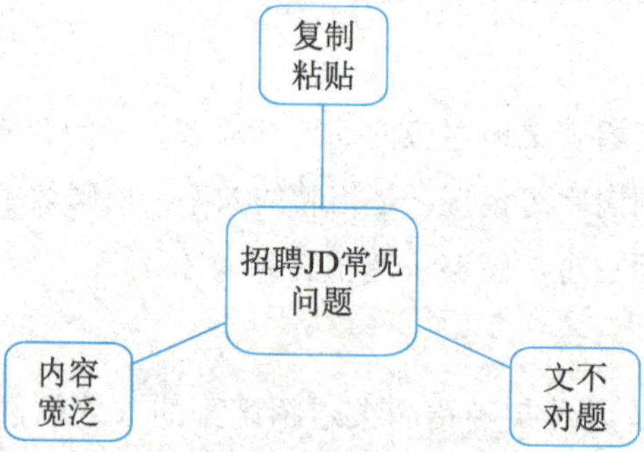

图 3-15　招聘 JD 的 3 大常见问题

❶ 复制粘贴

很多 HR 在编写招聘 JD 时用的方法是复制粘贴，这造成不同企业相同岗位的招聘 JD 一模一样。这样的招聘 JD 没有辨识度，让人产生"审美疲劳"，起不到招聘 JD 应有的效果。

很多 HR 在编写招聘 JD 时，直接复制粘贴企业的岗位说明书。岗位说明书通常对岗位的描述比较全面，内容较多，而且写法比较专业。候选人看到这类内容可能没有耐心看完，而且这些企业的岗位说明书可能没有及时更新，会造成岗位实际需求和招聘 JD 描述不匹配。

❷ 文不对题

很多企业的招聘工作不是从人力资源规划和人才需求计划入手的，大部分是用人部门或领导提出用人需求，然后让 HR 招聘。HR 根据临时的用人需求编写招聘 JD，然后利用各种招聘渠道发布职位、筛选简历、安排面试环节。

可是在这些企业里，HR 和用人部门之间的关系又往往是脱节的。HR 不了解业务，不知道业务部门的准确用人需求，编写出来的招聘 JD 常常五花八门，不能真正满足业务部门的需要。

❸ 内容宽泛

很多招聘 JD 呈现出来的感觉是谁看了这个岗位都觉得自己能胜任。

比如，某企业要招聘前台，招聘 JD 写的是"形象好、气质佳、普通话标准、熟练操作 Office 软件、具有高度敬业精神、有一定的文字功底、有一定的特长、沟通能力强、具备一定的礼仪知识等"，这个岗位的实际工作内容其实就是接电话、发传真、复印文件、订水、订盒饭等基础行政事务，但 HR 写的招聘 JD 和空姐的招聘 JD 类似，没有辨识度。

3.9.2 招聘 JD 的 6 大关键要素

一个完整的招聘 JD 主要包括 6 大关键要素，分别是岗位名称、岗位职责、任职要求、薪酬待遇、工作地点和企业简介，如图 3-16 所示。

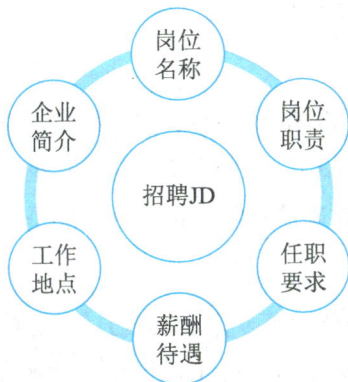

图 3-16 招聘 JD 的 6 大关键要素

❶ 岗位名称

编写岗位名称时，要注意 4 点。

（1）要准确。岗位名称要具体清晰，最好能让人看明白该岗位的大概职责。

（2）要通用。岗位名称要让大部分人都能理解，如人力资源经理、财务经理、销售经理、采购专员等通用岗位名称。

（3）要突出。岗位名称要吸引人，要能够在众多岗位中脱颖而出。比如，可以写：急招人力资源经理，经验丰富优先考虑；人力资源经理（五险一金＋免费健身卡）；人力资源经理，大型 A 股上市金融行业急招。

（4）控制字数。岗位名称一般不应超过 30 个字。如果字数太多，一是不利于完整显示内容；二是不利于阅读，候选人很难把标题看完。

❷ 岗位职责

候选人看招聘 JD 时，最关心的是岗位需要做哪些事情，他能不能胜任。清晰的岗位职责描述既方便求职者决策，也减少招聘方不必要的麻烦，节省招聘时间。

在写岗位职责之前，HR 首先要充分理解岗位，要明确岗位最核心的 3 ～ 5 项职责，用准确、易懂的语言表述出来。

❸ 任职要求

对于岗位的任职要求，不要罗列太多。人无完人，企业不能期望候选人和岗位完全符合。有时候候选人欠缺几项能力，可以通过到岗后的培训和指导补足。另外要注意，相同岗位在不同时期的任职要求的侧重点是不同的，HR 要深入了解岗位之后再做判断。

❹ 薪酬待遇

要想吸引人才，福利政策十分重要。大多数候选人如果没有在招聘广告中看到薪资的相关信息，就不会投简历。出于一些原因，很多企业很忌讳在编写招聘 JD 的时候写上准确的薪酬待遇，这其实是不可取的。

❺ 工作地点

有 3 个名词要注意，分别是工作地点、公司地点和面试地点。HR 在编写招聘 JD 的时候，要把工作地点、公司地点和面试地点区分清楚、写清楚。招聘 JD 中可以包括关于面试地点的准确描述和前往面试地点的交通指南。

❻ 企业简介

很多 HR 在写企业简介的时候，直接复制官方网站上的企业简介。这样写企业简介是有问题的。官方网站上的企业简介主要是面向客户和投资人的，而招聘 JD 中的企业简介主要是面向候选人的，两者面向的群体有完全不同的特点和定位，有着本质的区别。

3.9.3 招聘 JD 的 3 个主要版本

根据投放的招聘渠道的不同，招聘 JD 的版本也有所不同。为了保证招聘 JD 的精准投放，HR 在编写招聘 JD 的时候可以设置 3 个版本，如图 3-17 所示。

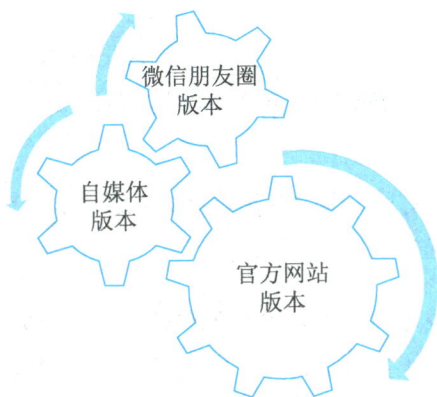

图 3-17　招聘 JD 的 3 个版本

❶ 微信朋友圈版本

这个版本可以是一张比较有吸引力的图片、一个 15 秒以内的短视频或者一段比较吸引人的话，可以将其投放在朋友圈这类受众接收信息比较被动、注意力时间比较短的渠道上。

这种招聘渠道的受众接收信息通常是被动的，是瞬时有效的，他们通常是偶然或无意中看到招聘信息，所以 HR 要把重心放在如何第一时间打动对方上，而不需要列出太多的信息。比如，企业简介和岗位具体要求都可以不列出，关键是要吸引眼球，目的就是让对方知道企业在招聘什么类型的人才。

② 自媒体版本

这是一个半详细的版本，通常可以用来发布在一些自媒体渠道上，如微博或微信公众号。这个版本的时效性比前一个版本更长，属于短期内有效。受众通常是主动打开广告，这个版本的针对性更强。所以在这类招聘广告中，可以列出一些企业的优势，来进一步吸引对方的注意，如岗位的优势。

③ 官方网站版本

这个版本通常是发布在企业的官网或招聘网站上，便于人们看完之后能比较全面地了解岗位。这个版本的受众通常都是特定的求职群体，广告中不仅要写清楚企业和岗位的优势，还要仔细说明岗位的详细内容。在前两个版本中，对招聘感兴趣的人如果想了解更详细的情况，HR 可以将其引流到这个版本中。

3.10　如何高效率寻找与筛选简历

典型问题： 发布岗位之后，有时候投简历的人很少，有时候投简历的人很多，如何应对这两种情况？

类似问题： 面对比较急的招聘需求，如何快速找到求职者的简历；在校园招聘中常遇到很多应届生海投简历，如何快速筛选出哪些简历更适合；筛选简历的时候，应当重点筛查哪些信息等。

3.10.1　简历筛选的 3 个关键点

一份简历上的信息非常多，一般 HR 在看简历的时候，如果招聘的是基层岗位人员，筛选的时间可以相对短一些，大约 20 秒可以浏览完一份简历；如果招聘的是比较高层的岗位人员，那筛选简历的时间应该适当放长，以便看得更仔细一些，一份简历可以用 2 ～ 3 分钟看完。

招聘不同层级岗位人员简历的筛选时间参考如表 3-8 所示。

表 3-8　不同层级岗位人员简历的筛选时间参考

岗位类别	简历筛选的时间参考（秒）
基层岗位	10 ～ 30
基层管理岗位	30 ～ 60
中层管理岗位	60 ～ 120
高层管理岗位	120 ～ 180

简历筛选有 3 个关键点，如图 3-18 所示。

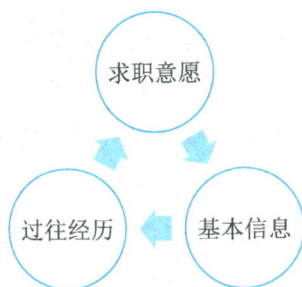

图 3-18　简历筛选的 3 个关键点

❶ 求职意愿

求职意愿是简历中非常重要的信息，但却很容易被忽略。为什么会被忽略呢？因为这一项有的求职者会写，有的求职者不写。那些不写的，HR 很容易默认其并没有求职意愿；可那些写了求职意愿的，HR 也很容易忽略掉这项信息。

很多候选人有自己的职业规划，转换职业方向对大部分人来说是一件很慎重的事，尤其是那些在某个职业领域有一定经验，做出过一定成绩的人才。HR 要尊重和关注候选人的求职意向。

❷ 基本信息

很多 HR 在筛选简历的时候容易忽略基本信息，觉得这些信息不重要，只关注候选人的知识、能力和经验。实际上候选人的基本信息与企业要招聘人才的岗位的符合程度比知识、能力和经验都更优先。

如果候选人的基本信息不符合，HR 可以迅速将候选人筛掉。对不同岗位基本信息的筛选规则是 HR 在描绘人才画像或建设岗位胜任力模型的时候就应该确定的。

❸ 过往经历

过往经历包括很多内容，最主要的是工作时间、工作经历和工作绩效。HR 要关注候选人原来的工作岗位是否与正在招聘人才的岗位存在相关性。需要注意，不一定岗位名称相同，职责、工作内容就相同。

3.10.2 快速获取简历的 3 种方法

面对比较急的招聘需求或者面对投放招聘信息后短期没有收到足够简历的招聘需求。企业除了要在不同的传统招聘渠道上比平常更大规模地投放招聘信息之外，还可以有针对性地选择一些"短平快"的招聘渠道。这些渠道有可能实现"精准打击"，更快速地、有针对性地招聘到候选人。

快速获取简历的 3 种方法如图 3-19 所示。

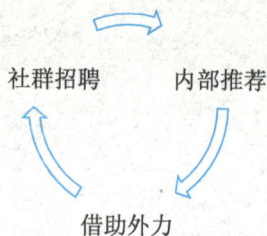

图 3-19 快速获取简历的
3 种方法

➊ 社群招聘

通过候选人的人才画像，HR 能够知道这类候选人可能活动在什么类型的社群中，到这类社群中精准投放招聘广告，能快速聚焦到这类人才。随着互联网的发展，如今几乎每个垂直领域都有自己的社群。

如何找到这类社群呢？HR 可以询问周围从事同类职业的同事，问他们有没有加入过这类社群，以及在这些社群中哪些规模比较大、活跃度比较高，比较值得加入。

➋ 内部推荐

内部员工同样是重要的招聘渠道。内部从事同类岗位的同事不仅可能知道同类人才所在的社群，而且可能和同类人才有频繁的接触，甚至有可能与一些同类人才比较熟悉。这时，企业可以通过内部推荐的奖励机制，鼓励内部人才向企业介绍候选人。

通过内部员工的"以工带工"，企业不仅能快速招聘到想要的人才，还能够在一定程度上保证招聘到的人才的稳定性。如果内部员工介绍来的新人工作一段时间后，有不适应、内心波动的情况，内部员工还可以协助企业开导新人。

❸ 借助外力

外部的人力资源服务机构通常具备比较强的招聘能力。企业在招聘不到适合的人才但又急需补充人才的情况下，可以借助外部人力资源服务机构的招聘能力来满足自身的需求。根据岗位类别的不同，企业可以采取委托招聘或劳务派遣的方式。

借助外力的好处是人才满足速度往往比较快，企业能够更精准地找到适合的人才；缺点是企业需要花费一部分额外的费用。如果企业急需人才，不在意短期成本提高，这种方式是比较好的选择。

3.10.3 海量简历的快速筛选方法

如何应对简历比较多的情况呢？这种情况一般发生在招聘一些基层通用岗位人才或者进行校园招聘的时候。HR 要培养快速浏览和抓取关键信息的能力。要获得这种能力有一个前提，就是做好人才画像描绘或岗位胜任力模型建设，确定企业的关键需求。

比如，某岗位招聘人才，年龄不应超过某个具体数字，学历必须达到某个水平以上，专业必须在某个类别之内，必须曾经做过某类型的工作，工作经验必须在几年以上等。只要不在这个范围内的候选人，HR 就可以直接筛掉。

对于工作经历方面，因为内容比较多，HR 可能很难快速浏览完，这时可以用"关键词法"来筛选。

HR 可以提前设计一些关键词，把这些关键词作为筛选简历的重点。HR 在快速浏览简历中的工作经历时，可以寻找这些关键词。当候选人的简历中有这些关键词时，可以快速挑出来；当候选人的简历中没有这些关键词时，可以筛掉。

这个方法不仅可以应用于简历比较多的情况，对于一些 HR 没有接触过的岗位或者专业性比较强的岗位的人才招聘，也是很有效的。

比如，对一些高新技术企业来说，每年校招季，技术类岗位能收到几千份简历，收到简历数和录取数之间的比例很容易超过 100∶1。HR 本身不懂技术，在筛选简历上就存在一定的困难。如果把校招收到的所有简历全部交给技术部门筛选也不现实。

这时，HR 可以在向技术部门学习并与其进行沟通以后，确定技术岗位招聘人才的一些关键词。只要 HR 发现简历中有这些关键词，就可以将简历快速筛选出来。这些关键词，HR 可以每半年根据岗位需要和技术部门沟通一遍，随时更新。

3.11　如何提高候选人的面试赴约率

典型问题： 约了很多候选人，计划要面试很久，为此还特地约了用人部门的高管，让用人部门提前安排手头工作。结果实际参加面试的候选人很少，用人部门很生气，如何应对候选人"约而不见"的情况？

类似问题： 面试赴约率对招聘效率有哪些影响；面试赴约率与哪些因素有关；哪些方法可以提高候选人的面试赴约率等。

3.11.1　抱怨不是解决问题的办法

有一种心理效应是，当人们为了某件事情付出了某项努力，就偏向于希望这件事情达到自己预期的结果。付出的努力越多，这种期望就越强烈。

在面试过程中，HR 期望候选人能到企业来参加面试，一方面是为了考察候选人和岗位之间是否匹配，另一方面也是对这种原理的应用。候选人只要参加了企业的面试，那么候选人选择这家企业的可能性就会大大提高。这就是负责招聘管理的 HR 要想办法提高候选人面试赴约率的原因之一。

有的 HR 认为，已经了解了某个候选人的基本情况，或者可能之前在其他的场合见过候选人，或者与候选人认识，就不需要候选人到现场参加面试，这种观点是不正确的。适当地让候选人为面试付出一些努力，那么他选择企业并且珍惜这份工作的可能性会增大。

候选人面试爽约的情况经常发生，招聘中这种"约而不见"已经不是什么新鲜的话题，这类情况每天都在不同的企业上演。作为 HR，除了感慨"诚信危机"之外，大多数情况下都表现得很无奈。

遇到这类情况，HR 可以去挑候选人的毛病，可以在办公室里对着同事发牢骚。但是这么做除了宣泄情绪之外，不会产生任何价值，也不会让这种情况得到改善。要解决这个问题，最佳的办法是 HR 从自身角度找原因、想办法，而不是一味抱怨候选人。

HR 很难左右候选人的想法，但可以掌控自己的行为和努力程度。针对候选人面试赴约率低的问题，HR 要审视问题的原因，找出那些原本能做却没有做到的事情，然后采取有针对性的方法，提高面试赴约率。

3.11.2　面试不赴约的 3 种常见原因

候选人面试不赴约一定有原因，要提高面试赴约率，首先要分析候选人面试不赴约的具体原因。候选人面试不赴约的常见原因有 3 种，如图 3-20 所示。

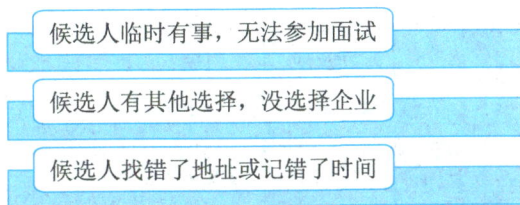

候选人临时有事，无法参加面试

候选人有其他选择，没选择企业

候选人找错了地址或记错了时间

图 3-20　候选人面试不赴约的 3 种常见原因

❶ 候选人临时有事，无法参加面试

面对这种情况，HR 应该反思：有没有什么是可以做却没有做的？比如，HR 有没有留下让求职者可以随时找到的联系方式；有没有提前告诉候选人，如果他不能参加面试，希望他能及时和企业取得联系。HR 可以把这种提前告知候选人的过程形成标准话术，固化在招聘流程中。

❷ 候选人有其他选择，没选择企业

面对这种情况，HR 应反思：为什么候选人没有选择自己的企业，如何避免这种情况发生。HR 要考虑候选人没选择企业，有没有可能是因为候选人并不了解企业的优势以及自己未来在企业发展的可能性。如果有这种可能，HR 以后在和候选人电话交流的时候，可以考虑增加介绍企业优势、岗位情况和职业发展的环节。

❸ 候选人找错了地址或记错了时间

面对这种情况，HR 要反思：为什么候选人直到面试当天才发现自己不知道面试地点在哪儿？为什么候选人没有在接到面试通知之后，就第一时间清楚知道确切面试地点以及要选择的交通方式？

HR 在邀请候选人参加面试的时候，应通过微信、短信、邮件等方式把企业的面试时间、具体位置、公共交通方式、停车方式等信息清楚告知候选人。

3.11.3　面试邀约的 4 点注意事项

为提高候选人的面试赴约率，HR 在进行面试邀约的时候要注意 4 点，如图 3-21 所示。

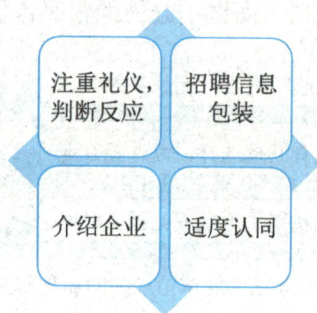

图 3-21　面试邀约的 4 点注意事项

❶ 注重礼仪，判断反应

HR 在与候选人打电话的时候，要注意基本的商务礼仪，要先和对方打招呼。HR 展示自己的职业素养能够提高候选人对企业的信心。在电话交谈中，HR 要注意对方的反应，不要自说自话。HR 应询问候选人是否能够参加面试，通过其回复，判断候选人参加面试的可能性。

❷ 招聘信息包装

候选人在收到电话通知后，一般会查看自己投递简历的记录，也会查看企业关于这个岗位的具体介绍。好的招聘宣传信息，会提高求职者参加面试的概率。HR 在与候选人电话沟通之前，要先了解其他企业同类型岗位的招聘情况，要了解同类岗位招聘信息中的关键要素，分析同类岗位与本企业岗位之间的优劣势。

❸ 介绍企业

因为现在很多候选人在找工作时海投简历，所以 HR 要向候选人介绍自己所在的企业，简单描述企业的优势。如果有必要，HR 还可以简单介绍岗位的工作内容和未来职业发展的优势。这样做可以唤起候选人的记忆，获得候选人的信任，而且还能提高其注意力。

❹ 适度认同

HR 既然给候选人打电话，就说明候选人在学历、工作经历等方面满足岗位需求。这时，HR 不需要吝惜自己对候选人的认同，可以适当地表达出候选人与岗位的匹配性。这里的认同并不需要夸张，但是可以收获候选人的心理认同。HR 可以直白地告知候选人通过了公司的简历筛选，让候选人了解企业对该岗位招聘的基本门槛，进一步增加候选人对企业的认同感。

3.12 如何设计结构化面试

典型问题：面对人才招聘过程中的选拔难题，领导期望企业实施结构化面试，可是之前没有操作过，HR 应如何设计结构化面试？

类似问题：什么是结构化面试；结构化面试有什么样的表现形式；结构化面试有什么好处；什么情况下适合采取结构化面试等。

3.12.1 结构化与半结构化

按照标准化和结构化程度的高低，面试可以分成结构化面试、半结构化面试和非结构化面试。其中，结构化面试是不仅面试题目相同，而且在面试官、测评要素、测评标准和面试程序等方面都采取标准化的面试方法。

因为标准明确，结构化面试能够保证面试的公平性，面试结果的有效性和可靠性比较高。但也因为采取了结构化面试，不能进行设定范围之外的考察，这在一定程度上限制了面试的深度，减少了面试的灵活性。

为了解决结构化面试的弊端，企业可以采取半结构化面试。半结构化面试是在结构化面试的基础上进行的，这种形式介于结构化面试和非结构化面试之间，有标准的成分，也有灵活的成分。半结构化面试结合了结构化面试和非结构化面试的优点，同时避免了单一方法运用上的不足。

通过半结构化面试，面试官可以和候选人保持双向的沟通，可以获得更完整、深入的信息。指定的问题和自由的追问相结合的方式，能让面试的形式既规范又灵活，有利于候选人充分展示自己，也有助于面试官深入考察候选人的素质情况。

结构化面试和半结构化面试在实施方法和步骤方面有一定的相关性和类似性。在设置和实施结构化和半结构化面试的时候要注意，面试的过程必须保证企业的用人标准得到贯彻落实，保证围绕岗位需要的能力标准和面试流程，让参加面试的候选人得到同等的考察。在实施半结构化面试的过程中，面试官可以有针对性地扩展没有问清楚的问题，但不应漫无边际地提问。

3.12.2 结构化面试实施方法

有人认为结构化面试就是整场面试全都从一个问题库中挑问题问，不能随便乱问；有人认为只要对每个候选人问一样的问题，就叫结构化面试。这些观点都是对结构化面试的误解。真正的结构化面试不是只和问题有关，而是与 3 大要素相关，如图 3-22 所示。

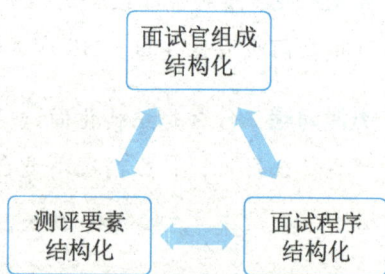

图 3-22　结构化面试 3 大要素

❶ 面试官组成结构化

为了保证面试结果的准确性，结构化面试从面试官的选择开始就要结构化。即便有人认为自己看问题很客观，但因为每个人受专业、学识、年龄等因素的影响，就算态度上再客观，认知上也不可能做到非常客观。所以面试官队伍的组成，要体现出一定的互补性。

❷ 面试程序结构化

结构化面试通常应该有一套比较标准的面试流程。比如，有的结构化面试规定先笔试再面试，笔试成绩超过 80 分的候选人才有资格参加面试。面试又分成初试和复试，初试由哪些人做面试官，面试什么内容；复试由哪些人做面试官，面试什么内容，面试多长时间。面试通过后，在上岗之前，候选人还要参加某方面的体检。

❸ 测评要素结构化

测评要素可以理解成岗位胜任力模型的要求，或者人才画像、岗位任职资格的要求。总之，HR 要知道对于某个岗位企业需要什么样的候选人。这里需要什么样的候选人，可以维度化。

设计结构化和半结构化面试的时候，可参照的步骤如图 3-23 所示。

分析岗位需求 ➡ 设计面试问题 ➡ 安排问题顺序

图 3-23 设计结构化和半结构化面试的 3 大步骤

❶ 分析岗位需求

岗位需求的分析一般可以通过分析岗位胜任力模型，重点分析岗位的素质需求、知识需求、能力需求和经验需求。通过分析这些需求，设置招聘选拔过程中的关键项目，分配项目的权重，用于实际面试。

❷ 设计面试问题

根据面试的项目，设置面试过程中的问题。这些问题要能够指向和评估出面试的项目。通过候选人对面试问题的回答，面试官能够了解候选人在测评项目上的适合程度。根据测评项目回答的可能性，设置评断标准或具体分数。

❸ 安排问题顺序

完成面试的问题设计后，面试问题的排序同样重要。一般面试问题顺序设置的原则是循序渐进，先易后难。先从候选人能够预料到的问题出发，让他适应面试的节奏，打开思路，快速进入角色。同时，要注意主要面试官的设置和面试问题顺序设置之间的匹配性，让适合的面试官问适合的问题。

3.12.3　结构化面试实施案例

　　某超市连锁企业基层岗位员工招聘采取的是结构化面试的方法。该企业将选拔基层员工的面试分成初试和复试，初试是由人力资源部来面试，复试是由用人部门来面试。初试采取的是结构化面试，由 3 名面试官同时面试候选人。这 3 名面试官由一名招聘经理和两名招聘专员组成。每个基层员工的面试时间是 10 分钟。

　　这家企业根据基层员工岗位的胜任力模型分析，确定基层员工的测评项目是顾客导向、沟通能力、执行力、企业认知和诚信自律。面试官在对基层员工进行招聘选拔时，除了判断员工的年龄、性别、基本的语言表达之外，将按照表 3-9 中的测评项目、问题和评分标准打分。

表 3-9　某超市连锁企业员工招聘面试话术

测评项目	权重	测评目的	面试问题	评分等级		测评分值	折算倍数
顾客导向	25%	考察应聘者能否做到以顾客为中心，很好地服务顾客	假如一件事情并不是你的错，但是顾客非要你道歉，你会怎么办	杰出	先向顾客道歉，体现出良好的服务意识、识大局	5	4
				优秀	先道歉，再说明道理	4	
				合格	纠结于到底是谁的错，在无奈之下道歉	3	
				不合格	拒不道歉	1	
沟通能力	10%	考察应聘者是否具备与领导、同事、顾客良好沟通的能力	在工作中，你和主管意见不一致时，你会如何解决	杰出	具备高度的沟通意识并能通过有效的沟通达成共同意见	5	3
				优秀	采取有效的沟通方式，意在达成共识	4	
				合格	沟通，但是仍然固执己见	3	
				不合格	不沟通，武断使用自己的意见	1	
执行力	25%	考察应聘者能否积极完成工作任务，履行工作职责	假设今天是你爱人的生日，家人打电话催你早点回去庆祝，可是工作还没有完成，你会怎么做	杰出	坚守自己的岗位，集中精力提高工作效率，尽早完成工作，回家庆祝	5	5
				优秀	与家人沟通好，留下来完成自己的工作	4	
				合格	与要好的同事协商，帮助自己完成工作	3	
				不合格	明天再做工作，直接回家	1	

续表

测评项目	权重	测评目的	面试问题	评分等级		测评分值	折算倍数
企业认知	15%	考察应聘者对行业性质、企业文化的认同	零售行业周末、节假日是销售高峰期，一般无法安排休班，会安排平时倒休或支付加班工资，能否接受	杰出	能够明确表示认同零售行业的特殊性	5	3
				优秀	能够理解零售行业的工作性质，能够接受	4	
				合格	有犹豫，能够勉强接受	3	
				不合格	毫不犹豫表示不能接受	1	
诚信自律	25%	考察应聘者的道德品质及职业操守	假如你看到和自己要好的同事下班时将自己买的商品按打折处理，你会怎么办？	杰出	敢于将此类问题向店长检举，不徇私舞弊	5	5
				优秀	跟同事讲清利害关系，维护公司的规章制度	4	
				合格	上前制止，劝其打消该念头	3	
				不合格	多一事不如少一事，不去理睬，装作没看见	1	

备注：70 分以下不录用，70 分及以上可录用

因为篇幅有限，上表仅作为案例展示，表中的面试问题展示了一部分，实际应用时的面试问题采用的是试题库的形式。根据岗位胜任力测评项目的特点，每个测评项目设置 5 个以上可供选择的面试问题。

3.13 如何实施非结构化面试

典型问题：当企业管理水平没有达到可以实施结构化面试的时候，如何通过实施非结构化面试，保证人才招聘选拔的准确性。

类似问题：非结构化面试能否保证面试的准确性；什么情况下应该实施非结构化面试；非结构化面试怎么实施才有效等。

3.13.1 非结构化面试经典 6 问

非结构化面试就是在面试之前不会对面试官、面试流程和面试过程做具体

的、结构化的规定的面试方式。对一些需求人数比较少、临时增加的岗位或者很多中小企业来说，可以采取非结构化面试的方法招聘选拔人才。

在非结构化面试中，有 6 种比较经典的面试问题，如图 3-24 所示。

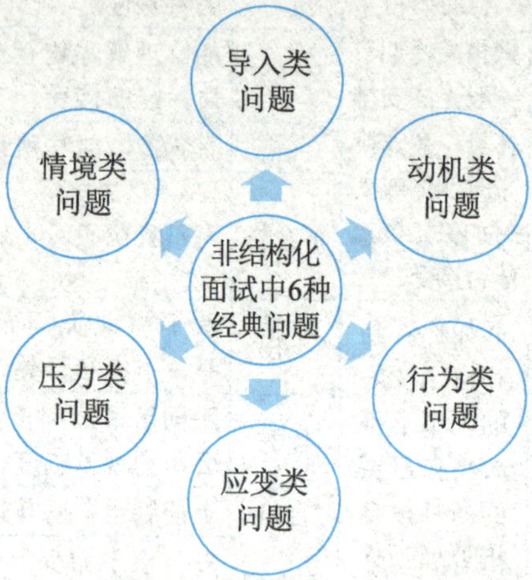

图 3-24　非结构化面试中 6 种经典问题

在一场非结构化面试中，HR 可以按照这 6 种问题的逻辑进行面试。

通过导入类问题，先和候选人寒暄，相互简单介绍，把候选人带入面试的情境。导入类问题的主要目的是暖场，HR 通过导入类问题主要是给面试过程营造一个良好的氛围，通过问候选人一些简单的问题，逐渐地切入面试话题。

通过动机类问题，了解候选人选择企业或者岗位的目的和意愿。动机类问题的主要目的是判断候选人的价值观、职业性格、职业目标和规划与企业岗位和企业文化的匹配程度，以及企业能给员工提供的职业发展机会和员工对未来的期望的匹配程度等。

通过行为类问题，了解候选人过去的工作表现，判断他的行为特质、工作能力水平，以及分析问题、处理问题的综合能力，综合判断候选人和岗位之间的契合程度。行为类问题的主要目的是通过对候选人曾经的工作或者经验的挖掘，了解他的工作成果、工作经验、工作能力，判断他未来在岗位中可能会取得的工作成果，可能发挥的工作能力。

通过应变类问题，了解候选人的反应速度及应变能力。应变类问题有时候是以一种类似脑筋急转弯的形式出现的，这类问题一般是面试官提出的一些有一定难度的两难问题。这类问题能考察候选人的思维发散能力、逻辑分析能力和解决一些棘手问题的能力。

通过压力类问题，了解候选人在压力环境下的表现，同时了解候选人的沟通能力和抗压能力。压力类问题的主要目的是考察候选人的心理素质、抗压能力、在压力面前的应变能力以及沟通能力。有时候，如果候选人的气势比较强，HR 也可以用这类问题来平衡一下气场。

通过情景类问题，给候选人创造一个虚拟的环境，通过候选人在这个环境中对问题的处理方式，判断候选人未来在实际工作中对岗位的适应情况。情景类问题的主要目的是考察候选人分析和解决企业实际问题的能力，看候选人有没有处理问题的具体方法或技巧，对实际问题的处理方式是否符合企业的要求或企业文化。

3.13.2　经典 6 问的常见题目

非结构化面试经典 6 问的常见题目如表 3-10 所示。

表 3-10　非结构化面试经典 6 问的常见题目

问题类别	常见问题
导入类问题	请你做一个简单的自我介绍。 请你介绍一下自己所学的专业。 请你介绍一下自己的优点和缺点。 请你介绍一下自己的兴趣爱好。 请你介绍一下上一份工作的具体内容。 请你描述一下对当前应聘岗位的理解程度
动机类问题	你在职业发展方面最看重什么？ 你为什么最看重这个？ 你为什么会选择我们企业的这个岗位？ 为什么不选择其他企业的同类岗位呢？ 你为什么要选择离开原来的企业或者原来的岗位？ 是不是在企业文化、人际沟通、同事关系或者岗位适应上有问题？ 你最喜欢或者最想从事的职业是什么？（可以是大体方向，也可以是具体岗位） 你未来的职业发展具体是怎么规划的？ 你在 3 年后想要成为谁？5 年后想要成为谁？10 年后想要成为谁

续表

问题类别	常见问题
行为类问题	你最成功的一件事是什么？ 你最失败的一件事是什么？ 你的某工作成果当初的背景是什么？ 你所在团队的目标是什么？你在团队中的目标是什么？ 你在团队中的职责是什么？具体都需要做什么？ 为了完成职责和目标，你都做过什么？ 你所在团队取得了什么样的成果？你个人取得了什么样的成果
应变类问题	你觉得井盖为什么是圆的？ 你觉得天为什么是蓝色的？ 如果你发现自己根本完不成当前的工作任务，你会怎么办
压力类问题	从你的简历和刚才的面试情况来看，你似乎并不适合这份工作，你认为呢？ 我认为你的能力并没有达到这个岗位的要求，你觉得呢？ 如果你入职之后，这个岗位的业绩压力很大，你能接受吗？ 你的上级是一个很强势的人，可能对你要求很严格，你能接受吗
情境类问题	假如让你做财务经理，你要如何开展工作？ 如果你上岗以后发现你的直属上级并不认可你要推行的工作，你会怎么办？ 假如有多个领导向你布置工作，你要怎么办？ 假如你的直属上级和他的上级领导意见不合，你要怎么办

3.13.3 经典6问的实施注意

HR 在实施经典6问的时候，要注意以下事项。

❶ 导入类问题

其实导入类问题中的很多内容可能候选人的简历中都有，但 HR 还是可以问候选人，让他自己表达出来。这个过程不仅是为了破冰，也可以顺便考察候选人的表达能力，掌握他的沟通节奏。有的企业在面试重要岗位的候选人的过程中，面试官还要先做一下自我介绍和对企业的简单介绍。

❷ 动机类问题

在问动机类问题的时候，HR 要注意并不是候选人对个人发展或职业规划的愿景越远大、越宏伟越好，HR 要根据岗位的需求来判断候选人的匹配程度。在做一些比较低端、没有发展潜力的岗位的人才招聘时，HR 应当选择稳当、踏实的人才。这时，在职业规划上有远大理想和抱负的人才，反而不适合这个岗位。

❸ 行为类问题

行为类问题的落脚点要放在曾经的行为上，而不应放在个人的感觉、情绪、判断或意见上。面试的过程是候选人表达和展示的过程，面试官应该想办法让候选人在自己的问题下尽情发挥，而不是让候选人听自己滔滔不绝。

❹ 应变类问题

这类问题可以追求新奇，但不要天马行空；可以在意料之外，但是要在情理之中。应变类问题的目的是考察候选人，而不是为难候选人。有些不专业的 HR 在面试候选人的时候，可能让整场面试成为幻想式的故事会。应变类问题要考察的是候选人的应变能力，不是想象力，因此问"假如你成为某段故事的主角，你会怎么办"这种问题是在浪费时间。

❺ 压力类问题

HR 在问压力类问题时，难免要故意营造一种紧张氛围，让候选人感觉到压力，然后观察候选人应对压力的方式。但要注意，企业要考察的是候选人的抗压能力，不是抗侮辱能力。因此 HR 在问压力类问题的时候，一定不要涉及对方的人格，而且在面试之后要向候选人说明刚才只是一种测试。

❻ 情境类问题

情境类问题中所用的案例最好是当前企业中真实发生的问题，或者类似的情况，不要是一些没有意义的或者带有负面意味的想象场景。因为 HR 真正要考察的是对方真实解决问题的能力，而不是想象力。

3.14　新手 HR 如何面试高端人才

典型问题：HR 在人才招聘的过程中，免不了要面试一些专业性比较强的人才，可是 HR 不懂对方的专业技术，而且这类候选人往往是能力比较强、岗位层级比较高的人才，在面试这类人才的时候，作为新手的 HR 应该怎么办？

类似问题：因为经验不足，面试经验丰富的候选人时心里没底，不知道怎么办；如何面试行业中的高技术人才；面对行业中顶尖的技术专家，面试时要注意什么；如何面试比自己更专业的 HR 等。

3.14.1 摆正心态与位置

HR 通常站在企业人才招聘的最前线，要第一时间和各类候选人接触，难免会接触到很多高端的候选人。这时，作为新手的 HR 不能因为个人的职级比较低、经验比较少，就放弃对这些高端人才的面试、考察。新手 HR 面对高端人才时心生畏惧是正常现象，但应调整心态，不卑不亢，勇敢应对这种挑战。

不是每个主持人或记者都需要成为著名主持人或记者之后才有资格采访名人。事实上，很多主持人或记者正是在自己采访了很多名人之后，才成为著名主持人或著名记者的。

新手 HR 面试高端岗位的候选人也是这个道理，不是 HR 成了人力资源总监或者分管人力资源部门的副总经理之后，才有资格去面试高端人才，而是 HR 通过不断主动锻炼自己，让自己接触和面试比较多的高端人才，渐渐地，眼光和格局就会变得不一样。新手 HR 会逐渐熟悉如何面试高端人才。

对于面试专业性比较强的高端人才，一般来说，应该由在这个领域内有一定知识、技能和经验的人担任面试官。让外行面试内行的专业性，评估结果往往不准确。所以最好在面试专业性比较强的岗位的候选人时，在初试中加入懂技术的人。不过这也不代表外行完全不能面试内行，外行的 HR 在初试的时候，依然可以通过考察人才的基本素质、通用能力、求职动机来面试内行。

对于面试专业性不强的高端人才，也就是层级比较高的高端管理人才，新手 HR 同样可以做初试。初试的时候除了考察人才的基本素质、通用能力、求职动机之外，还可以考察一些管理理念或方式。

3.14.2 四两也能拨千斤

新手 HR 在面试高端人才的时候，可以把面试的重点放在对通用能力的考察上，也就是考察高端人才的沟通表达能力、逻辑分析能力及思维格局等。面试高端人才的时候可以从 3 个角度入手，如图 3-25 所示。

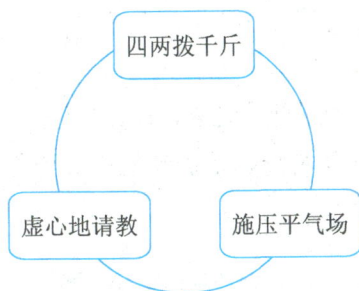

图 3-25　面试高端人才的 3 个角度

❶ 四两拨千斤

在武学中，刚入门的新手和高手较量、和行家过招，硬碰硬是铁定打不过对方的。在太极中，有四两拨千斤的说法。新手 HR 不应利用专业上的精深让自己和对方"平起平坐"，而应站在对方平时可能并不常接触的角度，在更宏观、更抽象的层面与对方探讨问题。

比如，HR 在面试一位人工智能技术方面的人才时，可以问他：全球或全国人工智能技术的进展情况；他对人工智能技术有哪些比较前瞻的看法；他掌握的技术存在哪些风险；他的技术项目化后，在财务上的投资回报率等。

❷ 施压平气场

有时候，高端人才的气场会比较强，会让新手 HR 有压力。这时，新手 HR 可以反过来用一些压力类问题来平衡气场，顺便也可以考察一下候选人的心理素质、抗压能力、在压力面前的应变能力以及沟通能力。

❸ 虚心地请教

和高端人才接触，是新手 HR 学习的绝佳时机，所以新手 HR 可以抱着虚心请教的态度提问题。所有的问题都可以用请教的口吻来提。高端人才往往能够深入浅出地让新手 HR 快速审视和理解很多宏观问题。

比如，HR 在面试一位国内汽车燃油生产方面的权威专家时，可以请教他：不同油号的汽油之间到底有什么差别，这种差别具体是什么概念，对车辆有什么影响，生产工艺有什么不同等。提这类问题并不是为了考察候选人的专业能力，而是为了考察他的表达能力。

3.14.3 焦点放在人才测评上

除了考察高端人才的通用能力之外，HR 还可以通过各类人才测评工具，进一步考察高端人才的人格特质、求职动机等。企业中常见的人才测评方法如表 3-11 所示。

表 3-11 企业中常见的人才测评方法

测评方法	含义	适用岗位
心理测评	运用专业的心理测评工具对被测评人实施测评。心理测评的方式可以分为笔试测评问卷或面试问题回答。 心理测评得出的结果通常是结构化、数据化的，能够表现出被测评人的某种心理特征	任何岗位
笔试测评	通过笔试问卷的形式测评候选人的知识水平、能力水平和认知水平。笔试测评是企业中最常用的人才测评方法之一	对专业能力、分析能力、推理能力、管理能力有要求的岗位
情景模拟角色扮演	设计某种具有一定冲突性的工作场景，要求被测评人在场景中扮演某个角色，模拟真实的情况，完成一系列的任务，协调场景中的矛盾，处理情景中的问题，达到预设的目标。通过被测评人在情景中的表现，判断其未来在实际工作中的能力	管理类岗位 技术类岗位
公文筐测评	公文筐测评要求被测评人阅读和处理一些比较真实的文字材料，这些材料可以包括岗位可能会遇到的各类文本、邮件、信息、指令、报告或特殊情况，需要被测评人做出回复、计划、决策、沟通、安排等一系列应对措施，考察被测评人的计划能力、组织能力、判断能力、决策能力、分析能力和对事物的优先级进行排序的能力	管理类岗位 文秘类岗位
无领导小组讨论	由一组原本互不相识的被测评人组成的临时小组，小组内不指定组长，测评人为小组安排某项任务，让小组成员就该任务做自由讨论，最终得出小组的群体意见。 在整个讨论过程中，测评人通过观察，评判小组内各成员在讨论过程中表现出的沟通能力、表达能力、参与感、说服力、团队意识等特质。 无领导小组的人员组成一般为 4～10 人。超过 10 人时，比较难以观察	管理类岗位

3.15　用人部门面试官不专业，怎么办

典型问题： 为了提高招聘选拔的准确性，企业规定在招聘的过程中，要由用人部门的人担任面试官，可是用人部门的面试官在招聘方面很不专业，有时候把面试变成了聊天，有时候提出对面试没有帮助的问题，这种情况怎么办？

类似问题： 如何对用人部门面试官实施培训；用人部门的面试官应该由用人部门的什么角色担任；如何管理用人部门的面试官等。

3.15.1　标准化是最好的专业

防止人才招聘选拔出现不专业问题的最好的方法是"人选标准，标准选人"。通过制定出标准化的面试流程和方法，然后通过执行标准化的流程，实施选拔。按照这个思路，通过结构化和非结构化面试固化面试流程，是防止用人部门面试官不专业的最好方法。

HR 在根据岗位胜任力模型制定面试的问题表后，可以设计标准化的面试评价表。当然，有一些测评项目是可以通过笔试完成的，另外一些测评项目可以通过面试来完成。

HR 在设计面试评价表时，要注意面试评价表必须包含以下信息。

1. 基础信息，包括岗位的职责、要求等信息。

2. 评价项目，包括定量的指标（如分值解释和评分结果）、定性的指标（如评价要点和评价记录）。

3. 评价结论，包含对该面试者的最终评价。

HR 在设计标准化面试题目的时候要注意以下 3 点。

1. 标准，就是测评标准的内在规定，表现为对各种素质规范化行为特征的描述和规定。

2. 标度，就是标准的外在形式，表现为对各种素质行为特征或表现的范围、强度和频率的规定。

3. 标记，就是对应不同标度（范围、强度和频率）的符号，通常用字母、汉字或数字来表示，它可以出现在标准体系中，也可以直接用来说明标准。

3.15.2　面试问题生成器 STAR

因为面试的灵活性，在标准化面试流程之后，用人部门的面试官难免要询问候选人一些非标准化问题或者专业问题，这类问题 HR 很难在事先做出明确规范，这时可以运用 STAR 工具。

S（Situation）代表情景，指的是某件事情当时所处的环境和具体的背景。

T（Task/Target）代表任务或者目标，指的是当时的工作和具体目标是什么。

A（Action）代表行动，指的是候选人都采取了哪些具体的行动。通过候选人采取的行动，面试官能够了解候选人的思维方式和行为方式。

R（Result）代表结果，指的是最后达到了什么样的结果。通过结果，面试官也可以进一步追问候选人从结果中获得了哪些经验？有哪些收获或进一步改进的想法？

面试官可以用这个逻辑来不断生成问题，同时更加准确地考察候选人完成任务的能力。STAR 工具的逻辑如图 3-26 所示。

图 3-26　STAR 工具演示

比如，某面试官面试某技术人员，技术人员的简历上写着参与过很多技术开发项目。

面试官可以选择其中的一个项目，问他以下问题。

请问你所在的团队当初为什么要做这个项目？当初有什么样的背景？（情景）

这个项目的目标是什么？或者完成什么？你在项目中负责的是什么？你的任务目标是什么？（任务 / 目标）

为了达到你个人的任务目标和项目目标，你都做了什么？能不能具体说明都是怎么做的？（行动）

这个项目最终达成了什么结果？你的任务目标达成了什么结果？（结果）

在 STAR 面试问题的最后，也可以再加一部分评估改进类问题。

比如，可以问：这个结果是不是你所满意的，还有没有什么问题和不足；你为此做了哪些总结，做了哪些评估，做了哪些改进，改进之后又收到了哪些结果？

STAR 工具在具体实施的时候，可以分成以下 4 步。

第一步，提出一个开放性的问题。

第二步，用 STAR 的方法去挖掘候选人回答这个问题背后的细节。

第三步，继续把前 2 步用在其他问题上。

第四步，对一些潜在的问题进行进一步求证。

3.15.3　用人部门面试的 3 点保障

除了标准化面试流程和向用人部门的面试官传授面试工具之外，HR 还要做好面试成功的保障工作，主要包括以下 3 点。

❶ 指定用人部门面试官

每个用人部门可以只指定 2 人为面试官，这样能够减少 HR 培训和管理用人部门面试官的成本。一般情况下，用人部门的面试官可以固定为 1 人，另一人为候补人选。用人部门面试官的人选最好选择工作时间比较长、比较稳定、贡献度比较高的人。

❷ 面试流程的把控

即使用人部门面试官再有经验，HR 也应该展现自己职业化和专业化的一面。在每次面试开始之前，HR 要交代面试的背景，说明必要的信息，提醒用人部门面试官一些面试时必须注意的事项；在面试过程中，如果发现用人部门面试官有跑题的情况，HR 应当及时引导；在面试结束后，如果发现用人部门面试官的某些判断受情绪影响，HR 应引导其做出理性判断。

❸ **面试时间的把控**

HR 应提前安排好面试时间，并在面试开始之前告知用人部门面试官时间安排。在面试过程中，如果发现用人部门面试官无休止地提问，HR 应当善意提醒，把对每个候选人的面试时间控制在预计范围内。

3.16　如何通过面试吸引候选人

典型问题： 企业的面试赴约率不低，但是候选人面试通过后的上岗率比较低，这种情况如何改善？

类似问题： 吸引候选人到企业工作，除了雇主品牌和岗位本身之外，还有哪些内容；面试时，如何让候选人对企业产生好印象；候选人因为企业 Wi-Fi 信号不好这类小事直接放弃面试，如何应对这类问题等。

3.16.1　面试是双向选择的过程

在人才竞争激烈的市场环境下，企业在选择人才的同时，人才也在选择企业。这时的面试，已经不仅是企业在面试候选人，候选人同时也在面试企业。候选人会通过面试官的一言一行、一举一动，来判断这个企业到底值不值得自己选择。

对于难招聘的岗位，优秀人才愿意花时间来企业面试，HR 就应该感到庆幸了。这时，企业对候选人的面试就不仅要定位在选拔上了，还要定位在如何通过与候选人的接触，吸引候选人最终选择企业。

对于不难招聘的岗位，如果企业能够通过面试的环节吸引候选人，同样能够有效地提高候选人面试通过后的到岗率，减少招聘的工作量，提高招聘效率。

面试官的形象直接代表了企业的形象。面试官和候选人的第一次接触会产生首因效应，如给候选人打的第一个电话、面试的着装、待人接物的态度、商务礼节、气质谈吐、专业程度等，都影响候选人对企业做出判断。

如果面试官的行为比较出格，就算企业再有名，优秀人才也会觉得企业只是在业务层面优秀。如果面试官穿着得体、礼仪到位，言谈不卑不亢、举止落落大方，即便这家企业现在名不见经传，候选人也会不自觉地高看这家企业。

3.16.2　面试流程中体现专业性

面试流程很像企业的运营流程。当顾客进入一家服务很好的餐厅时，餐厅服务人员的引导和服务，会让顾客感觉非常舒服。这背后，是餐厅的运营流程在起正面作用。相反的，当顾客进入一家服务不好的餐厅时，因为服务很差，顾客会产生很多负面情绪。这也是因为餐厅的运营流程在起负面作用。

企业在设计面试流程的时候，可以为候选人设计一些美好的体验。企业最后是否录用候选人固然重要，但是让候选人感受到整个面试过程给他带来的舒适感同样重要。这不仅是专业的体现，也是用心的体现，专业和用心换来的将会是候选人的满意与认可。

对候选人个人时间的尊重能够体现企业对候选人的尊重。候选人面试中的等待在所难免，面试流程专业的企业会想办法缩短候选人的等待时间，而面试流程不专业的企业却不在意这一点。关于解决候选人等待的问题，企业可以向餐饮企业学习。

一些比较有名的餐饮企业，常常人满为患，需要顾客在餐厅外排队等候。这时对于在外面排队的顾客，服务员会为其提供一些茶水、水果或小点心。有的企业会在等候区设置大屏幕，放一些电影或视频；有的企业会在等候区设置一些游戏设施。

企业在设计等候区的时候，要注意在候选人等候区可以适当提供一些小茶点，就算没有这类预算，至少给候选人提供一杯水，以示基本的尊重。

企业可以在等候区播放宣传片。宣传片的内容可以是企业简介、企业晚会、团建活动、内部新闻、企业培训等，等候区的视频最好是时间长一些的影片，目的是避免候选人重复观看后感到厌烦。

企业还可以在等候区设置一些精美的公司宣传资料。宣传资料中可以包括企业简介、企业成就、企业愿景、产品简介等信息。企业还可以在等候区摆放产品，也可以放一些企业员工集体活动的照片，如聚餐、团建、出行等活动的照片。

餐饮企业运营服务流程的成败在细节，面试流程设置的成败也在细节。面试中没有小事，面试流程是否专业，除了从管理角度看，还在于细节设计给候选人的感受。候选人的感受直接影响着其心目中企业的形象。

3.16.3 环境氛围的视觉吸引力

有的面试官为了吸引候选人，会在面试中向候选人介绍企业的工作氛围。其实不管面试官怎么向候选人介绍，都不如候选人到企业面试时亲眼见到的一切有说服力。除了面试等候地点的环境氛围营造，企业其他地点的环境氛围营造同样重要。候选人会通过面试经过场所的装修格调、办公环境、工作氛围以及员工的工作状态这些感官因素对企业做出直接的判断。

很多企业的装修风格早就已经定下来了，就算觉得不好，由于成本原因，也不能随便修改。虽然 HR 很难影响企业整体的装修风格，但可以发动各部门员工装饰点缀。在环境氛围的营造上，不一定需要大量的资金，只要有心、用心，不需要太多的投入，也能让企业的办公环境焕然一新。

比如，某企业有一面墙比较旧，非常不美观，重新装修需要的资金较多。这时 HR 可以找来一块白色板子盖在这面墙上，买一些气球挂在板子上组成一个心形图案，图案中间加入一些企业团队活动的照片，并鼓励部门自行装饰这块板子。这样不需要花费较多的资金，就能让企业的办公环境焕然一新。

阿里巴巴的办公环境就是五彩纷呈的，阿里巴巴办公区的主色调是橙色，因为这是温暖而快乐的颜色，精彩纷"橙"是"阿里人"的文化符号。整个阿里巴巴办公区没有空白墙，所有墙都被员工设计成了各种颜色的文化墙。

另外，候选人很可能会关注员工的办公桌，想象自己未来在这里办公时的状态。所以 HR 也要适当布置办公桌。比如，可以多放一些绿色植物作为点缀，既美化环境，又能吸收辐射，还能提高现有员工的满意度，三全其美。

3.17　如何通过背景调查获得更多有价值的信息

典型问题： 在做背景调查的时候，经常遇到证明人不配合的情况。如果找专业的背景调查机构，成本又比较高。如何在不增加过多成本的情况下，让证明人愿意配合，以通过背景调查获得更多有价值的信息？

类似问题： 背景调查的正确做法是什么；如何保证背景调查信息的准确性；如何做背景调查才能真正发挥其价值等。

3.17.1　证明人的选择与激励

为了做背景调查，HR 要事先收集一些关键信息。

1. 候选人原来所在企业的名称和联系方式。最好让候选人留下原来企业人力资源部或行政部门的电话号码。

2. 证明人的姓名、联系方式以及和候选人之间的关系。如果是比较重要的岗位，保险起见，可以让候选人留 2 ~ 3 名证明人的联系方式，特殊情况甚至可以留更多证明人的联系方式。

HR 在联系证明人的时候，要先确认对方的姓名，确认证明人与候选人之间是否认识、是如何认识的、证明人与候选人之间存在什么关系。

HR 在打座机电话的时候，可以先不用候选人提供的电话号码，可以先通过候选人原来所在企业的官方网站或查号台等方式获得座机号码，将其与候选人提供的座机号码比对。

HR 在做背景调查的时候，证明人有事不关己高高挂起的心态是人之常情。为了让背景调查的证明人积极配合，HR 可以给证明人提供一些小的物质激励。

人们会因为一些小的物质激励而产生某个行为。这个原理被一些做问卷调查的企业用在问卷调查的过程中。这类企业通常会邀请民众参与问卷调查，民众参与之后，这类企业会赠送民众一些小礼物。

对于一些比较重要的岗位，为了保证背景调查结果的质量，企业可以适当增加一点背景调查的成本。HR 可以在背景调查一开始的时候，就和证明人说，只要他愿意配合完成调查,企业可以送他一个小礼物。这个小礼物不需要贵重,实用就可以,如笔筒、小音箱、耳机等,或者直接给予小额的金钱激励。

3.17.2 背景调查的实施方法

背景调查常见的实施方法有 4 种,如图 3-27 所示。

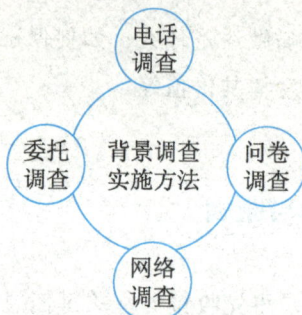

图 3-27 背景调查常见的 4 种实施方法

一次完整的背景调查,渠道的数量一般可以控制在 2 ～ 3 种。如果只选择一种渠道,背景调查的信息之间不能相互印证;如果选择的渠道太多了,不仅信息量大,而且背景调查的成本比较高。

❶ **电话调查**

利用打电话做背景调查的具体操作步骤是企业通过打电话访谈候选人原工作单位的同事、人力资源部或行政管理部工作人员,直接向他们询问候选人的工作时间、岗位、绩效、离职的原因等关键信息。电话调查是最常用的背景调查方法,也是成本最低的背景调查方法。

❷ **问卷调查**

问卷调查一般是 HR 先制作背景调查的问卷,然后通过把背景调查问卷发放给候选人的证明人的方式,期望证明人能给企业反馈一份相对正式的、完整的、模块化的回复。问卷调查的信息更全面,比较正式。但问卷调查难以落实问卷填写的及时性和准确性。

❸ **网络调查**

网络调查是企业通过网站和社交媒体了解候选人的信息,或者通过搜索引擎了解候选人的新闻报道类事件。很多招聘相关的门户网站都开设了社交功能，个人简历的开放度越来越高，候选人曾经工作的企业、岗位、年限等信息可以通过同在这家企业的其他人进行认证。

❹ 委托调查

委托调查是企业通过委托专业的背景调查机构获取候选人详细的背景调查报告。当企业的人力资源部门人手不足、专业性不足，招聘的岗位相对比较重要的时候；或者候选人来自竞争对手，企业不方便直接出面做背景调查的时候，适合运用这种方法。

3.17.3　背景调查的标准话术

HR 在进行背景调查时，要循序渐进，可以先从简单的问题开始聊起，不要一开始就问一些敏感的问题。不要一开始就问证明人：我想向您了解一下贵公司的 ×× 的工作岗位、工作表现、工作内容和工作职责。

比较标准的背景调查话术如下。

您好！请问您是 ×× 先生 / 小姐（或者 ×× 公司人力资源部）吗？

这里是 ×× 公司的人力资源部，请问您现在方便接听电话吗？

如果对方支支吾吾，那 HR 要进一步询问对方是否方便。如果不方便，可以改时间再谈；如果对方表示方便，则继续询问。

可以接着说：我们这边收到一份之前在贵公司工作过的一位员工的简历，想与您核实一下他（她）的情况，大概耽误您一到两分钟的时间，您看可以吗？

这里一定要说一到两分钟，实际上需要花费多久时间不必追究，这样说可以把证明人吸引过来。然后可以加一句：我郑重承诺，我们将对您提供的信息完全保密！

如果证明人此时比较忙，可以追问：那您看您什么时候方便，半小时后还是？

HR 在进行背景调查的时候，可以按照背景调查要调研的内容，形成话术顺序。

1.候选人和证明人之间是否认识？关系如何？是如何认识的？

2.候选人曾经工作的时间、公司、部门、岗位具体如何？

3. 证明人是否清楚候选人的离职原因？

4. 候选人是主动离职的，还是因为什么原因被动离职的？

5. 候选人工作期间的表现如何？可以请证明人描述一下候选人的个性。

6. 候选人的专业知识如何？

7. 候选人平常和同事相处得如何？

8. 候选人平时是否能够胜任自己的工作？

9. 候选人是何种类型的人才？勤奋踏实型还是聪明创新型？

如果证明人对候选人非常认可，HR 可以进行如下追问：看来您对他（候选人）是非常认可的，人无完人，为了他今后的发展，您认为他还存在哪些不足？需要在哪些地方再改进？您觉得我们公司未来要帮助他发展，需要关注哪些方面呢？

3.18 如何做薪酬谈判平衡候选人和企业利益

典型问题： 有时候很看好一个候选人，结果到了和他谈薪酬的时候，因为一直打压他的薪酬要求，导致他选择了别的企业。有时候候选人的能力匹配不了他想要的薪酬，但因为和他无法谈妥，企业又着急用人，只能按照候选人要求的薪酬录用他，结果让企业其他人才很不满意。如何与候选人谈薪酬才能平衡候选人的期望和企业的需求？

类似问题： 如何正确地进行薪酬谈判；薪酬谈判应该如何压低候选人的期望薪酬；企业如何在薪酬谈判中节省薪酬成本等。

3.18.1 判定薪酬的上下限

有的 HR 在做薪酬谈判的时候，认为将薪酬谈得越低越好。有的 HR 把薪酬谈判做成了市井砍价，不管候选人说多少，都先砍一半，然后再一点点往上调。这种做法会让候选人觉得企业没有标准、没有规范，不够正规。可能候选人原本会考虑这个就业机会，但因为有这样的薪酬谈判的过程，也就不想考虑了。

在实施薪酬谈判之前，HR 一定要明确薪酬谈判的目的。薪酬谈判的最终目标绝不是把候选人期望的薪酬压到最低，而是为企业找到适合的人才，并且给他一个双方都能认可的薪酬。

这就需要 HR 先明确：要招聘人才的岗位对企业的价值如何？企业愿意为这个岗位付出的最高薪酬是多少？企业能够提供的薪酬范围是多少？也就是先明确这个岗位的薪酬标准，明确岗位薪酬的上下限。

薪酬的上下限应该根据薪酬政策来判断，既要考虑薪酬的外部竞争性，又要考虑薪酬的内部公平性。当有了明确的薪酬标准后，即使候选人期望的薪酬水平低于这个薪酬标准，HR 也应该执行企业的标准，而不要为了节省费用执行候选人期望的标准。

即使候选人是市场上能力最强的人，当他期望的薪酬高于企业的最高标准时，如果不是特殊需要，企业也可以不选择他，以免因为满足个别候选人的薪酬要求而引起内部其他员工的不满，影响现有员工的工作情绪。当然，对于候选人期望薪酬高于企业薪酬标准就考虑不选择该候选人的做法只是一般的做法，在不同场景下应做具体判断。

当企业有了岗位薪酬的上下限后，就能避免和候选人之间就薪酬问题陷入不切实际的讨论，也能避免 HR 和候选人讨论一番之后，企业决策层不同意，或者候选人不满意，双方徒劳无功的情况发生。

3.18.2　薪酬谈判的 3 个步骤

HR 实施薪酬谈判的具体步骤可以分成 3 步，如图 3-28 所示。

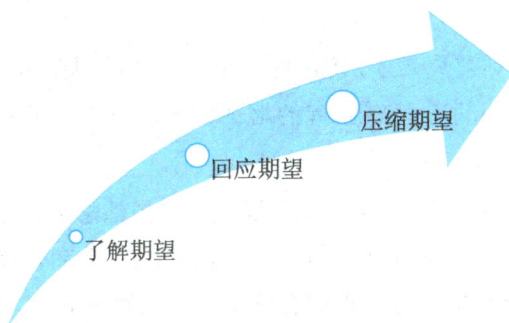

压缩期望

回应期望

了解期望

图 3-28　HR 实施薪酬谈判的 3 个步骤

第一步，想办法了解候选人的期望，也就是要知道候选人想要的薪酬是多少。这里的期望，不仅包括薪酬上的期望，还包括候选人其他的期望。在询问候选人期望薪酬的时候，可以用到的常见话术如下。

1. 刚好您说到这儿了，我也顺便了解一下，您目前的薪资福利是什么情况？

2. 请问，您期望的最低薪酬是多少？

3. 您的期望薪酬是多少？是每月 1.2 万元到 1.5 万元？还是有其他想法？

4. 我想了解一下，您现在的薪酬大概是多少？

第二步，想办法回应候选人的期望，也就是对于候选人期望的薪酬，HR 要做出的反应是什么。HR 的反应会给候选人提供很多信息，会让候选人接收到这些信息后，对企业做出一定的判断。在回应候选人的期望薪酬的时候，可以用到的常见话术如下。

1. HR 如果觉得候选人的期望薪酬有点高，可以说："您知道，一般情况下换一份工作的加薪空间是 10% ～ 20%。"

2. 当候选人期望的薪酬比企业月薪水平高但基本等于或低于年薪水平时，HR 可以说："您的薪酬是年薪制浮动薪酬，虽然固定的月薪可能达不到您的期望，但如果业绩达成，全年总收入比您的期望薪酬还高。"

3. 当候选人整体期望薪酬水平比企业薪酬水平高时，HR 可以说："目前我给您说的是试用期工资，相对低一些，转正后会有一定幅度的提高。如果您入职后的工作表现满足公司期望，公司会有进一步的薪酬调整空间。"

第三步，想办法压缩候选人的期望，也就是当候选人期望的薪酬高于企业的薪酬水平时，HR 可以尝试让对方的期望有所变化。当然这里的压缩候选人的期望，指的不是单纯地将候选人的期望薪酬往低处打压，而是与候选人友好协商。

如果候选人是学习型人才，HR 可以说："公司现在的薪酬体系跟您的期望有一定的差异，不过公司有完善的培训体系，有丰富的知识资源库，有强大的团队支持……"

如果候选人是事业型人才，HR 可以说："虽然您的期望与我公司薪酬标准存在差异，不过我们公司提供其他公司没有的晋升和发展空间，我们所处的行业具备独特的领先优势，我们有着更加宽松的氛围，您可以得到更多的信任，具备更高的责任和使命，未来还可能有股票和期权激励……"

如果候选人是金钱型人才，HR 可以说："请不要仅仅看到表面上我公司的薪酬数额达不到您的要求。除了薪酬之外，我们公司还提供额外的住房补贴、用餐补贴、制服补贴等各类补贴，提供住房、餐饮、物品、体检等各类弹性福利，项目结束后有专项的项目奖金，每年有一次加薪机会……"

3.18.3　运用整体薪酬进行薪酬协商

HR 在和候选人谈薪酬的时候，不要忽略薪酬的整体概念，也就是企业能够提供给候选人的薪酬可以分成能量化的部分和不能量化的部分，两者合在一起，形成整体薪酬，而不仅仅是工资和奖金层面的金钱数字。

举例 ❓

某候选人应聘某岗位，期望年薪 30 万元。该岗位基本年薪标准最高 20 万元。候选人各方面都符合该岗位，HR 想要录用该候选人。

这时，HR 可以说：

"你的期望和公司的薪酬是基本符合的，这个岗位基本年薪的最高标准是 20 万元，公司可以给你这个最高标准的薪酬。我知道这和你一开始的预期不太符合，不过请你也不必担心。公司除了基本的年薪之外，还有一部分绩效年薪，根据这个岗位不同的绩效表现，一般在 5 万～20 万元。

"公司的三餐都是免费的，是按照每人每天 50 元的标准准备的。公司每月还会发 500 元的交通补助、1 000 元的住房补助和 200 元的通信补助。

"对工作满 3 年的员工，公司会提供许多个性化的福利。比如，你可以有更加弹性的工作时间，可以在家办公，可以带宠物来上班。如果你有小孩需要看管，咱们公司有合作的幼儿园、小学、初中的补习班，都是免费为员工开放的。

"公司每年会有定期的体检，体检的标准是每人每年 2 000 元，而且可以带一名家属。公司每年还会给员工提供 1 万元的学习基金。除了带薪年休假之外，公司还有每年 7 天的带薪学习假。每年的学习基金和带薪学习假都是可以按年份累计的，如果你今年没有用，可以累计到明年。明年没用，可以再累计到下一年。

"另外，你工作满 7 年之后，公司会提供股权激励计划……我刚才说的是在你没有提升等级的情况下，咱们公司每年会根据绩效情况做等级提升，每提升一个等级，薪酬大约会提升 10%。一般公司每年会有 30% 的人提升一个等级，有 10% 的人会提升两个等级。"

以上就是运用整体薪酬的概念与候选人进行薪酬协商的过程。就算候选人期望年薪是 30 万元，在听完了该岗位能够提供的整体薪酬后，候选人依然可能选择该岗位。

3.19　如何用好内部招聘补充用人需求

典型问题： 企业实施内部招聘之后，出现了很多问题。将内部员工补充到其他岗位，导致原来的岗位空缺；内部员工推荐的人才良莠不齐。如何用好内部招聘渠道，补充企业用人需求？

类似问题： 哪类企业适合采用内部招聘渠道；企业实行以工带工政策后员工不响应，如何鼓励内部员工推荐人才；内部招聘的人才筛选和评估需要注意什么等。

3.19.1　内部招聘的实施方法

内部招聘是一种很容易被 HR 遗忘的招聘渠道。内部人才往往比外部人才更了解企业，更容易创造价值，而且许多内部人才也希望调整岗位，让自己的能力得到提升并更加多元化。

对于管理较成熟的企业，当内部有岗位空缺时，可以优先考虑用内部竞聘、轮岗、调岗、晋升等方式从内部选拔人才，形成一个内部人才市场。这样既可以促进内部人才的流动，又可以培养与开发人才。

实行内部招聘时，HR 需要注意内部岗位调整后的工作交接问题，防止这种调整影响企业的正常运营。一般来说，内部招聘需要配合企业的人才盘点和人才梯队建设。当企业内部有足够的后备人才时，内部人才流动造成的负面影响会变少。

对于一些难以招聘的岗位，HR 可以激励内部员工以工带工，鼓励员工通过微信朋友圈或其他形式传播企业的招聘信息，以吸引外部人才。

3.19.2 以工带工的操作流程

企业在采用以工带工的招聘方式时，基本流程和注意事项可以分为以下 3 点。

❶ 确定需求

当用人部门提出用人需求之后，HR 应判断这类需求是否适合按照以工带工的方式操作。如果适合，就在企业内部发布以工带工的岗位需求，鼓励员工以工带工。

❷ 明确规则

在实施以工带工之前，企业应当明确以工带工的具体规则。

以工带工的规则的大体框架是被介绍人到岗位之后，在岗位工作相应时间后，企业将给予介绍人一定的金额奖励。工作满多久后给奖励是需要注意的，一般来说要 3 个月以上、1 年以内。这个时间也不是越长越好，如果时间过长，介绍人推荐候选人的动力可能会减少。

奖励金可以参考企业外部合作的劳务派遣公司或猎头公司招人的价格，可以考虑按照这个价格的 30% ~ 50% 来奖励企业内推荐人才的员工。比如，企业委托合作的劳务派遣公司招聘一名工人的价格是 1 000 元，那么内部员工以工带工招聘到同样的员工，奖励的金额可以是 300 ~ 500 元。

有的企业想激励介绍人，但又不想一下子把奖励金给介绍人，则可以按月支付。比如，被介绍人在职满 3 个月时，奖励介绍人 100 元；在职满 6 个月时，再奖励介绍人 200 元；在职满 1 年时，再奖励介绍人 300 元；在职满 2 年时，再奖励介绍人 500 元等。

❸ 流程严选

对内部员工介绍来的人才一定要严格按照岗位的要求进行面试和选拔，不能因为是内部员工介绍来的就对人才放松警惕。同时要避免因为内部介绍而产生一些面试负面心理效应，如光环效应、对比效应、刻板印象等。

对每一个有内部员工介绍入职的人才,在员工档案里一定要写清楚介绍人。这样做一方面是为了落实推荐奖励,另一方面是为了后续的员工管理。当被介绍来的人才出现问题的时候,HR 可以找介绍人帮忙协调。

以工带工的通用流程如图 3-29 所示。

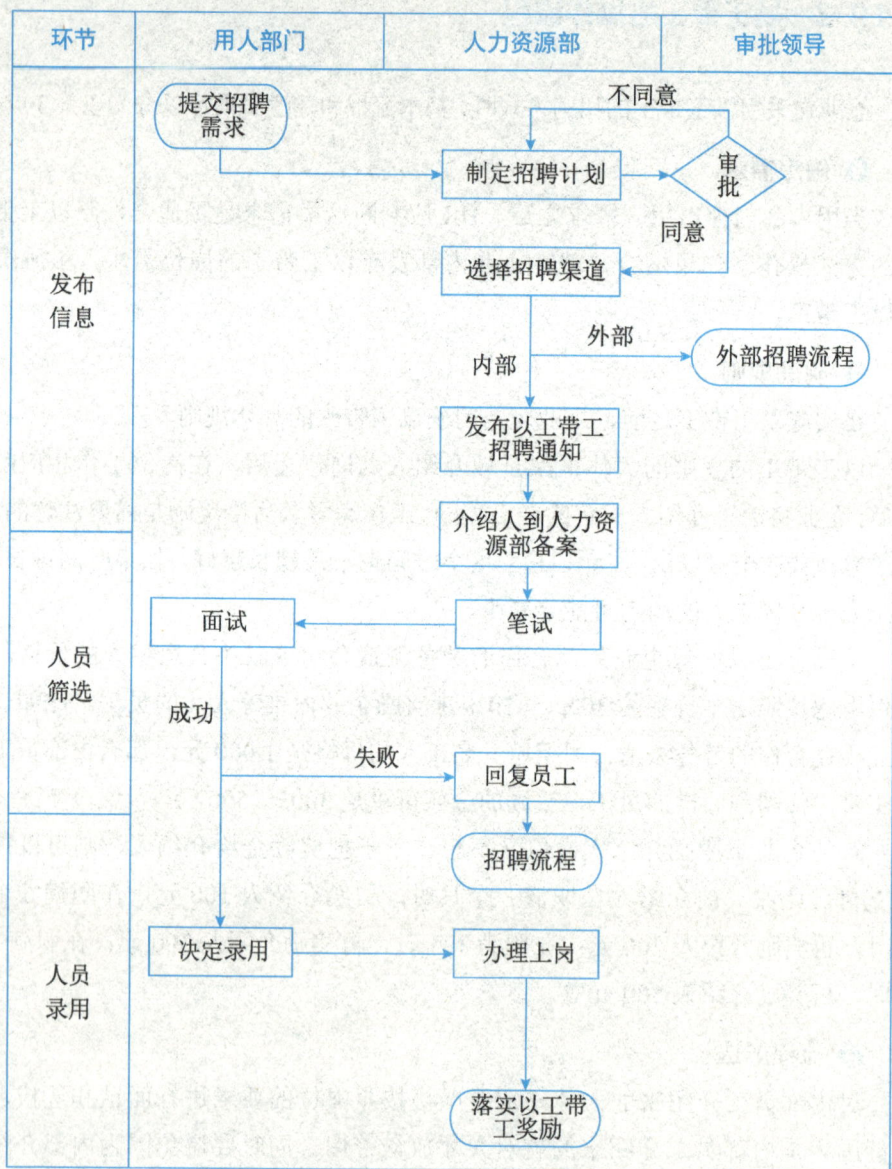

图 3-29　以工带工的通用流程

3.19.3　内部人才市场的操作流程

当企业采用内部人才市场的招聘方式时，操作流程如下。

1. 人力资源部根据用人申请表发布内部招募通知。

2. 如果采用推荐法招募，应征员工填写内部竞聘报名表，和自己当前岗位的部门负责人正式沟通，并提交申请至人力资源部；如果采用公告法招募，员工可以直接向人力资源部提交应聘申请。

3. 如果采用推荐法招募，人力资源部收到内部竞聘报名表后，安排和内部员工面谈，并签署意见；如果采用公告法招募，员工应先经过笔试，然后人力资源部根据笔试结果，有选择性地安排与员工面谈，汇总面谈结果。

4. 安排应征员工和空缺岗位的部门负责人面谈，必要时进行其他形式的测试。

5. 和招聘需求部门沟通应征员工的情况，达成录用的一致意见后，由人力资源部重新核定工资水平。

6. 将员工的调动信息告知员工本人、调入和调出部门负责人，同时抄送给人力资源部其他成员。在调动信息发出后督促员工交接工作，并给予必要的支持。在员工正式调入新岗位前更新员工档案。

7. 如应征未成功，将结果告知应征员工。

内部人才市场的通用流程如图 3-30 所示。

环节	用人部门	人力资源部	审批领导	员工原部门

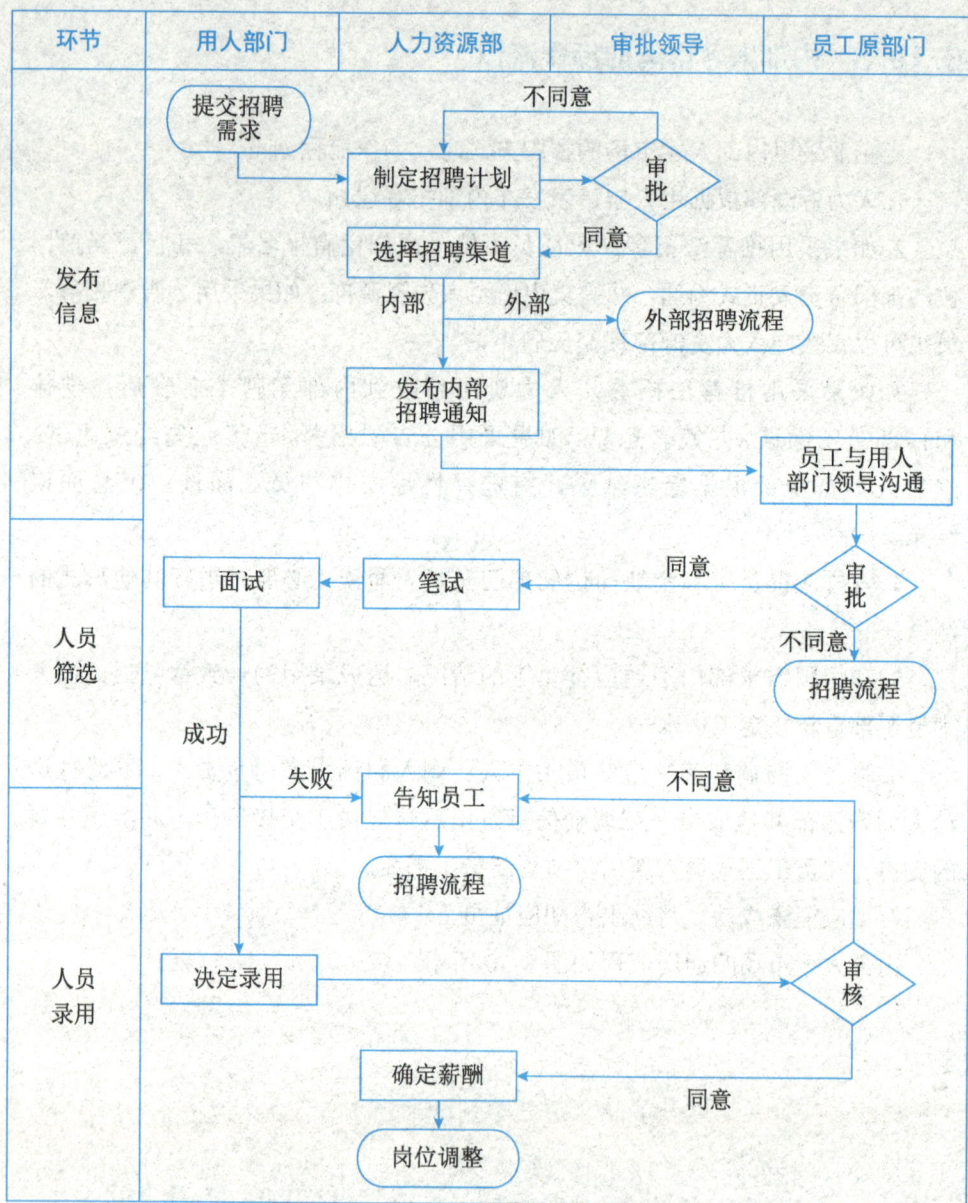

图 3-30　内部人才市场的通用流程

3.20 如何做好招聘费用预算与控制

典型问题: 平时实施招聘的时候,没有做招聘预算,对招聘费用也没有做过记录和管控,年底时发现招聘费用过高。HR平时应如何做好招聘费用的预算、记录和管控?

类似问题: 招聘费用一般包括哪些;如何节省招聘费用;招聘费用的审批权限应当如何设计等。

3.20.1 招聘预算与招聘审批权限

招聘成本包括招聘管理全流程发生的全部成本。HR 在做招聘成本预算的时候,要关注招聘管理的全流程。招聘成本包含的要素如表 3-12 所示。

表 3-12 招聘成本包含要素

分类	包含内容
人才招聘成本	交通差旅费 住宿费 餐饮费 宣传材料费 广告费 场地租用费 设备使用费 ……
人才选择成本	人才测评环节费用 笔试环节费用 面试环节费用 背景调查环节费用 体检环节费用 ……
人才录用成本	录取手续费 路途补助费 调动补偿费 搬迁费 ……

续表

分类	包含内容
人才安置成本	人力资源部门安置人员的时间成本 录用部门安置人员的时间成本 ……

表 3-12 中招聘成本包含的所有内容,都是能够被量化的成本,HR 在编制招聘预算的时候应当全部考虑在内。对一些企业来说,有些成本难以量化,如人力资源部门安置人员的时间成本。这类成本可以考虑暂时先不体现在招聘预算中,当这类成本能够被量化时,再做考虑。

HR 在编制招聘预算的时候,可以按成本项目逐项对比往期(去年同期)花费的成本和明年的招聘计划,与管理层沟通后,制定明年的招聘预算。

制定出明年的招聘预算之后,HR 还要设计出临时招聘需求的审批权限。规定招聘审批权限,能够有效管控企业招聘员工的节奏,能够防止岗位招聘出现冗余,能够有效降低招聘成本。

对招聘审批权限的规定,应当在纳入制度公示后,形成招聘审批权限示意表,如表 3-13 所示。

表 3-13　招聘审批权限示意表

审批分类		用人部门经理	用人部门负责人	人力资源部	分管副总经理	总经理
岗位编制内	员工级	发起	审核	核准	审批	报备
	主管级	发起	审核	核准	审批	报备
	经理级以上		发起	核准	审核	审批
岗位编制外	员工级		发起	核准	审批	报备
	主管级		发起	核准	审核	审批
	经理级以上		发起	核准	审核	审批

招聘审批权限示意表中的发起指的是相关人员提出招聘需求;审核指的是相关人员对招聘需求进行审查、提出意见或建议、否定招聘需求;核准指的是相关人员验证招聘需求的必要性、提出意见或建议、否定招聘需求;审批指的是相关人员就招聘需求做出最终决定;报备指的是相关人员得到招聘需求审批信息。

3.20.2　招聘费用记录与汇总方法

对于临时的招聘需求，HR 要做好招聘费用的预估，按照审批权限实施招聘费用的审批。在这种情况下，需要用到招聘预算费用审批表，如表 3-14 所示。

表 3-14　招聘预算费用审批表

所需岗位类别	空缺岗位数量	拟采取的招聘方式	预算招聘费用
A 岗位			
B 岗位			
C 岗位			
部门负责人意见			
人力资源部意见			
分管副总意见			
总经理意见			

在日常的招聘活动中，HR 要进行招聘费用的记录与汇总，原则是只要发生招聘事实，就要进行记录，如表 3-15 所示。

表 3-15　招聘费用记录与汇总样表

招聘渠道	招聘成本			选择成本			录用成本			安置成本			费用合计
	A费用	B费用	……	A费用	B费用	……	A费用	B费用	……	A费用	B费用	……	
A 渠道													
B 渠道													
C 渠道													
D 渠道													
……													
总计													

对招聘费用的记录与汇总，要本着客观、真实、全面、有效的原则。经过一段时间对招聘成本的记录之后，对招聘费用进行汇总分析，可以形成招聘渠道费用分析表，如表 3-16 所示。

表 3-16　招聘渠道费用分析样表

招聘渠道	费用合计（元）	基层岗位招聘人数	基层管理岗位招聘人数	中层管理岗位招聘人数	高层管理岗位招聘人数	总招聘人数	平均每人招聘费用（元）
A 渠道							
B 渠道							
C 渠道							
D 渠道							
……							
总计							

3.20.3　招聘成本的计算与分摊

做好招聘成本的记录，不仅是为了统计分析，还可以为划分招聘成本提供依据。HR 在日常招聘工作中，登记招聘成本可以用到招聘成本登记表，如表 3-17 所示。

表 3-17　招聘成本登记样表

招聘项目	招聘需求部门	招聘时间	参与部门	招聘费用	招聘项目负责人	需求部门负责人	备注

有的企业为了增强各部门的人力成本意识，会将招聘成本分摊到各部门，这种做法本身没问题。不过在分摊招聘成本时要注意，如果把整个招聘渠道的费用分摊到单次的招聘需求或某个部门上，是不严谨的。

分摊到各部门的招聘成本一般是以各部门招聘的员工为基数，与平均每个该岗位员工的招聘成本相乘得到的。

某部门招聘成本 = 某部门的招聘满足的人数 × 平均满足每个需求人数的招聘成本。

HR 可以根据计算结果编制招聘成本分摊表，如表 3-18 所示。

表 3-18　招聘成本分摊样表

时间	A 部门	B 部门	C 部门	D 部门	E 部门	……	合计
20××年 1 月							
20××年 2 月							
20××年 3 月							
……							
合计							

　　招聘成本登记表和招聘成本分摊表一般按月编制。每月的招聘成本登记表和招聘成本分摊表由人力资源总监审核，报各部门负责人确认后，于月底前报财务部审核并备案。财务部依据招聘成本登记表和招聘成本分摊表对招聘成本做账。

第 4 章

入职管理

入职管理能够帮助企业降低法律风险，提高企业的用人效率，减小员工入职后快速离职的可能性，帮助员工建立对企业的第一印象，在第一时间增加员工对企业的正面评价。

4.1　已经发出去的 Offer 能撤回吗

典型问题：已经通过电子邮件给员工发送了 Offer（录用通知书），但是后来领导因为一些原因不想招聘该岗位人员，这时企业必须接收该员工吗？能否撤销该 Offer？

类似问题：发出去的 Offer 一定具备法律效力吗；Offer 和劳动合同具备同等法律效力吗；怎么编写和发送 Offer 能够降低企业的法律风险；Offer 应该在员工体检之前发送，还是应该在体检之后发送等。

4.1.1　要约决定 Offer 效力

　　HR 在面试完候选人之后，如果候选人面试通过，在录用之前，应当向其发送录用通知书；如果候选人未被企业录用，也要向其发送未录用通知书。录用通知书和未录用通知书都是企业的正式文书，HR 在编写和发送时要慎重。

　　Offer 在发出后能否撤销，要看 Offer 是否构成要约。

　　什么是要约？要约就是一方当事人以缔结合同为目的，向对方当事人提出合同条件，希望对方当事人接受的意思表示。要约虽然不同于事实行为，是一种缔约的意思表示，但它能够对要约人和受要约人产生一定的约束力。

　　Offer 在法律上的性质是用人单位向劳动者发出的要约，它不等同于劳动合同，它是用人单位单方面向劳动者发出的聘用意向，是用人单位希望建立合同的一种意思表示，是用人单位向求职者阐述录用岗位或职位、录取条件、薪酬福利待遇、入职时间要求等并限期答复的官方文书。

　　如果候选人在 Offer 规定的期限内给予正式的答复确认，那么要约将成立。

不过这时，作为候选人是可以毁约的，基本不需要承担违约责任。但是，企业在收到候选人的正式确认之后，不能轻易违反 Offer 约定。

Offer 发出后，用工双方仍处在劳动合同的订立过程中。此时如果候选人在充分信任用人单位的基础上，已经为签订劳动合同做了必要的准备和相关投入，用人单位违反 Offer 约定就需要承担因违背诚信原则而产生的损害赔偿责任，具体赔偿以候选人的实际经济损失界定。

可如果候选人逾期答复或在规定期限内未做出正式答复，候选人就失去了 Offer 对用人单位必须录用候选人的约束，也就是说，用人单位对候选人发的 Offer 就失效了。当然，如果用人单位继续另发 Offer 与候选人确认，又将形成另一个确认周期。

所以，发出去的 Offer 并不是泼出去的水，不是不可挽回。

如果企业发了 Offer，候选人确认了，但发现候选人体检不合格，这时企业想拒绝录用候选人，是否可以呢？

并不是一定不可以。有一种情况是可以的，就是企业在这个岗位的招聘说明书中已经注明了上岗的条件是劳动者身体达到某种条件。如果体检证明候选人身体没有达到这种条件，企业是可以拒绝候选人的。

企业也可以在 Offer 中注明上岗需要具备某种身体条件，这种身体条件是 Offer 成立的要件之一。如果候选人不具备，企业也可以不录用。这里要注意，企业的岗位需要某种身体条件这个要件首先必须合法合规，其次应当合情合理。如果企业随意规定，当发生劳动争议时，仲裁委员会或法院仍然会支持劳动者。

4.1.2 录用通知书模板

录用通知书（Offer）是企业正式录用候选人的正式文书，格式模板如下。

尊敬的_____先生 / 女士：

感谢您对_____公司的信任和肯定，感谢您以耐心、热心并满怀诚意参加公司的面试。经过沟通，您的职业素质、专业能力和工作经验赢得我们公司的一致肯定，我们真诚地邀请并欢迎您加入_____公司！

请您仔细阅读以下内容，按要求备齐相关资料，在指定时间内到我公司人力资源部办理入职手续。

1. 任职岗位。

拟聘任您担任公司＿＿＿＿＿＿＿＿＿，所属部门＿＿＿＿＿＿＿，汇报对象为＿＿＿＿＿＿，下属人数为＿＿＿＿＿＿人。

2. 报到情况。

入职时间：20＿＿年＿＿月＿＿日。

报到地点：＿＿＿＿＿＿＿＿＿＿＿。

联系部门：人力资源部。

联系人：＿＿＿＿＿＿＿。

联系电话：＿＿＿＿＿＿＿。

3. 入职需准备和携带的材料。

身份证、学历证、学位证、资质证书、职称证书的原件及复印件。

一寸照片＿＿张。

近期体检报告一份。

最后任职公司的离职证明。

其他资料：＿＿＿＿＿＿＿＿＿＿＿＿＿＿。

4. 薪资待遇。

基本薪酬：＿＿＿＿＿＿＿＿＿＿＿元人民币 / 月。

绩效薪酬：＿＿＿＿＿＿＿＿＿＿＿元人民币 / 月。

各类补助：＿＿＿＿＿＿＿＿＿＿＿元人民币 / 月。

其中，基本薪酬为代缴个人所得税及五险一金个人部分前的应发工资，试用期薪酬为基本薪酬的＿＿＿%；绩效薪酬和各类补助为税前额。

5. 福利待遇。

公司的福利为：＿＿＿＿＿＿＿＿＿＿＿＿＿＿。

6. 合同期限：＿＿＿＿年，其中试用期为＿＿＿个月。

7. 本岗位对身体状况有＿＿＿＿＿＿＿的要求，以上所有内容均在您的身体状况满足岗位要求的前提下成立。

8. 如果您接受本公司提供的上岗条件，请您于 20＿＿＿年＿＿月＿＿日前，以_____方式回复确认，逾期回复或不回复，视为您不接受上岗条件，本录取通知书自动取消。

期待您给我们的团队带来新的活力，希望您工作愉快，事业有成！

×× 公司

人力资源部

20×× 年 ×× 月 ×× 日

Offer 可以在候选人面试结果确定之后，第一时间发放给候选人。盖公章的 Offer 具备一定的法律效力，企业应谨慎开具。此模板仅供参考，建议 HR 在使用前先由本企业法务部门审核。

4.1.3　未录用通知书模板

如果候选人面试后未被企业录用，HR 应向候选人发放未录用通知书，格式模板如下。

尊敬的_____先生/女士：

感谢您满怀诚意参加公司的面试。非常遗憾地通知您，您此次的面试情况与岗位要求存在差异。经公司慎重考虑，决定您的面试结果为：未通过。我们已将您纳入公司的人才库，当有适合您的岗位时，我们可能会再次与您联系。

非常感谢您对我公司的信任，祝您早日找到理想的工作。

×× 公司

人力资源部

20×× 年 ×× 月 ×× 日

为了照顾候选人的情绪，未录用通知书可以在面试后的次日发放。有的企业没有发放未录用通知书的习惯，这其实是一种不专业的表现。企业通知候选人未录用，有助于候选人寻找其他工作机会。

4.2　实习期、试用期、见习期的员工有哪些差异

典型问题： 什么是实习期？什么是试用期？什么是见习期？它们之间有什么关联？员工处在这些时期，分别代表什么样的身份？有哪些待遇上的差异？

类似问题： 当员工处在什么期的时候，公司可以给员工发 80% 的工资；学徒期有什么含义，与实习期、试用期和见习期有什么关系；实习期、试用期、见习期持续的时间可以有多长等。

4.2.1　实习期的应用方法

实习期指的是在校学生在正式毕业前，提前到用人单位实际参与工作的期间。实习期存在的目的，主要是让学生感受企业的实际工作氛围，了解工作场景。

实习期的好处：一方面，为学生将来正式加入企业后，能够快速适应工作打下基础；另一方面，企业可以通过"赛马不相马"的方式，提前和候选人接触，筛选出正式入职的候选人。

处在实习期的人还是学生。有的实习是企业和学校之间签署实习协议，有的实习是企业和学生之间直接签订协议。实习期的学生和企业之间的关系，严格来说不是一种劳动关系，而是一种劳务关系。学生向企业提供劳务，企业支付学生劳务报酬。

实习期工资待遇在法律上没有明确的规定，不需要参考当地的最低工资标准。一般情况下，企业可以象征性地按天、按周或按月给学生发一些辛苦费，薪酬待遇一般比正式岗位的员工低很多。

学生在实习期间发生的伤害事故，不属于工伤的范畴，不能享受工伤保险的待遇。但是企业也不能不管学生的实习安全问题。因为学生在实习期发生伤害事故之后，是可以向企业主张权利的。所以，企业一般应该给实习学生购买商业保险，避免学生在实习过程中因工受伤后产生经济赔偿纠纷。

有的企业因为实习期没有最低工资限制，又不需要缴纳社会保险和住房公积金，所以把一些员工的劳动合同变成"实习协议"，说这些员工处在实习期。这种做法是违法的，这种"实习协议"也是无效的。实习期只针对在

校学生，企业不能与符合劳动条件的劳动者签订实习协议。

4.2.2 试用期的应用方法

试用期是劳动法律法规中的标准概念。要理解试用期，HR 可以把它想象成一种适应期，指的是用人单位确定录用候选人，候选人上岗后的一段用人单位和劳动者之间相互了解、双向选择的缓冲期。

在这期间，如果候选人工作达标了，就转正；如果候选人工作不达标，在用人单位能够证明候选人不符合岗位录用条件的情况下，用人单位可以和候选人解约，且不需要支付经济补偿金。如果劳动者在试用期间觉得企业提供的岗位不适合自己，也只需要提前 3 天提出，双方就可以解除劳动关系。

约定多长时间的试用期和劳动合同期限的长短有关，《中华人民共和国劳动合同法》（2012 年 12 月 28 日修正版）第十九条的规定如下。

劳动合同期限三个月以上不满一年的，试用期不得超过一个月；

劳动合同期限一年以上不满三年的，试用期不得超过二个月；

三年以上固定期限和无固定期限的劳动合同，试用期不得超过六个月。

同一用人单位与同一劳动者只能约定一次试用期。以完成一定工作任务为期限的劳动合同或者劳动合同期限不满三个月的，不得约定试用期。试用期包含在劳动合同期限内。劳动合同仅约定试用期的，试用期不成立，该期限为劳动合同期限。

关于试用期的工资，《中华人民共和国劳动合同法》（2012 年 12 月 28 日修正版）第二十条的规定如下。

劳动者在试用期的工资不得低于本单位相同岗位最低档工资或者劳动合同约定工资的百分之八十，并不得低于用人单位所在地的最低工资标准。

这里有个关键词是"不得低于"，而不是"应该"或"必须"设定为约定工资的 80%。试用期的工资可以是劳动合同约定工资（转正后工资）的90%，也可以和劳动合同约定工资一样。

有些企业在用"学徒期"的概念。企业可以和员工约定"学徒期"，"学徒期"是新招用员工熟悉业务、提高技能的时期。试用期最长为半年，学徒期的时间可以比这个时间更长。但"学徒期"不是劳动法律法规的概念，不能和试用期混为一谈，更不能把试用期的规定用在学徒期上。比如，有的企业规定学徒期为一年，学徒期的工资是岗位正式工资的 80%，这种规定就是违法违规的。

4.2.3　见习期的应用方法

实际上可以将见习期理解成一段时间的考察期。见习期也不是劳动法律法规的概念，而是用人单位自己规定的，它是为了验证员工能力成长的过渡时期。有一些行政事业单位或企业在招用新员工、岗位转换或提拔干部的时候，都有见习期的规定。

对新员工来说，见习期可以和试用期的时间有重叠。当见习期和试用期重叠的时候，见习期的薪酬可以和试用期的薪酬相同。当试用期结束后，如果员工还处于见习期，那么企业必须按照劳动合同约定的薪酬支付报酬。

对岗位转换或晋升的员工来说，虽然用人单位可以和员工约定见习期，但是在没有得到员工同意的情况下，见习期的薪酬不应该低于员工在见习期之前的岗位的应得薪酬。

比如，某企业规定员工晋升要有一段时间的见习期，见习期为半年，见习期间享受见习岗位的薪酬待遇。这个待遇，是晋升后岗位薪酬标准的 80%。

员工从 A 岗位晋升到 B 岗位：如果 B 岗位的薪酬标准高于 A 岗位，而且 B 岗位薪酬标准的 80% 依然高于 A 岗位，那么企业这样规定是可以的；可如果 B 岗位薪酬标准的 80% 低于 A 岗位，企业这样规定就是有问题的。

4.3　如何给应届生定薪以确保外部吸引力和内部平衡

典型问题：应届生虽然满怀激情，可在工作能力方面普遍较差。企业如果给应届生定薪较低，很难吸引人才；如果定薪较高，又会导致成本浪费和内部员工心理不平衡。如何制定应届生的薪酬标准？

类似问题：制定应届生薪酬标准时，应该考虑哪些因素；如何制定有吸引力的应届生薪酬标准；如何判定应届生招聘情况差是否因为薪酬等。

4.3.1　向内看需求，向外看对手

给应届生定薪的时候，HR 应当关注 2 个维度，如图 4-1 所示。

图 4-1　给应届生定薪 HR 应关注的 2 个维度

❶ 内部需求

HR 应当验证企业是否真的需要招聘大量的应届生，根据需要招聘应届生的必要性、数量和紧急程度，设置应届生的薪酬标准。

比如，有的企业人才梯队建设比较完善，招聘端的人才需求主要来自应届生。在这种情况下，应届生的定薪应当重点关注外部状况。

有的企业岗位需求比较分散，人力资源管理水平不高，对应届生处于可招可不招的状态。在这种情况下，应届生的定薪可以重点参考企业的内部薪酬标准。

❷ 外部状况

当应届生的招聘对企业来说非常必要，企业需求数量较多、较为紧急的时候，企业在应届生的定薪问题上，应当重点关注外部人力资源市场的状况。

企业需要关注的外部状况包括：

（1）主要竞争对手应届生薪酬设置标准；

（2）行业里典型企业的应届生薪酬设置标准；

（3）本地区同类企业的应届生薪酬设置标准。

企业应在综合这 3 类信息后，设置本企业的应届生薪酬标准。

4.3.2　入职时：学历、岗位、能力

应届生入职时的薪酬设置，应当考虑学历、岗位和能力 3 大要素。对于一般的校园招聘来说，应该是学历＞岗位＞能力。注意，这里指的是"应届生入职时的薪酬"，不是"应届生定岗定薪时的薪酬"。

❶ 学历——社会已经做了选择

之所以把学历放在首位，并不是企业对任何学校或学历存在歧视，而是在筛选简历的时候，社会已经帮助企业做了人才筛选。2017 年，应届大学毕业生 795 万，应届毕业研究生 55.2 万人。研究生学历的应届生明显更少。

❷ 岗位——企业已经做了选择

假设一个人的能力和素质稳定，让其在企业不同的岗位上工作，其能够创造的价值是不同的。一个应届生做营销，另一个应届生做财务，如果学历背景都相同，他们的薪酬应该有所不同。当然，这里的前提是应届生不是轮岗的管理培训生，而是针对这个岗位招聘的人才。

❸ 能力——可选择的信息过少

在应届生入职之前，HR 根据人才测评、笔试、面试环节获得的信息，很难判断其工作之后的真正潜力和绩效。这也是很多企业提出"赛马不相马"的原因。能力在人才入职前的不可知性，决定其排在定薪因素的最后。

设置应届生入职时的薪酬，重点考虑学历、岗位和能力，也是为了在校园招聘时，企业对应届生有足够的吸引力。在应用时，HR 也可以把学历和岗位作为应届生入职时定薪的主要考虑因素，把能力作为是否录用应届生的主要依据。

某企业在进行校园招聘时，综合考虑学历、岗位和能力之后，对技术、研发和工艺类岗位的每月固定薪酬标准的制定如表 4-1 所示。

表 4-1　某企业技术、研发和工艺类岗位每月固定薪酬标准示意

学校类别	学历水平	每月固定薪酬标准（元）
985	博士及以上	12 000
	硕士研究生	6 500
	本科	5 000
211	博士及以上	10 000
	硕士研究生	5 500
	本科	4 500
其他	博士及以上	6 500
	硕士研究生	5 000
	本科	4 000

该企业对非技术、研发和工艺类岗位的每月固定薪酬标准的制定如表 4-2 所示。

表 4-2　某企业非技术、研发和工艺类岗位每月固定薪酬标准示意表

学校类别	学历水平	每月固定薪酬标准（元）
985 或 211	博士及以上	6 500
	硕士研究生	5 000
	本科	4 000
其他	博士及以上	5 500
	硕士研究生	4 500
	本科	3 500

4.3.3　稳定后：绩效、态度、能力

应届生工作 1～3 年后进入稳定期，已经正式成为企业的一员。对其定薪时，应当重点参考企业内部的定薪规则，一般来说，这个规则与员工的绩效、态度和能力有关。

定薪的时候，企业可以对员工做考评，考评参考如表 4-3 所示。

表 4-3　员工考评参考样表

个人品质（10 分）	行为态度（20 分）	业务能力（30 分）	工作成效（40 分）
正面：品行端正、以身作则、责任心强、言行一致、坚持原则、具备团队精神和奉献精神等。 负面：言行不一、推卸责任、个人主义等	正面：爱岗敬业、顾全大局、遵纪守法、积极主动、勇于创新、勇于担当等。 负面：投机取巧、不按时打卡上班、消极怠工、无故离开工作岗位等	正面：精通业务、有领导力和执行力、有沟通协调能力、有逻辑思维能力、工作思路清晰、有学习能力和理解能力、有创新能力等。 负面：眼高手低、好高骛远、缺乏沟通能力、不思进取等	正面：实现部门价值、与其他部门密切配合、决策准确、合理分工等。 负面：只顾自己、不配合其他部门工作、无法按时保质保量地完成工作任务等
评估结果的总分为 100 分。评估结果低于 60 分为不及格，60～85 分为良好，85 分以上为优秀			

4.4　如何设计新员工入职流程帮助新员工融入

典型问题： 评估发现，新员工入职后存在团队融入问题，有些新员工因为和企业文化或团队氛围格格不入，最终选择离职。如何设计新员工入职流程，保证新员工快速融入集体？

类似问题： 新员工入职时有哪些心理特点；办理新员工入职的标准流程有哪些；办理新员工入职的过程中应该注意哪些事项，以降低新员工的流失率等。

4.4.1　入职前的准备环节

在新员工入职之前，HR 首先要做好准备，主要包括 3 个方面的准备，如图 4-2 所示。

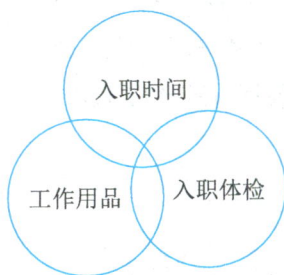

图 4-2　新员工入职前 HR 要准备的 3 个方面

❶ 入职时间

HR 要确定新员工的入职时间，提前做好入职手续办理的各项准备。虽然 Offer 中已经写明入职需要携带的相关资料，为了防止新员工入职时遗漏，HR 最好在新员工正式办理入职手续的前一天，提前打电话与其确认。

❷ 入职体检

企业如果需要新员工在入职前做体检，需要提前安排好体检的相关事项。入职前的体检环节是确认新员工身体健康状况的依据。

《中华人民共和国就业促进法》（2015 年 4 月 24 日修正版）第三十条的规定如下。

用人单位招用人员，不得以是传染病病原携带者为由拒绝录用。但是，经医学鉴定传染病病原携带者在治愈前或者排除传染嫌疑前，不得从事法律、行政法规和国务院卫生行政部门规定禁止从事的易使传染病扩散的工作。

有的劳动者为了获得岗位，可能伪造体检结果，甚至伪造健康证。在这个环节，HR 要强化对体检结果真实性的核查。必要的时候，企业可以指定体检中心并且和体检中心建立长期稳定的合作关系。在候选人体检后，直接通过体检中心获得其体检结果。

❸ 工作用品

HR 要协同用人部门和相关部门，为新员工提前安排好座位，并提前准备好相关的办公用品、工作服、工作牌、餐卡、入职需要的各类资料和表单等。HR 要提前和用人部门对接，通知用人部门的领导提前为新员工准备好师傅或入职对接人。

这里要注意，在新员工入职前，HR 需要对其岗位的岗位职责有清晰明确的认识，这样做既是为了方便新员工入职后能够快速理解岗位工作内容、快速进入工作状态，也是为了能够有效评估新员工上岗后工作职责的履行情况。

4.4.2　入职手续办理流程

办理入职手续的过程主要是让新员工填写资料、收集资料、核对信息、整理归档的过程。这里的资料一般包括：面试时使用的岗位申请表，其可以作为入职登记表使用；收取的新员工的相关资料；与新员工签订的劳动合同。

在入职手续办理流程中，HR 要注意 3 个环节，如图 4-3 所示。

图 4-3　入职手续办理流程中 HR 要注意的 3 个环节

❶ 入职前的登记环节

HR 要仔细核查员工的入职材料和信息的真实性，重点关注的信息包括员工的教育背景信息、工作经历信息、家庭成员信息、紧急联系人及通信地址信息、健康状况信息。务必要求新员工在岗位申请表最后的声明中亲笔签字。

HR 要核查员工上一个工作单位开具的双方已经解除劳动关系并不存在任何劳动纠纷的证明；对于特殊或敏感岗位，要提前通过电话、邮件、传真等方式审查候选人是否还处在竞业限制期。

❷ 签订劳动合同环节

HR 和新员工签订劳动合同时，要注意劳动合同必须在用人单位和劳动者确立劳动关系之后的一个月内签订。劳动合同的条款必须合法合规，最好用当地人力资源和劳动保障部门提供的格式模板。

❸ 入职前的培训环节

HR 在办完新员工基本的入职手续之后，要安排新员工培训。HR 要对新员工培训规章制度，培训最好有视频记录、新员工参与培训的签到记录和新员工关于培训内容的考试记录。这里需要特别注意，所有新入职的员工必须学习规章制度，并且对培训内容和规章制度做到应知应会。

如果有必要，HR 可以带新员工参观企业。在参观之前，HR 需要与各部门做好沟通，以免影响各部门工作的正常运行。在参观的过程中，HR 要有比较专业和细心的讲解，耐心全面地解答员工提出来的问题。

4.4.3　用人部门交接环节

新员工来到新的环境，周围的一切对他来说都比较陌生，内心难免会有忐忑不安的感觉。在经过了正式上岗前的入职流程和入职培训之后，新员工可能对新的岗位、新的团队充满着想象与期待。

很多新员工在刚上岗的时候，不敢主动与周围的同事打招呼，不知道该和同事聊什么，可能短时间内交不到朋友。如果周围的同事忙于工作，没有给新员工足够的关怀，新员工会感觉到孤独与失落。如果这样发展下去，有可能最终导致新员工离职。

要让新员工融入团队、融入企业，用人部门的作用非常关键，这个环节直接影响着新员工的感受，决定了新员工未来愿不愿意留在企业，决定了新员工能不能有效融入、能不能适应岗位、能不能长期稳定工作。

用人部门在新员工入职过程中的工作主要包括：

（1）安排师傅或专人负责引导新员工并做相应的人员介绍；

（2）对新员工做本部门规章制度和岗位职责要求的必要介绍；

（3）在用人部门的例会上向其他同事介绍新员工。

要引起用人部门对新员工的重视，HR 可以经常为用人部门安排非人力资源管理部门的人力资源管理培训，增强用人部门的人力资源管理意识。

4.5　如何防范新员工入职的法律风险

典型问题：员工入职后的很多问题在办理新员工入职的过程中能够预防或避免。在新员工入职的过程中，HR 应注意哪些法律风险，应该如何防范？

类似问题：有的新员工入职信息造假，怎么办；员工离职后，HR 与其联系不上，才发现除了员工本人的联系方式之外，没有能够联系员工的其他方式，在员工入职时应如何避免这种情况发生；员工简历造假，但面试成绩比较优秀，该不该让其入职等。

4.5.1　入职环节常见 7 大风险

新员工入职环节存在各种风险，不了解或不注意的企业很容易在这些问题上犯错误，给企业造成不必要的损失。新员工入职环节比较常见的法律风险包括如下 7 类。

1. 招用童工的风险。国家法律法规明确规定，用人单位禁止招用不满 16 周岁的未成年人，即便是该未成年人主观上愿意到用人单位工作。法律依据为《禁止使用童工规定》（2002 年 10 月 1 日发布）。

2. 就业歧视的风险。用人单位在实施招聘的时候，不得存在民族、性别、宗教、"乙肝"病毒携带者、残疾人等各种类型的就业歧视。法律依据为《中华人民共和国就业促进法》（2015 年 4 月 24 日修正版），《就业服务与就业管理规定》（2018 年 12 月 14 日发布）。

3. 信息不全的风险。用人单位要保存好新员工的相关录用材料，建立职工名册。法律依据为《中华人民共和国劳动合同法实施条例》（2008 年 9 月 18 日发布）。此项不仅是合法合规层面要注意的风险，也是保证用人单位内部管理要做到的。

4. 扣押财物的风险。用人单位不得要求劳动者提供任何财物或扣压劳动者的证件，作为双方劳动关系的担保或作为劳动关系存在条件。法律依据为《中华人民共和国劳动合同法》（2012 年 12 月 28 日修正版）。

5. 条件不符的风险。用人单位禁止招用没有合法证件的人员。法律依据为《就业服务与就业管理规定》（2018 年 12 月 14 日发布）。该项同样不仅是合法合规层面要注意的风险，也是保证用人单位内部管理要做到的。

6. 非法缔约的风险。用人单位不得用欺诈、胁迫或乘人之危的手段，在违背当事人意思表示的情况下订立劳动合同。法律依据为《中华人民共和国劳动合同法》（2012 年 12 月 28 日修正版）。

7. 信息泄露的风险。用人单位对员工的个人信息有保密的义务，不得泄露员工的个人信息或擅自使用劳动者个人的劳动成果。法律依据为《就业服务与就业管理规定》（2018 年 12 月 14 日发布）。

4.5.2　入职信息填写注意事项

在新员工入职的环节，HR 要核对新员工岗位申请表上的相关信息与员工入职准备资料上的信息是否一致。除了员工的年龄、学历等基本信息之外，还有几个很容易被忽略的信息，就是员工可以收到快递的地址或者家庭住址信息，以及紧急联系人信息等。

有时候员工可能会有一些紧急情况，企业需要邮寄文书给其或者与其紧急联系人联络。比如，有的员工不办理离职手续想直接与企业解除劳动关系，从法理上讲，员工不履行正常的离职手续就擅自离岗，需要承担相应的违约责任。如果给原用人单位造成经济损失的，还应当承担相应的赔偿责任。但在实务操作中，员工的这种行为往往让企业很头疼，企业追究员工责任的成本很高。

应对这种状况，HR 可以在规章制度中规定：员工连续旷工 7 天或一年之内累计旷工 20 天，属于严重违反规章制度和劳动纪律的行为，将视为员工主动离职，企业可以和员工解除劳动关系，并不需要支付经济补偿。

按照这种方式操作，如果员工连续旷工满 3 天，HR 有义务提醒他。先通过电话与员工联络，如果通过电话无法联系到员工本人，可以尝试联络员工的紧急联系人。如果仍无法取得联络，可以通过快递向员工发送《恢复上班通知函》，提醒其遵守员工规章制度中的规定，继续上班。

当员工连续旷工满 7 天的时候，HR 可以发送《解除劳动关系通知函》，通知员工已经严重违反公司规章制度，企业已经和他解除劳动关系。

这时就体现出员工在入职环节填写电话、地址、紧急联系人的联系方式等信息的重要性。

所以，HR 在员工入职环节，要核实员工提供的信息的准确性。员工填写的地址信息不可以笼统，员工必须提供详细的可邮寄地址。员工异常离职情况比较多的企业，可以要求员工入职时提供至少 2 个或更多紧急联系人的联络方式。

4.5.3　入职信息造假处置方法

入职信息造假如何处置要看企业的实际情况。如果 HR 觉得候选人确实是个人才，能给企业带来价值，或者有一定的不可替代性，市场上很难再找到同类人才，同时企业能接受其在部分小问题上的造假。这种情况下，企业可以接收人才，正常办理入职。如果人才不具备前述情况或企业不能容忍人才有任何造假行为，可以不予录用。

员工较容易造假的信息包括教育背景、工作经历、家庭成员、紧急联系人及通信地址、健康状况。这些信息填完之后，HR 务必要让员工在岗位申请表最后的声明中亲笔签字，让其声明这些信息的真实性，否则企业可以单方与其解除劳动合同，且不需要支付任何经济补偿。

需要特别注意的是，不一定岗位申请表中写着"承诺所填写信息真实有效，否则愿意承担责任并接受劳动关系的解除，且公司不需要支付任何经济补偿"这一项就可以万事大吉；也不一定规章制度中写着"如果入职提供的信息不真实，公司可以立即解除劳动关系，且不需要支付任何经济补偿"这一项就可以高枕无忧。

从法律角度看，关于判断员工个人信息是否造假还有一个很关键的事项，就是判断员工究竟是主观故意造假还是笔误。如果员工不存在主观故意造假，只是笔误，企业不能随意与员工解除劳动关系。员工是主观故意造假还是笔误，有时候容易判断，有时候很难判断。

什么情况下员工会被比较明确地认定为故意造假呢？

一般是在事实清楚、证据充分的情况下。比如，企业规定某个岗位入职条件是拥有本科学历，但某员工不是本科学历，为了得到该岗位，毕业证书造假。在这种事实明确的情况下，可以直接判定员工个人信息造假。类似情况还有身份证、健康证明、资格证书、考试成绩、荣誉证书等造假。

另外，如果企业在对外的招聘广告和对内的岗位说明书等相关规定中明确规定从事某岗位必须具备某种条件，而人才实际上不具备该条件，就算其没有在某个证书上造假，而只是在岗位申请表上填写了与其实际情况不符的信息以利于其获得岗位。这时，不论人才是否为主观故意造假，企业同样可以与其解除劳动关系。

4.6 如何正确签署劳动合同

典型问题：很多企业用人的时候常在劳动合同上出问题，企业和员工签订劳动合同的时候，应该注意哪些事项？

类似问题：劳动合同对企业和员工有哪些法律效力和约束条件；签署劳动合同才代表用人单位和劳动者建立劳动关系吗；在什么情况下，劳动合同可以被变更；在什么情况下，企业可以和员工解除劳动合同等。

4.6.1 劳动合同签订环节

签订劳动合同是用人单位和劳动者确立劳动关系非常关键的一步。用人单位故意不和劳动者签订劳动合同，是不是代表着用人单位和劳动者之间没有形成劳动关系呢？

实际上，确认劳动关系看的不是用人单位和劳动者之间有没有签订劳动合同，而是看双方有没有用工事实。有了用工事实，即使不签订劳动合同，用人单位和劳动者之间同样存在劳动关系。也就是说，用人单位自实际用工之日起，就已经和劳动者建立了劳动关系，不论有没有签订劳动合同。

有的企业为了逃避一些法律责任，故意不和员工签订劳动合同。这其实是一种很愚蠢的行为。企业超过一个月不和员工签订书面劳动合同，属于违法行为，如果员工此时产生违约行为，企业就没有权利主张。

如果企业没有与员工签订劳动合同，员工发生工伤，企业不仅要承担自己应该承担的责任，而且原本社会保险机构可以帮助企业分担的责任也要由企业自行承担。当劳动监察部门发现企业不和员工签订劳动合同后，还要对企业实施罚款。

根据《中华人民共和国劳动合同法》（2012 年 12 月 28 日修正版）第十七条的规定，劳动合同中应包含如下内容：

（一）用人单位的名称、住所和法定代表人或者主要负责人；

（二）劳动者的姓名、住址和居民身份证或者其他有效身份证件号码；

（三）劳动合同期限；

（四）工作内容和工作地点；

（五）工作时间和休息休假；

（六）劳动报酬；

（七）社会保险；

（八）劳动保护、劳动条件和职业危害防护；

（九）法律、法规规定应当纳入劳动合同的其他事项。

劳动合同除前款规定的必备条款外，用人单位与劳动者可以约定试用期、培训、保守秘密、补充保险和福利待遇等其他事项。

每个地区的人力资源和劳动保障相关政府部门一般都会有劳动合同的标

准版本，建议企业直接采用当地的标准版本。企业在与劳动者签订劳动合同的时候，注意把关键项填全。企业可以根据自身需要在劳动合同中增加内容，但如果增加与法律法规相悖的内容，其将被视为无效条款。

4.6.2　劳动合同变更环节

用人单位和劳动者依法订立劳动合同之后，如果某些条件发生变化，在合同尚未履行完毕的时间内，双方可以就劳动合同的某些条款协商变更。

企业要想依法给员工调整岗位或薪酬，通常涉及企业和员工双方的劳动合同变更。

如果企业单方面想和员工变更劳动合同，但是员工不同意变更，是否可以变更呢？答案是不能。想要变更劳动合同，必须是企业和员工双方在平等自愿的前提下，协商一致之后，合法合规地变更。任何单方变更劳动合同的行为都是无效的。

什么情况下能判定劳动合同正式获得变更？劳动合同正式获得变更的依据是企业和员工双方以书面的形式确认，任何口头形式的变更都是无效的。

在劳动合同变更的书面协议中，要写清楚变更的劳动合同具体是在哪些条款上做出了变更，并且要写清楚劳动合同变更协议的生效日期。该协议生效的条件是必须由企业和员工双方签字盖章。

4.6.3　劳动合同解除环节

劳动合同的解除可以分为协商解除和法定解除 2 种。协商解除指的是劳动合同双方出于某种原因，在完全自愿的情况下，互相协商，在彼此意见达成一致的基础上提前终止劳动合同。法定解除是指根据国家法律法规或合同规定，在出现可以解除劳动合同的情况时，无须双方当事人一致同意，合同效力可以自然或单方提前终止。

劳动者的劳动合同到期之后，用人单位如果不续签，要根据劳动者的工作年限给劳动者经济补偿。劳动合同到期以后，用人单位也不能将员工更换到工资更低的岗位，除非劳动者本人同意。如果劳动者本人不同意，用人单位擅自降低原来的劳动条件造成劳动者不续签劳动合同的，用人单位同样要给劳动者经济补偿。

只有在一种情况下，劳动者的劳动合同到期后，用人单位不需要给劳动者经济补偿。那就是用人单位维持甚至提高劳动者原来的劳动条件，但是劳动者本人不愿意和用人单位续签。这种情况，相当于劳动者自愿提出离职。

除了劳动合同到期之外，用人单位和劳动者在满足一些条件的情况下可以单方解除劳动合同。

根据《中华人民共和国劳动合同法》（2012 年 12 月 28 日修正版）第三十九条，用人单位单方解除劳动合同（过失性辞退）的规定，劳动者有下列情形之一的，用人单位可以解除劳动合同：

（一）在试用期间被证明不符合录用条件的；

（二）严重违反用人单位的规章制度的；

（三）严重失职，营私舞弊，给用人单位造成重大损害的；

（四）劳动者同时与其他用人单位建立劳动关系，对完成本单位的工作任务造成严重影响，或者经用人单位提出，拒不改正的；

（五）以欺诈、胁迫的手段或者乘人之危，使对方在违背真实意思的情况下订立或者变更劳动合同致使劳动合同无效的；

（六）被依法追究刑事责任的。

《中华人民共和国劳动合同法》（2012 年 12 月 28 日修正版）第四十条，无过失性辞退的规定如下。

有下列情形之一的，用人单位提前三十日以书面形式通知劳动者本人或者额外支付劳动者一个月工资后，可以解除劳动合同：

（一）劳动者患病或者非因工负伤，在规定的医疗期满后不能从事原工作，也不能从事由用人单位另行安排的工作的；

（二）劳动者不能胜任工作，经过培训或者调整工作岗位，仍不能胜任工作的；

（三）劳动合同订立时所依据的客观情况发生重大变化，致使劳动合同无法履行，经用人单位与劳动者协商，未能就变更劳动合同内容达成协议的。

需要注意，用人单位必须掌握足够的证据。

4.7 如何设计劳动合同的附件

典型问题： 为了约束企业和员工的行为，除了劳动合同，企业和员工常需要签署一些其他合同类文件以补充劳动合同，作为劳动合同的附件。常见劳动合同的附件有哪些？如何设计劳动合同的附件？

类似问题： 有了劳动合同的附件，员工就不能随意离职吗；如何判定员工在企业产生的知识产权归属；如何让员工履行保密义务；如何约束员工离职后一段时间内不到与企业有竞争关系的单位工作；如何在企业为员工支付培训成本后确保员工有一定的服务期。

4.7.1 知识产权与保密协议设计

为了保障企业的信息安全，防范和杜绝各种泄密事件，保护和合理利用企业秘密，确保企业信息披露的公平、公正，保障企业及其他利益相关者的合法权益不受侵犯，企业在日常管理中，对某些接触企业商业和技术秘密的特殊岗位的员工有保密的要求，可以与员工签署保密协议，作为劳动合同的附件。

保密协议是指协议当事人之间就一方告知另一方的书面或者口头信息，约定不得向任何第三方披露该信息的协议。负有保密义务的当事人违反协议约定，将保密信息披露给第三方，将承担民事责任甚至刑事责任。要让员工做好保密工作，除了日常的流程设置、教育培训等保密管理工作外，还需要在入职环节做约束。

保密的期限可以有多长呢？

法律对保密协议的保密期限没有具体规定，也就是说保密的期限可以是长期的，直到这个信息自然被所有人都知道。所以也可以这么理解，只要企业不主动公开某一条信息，可以约定员工永远保密。

企业可以在保密协议中约定不仅在劳动合同存续期间，而且在劳动合同变更、解除、终止之后，直至商业秘密公开为止，员工都不得披露、使用或许可他人使用企业的商业秘密。

与保密工作类似的还有知识产权管理。关于知识产权的归属问题，企业同样可以在入职环节和员工签署知识产权归属协议，约定双方就某项知识产权的权利义务关系。一般来说，约定知识产权的归属要看知识产权的产生与企业平台、资源之间的关系。

如果某项知识产权的产生过程没有用到企业的资源，是员工个人通过业余时间努力完成的，企业一般无权要求员工将该知识产权归属企业；如果某项知识产权是员工借助企业的平台、资源、设备、团队、资金等产生的，是员工利用工作时间完成的，且和员工本人的岗位息息相关，那这项知识产权一般应当归属企业。

4.7.2　竞业限制协议设计

竞业限制是用人单位对负有保守用人单位商业秘密的劳动者，在劳动合同、知识产权权利归属协议或技术保密协议中约定的，关于竞业限制的条款。也就是用人单位和知道用人单位商业秘密或其他对用人单位经营有重大影响的劳动者在终止或解除劳动合同之后的一定期限内，不得到生产同类产品、经营同类业务或有竞争关系的其他用人单位任职，也不得自己生产和原单位有竞争关系的同类产品或经营同类业务。

为便于管理，比较好的处理竞业限制的方式是企业经过与员工协商后，与员工签署竞业限制协议，并将其作为劳动合同书的附件。

《中华人民共和国劳动合同法》（2012 年 12 月 28 日修正版）第二十三条和第二十四条的相关规定如下。

对负有保密义务的劳动者，用人单位可以在劳动合同或者保密协议中与劳动者约定竞业限制条款，并约定在解除或者终止劳动合同后，在竞业限制期限内按月给予劳动者经济补偿。劳动者违反竞业限制约定的，应当按照约定向用人单位支付违约金。

竞业限制的人员限于用人单位的高级管理人员、高级技术人员和其他负有保密义务的人员。竞业限制的范围、地域、期限由用人单位与劳动者约定，竞业限制的约定不得违反法律、法规的规定。

在解除或者终止劳动合同后，前款规定的人员到与本单位生产或者经营同类产品、从事同类业务的有竞争关系的其他用人单位，或者自己开业生产或者经营同类产品、从事同类业务的竞业限制期限，不得超过二年。

竞业限制协议在运行的时候，权利义务要对等。员工可以不去竞争对手那里任职，但是企业要给员工一定的经济补偿。

用人单位与劳动者签订"竞业限制"条款的同时，要约定在解除或者终止劳动合同后，在竞业限制期限内按月给予劳动者经济补偿。补偿金的具体金额标准国家层面的法律法规没有规定，不过个别地区有规范指引。一般情况下，补偿金是由用人单位和劳动者双方协商后约定的。

如果用人单位没有按照约定在劳动合同解除后向劳动者支付竞业限制经济补偿，那竞业限制的条款将会失效，用人单位不得限制劳动者到竞争对手那里工作。

4.7.3　培训服务期协议设计

《中华人民共和国劳动合同法》（2012 年 12 月 28 日修正版）第二十二条的规定如下。

用人单位为劳动者提供专项培训费用，对其进行专业技术培训的，可以与该劳动者订立协议，约定服务期。

劳动者违反服务期约定的，应当按照约定向用人单位支付违约金。违约金的数额不得超过用人单位提供的培训费用。

用人单位要求劳动者支付的违约金不得超过服务期尚未履行部分所应分摊的培训费用。用人单位与劳动者约定服务期的，不影响按照正常的工资调整机制提高劳动者在服务期期间的劳动报酬。

培训服务期协议是从法律角度约束员工的离职行为，保护企业合法权益的一种工具。如果企业投入了大量的资源来培训和培养员工，结果员工离职，不仅会让企业有成本上的损失，而且相当于给竞争对手提供了素质和能力比较强的人才。

要想预防企业投入大量培训资源、重点培养的员工离职，除了运用情感、氛围、文化、薪酬、福利等常用的留人手段之外，从法律的角度来说，企业可以和员工签订培训服务期协议，作为劳动合同的附件，要求员工必须服务满一定的期限，否则员工将承担违约金。

有人认为，为了让员工不要轻易离职，企业只要给员工安排了培训，员工就要签一次培训服务期协议。这样是不是就可以无限制地留住员工了？

当然不是，不是所有的培训都可以签订培训服务期协议。企业平时因为业务需要，给员工安排的正常培训就不能约定服务期。

4.8　如何妥善管理非全日制员工

典型问题： 领导为了节省人力成本，要求企业使用非全日制员工，可是发现非全日制员工比全日制员工更难管理。想要用好非全日制员工，HR 应该注意什么？

类似问题： 非全日制用工有哪些利弊；在招聘非全日制员工时需要注意哪些事项；非全日制员工与全日制员工有哪些不同等。

4.8.1　非全日制用工利弊分析

非全日制用工是指以小时计酬为主，劳动者在同一用人单位一般平均每天工作时间不超过 4 小时，每周工作时间累计不超过 24 小时的用工形式。实务中，企业常把非全日制员工称为"小时工"。

对企业来说，非全日制用工的好处有 3 个，如图 4-4 所示。

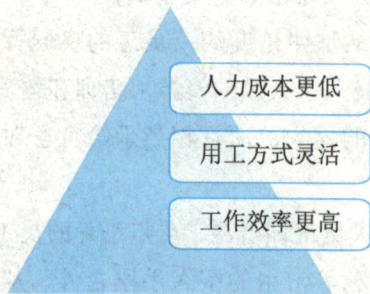

人力成本更低

用工方式灵活

工作效率更高

图 4-4　非全日制用工的 3 个好处

❶ 人力成本更低

企业需要为全日制员工足额缴纳社会保险、住房公积金以及其他各类法定的福利或津贴。为了激发正式员工的积极性，企业通常还需要有丰富的福利、奖金、员工活动等各类人力成本的支出。但非全日制用工的人力成本支出相对比较单一，主要是工资支出和商业保险支出。所以非全日制用工是一种能够直接有效降低人力成本的用工形式。

❷ 用工方式灵活

非全日制员工不需要每天按照全日制员工朝九晚五的出勤时间工作，企业可以把对非全日制员工的用人成本全部花在"刀刃"上，也就是把非全日制员工集中用在每天最需要的时间段。这种用工形式非常适合一些季节性用工、时段性用工的企业。

❸ 工作效率更高

全日制员工虽然每天工作 8 小时，但一个人很难每天 8 小时都保持全身心投入工作。在一天当中，如果一个人长时间从事某种相似的劳动，很容易产生倦怠感。如果每天工作 4 小时以内，相对来说，注意力会更集中。而且，通过企业明确工作任务，人们在短时间内的工作效率可能更高。

非全日制用工也存在一些弊端，主要如下。

1. 因为离职成本比较低，所以稳定性比较差。

2. 不适合重要岗位，仅适合部分基础岗位。

3. 一人每天打多份工时，可能工作状态不佳。

4.8.2　非全日制用工招聘注意

要用好非全日制员工，HR 要把好招聘选拔关。非全日制用工的灵活性是双向的，对企业来说是灵活的，对非全日制员工来说也是灵活的。这时企业就存在员工离职的风险，本来说好第二天要来上班的非全日制员工，很可能连招呼都不打就不来上班了，而且也联系不上。企业来不及反应，岗位出现空缺，企业遭受损失。

企业在招聘非全日制员工的时候要注意，用人条件可以在全日制用工的基础上适度放宽,但是筛选环节不能放松,不能为了节省人力成本而降低招聘的门槛,随意招人。

HR 在招聘非全日制员工前,要注意非全日制员工的背景。必要时可以实施简单快捷的背景调查,背景调查的内容可以包括非全日制员工上一份工作的任职时间、工作职责范围、人品、性格、工作态度、工作绩效、人际关系等。

在非全日制员工的入职环节,要注意相关法律的规定。根据《中华人民共和国劳动合同法》(2012 年 12 月 28 日修正版)的规定,不得对非全日制员工约定试用期。

非全日制员工和用人单位双方可以不签合同,可以订立口头协议。为了体现非全日制用工的规范性,也为了在心理上给非全日制员工一定的约束,在实际操作的时候,HR 可以和非全日制员工签订用工协议。

从事非全日制工作的劳动者可以与一个或者一个以上用人单位订立劳动合同,但是后订立的劳动合同不得影响先订立的劳动合同的履行。

非全日制员工的入职流程应当和全日制员工的入职流程一样,从入职信息采集、上岗手续办理到入职培训等环节都应当设置。尤其是不能省略岗位应知应会的相关培训,企业不能为了急于用人而省略办理入职手续和入职培训的环节。

4.8.3　非全日制用工实施注意

企业中,有些岗位适合采用非全日制用工形式,有些岗位不适合采用非全日制用工形式,如表 4-4 所示。

表 4-4　适合与不适合采用非全日制用工形式的岗位特点

适合采用非全日制用工形式的岗位特点	不适合采用非全日制用工形式的岗位特点
简单的重复性劳动 短时间或季节性的人力需要 危险系数比较低 不需要长时间训练就能掌握技能	专业技术性较强 需要比较长时间的培养和训练 保密性要求比较高 具备一定管理和决策要求 需要培养接班人

比如,某超市的收银员岗位,可以采用非全日制用工,但收银主管岗位,

就不适合采用非全日制用工。餐饮连锁店的服务员，可以采用非全日制用工，但是餐饮连锁店的店长，就不适合采用非全日制用工。

企业在采用非全日制用工形式之前，首先要评估企业中哪些岗位适合，哪些岗位不适合。然后企业就能得到一个在本企业中采用非全日制用工形式的人数比例，进而可以有计划性地引入非全日制员工。

企业在采用非全日制用工形式的时候有 5 项注意，如图 4-5 所示。

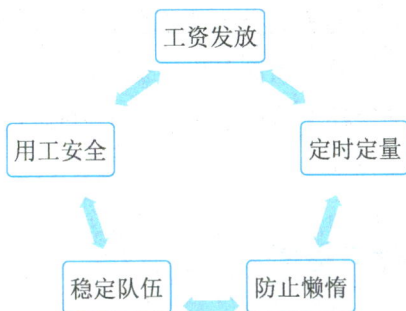

图 4-5　采用非全日制用工形式的 5 项注意

❶ 用工安全

企业虽然不需要为非全日制员工缴纳社会保险，但如果员工发生工伤，企业也要承担责任。所以企业一般需要给非全日制员工买一份商业保险。不发生工伤是最好的，企业要注意非全日制员工的安全教育，注意非全日制员工生产操作的安全。

❷ 工资发放

非全日制员工按照小时计酬的标准可以双方协商，但是不能低于用人单位所在地人民政府规定的最低非全日制员工的工资标准。非全日制员工的工资不是按月发，根据《中华人民共和国劳动合同法》（2012 年 12 月 28 日修正版）的规定，非全日制员工的劳动报酬结算支付周期最长不得超过十五天。

❸ 定时定量

对非全日制员工的管理和对全日制员工的管理有所不同，非全日制员工工作时间更短、更灵活，因此企业在安排非全日制员工工作的时候应当尽量采取量化的数据，确定工作时间、工作任务、工作目标，一方面便于管理，另一方面便于评价非全日制员工的工作质量。

❹ 防止懒惰

企业不要因为使用了非全日制员工，而造成全日制员工的懒惰。有的全日制员工可能会觉得非全日制员工就是用来做自己不想做的事的。当有了非全日制员工之后，全日制员工反而会把原本属于自己的工作交给非全日制员工来做，这会造成全日制员工的懒散，同时造成非全日制员工的离职率升高。

❺ 稳定队伍

和全日制员工相比，非全日制员工的随意性更高，离职成本更低。所以，非全日制员工的稳定性可能比全日制员工的稳定性更差。为了稳定队伍，企业需要注意非全日制员工的维稳工作，随时关心非全日制员工的工作状态和情绪。

4.9　如何设计试用期和转正流程

典型问题：员工上岗之后，刚开始表现良好，各方面都比较积极。但随着时间的推移，表现有所下降，但还在可接受的范围内。转正后，员工的状态越来越差。如何在试用期和转正环节避免这种情况出现？

类似问题：在员工从试用期到转正的过程中，HR 需要注意什么；在员工试用期的时候，HR 要做哪些过程管控；在员工转正的时候，HR 应该做好哪些评估等。

4.9.1　试用期合法解约方法

根据《中华人民共和国劳动合同法》（2012 年 12 月 28 日修正版）的规定，劳动者在试用期内，如果不符合用人单位的录用条件，或者合同中约定的业绩，用人单位可以按照法定的程序和劳动者解除劳动合同。

录用条件的作用不仅体现在对试用期员工的约束上，更体现在用人单位单方面解除合同上。对用人单位而言，对于在试用期内不能胜任工作的劳动者，最好的办法就是以不符合录用条件为理由和员工解除劳动合同，这样能够避免不必要的劳动纠纷产生。

但是，用人单位如果要合法合规地与劳动者解除劳动合同，要满足以下4个条件。

1. 用人单位有明确的录用条件；

2. 用人单位有证据证明该员工不符合录用条件；

3. 用人单位解除劳动合同的通知书应该在试用期结束前发出；

4. 解除劳动合同通知书中明确说明了解除理由，并由员工签收。

以上4个条件，缺少一个，用人单位都不能在试用期内合法有效地解除劳动合同。

举例 ❓

小张是一家销售公司的销售人员，在2017年1月和这家公司签订了为期3年的合同，试用期3个月。小张上班的第一天，这家公司人力资源部的人事专员就对他进行了入职培训，培训内容主要是员工手册的讲解。另外，培训过程中也把销售岗位的具体职责、录用条件以及考核标准、考核办法都告知了小张，并且小张签字确认了。

根据公司规定，试用期满前的一周，公司对小张进行了绩效评价，按照考核标准，小张没有合格。因此，在2017年4月，这家公司向小张发出了解除劳动合同的通知。解除劳动合同的理由是小张试用期内绩效考核不合格，不符合录用条件。小张不服，就向当地的劳动争议仲裁委员会提起仲裁。

仲裁委员会认为这家公司在小张到岗之前，就已经把这个岗位的考核标准、考核办法和录用条件都告知了小张，而且小张也签字确认了。因此，用人单位是有权解除和小张的劳动合同的，用人单位的行为不违法。

4.9.2 试用期3项过程管控

员工处在试用期时，HR不能"放任不管"，不能等员工试用期快结束的时候"秋后算账"。有的HR平时对员工不闻不问，试用期过后说员工不能胜任工作。这时员工会反驳为什么他在试用期时没有人与他沟通。

员工在试用期内，HR应该及时找员工和他周围的同事做一些摸底和评价工作。如果发现员工有问题，应该告诉他，利于他改正。当HR这样做了之后，就算在试用期快结束之前说员工不符合岗位要求，员工也会心服口服。

当员工处在试用期时，HR 要做好 3 项工作，如图 4-6 所示。

图 4-6　员工处在试用期时，HR 要做好的 3 项工作

❶ 面谈

对新员工来说，一般在入职的一周之内、一个月之内和转正之前，HR 至少要做三轮面谈，每轮面谈的对象至少包含员工本人、员工师傅、员工周围的同事和员工的直属上级。面谈的内容主要是员工对工作氛围和工作内容的感受、员工是否得到来自部门内部应有的关心和帮助、员工的师傅或同事对该员工的评价、员工遇到的问题以及员工需要的帮助等。

❷ 反馈

根据和新员工在试用期间的三轮面谈情况，HR 可以提炼出有建设性的、有价值的、有意义的信息，反馈给新员工的直属领导或部门负责人。如果 HR 发现新员工的直属领导或部门负责人没有很好地帮助新员工融入，可以及时地指出，了解实际情况，及时修正，或者根据情况给出指导和建议。

❸ 总结

针对新员工在试用期间遇到的不同问题，根据与新员工和部门之间的面谈结果，HR 要总结招聘、面试、入职、试用过程中存在的问题。比如，招聘人才的标准是否存在问题、面试的方法和判断是否存在问题、入职培训的全面性是否存在问题、入职和试用期间的管理是否可以更优化等。通过总结和复盘，查找问题，做出改进。

4.9.3　试用转正 4 维度评估

在员工转正之前，HR 还要对员工做一些正式评估。对员工的工作进行评估不仅是为了单个员工的转正，也是企业优化人力资源管理的重要工作。

员工转正前的评估可以根据企业的情况和必要性，设置成 4 个维度，如图 4-7 所示。

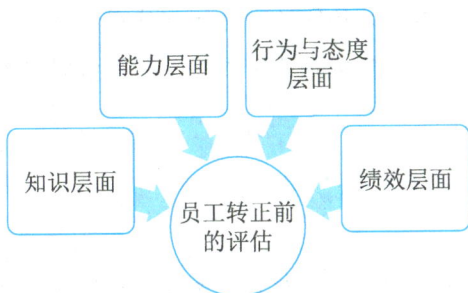

图 4-7　员工转正前评估的 4 个维度

　　知识层面的评估是评估新员工对这个岗位应知应会相关知识的掌握程度。测评的方式可以是笔试或者面试。需要注意的是，实施知识层面的评估需要提前准备试题库和标准答案，测试内容要和新员工的工作相关，而且是必备知识。

　　能力层面的评估是评估新员工有没有掌握岗位必备的各项基本能力。测评的方式可以分为实际操作模拟、工作成果评估、专家意见评价、直属领导评价、团队成员评议、关联方打分等。

　　行为与态度层面的评估是评估新员工日常工作过程中的行为和态度是否符合企业的要求和期望、是否符合企业的文化和价值观，员工是否存在消极怠工、违规操作等不好的态度和行为。测评方式可以是民主评议或直属领导打分。

　　绩效层面的评估是评估新员工的工作成果有没有达到岗位的基本要求。测评的方式是岗位绩效评价。需要注意的是，由于新员工入职的时间比较短，对新员工的要求不应该过于严苛，一般新员工达到岗位绩效的最低要求就代表达标。

4.10　如何高效率搭建人才梯队

典型问题： 人才梯队建设能够在企业重要岗位员工突然离职时，让人才能够在内部快速补充到位，不至于影响企业正常业务的开展。然而在人才梯队建设时，常常付出成本却无法取得效果。有时候急需补充人才，人才却没有培养到位；有时候人才能力成熟后，却没有合适的岗位。企业应如何高效率搭建人才梯队？

类似问题： 人才盘点与人才梯队建设之间有什么关系；人才梯队建设与哪些要素有关；什么样的人才值得企业重点培养；如何制定继任者计划等。

4.10.1　人才盘点的 3 个维度

人才梯队建设的第一步是人才盘点。人才盘点指的不仅是对人才"数量"的盘点，更重要的是对人才"质量"的盘点。所有对人才质量盘点的工具，最终都会指向人才质量的 3 个维度，分别是工作态度的维度、工作能力的维度以及绩效水平的维度，如图 4-8 所示。

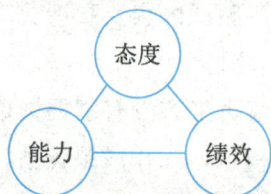

图 4-8　人才盘点的 3 个维度

态度包括员工工作的积极性、主观能动性、主观意愿。它代表着员工愿不愿意把工作做好，对自身工作抱有多大的热情；为了把自己的工作做好，员工主观上愿意付出多大的努力。

能力包括员工的个人素质、知识水平、技能水平、工作的经验或熟练程度，就是员工的岗位胜任力匹配情况。它代表着员工有没有能力把工作做好，或者说员工做好工作的可能性有多大。

绩效包括员工在工作岗位上实际展现出来的成果，就是员工实际上有没有达成岗位要求的工作目标，有没有达到企业的要求，有没有把工作做好。

通过评估人才在这 3 个维度上的表现，HR 可以形成人才质量盘点统计表，如表 4-5 所示。

表 4-5　人才质量盘点统计样表

姓名	态度	能力	绩效
张三			
李四			
王五			

表 4-5 只是样表，HR 可以根据企业的实际情况和需要进行丰富。比如，在态度、能力和绩效的模块内做更细的分类。

4.10.2 职业发展的 4 个方向

人才梯队建设的第二步，是了解员工的职业发展方向。人才盘点之后，企业能够发现许多优秀的人才。这时，企业可以根据自身的需要把这些优秀人才作为关键岗位的储备人才重点培养，形成继任者计划。

在实施继任者计划之前，HR 要注意员工本人并不一定愿意接受企业的安排。所以企业需要了解员工的期望和诉求，和员工本人的意愿达成一致。员工期望的职业发展并非只有单一的升职，还可以有其他方向。

有的人期望追求职业上的高度，他们期望成为管理者，升职加薪；

有的人期望追求职业上的深度，他们期望在本领域内做精做深，成为专家；

有的人期望追求职业上的宽度，他们想尝试不同的岗位，不断地学习新的工作技能；

还有的人期望追求职业上的温度，他们想把重心留在自己的生活和家庭。

职业发展的 4 个方向如图 4-9 所示。

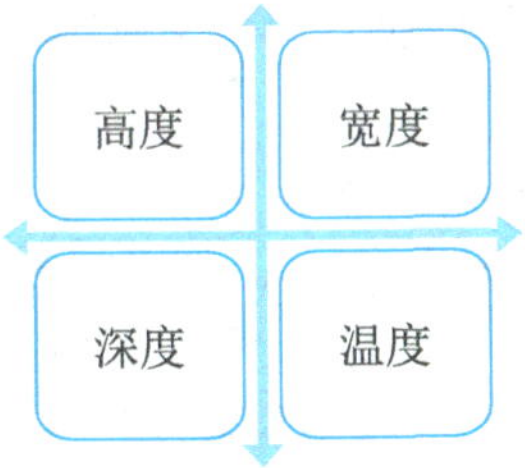

图 4-9 职业发展的 4 个方向

高度是升职加薪的方向。这种职业发展方向适合能力素质模型中具备"成就导向"或者具备管理潜质的人。这类人期望通过自己的能力来兑换价值，崇尚用职位变化来衡量努力的结果。

深度是追求专业领域内的提升、崇尚专业精深的方向。有的人天生不愿意领导或管理别人，职位上的提升不适合这类人。但是他们愿意通过持续提高自己专业领域内的能力，使自己成为优秀的专家、顾问或咨询类人才。

宽度是追求尝试多种职业的方向。有的人既不喜欢比较高的职位，也不喜欢专业上的精深，他们喜欢新鲜的感觉，喜欢尝试不同的职业。就像有些人喜欢旅行，喜欢去不同的国家，见识不同的文化，欣赏不同的风景。

温度是追求安全感的方向。有的人不想把过多的时间和精力用在职业的发展上。他们把职业定位成一个养家糊口的工具，职业只需要给他们基本的安全感。他们更期望把时间和精力用在家庭生活、兴趣爱好、社群活动等上面。

4.10.3　继任者计划制定方法

HR 在完成人才盘点和职业发展面谈之后，就可以确定企业中哪些人才值得重点培养以及培养的具体方向。此时，HR 可以形成企业的继任者计划。

在继任者计划中，内部培养人才需要长期投入。如果人才规划不到位，很容易在企业需要人才马上能补充上去时，培养工作还没有完成，导致人才高位使用，从而产生较大的用人风险。

HR 根据人才盘点的结果和个人发展计划，能够形成关键岗位的继任计划。对企业各个关键岗位继任者的设置和评估如图 4-10 所示。

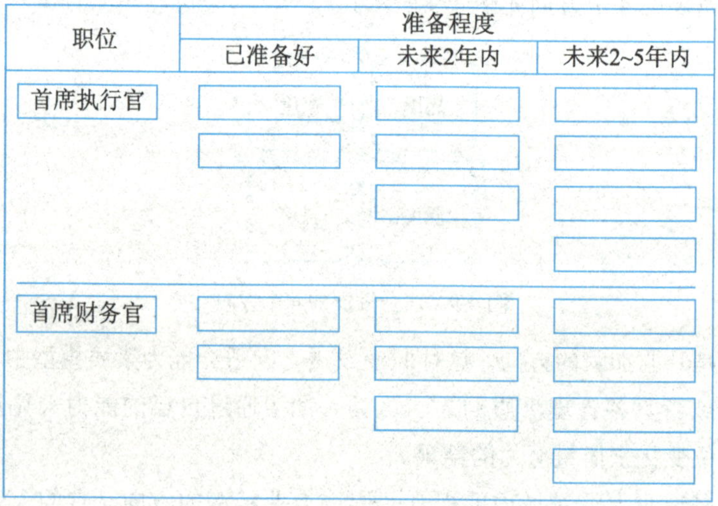

职位	准备程度		
	已准备好	未来2年内	未来2~5年内
首席执行官			
首席财务官			

图 4-10　继任计划

为了避免人才离开关键岗位无人接任给企业造成损失，原则上每个关键岗位的背后都应该至少有一个人具备能够马上接任这个岗位的能力。

一般具备一定基础，但缺少经验的人才，对关键岗位的熟悉和了解需要 2 年时间，而且能够和第一梯队形成岗位轮换上的时间差，所以第二梯队选择 2 年左右的人才。第三梯队选择 2～5 年的人才，也是考虑了人才的培养周期和时间差的问题。

HR 要建立这 3 个梯队当中所有继任者的个人培训与开发档案，充分运用现有的资源，通过个体的辅导、参与项目、岗位轮换、培训学习等各种方式帮助他们提升自身的知识、经验和能力，并且加强管理沟通和过程监控反馈，让这些继任者们可以按照既定的成长和发展路线稳步前行，成长为企业需要的人才。

大型企业或岗位之间能力差异较大的企业，可以按照上述方法实施继任者计划。规模较小、管理要求较低、企业中同类岗位同质性较强的企业，HR 可以用关键岗位人才池的方法管理继任者，如图 4-11 所示。

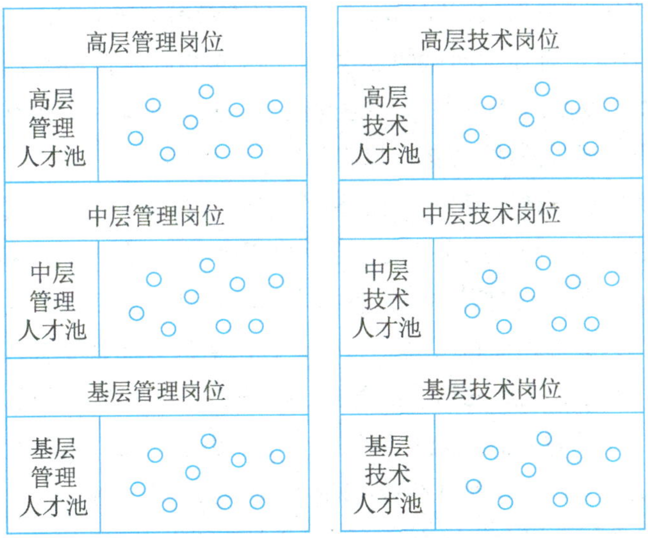

图 4-11　关键岗位人才池

通过对企业管理类和技术类各阶层岗位形成蓄水池般的人才池，HR 可以保障企业内部的人才供应，不至于让企业出现人才断层的现象。

4.11 如何与潜在候选人保持沟通

典型问题： 面试之后，发现很多没有入职的人才也很优秀，企业有没有可能通过某种方式与他们保持沟通，以备未来企业需要时他们可以入职？

类似问题： 面试后没有入职的人才的简历如何处置；企业如何建立人才库；企业如何与未入职的高端人才保持沟通等。

4.11.1 人才库的构建方法

对于没有入职的人才，企业可以构建未入职人才库。HR 可以把所有投递简历的候选人分成 ABCD 4 个类别。

A 类候选人和企业需求岗位的要求非常符合。HR 要先给这部分人面试的机会，当这部分人面试通过的时候，HR 要优先录用这部分人。

对于 A 类中没有通过面试的候选人，HR 可以在其简历上标注其没有通过的原因。如果人才本身挺优秀，但是因为一些其他原因，如有更优秀的候选人导致他没有通过面试，HR 可以将其纳入人才库。

对于 A 类中面试通过但是没有上岗的候选人，HR 也可以将其纳入人才库。如果面试之后发现其和企业岗位的符合程度不高，HR 可以不将其纳入人才库。

B 类候选人和企业的需求岗位有一定的符合度，虽然符合度比较低，但是也可以考虑为其提供面试机会。当所有 A 类候选人面试没有赴约、面试通过后没有上岗或面试之后发现不合适的时候，HR 可以在 B 类候选人当中选择。

对于 B 类中面试通过但没有选择企业的候选人，或者虽然候选人没有通过面试，但是候选人整体素质不错，HR 可以将其纳入人才库。如果面试之后发现人才和企业岗位符合程度不高，可以不将其纳入人才库。

C 类候选人和企业的需求岗位基本不符合，HR 暂时不需要为其安排面试，但是企业有必要将其简历暂时先存档。

比如，虽然候选人当前年龄不够、能力不行或经验不足未能入职，但是这些因素都会随时间推移而发生变化。如果企业某岗位很容易缺人，经常需要外部招聘，某候选人再经过 3 年时间历练后，就能达到企业对该岗位的要求。到那时，当企业这类岗位缺人时，HR 可以直接联系该候选人。

或者候选人目前还不适合企业的需求岗位，但是大体适合企业的另外一个岗位。不过企业另一个岗位目前没有外部招聘人才的需求。这时，HR 可以先留着这类人才的简历，等企业该岗位需要外部招聘的时候，再考虑这类候选人。

D 类候选人和企业当前或未来一段时间内所有岗位都不符合，HR 没有为当前所有岗位或未来一段时间可能产生的其他岗位将其简历存档的必要。比如，有的企业根本没有厨师岗位，却收到一份厨师的候选人的简历。

经过简历筛选和面试之后，企业的人才库中会剩下 A 类、B 类和 C 类 3 类候选人。A 类和 B 类候选人是企业面试后基本符合岗位条件，但是因为各种原因没有入职的；C 类候选人是 HR 没有面试的。

4.11.2　人际关系的弱连接

对企业心仪却没有选择企业的高端人才，HR 应当与其保持一定的弱连接。所谓弱连接，就是不需要天天聊天联络感情，但是当彼此在一些信息上有连接的时候，可以快速做简短交流的关系。弱连接也是猎头公司在招聘人才时惯用的方法。

经过第一步的简历筛选和面试之后，HR 能构建起一个没有入职人才的人才库。在这些潜在人才中，对于面试过的、应聘重点岗位的、属于 A 类和 B 类的潜在人才，HR 可以和他们保持一种弱连接。

HR 的具体做法可以是关注人才，与人才互加好友。当人才发微信朋友圈、发微博的时候，HR 可以点赞、评论、转发。当 HR 关注人才生活中的点点滴滴，HR 就提高了在人才生活中的存在感。HR 可以在好友备注中标明人才的类型、地区，以便在需要时能快速找到。

如果遇到一些专业上的问题，HR 还可以放低姿态请教他们。如果企业举办一些小型聚会、庆典、论坛、沙龙活动，或者有的企业举办一些大型活动，都可以找这类人才参加。这样做能够显示出企业的友善和诚意。

需要注意，弱连接特别适合一些高端岗位，但并不适合同一岗位上的大规模招聘。原则是需求岗位的候选人越少，招聘的难度越大，越建议使用与人才之间的弱连接。因为如果这类岗位空缺了，企业再找一个相对合适的候选人难度很大，可能花费很长时间都不一定能找到。

需求岗位的候选人越多，招聘的难度越小，越不建议使用这种方法。因为这样可能会耗费 HR 很多精力，可能会得不偿失。

4.11.3　合作让习惯成自然

对于特别难招聘到人才的岗位，对待行业顶尖的人才，企业可以通过举办主题培训或者项目咨询的方式，请人才到企业实际指导。这样做一方面可以增进企业和人才双方的了解，加大双方深度合作的可能性；另一方面也可以解决企业的实际问题，虽然人才没有真正入职，但可以发挥价值，帮助企业解决实际问题。

举例 ?

我曾经想挖一个跨国公司的高技术人才，我和公司的技术总工到他所在的城市和他见过一面，觉得他非常合适。后来我们约他进一步详谈的时候，他总以各种理由推辞。就这样拖了 3 个多月，一直没有和他进行第二次面谈。

后来公司技术部门正好想组织一场培训，这位高技术人才是这方面的专家，请他来给我们做这场培训再合适不过。于是我们非常真诚地邀请他来做培训，并支付他培训费用。他一开始说他没有系统的培训资料。我说没关系，只要他能来，做交流式或咨询式的实战培训都可以。

他来了之后，采取的是实战培训。不是他讲，我们的技术人员听，而是技术人员把现在手头的难题全部拿出来问他，他在一一解答的同时，和大家一起谈论工作和行动计划。

第一次培训的效果很好，我后来把这个培训扩展成一年的项目，每个月一期。他不仅教给大家技能，还可以帮助大家把技能实施落地。就这样，他和我们技术团队的很多人成了好朋友，也非常深入地了解了我们公司，对我们公司产生了好感。

半年后，我向他提出邀请，希望他加入我们公司。我们保证他的待遇不低于原来的水平，同时因为他已经非常熟悉我们公司的技术团队成员，对公司也已经非常了解，所以工作上手会非常快，不会出现不适应的情况。

他考虑了几天之后，欣然接受。他在入职后，帮助我们解决了很多技术难题、攻克了很多技术难关。

第 5 章

离 职 管 理

人才主动离职对企业造成的损失较大，其中不仅包含对新人的招聘成本、培训成本、新人成长的时间成本，还包括人才离职影响在职人员士气，导致在职人员工作效率降低带来的损失。做好人才离职管理，有助于企业控制成本。

5.1 为什么新生代员工会因为小事离职

典型问题： 为什么有的新生代员工会因为 Wi-Fi 信号不好、计算机运行速度慢、食堂饭菜不好吃等小事而提出离职？

类似问题： 新生代员工是不是很难管理；不同时代的员工真的有不同的特点吗；有哪些小事情影响着员工的去留；为了留住员工，企业要注意哪些细节等。

5.1.1 不同时代的员工

有人说回看国内早些年的企业，员工朴实稳定，但随着时代的发展，新生代员工越来越心浮气躁。所以就有一种说法，"70 后"的员工比"80 后"的员工更稳定，"80 后"的员工比"90 后"的员工更稳定。

因为成长的环境不同，不同时代的员工确实会呈现出不同的群体特点，但这种特点与就业观、择业观的关系不大。实际上，国内早些年企业员工的稳定与当前企业员工的相对不稳定，跟员工由哪代人组成无关，主要跟国内经济环境的变化有关。

国家统计局 2018 年 9 月 12 日发布的《就业总量持续增长 就业结构调整优化——改革开放 40 年经济社会发展成就系列报告之十四》中的数据如下。

1978 年，我国城乡就业人员共计 40 152 万人，其中城镇就业人口 9 514 万人。2017 年末，就业人员总量达到 77 640 万人，比 1978 年增加 37 488 万人，增长了 93%，平均每年增长 961 万人；城镇就业人员总量达到 42 462 万人，比 1978 年增加 32 948 万人，增长了 346%，平均每年增长 845 万人。

1979 年，城镇累计待业人员达到 1 500 万人，仅在劳动部门登记的城镇失业人员就有 568 万人，城镇登记失业率达到 5.4%。1998—2002 年，国企下岗职工累计为 2 023 万人，再加上 1998 年以前累积的下岗人员，国有企业下岗人员总量达到 2 715 万人。1998—2005 年，全国共有 1 975 万国有企业下岗人员实现了再就业。到 2005 年底，国企下岗人员存量已由最高峰的 650 多万人下降到 61 万人。

如今随着国内经济的快速发展，就业机会越来越多，呈现出岗位多、人才少的局面，人才的选择机会很多，也就造成人才对现有的岗位不会像当初一样珍惜。

人才珍不珍惜工作岗位与人才属于哪个时代无关，与人才所处的大环境中工作岗位是稀缺还是冗余有关，与人才个体拥有的选择机会有关。

5.1.2　分手常因为小事

听说一位女同事和她男朋友分手了，他们俩我都认识。男方甲家境殷实、性格爽朗、斯斯文文。女方乙温柔贤惠、落落大方，算那种上得厅堂、下得厨房的人。按理说他们是郎才女貌，很般配，很多人认为他们应该走进婚姻殿堂。

有一次我遇到甲，问他："看你们俩平时好像挺恩爱的，怎么就分手了呢？"

他说："你别看乙平时看起来挺利索，她其实可懒了！让她洗个衣服可费劲了！每天就知道看韩剧，看的时候戴着耳机、盯着屏幕一会儿哭一会儿笑的。以前她还给我做饭，后来连饭都不好好做，经常点外卖……"

有一次我遇到了乙，问了她同样的问题。

她说："你别看甲平时看起来挺利索，他一玩起游戏来都不理人的！吃完饭，我让他帮我刷个碗他都不刷，懒'死'了！以前他经常关心我，现在他晚上跟别人在外面吃完饭回来，都不问我有没有吃饭……"

听完他们的描述，我发现他们分手全是因为一些生活琐事。这与员工因为企业 Wi-Fi 信号不好、计算机运行速度慢等小事而选择离职是一个道理。

为什么这些小事会让原本好好的情侣最终选择分手呢？原因并不在于这些小事本身，而在于这些小事引发的一系列定性的推理，让原本微小的量变产生了质变。

人们很容易把小事上升到定性的评价上，随着小事越来越多，定性的评价越来越抽象、越来越清晰。当这种定性的评价是负面评价时，人们的负面情绪会越积越多，当到达某个临界点时，情绪爆发，于是产生负面情绪驱动下的行为。

员工因为小事而选择离职，也是同样的道理。在情感问题上，没有小事；在企业留人问题上，同样没有小事。

5.1.3　细节决定着成败

员工会因为一些小事对企业做抽象判断，就跟企业管理者会对员工日常的一些小事做抽象判断是一个道理。

比如，某个员工上班迟到了 1 分钟，有的管理者会认为这个员工没有基本的时间观念，没有提前规划的意识，对企业的制度不够敬畏，进而可以推论出这个员工可能对这份工作根本不在乎、对企业不在乎，甚至可以推论出这个员工是一个不合格的员工。

联想集团的创始人柳传志曾经规定联想只要开会，所有人都必须准时参加，如果不准时，就要罚站 1 分钟。结果柳传志本人也曾经因为种种原因迟到过 2 次。这时，是否也可以用上面的逻辑来推论和评价柳传志呢？

就算公司知道不应该用这种方式来推论和评价员工，但不能阻止员工用这套逻辑来推论和评价企业。企业中存在各类员工，HR 不能以自己的层次和素质来研判他人，也不可能寻求不同层次员工都对企业充分理解。企业唯一能做的，就是像要求员工不准迟到那样，要求所有管理层把能为员工想到的、做到的细节都做好。

海底捞服务背后的逻辑是企业用真心服务好员工，员工才会用真心服务好顾客；企业对员工无微不至，员工才会对顾客无微不至。

海底捞给员工租住居民楼，而不是像竞争对手那样给员工租住地下室；海底捞保证一间员工宿舍住 4 人，而不是像竞争对手那样一间屋子恨不得住 20 人；海底捞保证员工宿舍里有 Wi-Fi、计算机、24 小时热水等，而不是像竞争对手那样宿舍里除了床什么都没有；海底捞员工宿舍配有专门的阿姨服务员工生活，而不是像竞争对手那样让员工"自生自灭"。

情侣之间、夫妻之间和谐相处一直都是双方的事情,就像企业和员工之间和谐相处也一直都是双方的事情。共同语言和相互理解不是寄希望于双方的素质有多高,而是大家在互惠互利的原则之下,在共同认可规范的背景之下,多站在对方的角度上去思考问题。

5.2　如何提前获知员工的去留动态

典型问题: 员工离职常让企业措手不及。有时候,员工的离职是可以预知的,企业如何获知员工的去留动态,提前做好预防工作?

类似问题: 如何了解哪些员工在找工作;什么样的员工离职可能性最大;知道有的员工可能会离职后,HR 要做什么等。

5.2.1　抓住关键传播节点

HR 对员工离职的先知先觉,可以通过对企业内部信息的掌握来实现。HR 不能高高在上,要深入员工内部,做到和员工之间无话不聊,这时通常能够发现哪些员工有离职的苗头。

为了做好员工的离职预警,HR 要特别关注企业信息的"关键传播节点"。企业信息的关键传播节点指的是企业中人缘比较好、喜欢和别人聊天、消息特别灵通、了解团队中很多员工的家庭背景和近况的人。比如,团队中谁和谁谈恋爱了、谁和谁分手了、谁和谁要结婚了之类的事情,"关键传播节点"都知道。

举例 ❓

有一次,我吃饭的时候听一个具备关键传播节点特质的员工说,财务部门某女员工和销售部门某业务经理谈恋爱。这个业务经理是外地人,家里有产业,当初招聘的时候是看好他拥有的资源,知道他入职以后必然能给企业带来一些业绩,但并不预期他在这里长期工作。因为根据他的家庭背景,他迟早是要回家接手家族产业的。

财务部门的该女员工比较优秀，而且经过几场重要的培训之后，能力提升较大。该员工如果离职，对企业是个比较大的损失。我把这个消息告诉了分管员工关系的 HR，期望他时刻关注这一对情侣的动态。

后来，听说这个业务经理有离职的想法，而且发现这个财务部门女员工的工作状态也和以前不一样了。我们就提前启动了关于销售部门和财务部门这两个岗位继任者的招聘工作。果不其然，后来他们俩同时提出离职，但是继任者也在他们提出离职后不久招聘到位，顺利完成了工作交接，没有对业务造成影响。

通过抓住企业中的关键传播节点，多和他们沟通，HR 能够了解到很多有价值的信息。这些信息中往往有很多反映了员工的去留动态。

这里要注意，关键传播节点的信息有时候是"小道消息"，是不实的。HR 获得信息后，对于认为有价值的信息要做进一步的核实。

5.2.2　看紧负面情绪人群

HR 要特别关注企业中某段时间最可能产生负面情绪的人群。比如，在调薪之后就要特别关注那些薪酬调整幅度比较小的人，因为他们很有可能认为自己的调薪不公正；在晋升之后就要特别关注那些平时有一些成绩和机会，但是没有获得晋升的人。

举例
我在的部门曾经有个专职培训师，平时工作偷奸耍滑，除了上台讲课，部门里的其他事一概不管。当时部门对员工采取的是 360 度考评，部门负责人的意见占 60%。根据考评结果把员工分成 ABCD 4 类，类别之间调薪幅度差异较大，D 类薪酬不变而且要考虑淘汰。

有一次年底 360 度考评结束后，这个专职培训师的考评结果是 D，他的薪酬没有得到调整。在薪酬调整结束之后，他情绪低落，多次找我说考评结果不公平，说他自己平时很努力。他的工作状态有目共睹，我没有理会他，已经做好了招聘后备人选的准备。过了不久，他自己主动提出离职，我也没有挽留。

上例是企业对产生负面情绪并不想挽留的员工放任自流的态度。对于处于负面情绪中的企业想要挽留的员工，HR 要及时排解他的负面情绪。

员工的负面情绪可能来源于各个方面。要想实现对有负面情绪的人群的关注，需要 HR 深入基层，深入业务团队内部，和一线人员有广泛的接触，对员工的人际关系有足够的了解，对员工的绩效情况有清晰的认识。

5.2.3　关注有异动想法者

HR 要关注那些曾经提出过离职，但后来由于种种原因没有离开的人。很多曾经提出过离职的员工，最后大多选择了离开企业。他们既然曾经想过要离开，心理上就已经对企业产生了不认同，或者和团队之间产生了隔阂。

举例

我所在的公司曾经有个部门总监，他的能力和水平都比较高，但是有一次和我提出离职。我问他为什么，他说因为家庭原因。后来我侧面了解到应该是有公司给他开出了比我们公司高 2 倍的薪酬，他心动了，所以想离职。因为他比较重要，领导不想让他走。我找他谈了几次，和领导申请了一个针对他的长期物质激励，把他留下了。

可在一年半之后，这个总监再次提出离职。经过我的了解，这次还是外部的公司在"挖"他。不过这时我们已经培养好了后备人选。公司从他首次提出离职开始就对后备人选特别关注和培养了，这时部门已经不那么依赖他了，所以很快就同意了他的离职申请。

曾经提出离职申请的员工属于有异动想法者。除此之外，那些曾经有过岗位调整想法，想法却没有实现的员工；曾经有薪酬调整的申请，申请却没有通过的员工；曾经有过投诉建议，建议却没有被采纳的员工，都属于有异动想法者，都有可能会在某个时刻提出离职。

5.3　为什么满意度提高离职率却没有降低

典型问题：员工的离职率居高不下，领导要求 HR 做员工满意度调查，补齐员工满意度低的短板。可是随着员工满意度的提高，员工离职率却并没有降低，这是为什么？

类似问题： 员工满意度可不可以作为衡量员工稳定性的依据；员工满意度和员工离职率之间存在怎样的关系；要降低员工离职率，应该做哪些有效的分析等。

5.3.1　降低离职率的关键

很多 HR 通过员工满意度调查来实施人才保留。他们的做法通常是通过设计一套问题丰富的表格，列出一些事项询问员工是否满意，然后通过统计分析结果，得出员工在某些方面满意度较低的结论，再针对调查结果中员工满意度较低的部分给予补充，提升员工在这些方面的满意度，以便降低员工的离职率。

这个逻辑看似正确，实际应用起来往往是收效甚微的。要想有效地留住员工，只在员工满意度调查上做文章是没有用的。对在职员工实施满意度调查，在职的员工会说，我这里不满意，那里也不满意。统计之后，HR 会发现员工不满意最多的方面。这时很容易陷入只要补充了这些方面，就能降低员工离职率的思维误区。

这里的问题就在于，HR 只考虑了那些在职的员工，却没有考虑那些离职的员工。事实上，那些对在职员工来说不满意的部分，也许并没有那么严重。如果足够严重，那么员工可能早就已经离职了。那些离职的员工为什么离职才是降低离职率的关键，而这有可能是在职员工满意度调查中较少被提及的部分。

所以 HR 为了有效地保留人才，只做员工满意度调查是无效的，最有效的方法是做员工离职原因分析，或者把员工离职原因分析和员工满意度调查的两个结果放在一起综合分析。

笔者经历过的企业每次做员工满意度调查的时候，经常在最后得出的结论中，不满意的项排第一的是薪酬。即便这份满意度调查是在企业上调薪酬后不久做的，结果也可能是这样；但同一时间做离职原因分析的时候，得出来离职原因排第一的，往往不是薪酬方面的原因。

笔者的经验是，在职的员工一般会偏向于表达薪酬待遇方面的不满，这可能源于每个人都期望能够进一步提高自己的薪酬待遇,借助企业的调查表达出来,实现这种期望的可能性会更大;而离职的员工,因为与企业之间没有了利益关系,他们更有可能把真正导致他们离职的原因指出来。

5.3.2 主观性与客观性

员工满意度实际上是一个很主观的概念。这类主观的数据,在某些情况下可以做参考,但在做人力资源量化管理和数据分析的时候,要注意主观数据的误差有时候是难以估量的,用主观数据的分析结果来判断是有问题的。

举例 ⑦

美国有一家人力资源调查机构曾经对华尔街各大投行的工作岗位做了一次员工职业满意度调查,数据结果显示,整个华尔街投行员工对工作的满意度普遍较低。这些受调查员工的平均薪酬,在全美国是非常高的。

这家机构又对已经从华尔街各大投行退休的员工进行了一次职业满意度调查,调查他们对曾经的工作岗位的满意度,结果发现他们对工作的满意度普遍较高。

为什么在职人员的职业满意度与已经退休的人员对过去职业的满意度差异如此之大?这家机构深入调查后发现,华尔街投行在职员工虽然薪酬比较高,但是工作压力非常大,竞争激烈,做不出成绩将面临淘汰。

然而这类职业的员工通常能够比其他职业的员工更早退休,业绩较好者还有实现财务自由的可能。当这类员工退休后,他们过着颐养天年的生活,再回想起过去那段紧张的工作时光,大部分人会有一种时过境迁的淡然感,有的人还会有所怀念。

员工满意度的主观性决定了,对于相同的个体,相同的调查项目,在不同的时间询问其满意度,个体可能会有不同的答案。当个体处于负面情绪中时,个体会觉得不满意;当个体处于正面情绪中时,个体就会觉得满意。主观的数据往往不利于管理决策,HR 需要更客观的数据作为管理决策的依据。

5.3.3   不要走与愿意留

很多 HR 总盯着员工离职率，一门心思想降低员工离职率。然而，降低员工离职率的思路是如何让员工不要走，但还有另一个重要的思路是如何让员工愿意留在企业工作。让员工不要走和让员工愿意留在企业工作是两个完全不同的概念。

员工不走的原因可能有很多。可能员工早就想离职，只是短时间没有找到合适的工作，员工担心离职后没有收入，所以暂时不走；可能员工只是觉得当前工作上班比较近，考虑到要照顾孩子，所以就不走了。总之，员工可能只是人在这里，但心早就已经走了。

如果把追求员工不要走和追求员工愿意留在企业当成人力资源管理策略：当追求员工不要走的时候，是在追求人力资源管理的最低要求，也就是在追求下限，就好像有的人对待生活的态度，只是追求温饱；当开始追求员工愿意留在企业工作的时候，追求的就是人力资源管理的更高要求，就好像有的人对待生活的态度，除了解决温饱问题之外，还要追求更好的生活品质。

追求员工不要走，HR 要做的更多是补足员工离职原因中出现频率较高的那部分；追求员工愿意留在企业工作，HR 要做的是搞清楚员工想要什么和不想要什么，让员工在团队中工作得更舒适。

所以，企业想要留住员工，应当在追求员工愿意留在企业工作方面想更多办法、做更多尝试、下更多功夫，而不是只在追求员工不要走方面做努力。

5.4   为什么员工离职原因分析不解决问题

典型问题：企业针对员工的离职原因做了大量的分析，可按照分析出的结果改进之后，发现员工的离职率并没有明显降低，这是为什么？

类似问题：员工离职原因分析的正确做法是什么；员工离职原因分析中的原因应该如何分类；员工离职原因分析中的底层数据应该如何获取等。

5.4.1 垃圾进，垃圾出

在数据分析中，有一句土话叫"垃圾进，垃圾出"，意思是输入的数据如果是垃圾数据（错误数据），经过分析之后输出的数据也会是垃圾数据（错误结论）。

很多企业员工离职原因分析中的底层数据来源于员工离职时填写的一张表。那张表上有一些勾选项，这些勾选项是企业事先给员工列出来的离职原因分类。员工勾选了什么，最后就统计什么。这样统计出来的数据是有问题的，主要问题如下。

1.离职原因只是刻板的分类，不知道员工离职的前因后果。

2.员工的离职原因可能很复杂，不在表格勾选项的分类当中。

3.员工填表的时候不清楚这些勾选项分类的含义，只能凭感觉勾选。

4.员工不认真对待表格，胡乱填写。

5.员工考虑到人际关系，不愿意真实填写。

有的 HR 比较负责任，做员工离职原因分析的时候会做员工离职面谈。在员工提出离职之后，HR 当面问员工为什么离职，问清楚前因后果，问清楚企业有哪些做得不到位的地方。这样做就比单纯让员工填离职表格获得的信息更多，而且相对来说更真实。

但这么做也有一个问题，就是很多员工不愿意说出自己离职的真实原因。尤其是当这个原因在员工所在部门的某个领导或某个同事身上时，员工更不愿意说。怎么办呢？

一般来说，员工在离职的 2 周到 1 个月的时间内，最有可能说出自己离职的真实原因。这时，员工和企业之间的关联感渐渐消失，员工已经不太担心自己提供的关于前岗位的信息对自己造成影响。

在这段时间内，员工关于前岗位的记忆是比较清晰的。如果拖得太久，员工对前岗位的记忆会变淡，可能会忘了一些事情的来龙去脉。

很多企业会做离职后的员工管理，在员工离职一段时间之后，定期询问员工的近况和当前工作情况。当企业有聚会或活动的时候，还会邀请这些离职的员工回来参加。员工离职后，就离职原因分析的访谈，也可以和这方面的工作联系在一起，这样得出来的离职原因分析结果准确性更高。

5.4.2　离职原因分析的做法

员工离职的原因分成两大类：客观原因和主观原因。

客观原因是通过 HR 和员工本人的主观努力很难改变的原因。比如，员工到了法定退休年龄，员工得了某种大病，员工发生了某种意外，企业经营状况出问题导致必须裁员等。

主观原因是 HR 或员工通过努力能够克服的原因。这是企业降低员工离职率的关键，是需要 HR 重点分析和判断的。

主观原因又可以分成企业原因和个人原因。

企业原因包含的内容比较多，包括薪酬、领导、同事关系、文化氛围、工作环境、学习机会、职业发展等原因。企业原因就是企业在某些方面没有做好，企业可以通过做好这些方面，让员工离职率得到改善。

个人原因可以包括家庭、地域、身体、个人发展等原因。家庭原因是员工因为家庭情况的变化导致的离职，例如有的员工要照顾孩子。地域原因是员工因为家庭和工作地点之间的距离导致的离职，例如有的员工搬家了，离企业距离较远。身体原因是员工的身体出现突发状况，例如员工生病。个人发展是员工追求企业无法提供的职业发展，例如员工想做厨师，但企业无此类岗位。

根据员工离职的原因，如果以降低离职率为目的，员工离职原因分析主要分析的应当是主观原因，而不是客观原因。员工离职原因分析样表如表 5-1 所示。

表 5-1　员工离职原因分析样表

分类 1	分类 2	A 公司	A 公司占比	B 公司	B 公司占比	C 公司	C 公司占比	合计	总占比
企业原因	薪酬	5	16.1%	6	16.7%	2	5.7%	13	12.7%
	领导	0	0.0%	1	2.8%	7	20.0%	8	7.8%
	同事关系	2	6.5%	1	2.8%	5	14.3%	8	7.8%
	文化氛围	0	0.0%	5	13.9%	4	11.4%	9	8.8%
	工作环境	0	0.0%	0	0.0%	1	2.9%	1	1.0%
	学习机会	6	19.4%	4	11.1%	2	5.7%	12	11.8%
	职业发展	10	32.3%	9	25.0%	3	8.6%	22	21.6%
	其他	0	0.0%	0	0.0%	1	2.9%	1	1.0%

续表

分类 1	分类 2	A 公司	A 公司占比	B 公司	B 公司占比	C 公司	C 公司占比	合计	总占比
个人原因	家庭原因	3	9.7%	1	2.8%	3	8.6%	7	6.9%
	地域原因	2	6.5%	3	8.3%	4	11.4%	9	8.8%
	身体原因	1	3.2%	4	11.1%	2	5.7%	7	6.9%
	个人发展	2	6.5%	2	5.6%	1	2.9%	5	4.9%
	其他	0	0.0%	0	0.0%	0	0.0%	0	0.0%
合计		31	100.0%	36	100.0%	35	100.0%	102	100.0%

注：由于四舍五入保留 1 位小数，数据存在一定误差。

5.4.3 解决问题是目标

HR 做离职原因分析的目的是查找和改进企业存在的不足，所以离职原因的分类应该把企业有可能做得不到位的事项分类列全。

如果某个员工的离职原因中既有企业原因也有个人原因，统一算企业原因。如果某个员工的离职原因有很多个，那么就把这些原因全部统计出来，在每一个对应分类中都统计一次。

比如，某个员工的离职原因是竞争对手挖角，他考虑到个人职业发展，觉得在当前公司不能得到竞争对手提供给他的那种职业发展机会，而且竞争对手给出的薪酬待遇比较诱人，所以最后他决定离职。这种情况，既有企业原因，也有个人原因。

HR 要改进问题，可以将其统一归为企业原因；在企业原因里面，既有职业发展的原因，又有薪酬待遇的原因，可以这两方面都算；对一些特殊情况，做离职面谈的 HR 难以判断该如何归因时，可以归为一类原因。

也就是说，假如月底 HR 发现企业有 10 个员工离职，可能最后统计出来的各类离职原因加在一起会大于 10，甚至有可能大于 20 或大于 30，这都没有关系，因为企业的目的是发现最容易出问题的点。

HR 做离职原因分析的最终目的是防止员工离职，而不是为了分析而分析，或者做那种走形式的面谈。所以，离职面谈最好的时机其实是在员工已经有了要离职的苗头但还没有提出离职的时候，而不是在员工已经提出离职之后。

那么，谁最可能第一时间知道员工有离职的苗头呢？答案是离员工最近的人，除了和员工比较亲近的同事之外，通常是员工的直属领导，而不是 HR。所以，最好的离职面谈，其实是员工直属领导与员工的面谈，而不是 HR 在员工提出离职后做的面谈。

5.5　如何预防长假后的离职潮

典型问题： 每次长假过后，企业就会陷入离职潮，员工的返工率比较低，影响企业正常开工。这种问题在生产型企业中尤其明显。企业应如何预防长假后的离职潮？

类似问题： 员工为什么会在长假后离职；长假后的离职潮与哪些因素有关；如何从根本上解决长假后离职潮的问题等。

5.5.1　长假后离职员工的人才画像

要解决长假后的离职潮问题，HR 首先要分析长假后离职员工的人才画像，也就是什么样的员工最可能在长假后离职；然后再根据离职员工的人才画像采取有针对性的预防和应对措施。

在不同的企业、不同的行业，长假后离职员工的人才画像各有不同，HR 可以根据往年长假后离职人员的数据信息，聚焦离职人数最多的人群类别，从而得到长假后离职员工的人才画像。

举例❓

某生产制造业连续多年出现长假后的离职潮，该企业 HR 列出近 3 年长假后离职员工的名单和基本信息之后，发现大多数离职员工具备以下特点。

（1）83% 的离职员工非本地人，而且地域相隔越远，离职的概率越大。

（2）76% 的离职员工入职时间不满 1 年，从事着生产一线的基础岗位。

（3）79% 的离职员工在入职之前有多份工作在 2 年内离职。

（4）75%的离职员工是单身男性员工（企业现有员工的男女比率接近1：1）。

（5）69% 的离职员工年龄在 30 岁以下。

根据以上特点，该企业能够确定长假后离职员工的人才画像。针对离职员工的特点，在招人环节和留人环节分别采取不同的应对措施。

（1）在人才招聘环节，尽量招聘年龄在 30 岁以上的已婚本地人，入职之前的工作经历最好相对比较稳定。

（2）在人才保留环节，给一线基础岗位的员工创造更好的工作环境，给予更多的关怀，设置更多的中长期福利项目。

5.5.2　预防长假后离职潮的 4 个技巧

预防长假后的离职潮，有 4 个比较通用的技巧，如图 5-1 所示。

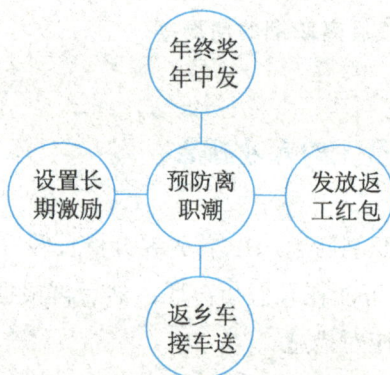

图 5-1　预防长假后离职潮的 4 个技巧

1 年终奖年中发

春节是最重要的假期，一般也是最长的假期。有的企业为了激励员工，将上一年的年终奖在春节前发放，让很多员工在春节长假后直接离职没有任何顾虑，这提高了长假后出现离职潮的概率。

为了预防长假后的离职潮，企业可以考虑把年终奖放在第二年的年中发放。在春节之前，企业可以先告诉员工将要发放的年终奖金额，等春节假期结束返工后稳定一段时间再发，目的是增加员工的离职成本。

❷ 发放返工红包

发放返工红包指的是员工长假后返工，企业给员工发放一定金额的红包的做法，是一种比较常见的鼓励员工长假后返工的技巧。很多长假后离职潮比较严重的企业为了鼓励员工长假后返工，都设计了金额比较可观的返工红包。

运用返工红包的时候要注意，如果返工红包的金额比较小，可能对员工没有吸引力。有的企业长假后返工红包的金额能达到 1 ～ 2 个月的工资，从财务角度讲，其实是把年终奖金的一部分放在了返工红包中。

❸ 返乡车接车送

对于外地的员工，为了保证员工返工，企业可以安排专车对员工车接车送，甚至将员工送到家门口。这样做既解决了员工的订票难问题，帮助员工解决了返乡出行难题，又能够确保员工的顺利返工。

返乡车接车送同样也可以作为企业为员工提供的一项独特福利，能够在一定程度上给员工带来出行方便，减少安全隐患。在员工招聘环节，这项福利还能起到一定的吸引人才的效果。不能实现返乡车接车送的企业，也可以提供把员工送到汽车站、火车站、飞机场等服务。企业也可以为员工提供预订往返交通工具票务的服务。

❹ 设置长期激励

企业可以设置鼓励员工的各类奖励，让员工愿意在企业长期工作。比如，规定员工在企业工作一定年限后，可以享受一定的现金奖励，享受员工持股计划，获得某种菜单式的可选个性化福利等。

为了鼓励员工长期工作，某企业规定：工作满 5 年的员工，可以获得一个 10 克的金坠；工作满 10 年的员工，可以获得一个 50 克的金币；工作满 20 年的员工，可以获得一个 150 克的金牌。除此之外，还有其他一系列鼓励员工在企业长期工作的福利。

5.5.3 留不住员工的 3 大本源问题

想要有效留住人才，企业除了采取一些治标的方法之外，还要找到问题源头，采取一些治本的方法。员工为什么要在长假之后离开企业？本质上还是企业在留人方面存在问题。企业为什么留不住人？从治本的角度来说，有 3 大原因，如图 5-2 所示。

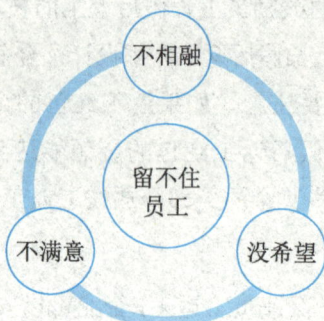

图 5-2　留不住员工的 3 大本源问题

❶ 不相融

化学中有一个"相似相溶"原理，大概意思是溶质和溶剂在结构上相似就能够相溶。比如，有的液体不溶于水，但是可以溶于和它们结构相似的液体。员工能不能融入企业，和员工的价值观与企业文化、企业的价值观之间的匹配度有很大关系，也就是所谓的"道不同不相为谋"。所以，在人才选拔方面比较专业的企业非常重视识别候选人的价值观。

除了企业和员工之间的相融性之外，还有员工和岗位的相融性。比如，有的岗位要求员工要特别有耐心，有的岗位要求员工要有冒险精神，有的岗位要求员工要有不轻言放弃的态度。这些岗位需要的特质，企业可以在人才选拔环节通过人才测评了解候选人是否拥有。

❷ 没希望

很多员工不怕苦不怕累，就怕看不到希望。如果没有希望，苦和累看起来似乎都变得没有意义。在职业发展体系做得好的企业中，员工不仅能看到希望，而且能感受到希望离自己很近。在这种企业里面，员工的敬业度普遍比职业发展体系做得不好的企业的员工敬业度高。

优秀的企业通过建立职业发展通道、继任者计划、人才梯队计划、人才池等配合公司战略的员工职业发展体系，通过建立人才储备库系统，追踪高潜力人才的职业发展，形成良性的人才循环体系，让内部的人才能够流动起来。

❸ 不满意

这里的不满意，包括员工对薪酬福利的不满意、员工对上下级或同事关系的不满意、员工对工作时间的不满意，还包括员工对企业的一些管理制度或流程的不满意。员工的不满意达到一定程度，将引发员工离职。

5.6 如何劝退不合格的员工

典型问题： 总有些员工在工作一段时间之后，达不到企业的要求。这时，企业想要劝退这部分员工，可如何实施劝退才能让员工平稳离开呢？

类似问题： 什么情况下，HR 可以对员工实施劝退；劝退员工的标准步骤是什么；HR 在劝退员工的时候要注意哪些法律风险等。

5.6.1 劝退实施的 3 项准备

在劝退员工前，企业需要做好 3 项准备，如图 5-3 所示。

01 具体化人才录用条件

02 具体化岗位胜任条件

03 具体化严重失职情况

图 5-3　劝退员工的 3 项准备

❶ 具体化人才录用条件

企业需要具备具体明确的人才录用条件。根据《中华人民共和国劳动合同法》（2012 年 12 月 28 日修正版）的规定，员工在试用期间被证明不符合录用条件的，企业可以与其解除劳动合同，并且不需要支付经济补偿金。实务中，难点往往在于企业难以证明员工究竟在哪方面不符合录用条件。

举例

某岗位需要员工上夜班，则企业在人才录用条件中要注明这个需求。对于这个需求，某企业做出的规定为：该岗位每个自然月需要上 10 天夜班，必须根据公司统一的排班要求出勤，每月夜班的请假时间不得超过 2 天，此条件为从事本岗位的必要条件。

❷ 具体化岗位胜任条件

企业需要具备具体明确的岗位胜任条件。根据《中华人民共和国劳动合同法》（2012 年 12 月 28 日修正版）的规定，如果员工不能胜任现岗位的工作，经过培训或岗位调整仍不能胜任工作的，企业可以与其解除劳动合同。实务中，能不能胜任工作也较难判断。

举例

某生产岗位的胜任条件为：8 小时以内，生产合格品的数量不少于 50 件。某服务岗位的胜任条件为：每个月顾客满意度的调查结果须达到 90% 以上。某人力资源管理招聘岗位的胜任条件为：公司每月的招聘满足率须达到 95%以上。

❸ 具体化严重失职情况

企业需要明确在工作岗位严重失职的情况。根据《中华人民共和国劳动合同法》（2012 年 12 月 28 日修正版）的规定，员工因为严重失职给用人单位造成重大损失的，企业可以与其解除劳动合同。同样的，严重失职和重大损失都是难以直接判断的。

举例

某保安岗位规定，如果在未登记的情况下，让非本公司的人员进入公司，则属于严重失职；某财务岗位规定，如果账务问题出现 10 万元以上的差错，则属于严重失职；某质量检验岗位规定，如果某批次产品出现重大质量问题，则属于严重失职。

不论是人才的录用条件、岗位的胜任条件，还是存在严重失职的情况，避免争议、化解误解、提升管理效率的关键点都是通过数字量化的方式定义岗位的基础要求、能力要求、绩效指标等具体数值。同时，企业平时要注意相关数据和证据材料的收集和保存。

5.6.2　劝退面谈的 4 个步骤

HR 在劝退不合格员工之前，首先要做足准备工作，准备工作的内容如下。

1. 了解相关的法律依据。

2. 提前经过工会或职工代表大会的审批备案。

3. 分析员工的性格特点，了解其上下级关系，了解周围人对员工的评价。

4. 收集必要的数据资料或文档等证明材料。

5. 提前预测面谈过程中可能出现的突发状况，提前做好预警工作。

实施劝退面谈的时候，HR 可以参考以下 4 个步骤，如图 5-4 所示。

寒暄开场　　告知权利　　提出建议　　离职交接

图 5-4　实施劝退面谈的 4 个步骤

❶ 寒暄开场

劝退面谈的内容应以事实为主，简单地寒暄之后，HR 可以直奔主题，围绕员工不合格的原因展开对事实的讨论。如果员工接受，HR 可以继续谈话；如果员工不接受，员工可以提出反对的原因和证据，HR 做必要的核查。

❷ 告知权利

为了稳定离职员工的情绪，HR 需要告知员工能够享受的权利，承诺如果其他企业对员工进行背景调查时，企业不会透露影响员工再就业的任何不利信息。如果员工接受，HR 可以继续谈话；如果员工不接受，HR 可以询问员工的想法，本着友好协商的原则，视情况应对。

❸ 提出建议

当谈到员工的职业问题时，HR 可以给员工提出职业发展的建议，有条件的企业可以给员工提供职业生涯发展的培训，或者为员工介绍其他工作。如果有必要，企业可以为员工写推荐信。

④ 离职交接

在 HR 和员工双方友好协商，确认员工即将离职后，HR 应启动员工离职程序，做好员工离职前的职责交接工作。HR 也应兑现与员工在劝退面谈中承诺企业为员工提供的各项权益，以及其他员工原本享有的法律权益。

5.6.3　劝退员工的 5 项注意

劝退不合格的员工是企业降低用人成本、提高用工效率的必要方式。虽然企业需要严格遵守劳动法律法规，不得随意辞掉员工，但也不能让管理流于形式，任由不合格的员工越来越多。但是劝退工作如果做得不到位，很容易引发法律问题或员工冲突，所以 HR 实施劝退的时候，有 5 点注意事项，如图 5-5 所示。

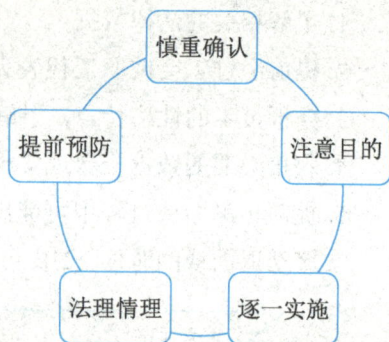

图 5-5　劝退员工的 5 项注意

❶ 慎重确认

HR 在劝退不合格的员工之前，首先要慎重确认该员工是否不合格。如果员工在某一岗位达不到岗位要求，企业需要提供必要的培训；如果培训后该员工还是不能达到岗位要求，可以调岗或继续培训；若仍不合格，再实施劝退。

❷ 注意目的

企业劝退不合格员工的核心目的并不是免于支付经济补偿金，而是让员工了解自身能力与企业岗位要求之间的差异，减少员工对离职的抵触，维护企业的社会声誉。如果员工意识到这一点后自愿提出离职，也能在事实上为企业降低成本。

❸ 逐一实施

劝退员工不同于整体裁员，当要劝退多名员工的时候，出于对员工的尊重，也出于对员工隐私和信息的保密，HR 应逐一实施面谈，最好不要把多名员工放在一起面谈。

❹ 法理情理

HR 在劝退员工的时候，既要讲法理，也要讲情理。HR 既要说明法律法规和规章制度的条文，也要动之以情、晓之以理、导之以行；既要遵守法律法规，也要考虑道德要求和诚信底线。

❺ 提前预防

HR 劝退的每一个员工都应该为人力资源管理工作敲响警钟。通过劝退员工，HR 要反思企业的人力资源管理工作在哪些方面还存在改进的空间，通过不断完善人力资源管理，降低员工劝退发生的概率。

5.7 如何预防员工离职的风险

典型问题： 员工离职对企业来说可能会引发各种各样的风险，企业应该如何预防员工离职带来的风险？

类似问题： 员工离职的风险有哪些；如何预防员工离职可能发生的风险；如何降低员工离职发生的风险等。

5.7.1 岗位空缺风险的 3 种应对措施

企业如果对员工的离职没有预期，很可能没有储备人选可以接替离职者的工作，导致工作上比较被动。同时，在离职交接的过程中，也可能因为交接流程不完善，导致交接时间不充分、交接内容不全面，从而带来其他风险。

员工离职后，岗位空缺风险的常见应对措施包括 3 种，如图 5-6 所示。

图 5-6　岗位空缺风险的 3 种常见应对措施

❶ 提前预防

企业要做好人才梯队建设，评估所有岗位的离职风险，建立关键岗位的后备人才库，平时要保障和强化后备人才相关岗位能力的提前培养，建立关键岗位或非关键岗位大规模人才流失的应急预案。

对于必要的关键岗位，因工作的特殊性，可在关键人才入职时签署离职事项承诺书，约定从提出离职到正式离开时间的补充规定，约定特殊的离职办理程序，约定详细的工作交接内容等相关离职事项，并约定如果违反这些条款的违约责任。

❷ 规范流程

企业要建立并维护规范的离职程序，规定不同岗位的员工离职需要谁确认、确认什么、怎么确认，需要谁审批、以什么为依据审批，需要谁监督、怎么监督，需要谁负责、负什么责。在兼顾效率的同时，保证离职流程的完备性和安全性。

❸ 马上反应

当相关人员有离职意向时，迅速反应、立即行动，部门主管要第一时间与离职者做离职面谈，HR 随后也要与有离职意向的员工做离职面谈。如果员工的离职意愿明确，应立即推进交接流程，争取到充足的交接时间，确保工作交接的完整性。注意离职面谈要定位于安抚而不是责备，切不可激化矛盾，让离职者产生抵触情绪。

5.7.2　信息泄露风险的 3 种应对措施

企业的关键信息包括技术资料、商业秘密等关乎企业核心竞争力的重要信息。如果处在关键岗位、掌握这些核心机密的人离职，不论其是到竞争对手那里工作，还是自主创业，都必然会给企业带来巨大的影响，甚至危及企业的存亡。

员工离职后，在信息泄露风险方面的常见应对措施包括 3 种，如图 5-7 所示。

图 5-7　信息泄露风险的 3 种应对措施

❶ 流程制度设计

企业可以从流程和制度上，将核心竞争力打散、拆分。比如，某餐饮连锁品牌的祖传秘方，在工业化生产中，创始人将它分成 8 份，这 8 份分别属于不同的工序、工段，操作的时间、地点各不相同。每一份由一个 3 ~ 5 人的团队负责研发、管理和升级。而整套秘方，由创始人的两个儿子继承。

❷ 依靠团队力量

依靠团队的力量好过依赖个人的力量，团队可以把核心能力内化。比如，核心的发明创造或专利技术尽量归组织所有，而不要只写个人的名字。某核心产品的技术研发就算可以由个人独立完成，也尽量找多人组成的团队共同完成，并将所有的过程文件和资料全部转到企业档案室统一保存。

❸ 运用法律手段

利用法律手段，可以保护企业的合法权益。通过与核心人才签订保密协议、竞业限制协议等方式，保护企业的知识产权。保密协议可以约束人才对涉密信息、关键信息、技术资料进行保密；竞业限制协议可以约束人才离职后一段时间内对相关信息进行保密。

5.7.3　客户流失风险的 4 种应对措施

直接面向客户、与客户接触较多的人才离职后往往也容易把客户一起带走，尤其是在客户一开始就是由离职人才开发并长期维护的情况下。这类岗位在一线销售人员中最为常见，如果企业长期对一线销售人员实施"只追求业绩"的粗放式管理，那么企业在人才和客户流失方面存在巨大风险。

员工离职后，企业在客户流失风险方面的常见应对措施包括4种，如图5-8所示。

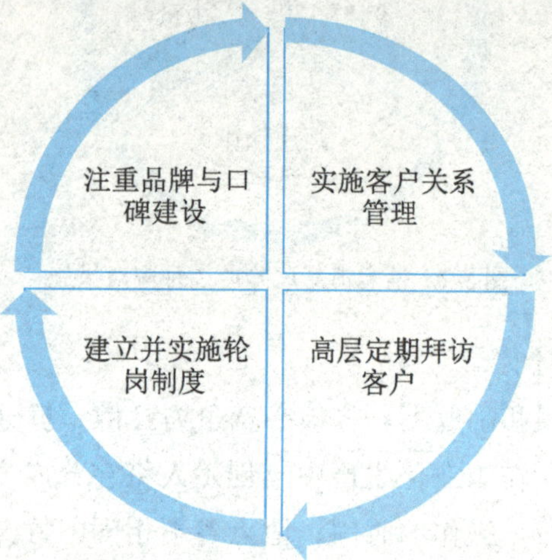

图 5-8　客户流失风险的 4 种应对措施

❶ 注重品牌与口碑建设

品牌与口碑是企业的标签，是企业长期发展的关键项目。企业要注意提升自身品牌的知名度、美誉度和影响力，让客户选择企业产品是因为企业品牌，而不能只是因为某个业务人员善交朋友或能说会道。

❷ 实施客户关系管理

客户关系管理（Customer Relationship Management，CRM）是企业妥善管理客户的重要方式。企业应当建立并维护好客户档案和数据库，所有客户由企业统一管理，而不是把客户信息散落在不同的业务员手中。

❸ 高层定期拜访客户

企业的高层领导应当定期拜访大客户，做好大客户管理（Key Account Management，KAM）。通过拜访大客户，企业不仅能够建立和维护大客户关系，还能够发现自身产品和服务的各类问题。

❹ 建立并实施轮岗制度

当某业务员负责同一地区时间较长时，往往会掌握该地区重要的客户资源，为了规避风险，企业可以阶段性地做岗位轮换，并落实到制度。业务较优秀者可以通过晋升到更高岗位、提升工资待遇等方式实现轮岗。

5.7.4 军心不稳风险的 4 种应对措施

平时朝夕相处的同事离开了，必然会对团队中的其他员工产生一定的影响。企业中有些核心人才由于领导魅力、工作年限、岗位性质等因素，往往会逐渐形成一定的感召力和影响力，周围可能会存在一批拥护者或追随者。这类人才一旦离职，必然会给某个群体造成心理冲击，降低企业的凝聚力。

员工离职后，企业在军心不稳风险方面的常见应对措施包括 4 种，如图 5-9 所示。

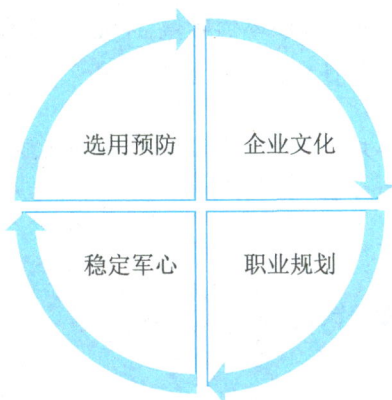

图 5-9 军心不稳风险的 4 种应对措施

❶ 选用预防

企业从选人和用人的环节就应该开始预防这类情况。在选人的时候，应当选用具备不同背景的员工，防止任人唯亲。在用人的时候，严格按照能力和需求用人，对员工采取多元化的管理，定期做岗位调整和轮换。

❷ 企业文化

企业可以打造独特的企业文化，通过为员工提供各类工作和生活上的支持，让员工对企业产生情感。在构建企业文化的过程中，企业可以通过组织活动丰富员工的生活。

❸ 职业规划

企业要做好员工的职业生涯规划管理，询问员工职业生涯发展规划，定期组织职业生涯规划相关的培训和讲座。通过对员工的职业规划，企业不仅可以培养员工的综合能力，还能进一步实现员工岗位的轮换。

❹ **稳定军心**

HR 在与即将离职的员工进行离职沟通之后，也要注重对与该离职员工长期接触的未离职员工做必要的沟通，一方面是为了了解员工离职的真实原因，另一方面也是为了稳定军心。

5.8　如何正确统计分析员工离职率

典型问题： 企业在统计员工离职率的时候，存在不同的计算方法和分析口径，员工离职率究竟应该如何计算、如何分析？

类似问题： 员工离职率如何计算；员工离职有哪些显性成本和隐性成本；员工离职率有哪些分析方法等。

5.8.1　离职率的正确计算方法

关于员工离职率的计算，有两种典型的错误的计算方法。

第一种是运用以下公式计算员工离职率。

员工离职率 =（某时期内的离职人数 ÷ 当前在岗人数）×100%。

这种算法之所以错误，原因在于完全没有考虑时间变化的因素。企业每个时间点的在岗人数是不同的，而且常常差异比较大。利用这种方法计算出来的离职率数值可能会偏高，甚至会超过 100%。

尤其是当需要计算较长周期内员工离职率的时候，如计算某企业近 3 年的员工离职率。用 3 年内全部的离职人数总和除以现在的在岗人数，结果很可能会发现离职人数大于在岗人数，最后得出的离职率大于 100%。这样计算的结果不仅不科学，而且对后续分析没有价值和意义。

第二种是当计算较长时间段的离职率时，用较短时间段的离职率求平均数来计算，如当某企业要计算年度员工离职率的时候，计算公式如下。

员工年度离职率 = $\sum$（每月离职率）÷12×100%。

假设某企业从 1 月到 12 月的离职率都是 5%，按照上述公式计算，该企业年度的离职率也是 5%。有的 HR 用这个公式计算较长时间段的离职率，原因是用这个公式计算出来的离职率从结果上看比较低，认为离职率的数值越小，越代表 HR 的工作没有失职。这种自欺欺人式的分析方法，同样对后续分析没有价值和意义。

正确的员工离职率的计算方法有以下两种。

1. 员工离职率＝某时期的离职人数 ÷（期末人数 + 某时期的离职人数）×100%。

2. 员工离职率＝某时期的离职人数 ÷（期初人数 + 某时期的入职人数）×100%。

这两种员工离职率计算方法的原理相同，分母表达的意义也相同。这两种算法没有局限性，适用于任何企业和任何情况。

这两个公式比较起来，第一个公式相对比较简单，HR 只需要掌握某个时期末的人数和某个时期的离职人数这 2 个数据就可以计算出员工的离职率；第二个公式需要 HR 掌握某时期的离职人数、期初人数和入职人数 3 个数据才能计算出离职率。

5.8.2　员工离职的 4 大成本

员工的离职成本，指的是企业因为员工离职需要付出的成本，包括企业需要支付给员工的离职津贴、因为一些原因需要支付的一定时期的生活费、离职的交通费、解聘员工的费用、辞退员工的费用以及因员工离职对企业造成的损失。员工的离职成本包括离职管理成本、离职补偿成本、离职低效成本和岗位空缺成本，如表 5-2 所示。

表 5-2　员工离职的 4 大成本

离职成本分类	定义	包含内容	数据量化统计的难度
离职管理成本	企业参与员工离职的相关员工，为处理员工离职的事务所产生的全部费用	参与员工离职相关员工的劳动费用； 与离职手续相关的资料费用； 办理员工离职手续需要承担的交通费用等	容易

离职成本分类	定义	包含内容	数据量化统计的难度
离职补偿成本	企业因为员工离职，需要支付给离职员工的各类费用	支付给离职员工离职前的工资； 企业要辞退员工时需要补偿员工的费用； 必要的离职人员安置费用； 一次性支付给员工的离职金等	容易
离职低效成本	企业因为员工离职，引起的生产效率降低造成的损失	员工在决定离职到离开企业之前，由于心态和行为的变化，使生产效率比以前低造成的损失； 由于员工的离职，造成企业其他员工生产效率降低造成的损失等	困难
岗位空缺成本	企业因为员工离职后岗位空缺或继任者能力不足造成的损失	员工离职后，在企业找到继任者补充到该岗位之前，岗位空缺给企业造成的损失； 由于该岗位补充继任者能力或经验不足，造成生产效率达不到原岗位水平而给企业造成的损失等	困难

以上 4 种成本虽然都有可能被量化，但有的成本量化比较容易，有的成本量化比较困难；有的是财务上可以统计的，有的是财务上不可统计的。需要注意，难以量化的成本不等于不存在。财务上不能统计的成本只代表难以被量化和测算，不代表没有这部分成本。

5.8.3 离职分析的 10 个维度

企业做员工离职分析，可以包含 10 个维度。

1. 离职原因分析。离职原因指的是导致员工离职的最直接的原因。找准员工的离职原因，针对比较容易导致员工离职的环节采取行动，能够有效降低员工的离职率。

2. 离职员工绩效分析。通过对离职员工的绩效情况进行分析，HR 能够知道离职员工的质量高低。离职率高并不一定是坏事，但如果大量高绩效员工离职，企业则需要注意。

3. 离职员工流向分析。通过分析员工离职后去了哪个地区、哪些行业、哪些企业，企业可以及时发现问题，做出预警。

4.离职员工招聘来源分析。员工通过什么样的招聘渠道入职，影响着员工离职率。通过对离职员工的招聘来源实施分析，HR 能够发掘不同招聘渠道对员工离职率的影响。

5.离职员工在职时间分析。离职员工的在职时间能够在一定程度上反映员工离职的趋势，也能够帮助企业针对不同在职时间段的员工采取不同的行动策略。

6.离职员工行业属性分析。在多元化集团企业中，包含不同的行业（业态），不同行业之间虽然具有关联性，但因为行业的属性不同，人员的稳定性和离职率可能呈现不同的特点。对员工所在的不同行业进行区别分析，有助于把握不同行业员工离职率的变化趋势。

7.离职员工岗位类别分析。员工的离职率与员工从事的岗位存在一定的关联关系。一般来说，岗位的劳动强度越大、工作环境越差（物理环境和精神环境）、劳动的付出与回报越不成比例，员工离职的可能性就越大。

8.离职员工职务类别分析。员工的离职率与员工所在的职务类别同样存在一定的关联关系（两者通常成反比关系）。

9.离职员工年龄属性分析。不同年龄段的员工在离职率上存在差异，这种差异主要与不同年龄段员工所处的生活环境及心智模式存在比较大的关系。

10.离职员工学历属性分析。员工的学历对离职率同样存在影响。一般来说，员工的学历越高，选择职业的机会越多。当从事的职业长期与员工的学历水平不匹配，不能满足员工需求的时候，员工离职的可能性会更大。

5.9 如何成体系地实施人才保留

典型问题： 企业在人才保留方面做了很多努力，但都是在某些点上的努力，企业应当如何成体系地实施人才保留？

类似问题： 人才保留应该从整体上考虑哪些因素，做出哪些努力；为了人才保留，企业做了一些努力，可为什么效果不明显；人才保留如何解决"按下葫芦浮起瓢"的问题等。

5.9.1　劳动契约与心理契约

企业在实施人才保留的时候,要注意人才保留的 2 个方向和 4 个层面,如图 5-10 所示。

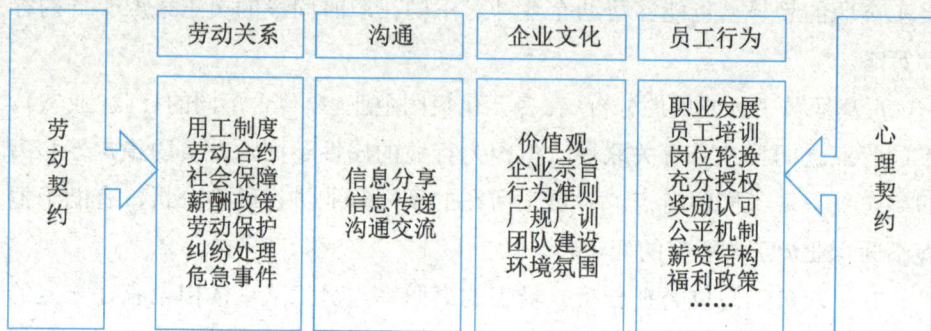

图 5-10　人才保留的 2 个方向和 4 个层面

人才保留的 2 个方向中,一个是劳动契约,另一个是心理契约。图 5-10 的中间有 4 个层面,从左到右分别是劳动关系、沟通、企业文化和员工行为,越往左越偏向劳动契约,越往右越偏向心理契约。

劳动契约更偏向比较具体的约束力,能够留住员工的人;心理契约更偏向比较抽象的约束力,能够留住员工的心。企业要想有效留住人才,劳动契约固然重要,更关键的是要在心理契约的层面做出努力。

比如,上级对下级是否有足够的授权?企业是否有好的企业文化?企业给员工提供的工作氛围如何?员工在企业中会不会感到不公平?这些都直接影响着企业和员工之间的心理契约,直接影响着员工是否愿意留下来。

越靠近心理契约的部分,越偏向激励和保健因素当中的激励因素;越靠近劳动契约的部分,越偏向激励和保健因素当中的保健因素。

激励保健理论也被称为双因素理论,是由美国的心理学家弗雷德里克·赫茨伯格(Fredrick Herzberg)在 1959 年提出的。激励保健理论的核心含义是组织为员工提供的各种回报不都具有激励性,而是分为两种:一种并不具有激励性,被称作保健因素;另一种具有激励性,被称作激励因素。

保健因素指的是当这些因素没有得到满足的时候,人们会不满意;但是当这些因素得到满足之后,人们的不满意感消失,但是并没有达到满意。保健因素通常包括薪酬福利、工作环境、组织内部关系等。

激励因素指的是当这些因素没有得到满足的时候，人们不会满意，但也不会不满意，只是还没有达到满意的程度；但是当这些因素得到满足的时候，人们就会满意。这个理论说明，能有效激励人的往往是激励因素。激励因素通常包括被信任、职业发展、学习机会、成就感、满足感、掌控感、团队氛围等。

激励因素做得越好的企业，员工愿意留下来的可能性越大。

5.9.2　人才保留系统的 4 个层面

HR 要系统地做好人才保留工作，除了在劳动契约和心理契约 2 个方向上做出努力之外，还要在 4 个层面上做出努力。

❶ 劳动关系

要有效留住员工，企业的规章制度、劳动保障、薪酬政策等用工必备的基本条件必须齐全，不仅要做到合法合规，而且要具备一定的外部竞争力。企业除了要做好用工的基本准备之外，还要在人才招聘面试的时候注意候选人的选拔，选择比较稳定的人才。

❷ 沟通

员工的直属上级直接影响着员工的稳定性。直属上级通过与员工有效沟通，不仅能够帮助员工更好地完成工作，而且能够与员工之间建立起感情纽带，极大地增加员工的幸福感、满意度、责任感，进而增强员工的稳定性。

❸ 企业文化

企业文化是员工扎根的土壤，优秀的企业文化天然具有吸引和留住员工的作用，能够让员工在这片土壤中苗壮成长；而不好的企业文化，就像一股无形的力量在把员工往外推。与薪酬和福利等保健因素不同，通过企业文化与员工建立起的情感交流属于激励因素。

❹ 员工行为

有利于员工个人利益的政策永远会受到员工的欢迎，制定这类政策也是有效留住员工的重要手段之一。为员工提供的薪酬和福利应多样化，不应仅包括工资和奖金，还应在薪酬福利的多样性、长远性、独特性上下功夫。比如，设置员工持股计划、提供菜单式可选的个性化福利、定期组织团建活动等，提高员工在企业的长期价值。

5.9.3　人才保留的空气、土壤和水分

企业的环境很像生态环境。在生态环境中，一粒种子能否生根发芽，要看生态环境是否适合种子在这里成长。在企业环境中，人才就像是种子。人才能否在企业中长期稳定发展，要看企业的环境是否适合人才在企业中成长。

种子成长的生态环境需要适宜的空气、土壤和水分。人才在企业中扎根同样需要类似于空气、土壤和水分的企业整体的观念、工作环境的氛围和落地执行的行动。人才保留的空气、土壤和水分的示意如图 5-11 所示。

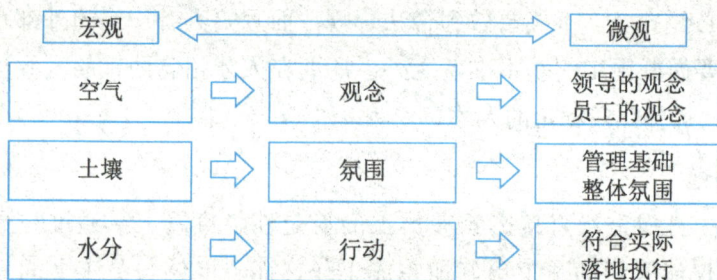

图 5-11　人才保留的空气、土壤、水分

落实到具体的工作中，企业整体的观念，需要领导观念的支持，也就是高层管理者、中层管理者和基层管理者的支持；需要员工观念的支持，也就是基层员工的观念不能过于复杂或偏执，要能够被领导的观念所影响，感受到来自上级领导的真诚。

工作环境的氛围与物理环境的氛围和文化环境氛围都有关。企业的管理水平也影响着工作环境的氛围。要改善工作环境的氛围，企业要在管理基础、人文环境、物理环境等方面做出努力。

落地执行的行动包括关于人才保留的各项方案、措施，要符合企业的实际，

要有相关的责任人负责落地操作。落实行动的执行人，包括企业的各级管理层，也包括 HR。没有具体行动，一切关于人才保留的想法都是空谈。

5.10 如何运用离职人才的人力资源

典型问题： 很多企业和已经离职的人才"老死不相往来"，这是企业和员工之间不健康关系的体现，如何改善这种关系？

类似问题： 如何与已经离职的人才建立关系；如何让已经离职的人才为企业创造价值；如何保留已经离职的人力资源等。

5.10.1 留住资源比留住人更重要

2014 年 11 月 27 日上午，阿里巴巴公司（以下简称"阿里巴巴"）召开了一个让国内很多企业想都没想过的会议——离职员工大会。在这个离职员工大会上，聚集了 2 000 多位曾经在阿里巴巴就职过的员工，其中最远的，还有从美国赶过来的。

马云在这个大会上说："你们去腾讯、去京东，阿里都不会生气。只希望你把阿里'让天下没有难做的生意'的使命感带过去。阿里的工号是保留的，每个工作过的员工都有自己的工号，哪怕只工作过 1 天。"

阿里巴巴为什么会有这样的魄力？因为阿里巴巴清醒地认识到，这个世界是不断发展变化的，人才的流动是永恒的，是正常的，没有哪个人会在一个公司待一辈子。即便是这个公司的创始人，也有一天可能会因为种种原因离开这个公司。可是，公司就算留不住人，却有可能留住心、留住资源。这比就算留住了人，却留不住心要好得多。

在传统的农业时代，因为交通工具和劳动方式的限制，人们之间相互协作、贸易会受到很大的限制。在那个时代，以家庭为单位的小农经济、个体工商户之间协作和贸易非常普遍。

随着技术的不断发展，到了工业时代，出现了大规模人群聚在一起的集中化生产劳动，于是逐渐有了工厂、商场、酒店这类大规模的雇佣形态。

随着信息技术的不断发展，在移动互联网时代，人们的联结方式可以越来越灵活。在很多行业中，人们创造价值的方式已经不仅仅是提供简单的体力劳动，而是贡献智力成果。这就给空间上的分散化劳动提供了可能性，也给企业和人才之间的协作关系创造了更多不同的可能性。

在这种情况下，如果企业还是抱着传统工业时代的思维，只想着怎么在"留住员工的人"这个问题上努力，企业能得到的最好的结果是获得一个比较低的员工离职率；但是如果企业开始能够接受人才的离职，开始思考就算人才离开了，怎么能留住人才的心，或者怎么能留住资源这个问题，企业可能反而会收获越来越多的资源。

5.10.2　前雇员的价值不可低估

世界著名的咨询公司麦肯锡公司（McKinsey & Company）的许多业务都是由自己的前员工牵线搭桥的。麦肯锡公司（以下简称"麦肯锡"）把员工离职当成"毕业离校"，他们为前员工建立了一个名叫"麦肯锡校友录"的信息库，麦肯锡会定期更新这些前员工的职业变动情况，与他们继续保持着良好的关系。

而这些曾经离开麦肯锡的人，他们活跃在各行各业，成了不同领域的精英人才，其中有很多后来成了首席执行官、高管、教授或政治家。他们会继续为老东家提供宝贵的信息、情报、人际关系，会直接或间接促成订单，为麦肯锡的发展做了巨大的贡献。

麦肯锡没有留住这些离职员工的人，却成功地留住了这些离职员工的资源。而且通过这种方式，随着员工的不断离职，麦肯锡的资源反而会越来越多。这么来看，很难讲麦肯锡员工的离职是一种损失。

离职后的优质人才同样是社会所需要的，当他们聚集在一起，必将产生巨大的商业价值。与这些著名的国外企业类似，除了阿里巴巴外，国内的许多企业也组织了官方或者非官方的离职员工联盟。比如，百度公司的"百老汇"、腾讯公司的"单飞企鹅俱乐部"和"南极圈"、美的公司的"北美洲"、南方报业集团的"南友圈"。

这些社群建立的初衷原本是联络感情，后来发现还可以将其用来嫁接资源；再后来，随着人数越来越多，逐渐形成了一个又一个很有特色的社群圈子。在 2014 年，"南极圈"的创始人甚至把"南极圈"注册成了公司。腾讯公司也把自己公司的很多活动向"南极圈"的成员倾斜，并且还投资了"南极圈"。

5.10.3　离职人才管理的 4 种方法

对于人才保留，企业要把思维从留住人向留住资源转变，要把企业和人才之间的关系从"雇佣"向"结盟"转变、从"打工"向"交往"转变，把人才离职从"离职"向"暂别"转变。

企业要正确地对待人才保留，与其用传统的思维、固执的心态、僵化的态度去看待人才的离职，不如接受这种流动，用更加开放的态度、更加包容的心态去激活离职员工这笔隐形的资产。

对于已经离职的人才，企业不必过分懊恼或自责。根据优秀公司的经验，HR 可以在 4 个方面做好工作，来留住已经离职的人才资源。

1. 建立离职人才的人才库，并且定期更新。离职人才的人才库可以分成不同的类别。对于重点人才，HR 应当投入一定的时间重点关注，及时更新重点人才的联系方式、事业或职业动态等，以备企业需要时及时与重点离职人才取得联系。

2. 与重点离职人才保持联系，并且建立持续、良好的关系。HR 可以定期与重点离职人才电话联络，询问其当前的工作状态，给予其关心和问候。如果成本允许，企业可以定期向重点离职人才发放某项福利或纪念品。

3. HR 可以与重点离职人才分享企业近期取得的发展与进步，寻找与其合作共赢的机会。企业与离职人才的合作机会不仅在于业务拓展层面，还包括人才介绍、资源引荐、学习交流等层面。

4. 有条件的企业可以为在职或离职的人才打造创业孵化器，支持他们的创业活动。对于已经在创业的离职人才，企业可以根据其创业进展以及与企业之间的关系，考虑投资控股或给予资源支持。

5.11　缺乏物质激励基础如何留住人才

典型问题： 企业想要留住人才，可是企业当前的财务状况较差，没有足够的物质基础用来做人才激励，在这种情况下如何有效留住人才？

类似问题： 面对同行不断用高薪挖人，企业应该如何应对；给不了员工高薪，是不是就留不住人才；有没有可以代替物质来留住人才的方式等。

5.11.1　有时候不靠物质也能留人

马云在湖畔大学讲话的时候，讲过一个关于组织的分类的问题。

三类组织有着共同利益。在这类组织里面，大家因为利益而行动，因为有着共同的利益而组织在一起，做事情主要看利益。当出现利益更大的机会的时候，员工就会离开这个组织。

二类组织有着共同规则。在这类组织里面，大家聚在一起做事情靠的是规则驱动，每个人都遵守组织的规则。当组织规则明确的时候，人们就会做出努力；当组织规则不明确的时候，人们就会不知所措。

一类组织有着共同信仰。在这类组织里面，大家做事情的核心动力来源于信仰。这里的信仰，指的是一种愿望，一种对未来状态的期许。大家都相信未来，所以主动做事，相互协作，共同努力。

马云说，阿里巴巴在创业初期是靠共同信仰聚在一起的组织，而不是共同利益或共同规则。阿里巴巴创业初期财务状况很差，员工的薪酬待遇与同行业其他公司相比非常低，公司多次游走在失败的边缘。但在这样的情况下，阿里巴巴还是挺了过来，成就了自己的辉煌。

所以有时候留人不一定要靠物质。因为利益聚在一起的人，也会因为利益而分开；因为梦想聚在一起的人，会不断朝梦想前进。

阿里巴巴的案例能够给企业选人和用人很大的启示，在不具备满足人才的物质基础的情况下，选拔和任用愿意追求梦想的人比选拔和任用注重物质的人更能让团队稳定。

5.11.2　分段激励缓解财务压力

当企业财务状况比较差的时候，企业无法实现对员工的物质激励。这时除了和员工谈梦想之外，为了留住人才，企业可以实施分段激励。

❶ 化全部激励为部分激励

企业缺乏财务资源无法对全体员工实施物质激励，但是可以把财务资源集中于处在企业关键价值位上的关键人才，对这些人才实施比较有外部竞争力的物质激励。在企业财务状况好转之后，再考虑对全体员工实施物质激励。

❷ 化短期激励为长期激励

企业短期内财务资源不支持给员工实施物质激励，但是随着业绩的提升，企业未来很可能可以给员工兑现物质激励。这时，企业可以把对员工的短期物质激励变为长期物质激励承诺。长期物质激励的类型有很多，常见的有股权激励计划、长期现金计划和长期福利计划。

企业在运用长期激励的时候要注意，长期激励不能是不着边际的激励，不能是无法兑现的激励，不能是看不见摸不着的激励。否则，这种长期激励将会对员工失去激励效果。企业要注意长期激励的可实施性、可操作性，关键是要让员工相信，当企业的业绩好转之后，这个长期激励能够实现。

5.11.3　差异化满足员工需求

员工激励不是只有物质激励一种，精神激励同样很重要。如果管理者给了员工足够的关心和帮助，对员工来说这就是非常好的激励。管理者对员工的关心，是没有物质成本的。所以实施员工激励，不一定需要财务资源。

企业的管理者可以每周和员工谈话，记住员工的关键信息，了解员工的个性化需求。和员工谈话同时也是管理者表达对员工关爱最基本的方式之一。管理者和员工谈话的时候要注意平均，不要与某个员工频繁谈话或忽略某个员工。

管理者应当记住员工基本信息的细节，包括记住员工的生日、记住员工家人的姓名、记住员工家人的生日、记住员工生病的情况、记住员工离家的距离、记住员工上下班的方式等。记住这些细节，找到员工的需求，更容易体现出管理者对员工的关爱。

除了精神激励之外，当物质激励无法满足员工的时候，企业可以根据员工的不同情况，采取不同的策略，满足员工不同的个性化需求。

不同年龄段、不同经验、不同文化背景的员工，关注的重点是不同的。比如，没有结婚的员工可能更关注自己的婚姻问题，年龄偏大的员工可能更关注自己的健康问题。企业在关爱员工时，应当关注这些不同点，对不同的员工采取不同的沟通策略。

不同的员工有不同的需求，成长型员工希望做有挑战性的工作，知识型员工希望更多地参与决策过程，服从型员工希望有条不紊地从事本职工作。有的员工想要职级晋升，有的员工想要不断学习，还有的员工想要生活和工作平衡。

衣、食、住、行、用往往是员工生活与工作中关心的问题，好的管理者会提前想到员工在这些方面可能存在的困难，帮助员工解决后顾之忧。比如，有的企业为员工提供非常丰富的三餐，员工可以带家属来用餐，也可以打包带回家，节省员工做饭的时间；有的企业为员工提供班车，接送员工上下班；有的企业为员工提供单身公寓，解决员工的住宿问题。

企业根据员工的不同期望满足员工的不同需求，员工会获得比较大的激励感受，这种感受比纯粹的物质激励更加有效。

第 6 章

培 训 管 理

培训管理直接影响着企业人才素质和能力提升的效率，是推动企业战略目标实现、提升企业竞争力、促进企业经营规划达成、提升企业绩效水平、保证企业人力资源规划实现以及促进企业健康发展的重要管理工具。

6.1　员工不愿意学习怎么办

典型问题： 为了保证员工学习成长，企业组织了大量培训，可是员工却没有学习的积极主动性，遇到这种情况怎么办？

类似问题： 为什么员工对课堂授课式学习提不起兴趣；如何让员工愿意接受企业安排的学习培训；如何应对员工对学习成长的消极态度等。

6.1.1　成年人学习的动机来源

成年人的学习不是企业希望他们学什么，他们就会学什么。成年人的学习意愿、学习热情、学习态度以及想要学习的内容与个体需求有很大关系。当成年人想主动学习的时候，他们的学习效果最好；当成年人不想学习的时候，再好的学习资源也不会让其产生兴趣。

成年人学习的动机来源如图 6-1 所示。

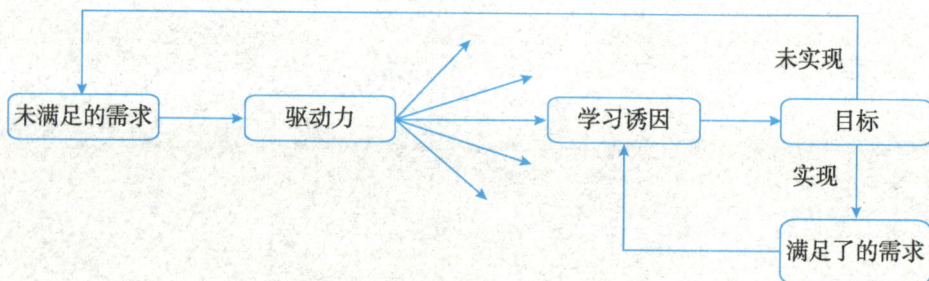

图 6-1　成年人学习的动机来源

在图 6-1 中，未满足的需求因人而异，与个体的需求相关。学习的驱动力由未满足的需求产生，但是驱动力不一定能转化为行动。受外界环境的影响，驱动力有可能消散，有可能转化为其他诱因或行动。

学习诱因是把驱动力与学习内容联系在一起的学习理由，有了学习诱因，成年人才会把学习后的结果和未满足的需求联系起来，产生要学习的想法和动机。

当成年人有学习的想法，并开展学习的行动时，目标就形成了。当目标实现，个体需求得到满足时，满足了的需求将会加强个体对学习的正面反馈，形成学习的增强回路。

当目标没有实现，个体需求仍然未满足时，将会形成新的学习动机。有增强回路，就有消减回路。如果成年人频繁接收到"学习无用"的信号，频繁体会到"学习无用"的感觉，就可能会形成学习的消减回路。

成年人的学习动机来源于个体未满足的需求，但并不是只要存在未满足的需求，成年人就会开始主动学习。要想让成年人产生学习动机，还需要由未满足的需求产生的驱动力和由驱动力产生的学习诱因。

个体未满足的需求对个体越重要，产生的驱动力就越强。未满足的需求通过学习的方式解决的路径越明显，环境提供的学习资源越充沛，驱动力转化为学习诱因的可能性就越大。成年人在驱动力和学习诱因的驱使下，会主动产生学习行为。

6.1.2　促进成年人学习的 6 个方法

成年人学习的过程中，企业要鼓励其提出问题，并解答其提出的问题。对成年人的学习情况，管理者应当及时给予反馈。成年人学习的开始阶段非常重要，好的开始能够吸引成年人的注意力，让成年人快速了解学习的方向。所以，在成年人还没开始学习之前，企业要先让其知道为什么学习，这直接影响着学习效果。

要促进成年人学习，企业可以采取 6 个方法，如图 6-2 所示。

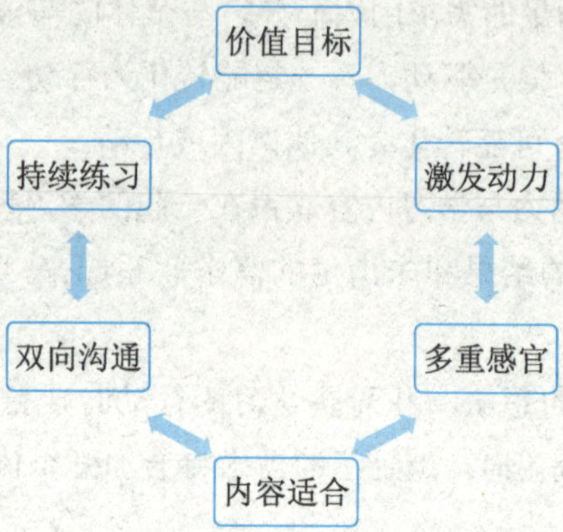

图 6-2　促进成年人学习的 6 个方法

❶ 价值目标

因为成年人的学习有较强的目的性，对成年人实施的培训应当有明确的价值和目标。说不清楚的、漫无边际的、不切实际的、没有价值的目标无法让成年人产生学习的意愿和动力。

❷ 激发动力

激发成年人主动学习的热情会对培训的成功起到决定性的作用。成年人学习的动力往往来自其对生存或发展等现况的不满以及对未来的憧憬和期望。成年人认为学习内容对其未来生存或发展起到的积极作用越大，其学习动力被激发的程度就越高，主动学习的意愿就越强，学习效果就越好。

❸ 多重感官

成年人的学习应当尽可能多地动用人的各种感官，如视觉、听觉、触觉等。运用成年人的多重感官实施培训，能够让成年人更快速地吸收培训的内容，能够帮助成年人加深印象，培训的效果会事半功倍。单纯的讲解（听觉）不如让成年人看到实物（视觉）的效果好，若能让成年人更近距离地感受、操作、触摸等，效果会更好（触觉）。

❹ 内容适合

成年人的学习内容应当多一些能够解决问题的工具或方法论，少一些概念性的原理。成年人学习的知识、技术、工具、方法论、资料、案例等内容以及这些内容的呈现方式必须满足成年人的需要和兴趣，课程全过程必须与要达到的目标紧密相连，成年人才会有学习的意愿和动力。

❺ 双向沟通

成年人的学习一定要是双向的，而不是单纯地说教。培训师要与参训人员充分地互动交流，而不是单向地传授知识。所以在培训的整个过程中，整个培训方案对于互动性的设计以及培训实施过程中培训师对于互动性的把控直接影响着培训的效果。

❻ 持续练习

最好的记忆和内化的方法是持续不断地重复，通过持续的练习，成年人可以不断地重复学习获得的信息，提高由短时记忆转变为长时记忆的概率。在成年人学习的过程中，企业给予成年人频繁提问、实践、强化总结等机会，有助于提高成年人的学习效果。

6.1.3　不同认知对应的学习方法

不同的员工不仅在能力上有所不同，而且在认知水平、心智模式上差异也比较大。集中培训虽然可以提供标准化的知识，但难以满足员工的差异化和个性化的需求。要保证员工获得最佳的学习效果，最好的办法是因人而异，对每个员工采取不同的学习培养计划。

孔子说"因材施教"。一套学习方法不一定适合所有人。针对成年人采取的学习方法与成年人的认知水平有关。认知水平分成 4 个层次，如图 6-3 所示。

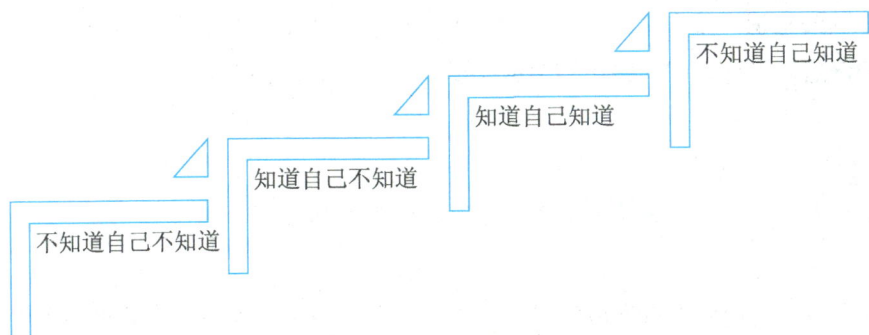

图 6-3　认知水平的 4 个层次

❶ 不知道自己不知道

不知道自己不知道的人总把事物想得非常简单，经常不懂装懂，只了解事物的皮毛就以为自己知道了全部。他们主动学习的意识最差。对待处在这个阶段的成年人，企业要引导他们回忆过往经历，启发他们开始对经历进行反思，检讨这些经历中的成功与失败，帮助他们发现问题，激起他们对现状的不满和迫切期望改变现状的决心。

❷ 知道自己不知道

知道自己不知道的人开始对事物产生了敬畏。他们懂得要改变自己，开始产生学习的意识。对待处在这个阶段的成年人，企业要引导他们找到改变现状和解决问题需要的关键因素，如知识、工具、方法等，帮助他们确定学习的内容和目标。

❸ 知道自己知道

知道自己知道的人经历过学习过程和实践的洗礼，经过对学习内容的应用之后，尝试过酸甜苦辣，有了经验。他们已经对那些原本认知尚浅的事物有了新的、相对完整的认知，已经知道自己可以做什么，并能够运用自己的知识和能力做好某件事情。对待处在这个阶段的成年人，企业可以直接开始对其进行相关知识、工具、方法的培训，使其通过培训过程中的阶段性的回顾和练习，最终实现学习目标。

❹ 不知道自己知道

不知道自己知道的人已经把某项知识或技能融入了身体，他们开始对事物有了更加不一样的认识。这种认识已经不仅存在于表层意识，而且已经进入不自知的潜意识。处在这个阶段的成年人，可以通过不断实践学习内容，随着时间的流逝，将这些内容内化，并对实践工作产生积极正面的影响。

6.2　如何从无到有建设内训管理体系

典型问题： 企业当前的内训管理体系不完善，如何建设强有力的内训管理体系，让员工的培养与培训持续满足企业战略的需要。

类似问题: 内训管理体系包括哪些内容; 如何完整搭建企业的内训管理体系; 如何让企业的培训工作成系统。

6.2.1　优秀的内训管理体系的 4 大特质

培训管理不只是搞几场培训那么简单。培训管理指的是企业出于开展业务和培育人才的需要, 采用各种方式对员工进行有目的、有计划的培养和训练的管理活动, 让员工不断积累知识、提升技能、更新观念、变革思维、转变态度、开发潜能、更好地胜任现在的岗位或担负更高级别的职务, 从而促进组织效率的提高和组织目标的实现。

优秀的内训管理体系一般应具有 4 种特质, 如图 6-4 所示。

图 6-4　优秀的内训管理体系的 4 种特质

❶ 简单

优秀的内训管理体系不能过于复杂, 应当能够被通俗化地理解和接受。一般来说, 企业用人部门的各级管理者忙于处理业务, HR 应当想方设法节省他们的时间, 而不是增加他们的时间。

❷ 落地

优秀的内训管理体系一定是能够落地实施的。"高端、大气、上档次"从来都不是 HR 应追求的方向, 能否被企业接受、最终能否落地实施, 才是检验一个内训管理体系成败与否的重要标志。

❸ 协调

优秀的内训管理体系要具备整体的协调性。企业是一个整体, 就像是人体, 只有当所有的器官都健康运转时, 人体才是健康的。在内训管理体系中,

表 6-1 集合了项目管理 (Project Management) 的知识和要素, 操作实施中的步骤包括计划、组织、领导、协调、控制、评价 6 大环节。这 6 大环节形成一个完整的闭环, 在实施中不断改进与提升。

项目进度表的纵向一般是"工作内容", 这是为了让所有相关人明确将要"做什么"。如果待完成的工作项目繁杂、内容较多, 可以把项目进一步细分成大类、中类、小类或者进行更细致的分类。

项目进度的推动还要有"输出内容", 这是为了明确工作内容完成之后交付的具体形式"是什么"。输出的内容应当是具体的、可见的、完整的事件和文件。如果是管理较严格的企业, 对于输出内容应该有质量评价。根据习惯的不同, 质量评价可以按 ABCD 分类, 也可以按优良中差分类。

另外, 项目进度表中必不可少的是完成时间、负责人以及需要的资源。如果是对成本或经费要求比较高的企业, 可以在表格的横向中加入"项目计划费用"与"实际产生费用"以进行比较。

HR 在建设内训管理体系的时候, 应遵循 3 个步骤, 如图 6-6 所示。

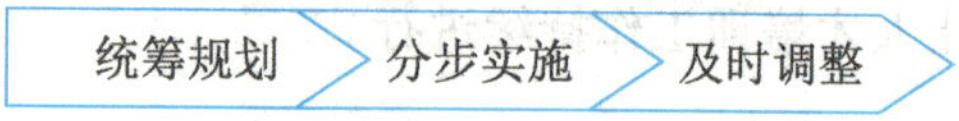

统筹规划 → 分步实施 → 及时调整

图 6-6　内训管理体系建设的 3 个步骤

❶ 统筹规划

内训管理体系建设是一个系统的工程, 人力资源管理项目的实施也是一个统一的整体。虽然完成的工作不同, 但是它们之间是具备关联性的。如果只做好某一项或某几项, 可能难以达到预期的效果。

❷ 分步实施

人力资源规划的目标和指标不可能一蹴而就, 企业中其他人的理解和适应需要时间的积累, 也需要先后顺序。所以, 这就需要 HR 能够持续按照计划、组织、领导、协调、控制、评价 6 大环节不断实施宣导, 不断执行、坚持推进。

❸ 及时调整

任何计划不可能一成不变, 如果遇到但不限于下面的情况, HR 需要及时对计划做出调整: 因外部的政治、经济、法律、技术等发生了明显变化导致企业的战略发生重大变化; 因企业内部出现较大的人事变动, 导致组织机

构、企业文化发生重大变化；企业资源条件、财务状况、经营方针出现较大
变化等。

6.3 培训工作如何与战略挂钩

典型问题： 很多企业实施的培训缺乏预见性，缺乏战略层面的规划，如何让
培训工作与企业的战略挂钩？

类似问题： 培训工作如何支持企业战略；培训工作可以为企业创造哪些价值；
培训工作如何帮助企业解决问题等。

6.3.1 从战略高度审视培训工作

要想将培训工作和战略挂钩，培训需求、培训计划和培训实施都要满足
企业战略的需要。如果不能够站在战略的高度来思考培训管理问题，就好像
是某人想到达某个目的地，当他出发之后只顾着低头一直走，却没想过自己
走的方向到底是不是目的地的方向。一门心思想把事情做好没错，但是一定
要看准企业的战略。搞清楚企业的战略，才能明确工作的方向。

很多企业的培训是遇到什么问题就培训什么，企业的培训工作没有贴近
战略，没有在顶层统筹规划，没有想清楚培训工作到底要为企业创造哪些价值、
解决哪些问题。企业不是为了做培训而做培训，而是为了创造价值或解决问
题而做培训。

举例

曾经我所在的公司有一位培训经理，他在培训的组织和实施方面非常优
秀。每次培训结束之后，参训人员对培训组织工作的反馈意见都非常好。因此，
他受到了公司管理层和员工的一致认可。

可是有一年年中公司做业绩回顾时，发现公司的培训费用和往年相比提
高了30%，而且和当年预算相比提高了20%，但是半年以来公司的经营业绩只

提升了 5%。经过进一步的分析发现，培训费用的提升主要是因为公司当年组织的培训次数和参考培训的人数比往年多。通过前几次的培训评估报告能够看出，近几期培训的效果并不明显。

公司重新规划了关于培训的策略，把培训工作的重点暂时放到培训结果的评估、培训效果的提升和培训成果的转化上。在培训的次数、培训的人数上，不需要追求多；在培训经费的控制上，要有序地减少。

对于公司培训策略调整的原因和内容，我与这位培训经理做过多次沟通。可是这位培训经理非常醉心于做好自己的工作，还是一味地按照培训计划来实施培训，结果造成培训费用有增无减，而培训效果依然没有得到保障。

培训费用的继续增加和培训效果持续得不到改善让公司的总经理对培训工作非常不满意。后来，这位培训经理被调到了另外的岗位上。

在培训管理工作中不能够站在战略的高度理解战略，不能够将培训和战略形成匹配，不能够及时地调整自己的工作以承接战略，即使这位培训经理在培训组织和实施方面的能力再优秀，总经理也不会对他的工作给予肯定的评价。

6.3.2 培训创造价值的 4 个维度

企业的培训工作要为企业的战略、愿景、使命、价值观服务，并且与之形成匹配。根据第 1 章中提到的价值靶心图的 4 个维度，如图 6-7 所示。

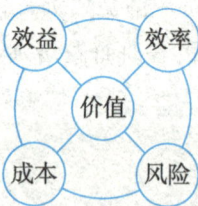

图 6-7 价值靶心图

培训工作为企业创造的价值主要体现在 4 个方面。

❶ 提高效益

培训工作为企业提高效益的原理主要是提升员工的个人能力，培养出企业需要的高绩效员工，从而为企业创造高绩效。要实现这个目的，培训工作要匹配企业的愿景和战略，满足企业长远发展的核心需求。

举例

　　某企业的愿景是在 3 年之后成为行业内的头部企业。此时企业应当考虑，要成为行业的头部企业，需要什么样的人才？这些人才需要具备什么能力？要成为头部企业，需要的能力应当是头部能力，需要的人才应当是头部人才。企业应当审视当前人才的能力和企业的愿景是否匹配？当前的人才能否实现企业的战略？

❷ 提高效率

　　企业要考虑如何通过开展培训工作，提高企业某方面的运转效率。

举例

　　某企业的某个生产流程需要 20 个小时的生产周期，企业可以考虑通过开展培训工作，有没有可能把这个生产周期缩短到 18 个小时以内。如果能够实现，那么企业的生产效率能提高 10%。这相当于同等条件下，也就是不引进新设备、不增加人工，单纯因为人才能力的提升，企业能够将单位时间内创造的价值提升 10%。

❸ 降低成本

　　企业要考虑如何通过开展培训工作，降低企业某方面的成本费用。

举例

　　原本某个生产工序需要 10 名员工操作，企业要考虑通过开展培训工作，有没有可能将这个工序的员工缩减到 9 个。如果能，那同样能够让人工成本降低 10%。同样的概念，也就是企业在不引进新设备、不做出其他改变的情况下，能够让人工成本降低 10%。

❹ 降低风险

　　企业要考虑如何通过开展培训工作，降低企业发生风险的概率。

举例

　　某企业的员工在生产和操作过程中经常发生工伤，工伤事故率已经达到每月 4 起。企业要考虑通过开展培训工作，有没有可能降低企业发生工伤的概率，有没有可能把工伤事故率由每月 4 起降低到每月 3 起。如果能实现，相当于为企业降低 25% 的工伤风险。

6.3.3 培训解决问题的 3 个维度

培训工作可以从 3 个维度解决企业的问题，分别是人才数量不足、人才能力不足和绩效水平不足，如图 6-8 所示。

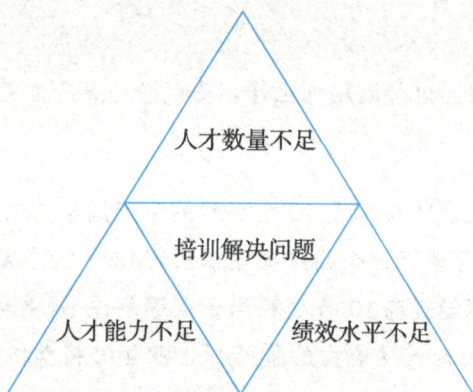

图 6-8　培训工作解决企业问题的 3 个维度

❶ 人才数量不足

所谓的人才数量不足，指的是企业的战略和发展需要的人才数量大于企业现有的人才数量。在这种情况下，除了通过人才招聘补足这部分人才之外，企业还要通过培训工作培养出数量足够、能力合格的人才。

❷ 人才能力不足

所谓的人才能力不足，指的是根据企业的岗位胜任力评估，发现当前部分员工在某些能力方面存在缺陷，影响了工作的产出。在这种情况下，企业可以通过培训工作，补足员工缺失的这部分能力。

❸ 绩效水平不足

所谓绩效水平不足，指的是企业当前某方面的绩效出现问题，这种绩效问题可能和员工缺乏某方面的知识、技巧、能力等有一定的关系。在这种情况下，企业可以通过培训工作，提高绩效水平。

6.4 用人部门不重视人才培养怎么办

典型问题：企业的最高管理层重视人才培养，HR 在企业内大力推行人才培养工作，但是各用人部门中的各级管理者对人才培养工作既不重视，也不配合，这种情况应该怎么办？

类似问题：用人部门不把人才培养当成一项具体工作，怎么办；企业组织培训，用人部门以员工手头有工作为由阻挠员工参加，怎么办；人才培养工作如何落实到用人部门中的基层管理者身上等。

6.4.1 顶层管理者深度参与机制

人才培养工作从来都不是 HR 一方孤军作战就能够完成的，要做好人才培养工作，需要企业上下的共同努力。人才培养的重要性在理论层面几乎人尽皆知，可到了实际运行层面，总会遇到各种各样的阻力。

要解决这个问题，首先企业的顶层管理者，也就是企业的领导、一把手、总经理要参与。在企业中，顶层管理者参与的管理工作往往都会运行得比较顺利。HR 不仅要争取到企业顶层管理者的支持，而且要让一把手参与到人才培养工作中来。

为什么很多企业的企业大学都是由企业的最高管理者或实际控制人挂帅做校长，而企业大学的实际运营人的职务是副校长？原因就是要让顶层管理者参与到人才培养工作中来。这里的参与，不仅是名义上的参与，还包括实质上的参与。

顶层管理者要起到模范带头作用，不仅是在大会小会上强调，关键是要做出行动，也就是顶层管理者要为人才培养工作做出实际行动。顶层管理者在人才培养上的行动，包括担任培训讲师和对人才培养具体工作的深度参与。

比如，顶层管理者担任企业文化、企业发展历程、企业精神、企业战略等这类课程的培训讲师。对于企业部分核心人员培训后态度、行为改变的评估也要有顶层管理者参与。顶层管理者也可以参与一部分培训后的面谈工作或培训需求调研工作。

顶层管理者深度参与到培训授课、培训评估落地等工作中，能够给企业的人才培养创造良好的文化氛围。用人部门的管理者和员工会顺应这种氛围，开始逐渐从思想意识上重视人才培养工作。同时，也有利于顶层管理者对培训管理工作的深度了解、落实人才培养工作，提升企业人才培养的能力。

6.4.2　利益驱动和适度强制机制

用人部门各级管理者内心究竟重不重视人才培养其实并不关键，关键是让他们在行动上实际参与和落实人才培养工作。要实现这一点，企业可以运用利益驱动和适度强制的方式。

有时候 HR 再努力，作用也不如利益驱动的作用。若用人部门能够因为人才培养获得部分利益，他们将自动自发地支持人才培养。这里的利益，指的不是金钱上的短期收益，而是员工能力提升后对用人部门的长期价值利益，是人才培养与培训产生价值的底层逻辑。

除了用利益驱动人的主观能动性之外，企业还可以采取适度强制参与的策略，利用管理制度，让用人部门的各级管理者必须参与。这里的强制参与能够成立的前提是其在一定程度上有顶层管理者的支持。

强制参与策略的实施可以分为 3 个层面。

1.定义用人部门负责人作为本部门人才培养与培训的第一责任人，其必须积极地推进本部门的人才培养和培训工作，并将人才培养和培训工作列入其日常的工作计划和绩效管理，人力资源部将定期检查完成情况，对各部门负责人在培训管理方面的工作质量给予评价。

2.把用人部门的各级管理者也作为培训课程的讲师之一，培训讲师的名单可以由企业的顶层管理者指派，体现一定的强制性。人力资源部帮助各用人部门管理者系统地设计培训课程，并检查和评估培训课程的质量，不断完善课程内容。

3.用人部门管理者在日常工作中对员工的培养、培训要形成完整的记录，每个月将形成的文件呈报给顶层管理者。这份文件记录也可以和部门的工作计划和绩效管理联系在一起。

6.4.3　岗位设置和评估检查机制

在各用人部门设立兼职的培训管理员是一种保证各部门人才培养工作落实的方式。兼职的培训管理员在做好本岗位工作的前提下，负责本部门的培训需求调查、部门内部培训计划的制定与上报、本部门内部培训的组织与实施及培训后的跟踪与评估，并配合组织企业范围内的培训，保证各用人部门的人才培养和培训工作有人负责。

设置兼职培训管理员好比连队里设指导员。因为该岗位是兼职工作，为了保证员工能够履行该兼职岗位的职责，人力资源部可以给这个岗位设置一些物质层面的奖励。

这里需要注意的是，因为实战中大部分兼职培训管理员的人选是由用人部门负责人指派的，他们平常受用人部门负责人的管理。在这种情况下，人力资源部要想办法保证兼职培训管理员能够起到对部门监督和检查的作用，而不是包庇该部门的负责人。

人力资源部要做好对兼职培训管理员的培训和监督检查工作，为该岗位设置清晰明确的检查考核机制以及准入淘汰机制。人力资源部本身要勤勉，不能期望有了兼职培训管理员岗位之后，在用人部门人才培养与培训方面的工作就可以高枕无忧了。

除了监督和检查之外，人力资源部还可以定期召集各用人部门负责人和兼职培训管理员组织以人才培养与培训为主题的交流研讨会，同时定期请企业的顶层管理者参加，过程中广泛征求意见，评估、改进企业人才培养和培训工作，再一次促进企业各方共同参与人才培养与培训工作，增强各用人部门人才培养的意识。

6.5　如何编制有价值的年度培训工作计划

典型问题：企业制定的年度培训工作计划经常无法落地实施，没有办法发挥年度培训工作计划应有的价值，企业应当如何制定有价值、能落地的年度培训工作计划？

类似问题：年度培训工作计划有哪些类型；年度培训工作计划的编制流程是怎样的；如何保障年度培训工作计划实施等。

6.5.1　基于人才培养的培训工作计划

人才数量不足和人才能力欠缺是企业经常遇到的问题，当企业制定年度培训工作计划的目的是解决人才数量不足和能力欠缺问题的时候，企业应当把年度培训工作计划定位在人才培养上。在这种情况下，企业在做培训目标设计和培训评估的时候，可以把重点放在"人才培养完成率"这个指标上。

制定基于人才培养的培训工作计划可以分成 4 步进行，如图 6-9 所示。

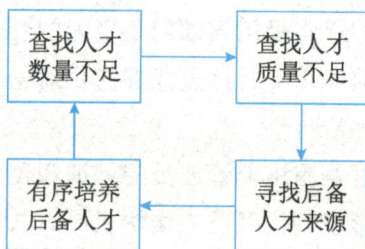

图 6-9　基于人才培养的培训工作计划的制定步骤

❶ **查找人才数量不足**

制定基于人才培养的培训工作计划通常是由于企业存在人才不足的问题。这时企业制定培训工作计划就应当针对当前人才不足的问题，提供解决方案。企业应当查找当前哪个地区、哪个部门、哪种岗位上存在人才数量不足问题。

❷ **查找人才质量不足**

这个环节很容易被企业忽略。很多企业并非缺少人，而是人的能力不行或者质量不足。当现有团队成员不具备某些能力的时候，即便人才在数量上是足够的，在质量上也是不足的。这时企业除了要补足人才数量之外，也要查找在人才质量上存在哪方面的不足。

❸ **寻找后备人才来源**

查找完人才数量和质量上的不足之后，企业要尝试寻找后备人才的来源。这里的后备人才来源不仅限于外部招聘，也包括内部的人才培养和培训。如果后备人才来源于内部人才的培养和培训，就应当针对这部分人设计培训工作计划。

❹ **有序培养后备人才**

针对后备人才的培训工作计划应当保证对人才某方面的知识、技巧和能力的培养，让人才能够达到岗位胜任能力的基本要求。对后备人才的培养应当循序渐进，注意人才培养到位的时间进展。

6.5.2 基于绩效提升的培训工作计划

除了人才的能力差之外，企业比较常见的问题是绩效水平比较差。企业中总会有一些绩效比较好的部门，也会有一些绩效比较差的部门。针对那些绩效比较差的部门，企业在制定培训工作计划的时候就应当围绕其绩效改进做计划。

对于绩效比较差的部门，企业应当把培训工作计划的重点聚焦在绩效的改进上。在这种情况下，企业在做培训目标设计和培训评估的时候，可以把重点放在"培训前后绩效的变化"这个指标上。

制定基于绩效提升的培训工作计划可以分成 4 步进行，如图 6-10 所示。

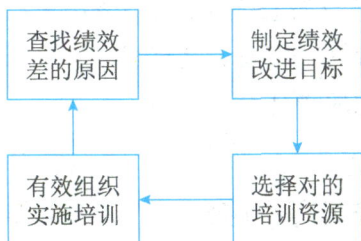

图 6-10 基于绩效提升的培训工作计划的制定步骤

❶ **查找绩效差的原因**

企业要查找部门绩效比较差的原因。在查找原因的时候，企业一定要实际调研部门绩效差的真实原因，而不是道听途说或凭空想象。这里可以用到的工具是持续问为什么。很多时候，问题只是表象，持续问为什么才能知道问题背后的根本原因是什么。

举例

某线下连锁店中有个产品的销量持续下降。经过了几次会议之后，这个情况仍然没有改善。到了年底，总经理提出要改变这个情况。

为什么该产品的销量会下降呢？

这时发现，该产品销量下降的原因之一是该企业的产品价格没有优势。在竞争对手店里，同类产品的价格普遍比这家店的低 10% ~ 20%。

为什么竞争对手店里同类型产品价格比这家店的价格低呢？

产品的价格是企业采购部门和供应商谈判出来的，所以企业采购部门的谈判能力和产品价格的相关性特别大。这时发现，该产品采购人员和供应商谈判的时候总是谈不下价格。

为什么采购人员和供应商谈不下价格，竞争对手却可以呢？

因为竞争对手给了供应商大量的门店端架和堆头的资源。而且竞争对手和供应商之间谈的协议价格是以某个销量为前提的，实际上是一个对赌机制。供应商给竞争对手某个优秀的价格，竞争对手保证某个销量。

分析出绩效差背后的原因之后，就能找到针对绩效改进制定培训工作计划的具体方向。

❷ 制定绩效改进目标

企业制定培训工作计划的最终目的是改善绩效，制定绩效改进目标同样也是制定培训工作计划的基本目标。明确目标有助于围绕目标制定计划，也有助于评估计划最终的完成情况。

❸ 选择对的培训资源

培训资源分成外部资源和内部资源。当内部的培训资源能够解决绩效问题的时候，企业应当优先使用内部的培训资源。关于培训资源，企业应当注意，企业内部往往存在大量的待开发的培训资源。

以上面的线下连锁店为例，除了销量下滑的产品之外，还存在销量增长、势头较好的产品。这些产品的采购人员就是很好的内部培训讲师资源，他们对产品价格的谈判方法就是很好的培训教材。

❹ 有效组织实施培训

企业在组织和实施培训的时候同样应该注意，具体问题具体分析。在解决问题的时候，企业要看通过改变环境、改变管理体制、改变工具方法等是否能够更好地解决问题，而不仅是通过培训。

6.5.3　基于体系建设的培训工作计划

培训体系不完善同样是企业中的常见问题。企业在制定年度培训工作计划的时候，可以把重点聚焦在培训体系建设上，重点建设那些影响人才培养和培训工作正常运行的薄弱环节。在这种情况下，企业在做培训目标设计和培训评估的时候，可以把重点放在"项目计划完成率"这个指标上。

一套完整的培训体系是保证企业的人才培养和培训工作正常、有序开展的重要保障。很多企业培训工作做不好，实际上是培训体系出了问题。针对人才培养和绩效提升制定的培训计划，大部分解决的都是"点"的问题；针对培训体系建设制定的培训计划，解决的是"面"的问题。

基于体系建设的培训工作计划制定的逻辑实际上是基于企业当前培训体系上的不足而进行项目改进。制定基于体系建设的培训工作计划可以分成 4步进行，如图 6-11 所示。

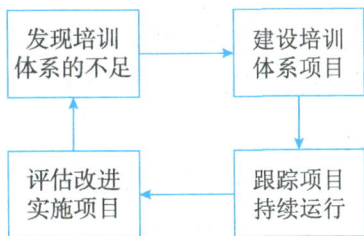

图 6-11　基于体系建设的培训工作计划的制定步骤

❶ 发现培训体系的不足

根据企业存在的问题，发现培训体系存在的不足，也就是根据"点"存在的问题，去发现"面"的问题。

案例 ❓

有的企业领导认为销售人员的业绩差是一个绩效改进问题。实际上深入研究之后发现，销售人员业绩差的其中一个原因是销售人员对产品的了解程度不够。造成这种情况的原因是产品的技术研发部门对销售人员从没做过任何产品知识的培训。

为什么技术研发部门从没有对销售人员做任何产品知识的培训？

（1）因为企业没有制定相关的培训管理制度，没有这方面的要求。（制度层面的问题）

（2）技术研发部门没有指定和培养固定人员做培训讲师。（培训讲师建设的问题）

（3）技术研发部门没有根据产品的具体情况制定销售人员能够看得懂、用得上的培训资料和培训教材，现有的资料只是产品说明书。（课程体系建设的问题）

❷ 建设培训体系项目

对"点"的问题不断深入挖掘，企业可以发现很多"面"的问题。基于体系建设的培训工作计划正是在发现"面"的问题之后，通过体系建设解决这类问题。根据上述案例中发现的问题，可以在培训制度层面、培训讲师建设层面和课程体系建设层面，分别制定年度培训工作计划。

❸ 跟踪项目持续运行

培训体系建设是一个项目工程，既然是项目工程，就会有项目内容、完成时间、完成标准、事项负责人、需要的资源等一系列项目的具体安排。在基于体系建设的培训工作计划制定之后，要跟踪项目的持续运行情况。

❹ 评估改进实施项目

当事先规划好培训体系建设项目的具体实施进度并展开实施之后，随着跟踪项目的持续运行，企业接下来要做的是评估和改进培训体系建设项目的实施情况。

6.6 为什么传统的培训需求调研无法解决问题

典型问题： 培训需求调研的一般做法是年初向员工发放培训需求调查问卷，收集后根据调查问卷的结果找到培训需求。可是这样得到的培训需求调研结果并没有帮助企业解决问题，培训需求调研应该如何做才有效？

类似问题： 员工的培训需求和用人部门管理者的培训需求不同，应该如何取舍与满足；如何看待员工个性化的培训需求；培训需求调研如何聚焦在创造价值和解决问题上等。

6.6.1 宏观培训需求的来源

很多人一谈起培训需求调研，第一时间想到的方法就是通过培训调查问卷来调研。先做一个培训需求调查问卷，然后下发问卷，再根据回收的问卷信息整理得到培训调研结果。这种培训需求调查问卷得出来的结果因为存在大量数据信息，往往能做出一份非常漂亮的培训需求调查报告。

可是这种培训需求调查的有效性是比较差的，因为调查问卷通常很少发到企业的中高层管理者手中。即便发到了，他们通常也没有时间作答。即便他们作答了，HR 在统计的时候也很少会把中层管理者和高层管理者的意见单独分析。最终培训需求调查问卷往往大部分都是由基层员工填的，而且很难保证员工填写问卷的质量。

培训需求分成 3 层，战略层、任务层和个人层。

战略层的培训需求分析是最重要的，也是最应该被优先满足的。战略层面的培训需求信息往往来源于企业的高层。想获取这类信息，HR 可以参加高层会议或直接与高层管理者面谈。如果这种机会比较少，HR 可以通过研究战略相关的重要文件、研究重要会议资料、研究重要的咨询文件、研究企业的纲领性文件等方法获得。

任务层是培训需求分析中第二重要的。任务层面的培训需求信息一般来源于企业的中层管理者。HR 可以通过小组访谈法、绩效分析法、工作观察法、关键事件法、经验判断法等方法获得这类信息，或者参考对各部门的胜任力测评结果。

个人层面的培训需求信息一般来源于基层员工。除了常见的问卷调查法之外，HR 还可以运用小组讨论法、工作观察法、绩效分析法、专项测评法、关键事件法等方法获得这类信息。

另外，从宏观的角度说，HR 可以根据企业当前的情况，把培训需求分成 3 类：以人才数量培养为目的、以人才能力培养为目的、以绩效改进为目的。

6.6.2　微观培训需求的来源

在微观上，HR 要准确找到培训需求，可以参考如下公式。

需求＝期望－现状。

举例 ❓

有位女性想要减肥，于是她找到一家减肥中心。这时，这位女性的需求确认了吗？没有！目前只知道这位女性有减肥的需求，但这并不是一个准确而有效的需求。

假如这位女性现在体重为 140 斤，她想在 3 个月后把体重减到 100 斤。这时，需求找准了吗？没有！这里的 140 斤和 100 斤，是这位女性自己的想法。关于这个数据需要一个工具对其进行准确的测量，这个工具就是电子秤。而且这个工具最好是唯一的，因为不同的电子秤可能在测量体重上会有一定的差异。

采用同一个电子秤还有另外的作用，就是不论减肥中心还是这位女性都很清楚减肥的进度。通过这种反馈，这位女性可以每天鞭策自己达成目标。这时，需求确认了吗？没有！

目前这位女性只是单方面说出了自己的需求，减肥中心还没有发表意见。这位女性来到减肥中心，说出了自己的需求，但根据健康人体身高和体重的比例，110 斤已经是这位女性的健康体重范围内的最低值了。

这时，减肥中心告诉这位女性："我们建议您减到 110 斤，而且我们有规定，最多只能帮您减到 110 斤，也就是减重 30 斤。而且我们不建议在 3 个月内完成，因为这也是不健康的，所以我们建议这个计划在半年内完成。"

这位女性听完减肥中心的意见后觉得可以，因为她也希望健康减肥。于是双方达成了共识，这位女性的需求是以减肥中心的电子秤测量结果为基准，在半年时间内，体重由 140 斤减到 110 斤（减肥 30 斤）。这时，需求才算是最终确认。

从上面的案例中，HR 能够看出微观层面培训需求分析的整个流程。从最初的提出需求，到测量需求，到分析需求，再到确认需求。需求不是只要被提出来，企业就一定要满足，企业一定要通过培训需求确认的过程来确认培训需求。

6.6.3 临时培训需求的来源

在企业经营过程中，随着情况不断发展变化，必然会产生临时的培训需求。这时如果 HR 不能及时发现、分析和聚焦培训需求，就不能对企业的经营管理形成有效的支持。常见的容易产生临时培训需求的情况如表 6-2 所示。

表 6-2 常见的容易产生临时培训需求的情况

层面	情况		
战略层面	组织变革	市场扩张	业务增加
任务层面	技术革新	绩效改善	生产需要
个人层面	解决问题	能力提升	岗位变动

❶ 组织变革

当企业组织变革或顶层设计发生变化时，HR 需要进行培训需求分析。比如，企业外部的收购、兼并，内部的部门合并、组织机构变化、管理关系变化、运营流程变化等。这时，很多员工对企业的变化看不清、看不懂，这可能导致他们不知道该如何工作。

❷ 市场扩张

当企业的市场不断扩张时，市场规模的扩大、组织规模的变化，必然带来一些经营管理或流程上的变化。比如，某企业原本有 10 家店，由于资本进驻，需要在一年内再开 100 家连锁店，这时企业现有规模和期望达到的规模在对员工能力的要求方面有较大差距。

❸ 业务增加

当企业增加新业务时，企业由于在新增的领域没有能力或经验，需要做培训需求分析。比如，某企业原本属于某个传统产业，但是由于产业环境的变化，该企业决定做产业升级，需要在 2 年内涉足某高新技术产业。企业当前只具备原来行业需要的能力，可能需要提高对新行业的驾驭能力。

❹ 技术革新

随着技术环境的变化，企业必然会采取技术升级。新技术要求企业需要有新的能力支持。比如，某餐饮企业，原本生产加工某类食品的工序是人工炒制，该企业后来引进相关机械设备，对该岗位的技能要求转变为机械设备操作。

⑤ 绩效改善

企业临时产生的绩效问题、临时需要做的绩效改进是动态性最强的培训需求。比如，企业在做完第一季度的绩效评估之后，发现销售部门某项业绩未达成，原因是销售人员对公司新推出的产品不太了解。

⑥ 生产需要

当企业的生产或经营临时出现问题需要解决的时候，往往也需要做培训需求分析。比如，某企业的质量管理人员发现某条产品线员工的质量管理意识非常差，并在某次会议上提了这个问题。这时 HR 应当深入了解培训需求，探求是否可以通过培训，协助解决该问题。

⑦ 解决问题

当企业临时发生一些特定问题时，往往需要尽快解决，或者在解决后尽快推广解决方法。比如，某企业在生产过程中发现原本从未出现质量问题的某产品近期频繁发生质量问题，经专家小组攻克该问题后，发现该问题具备一定的典型性，为避免产生同样问题，需要实施相应培训。

⑧ 能力提升

当企业某一类员工临时需要增强某种能力时，企业同样需要提供相应的培训。比如，某企业发现新入职的员工在使用办公软件方面的能力普遍较差，有的甚至连一些基本的操作都不会。为了提高这部分人员的办公软件操作能力，HR 可以做详细的培训需求调研并实施相应的培训。

⑨ 岗位变动

员工临时的岗位变动通常伴随着能力需求的变化，原本工作岗位要求的能力在新的岗位上不一定适用。这时，员工通常需要获得新岗位能力的相关培训。

6.7 如何发现和培养高潜力人才

典型问题： 如今企业越来越看重高潜力人才的价值，然而 HR 如何准确找到高潜力人才，如何有效培养高潜力人才？

类似问题： 什么是高潜力人才；高潜力人才有哪些特质；有哪些方法可以评估高潜力人才；高潜力人才与高能力人才和高绩效人才有什么不同等。

6.7.1 高潜力人才的 5 大特质

很多专家、学者和机构对高潜力人才展开过研究，他们的结论各不相同，却有着一些相同之处。综合当前的研究成果与个人经验，笔者认为高潜力人才一般应具备 5 大特质，如图 6-12 所示。

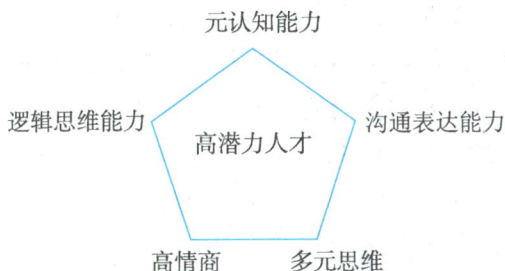

图 6-12　高潜力人才应具备的 5 大特质

❶ 元认知能力

元认知是关于认知的认知，是个体对自己的认知加工过程的自我觉察、自我反省、自我评价与自我调节，通俗地讲就是个体对自我认知过程的思考。元认知能力强的人，通常的表现是学习能力很强，因为他们对自己的认知和学习过程很了解，能够在自我思考和自省后快速产生优化过的学习策略。

❷ 逻辑思维能力

逻辑思维是人们在认识事物过程中借助概念、判断和推理等思维形式能动地反映客观现实的理性认识过程。只有经过逻辑思维，人们才能认识具体对象的本质，进而认识客观世界。逻辑思维能力是一个人基本的工作能力之一，个体如果不具备合格的逻辑思维能力，就会产生主次不分、条理不清、前后矛盾、重复阐述以及概念混乱等多种问题。

❸ 沟通表达能力

双方信息不对称的沟通现象在工作中很常见，尤其容易发生在团队成员和上下级之间。如果彼此都能用简洁的语言解释复杂问题或描述一件事情，将大大提高工作效率。选用简洁的语言，至少说明说话的人懂得换位思考，能够从对方的角度分析和评价自己的表达。

④ 高情商

在企业中职位越高，情商的作用就越重要。情商高表现为有自知之明，对人对己都比较诚实，并抱有务实不苛求的态度；善于控制自己的情绪，常常会自我反省，深思熟虑，不断成长；追求成就感，对工作充满激情，乐于学习并富有上进心；善于社交，能帮助领导管理团队，调动人际关系资源。

⑤ 多元思维

很多层级比较高的人都拥有多元思维。他们不固执，总是对自己不了解的领域谨慎发表观点；能够容纳不同的甚至完全相反的观点，并且无碍于自身行事；不会执迷不悟或固执己见，当新的信息和证据证明自己原来的观点是错误的时候，能够接受并改正。

6.7.2 高潜力人才的发现方法

高潜力不代表当前的高能力或高绩效。所谓的高潜力人才，就是"潜力股"。发现高潜力人才的过程并不容易。但高潜力人才通常都具备某种基本的素质和工作状态，也就是高潜力人才应具备 5 大特质。并不是每个高潜力人才都能在 5 大特质中面面俱到，但 HR 在寻找高潜力人才的时候，可以观察人才身上是否具备这些特质。

发现高潜力人才常用的方法有人才测评、行为观察、360 度评估和员工访谈 4 种。这 4 种方法的实施成本和实施难易程度如表 6-3 所示。

表 6-3　高潜力人才发现方法的实施成本和实施难易程度

高潜力人才发现方法	实施成本	实施难易程度
人才测评	高	难
行为观察	高	易
360 度评估	中	难
员工访谈	低	易

如果企业当前的管理能力不支持实施成本比较高的高潜力人才发现方法，可以使用员工访谈的方法判断员工的特质和主观能动性，简单直接地发现高潜力人才。

案例 ❓

1978 年，乔丹在参加高中的校篮球队选拔的时候，被教练拒绝了。校篮球队的教练告诉他："乔丹，你的球打得挺好的，但是你的身高不够。你现在只有 178 厘米，身高的差距是无法弥补的，所以你无法进入校篮球队，你被淘汰了。"

乔丹请求教练收留他，教练被乔丹的热情感动了，他觉得乔丹的上进心比他见过的所有年轻人的都要强，于是他收下了乔丹。随着身体的发育，也随着乔丹的努力，后来他成为被人熟知的篮球运动员。

6.7.3 高潜力人才的培养方式

高潜力人才可以被发现，但是很难被培养出来。因为企业可以传授人才知识和技能，却没有办法传授人才品格。所谓的高潜力，其实是由人才的基本素质决定的，如人才的智商、情商、动机、价值观，而不是靠企业培养出来的。

企业对已经被发现的高潜力人才进行培养，应当把重点放在知识、技能、资源和平台上。高潜力人才通常具备主观能动性，有内生动力。当高潜力人才具备学习和发展的机会时，其成长速度远高于一般人。

对待高潜力人才，除了常规的人才培养方式之外，企业还可以实施一对一、有针对性的培养，其中比较好用的是导师制或师徒制。企业可以有针对性地让高潜力人才参与各类任务或项目。不同身份的高潜力人才对应的导师或师傅和可以选择的培养方式如表 6-4 所示。

表 6-4 不同身份的高潜力人才对应的导师或师傅和可以选择的培养方式

高潜力人才的身份	导师或师傅的人选	可以选择的培养方式
高层管理者	总经理	引入外部的导师给予辅导； 为其提供专属的职业发展项目； 为其提供各种有挑战的任务； 为其安排特殊的任务； 为其提供更广泛的管理培训

续表

高潜力人才的身份	导师或师傅的人选	可以选择的培养方式
中基层管理者	高层管理者	在企业内部实施职能、部门的轮换； 为其提供更多中基层管理者相互之间交流的机会； 为其提供通用的职业发展通道； 为其提供管理或参与重要项目的机会
基层人员	中高层管理者	为其提供更多的内外部培训； 在企业内部实施职能、部门的轮换； 为其提供参与重要项目的机会

6.8　如何让新员工培训达到预期效果

典型问题： 企业一直在实施新员工培训，可是在培训之后总觉得没有实质效果，如何让新员工培训达到预期效果？

类似问题： HR 在实施新员工培训的时候要注意什么；如何通过新员工培训让员工快速融入企业；新人频繁出错，在新员工培训时如何避免这种情况等。

6.8.1　信息异常的解决方案

新员工培训常出现问题，通常与新员工培训过程中信息异常有关。所谓信息异常，指的是新员工培训过程中信息量太少或者信息量太多的问题。

信息量少指的是新员工培训该有的内容没有，员工获得的信息比较少。员工可能入职很长一段时间之后，还不了解企业的发展历程，不知道企业的规章制度，不了解企业文化，不知道该如何工作。

信息量少不仅会直接导致员工的稳定性差，而且会导致员工在工作中经常犯错。针对这个问题，HR 应该完善新员工培训的课程和管理体系，保证新员工在整个新员工培训过程中能够获得足量的知识和信息。

除了信息量少，还有信息量过多的问题，信息量过多造成了信息超载。这个问题的典型情况是 HR 一下子提供给员工的信息太多。对培训管理处在初级阶段的企业来说，信息超载问题在新员工培训中最常见，也最普遍。

　　HR 总希望在短时间内向新员工灌输大量的信息，可是人在一定时间内能够吸收的信息量是有限的。当获得的信息量超过人能接受的信息量时，人的学习效率会下降，压力会上升，培训的体验和效果都会变差。

　　信息量过多和信息量过少的效果有时候一样，太多的信息新员工根本记不住。有时候即使企业在培训后安排了考试，考试结束一段时间后员工还是很快会忘记。新员工培训要在提供足量信息的同时，注意精简内容，提炼出培训的关键要点和核心信息。

　　针对这个问题，HR 应该在培训的初期阶段只提供比较重要的信息，可以提供书籍或者培训材料以便受训者课后复习，尤其是对于复杂或重要的培训内容。新员工培训可以分期、分阶段地进行，让各项培训之间有时间上的缓冲。

　　同时要注意进行新员工培训之后的跟踪工作，以确保新员工完全理解主要的培训内容，并且可以在跟踪谈话时，回答他们提出的问题等。

6.8.2　缺少反馈的解决方案

　　很多企业只重视新员工培训的数量、时间、人数，以为培训结束了就等于完成任务了，对于培训最重要的效果却常常视而不见。很多企业新员工培训对培训效果的检验仅仅停留在培训结束后对课程或培训讲师打分或在培训过程中用一些口试的办法简单交流，没有与实际工作联系，造成培训与实际工作脱节。

举例

　　某互联网公司对大学刚毕业的管理培训生的入职培训里有个课程是 Office 办公软件的使用。按理说这种基本的办公技能培训应该能让员工在后续的工作中用得着，结果实际的课程中讲得很像高中计算机课程里教的基础知识，不实用。

　　这个课程内容对一些从来没用过计算机的人还可以，但对那些经历过毕业论文写作和答辩的大学毕业生来说，这些基础知识他们早就会用了。

　　这家公司新员工培训中为什么会出现这个课程？深究后发现，原来是公司总经理有一次问几名新入职的大学生对公司的适应情况、工作情况。这几名大学生对总经理说了一个问题：他们在入职后发现，自己在实际工作中一些基础办公软件用起来有问题，跟不上公司的节奏。

总经理把这项信息告诉了人力资源部，人力资源部马上在新员工培训中增加了这门课，培训讲师是一个在人力资源部工作了 2 年的专员。该专员设计课程的时候没有深入了解培训需求，没有明确培训目的，结果设计出来的课程不能满足工作需要，而且每次讲完课以后也没有评估反馈。

后来这个问题爆发，是在总经理又一次与新员工交谈，新员工又提出办公软件应用方面的问题的时候。总经理又找到了人力资源部，了解这件事。人力资源部的负责人去听了一次课程之后，才发现问题的根源。

企业应当随时了解员工的情况。新员工培训做得比较到位的企业，会在新员工培训一段时间后，再进一步向员工了解反馈意见，并分析改进。缺少新员工反馈意见的企业，发现不了自身的问题，也不知道应该改进什么。

针对这个问题，企业可以按照科学的方法进行培训效果评估。关于培训效果评估，HR 要在每次培训结束后，形成总结报告的习惯，报告中体现培训的跟踪、反馈和效果；形成培训结束后一段时间内，到工作岗位上了解员工真实想法的工作流程；定期关注和跟踪新员工的成长和职业发展。

6.8.3 体验感差的解决方案

新员工培训的效果和培训过程中给新员工带来的体验感成正相关的关系。由于新员工是第一次到企业参加培训，对于企业的培训风格并不了解，心中有想象、有期待甚至有比较是常有的情况。

如果 HR 对新员工培训不够重视，不做改进，得过且过，很可能会影响员工对企业的印象，甚至影响新员工的留存率。

有的企业管理不善，新员工培训变成了培训讲师的个人秀；有的培训讲师精通某个与企业无关的知识，在新员工培训中自行加入该知识；有的培训讲师在培训中过分推销企业，过分夸大企业的优点；有的培训讲师总强调一些工作中的失败状况或负面情况；有的培训讲师把新员工培训做成了单向沟通；有的企业使用事先录好的视频做新员工培训；有的企业没有给新员工互动讨论的机会或提问的机会；还有的企业实施闪电式培训。

上述问题都会造成企业实施的新员工培训给新员工带来的体验感差。

针对上述问题，企业要准确把握新员工的培训需求，经过讨论，精心设计新员工的培训课程，而且要不断更新。

新员工培训的课程内容要客观，思想上要积极向上，要以正能量为主，但是内容上不必刻意夸大。除了单纯的课堂授课外，可以加入一些游戏、体验、交流、探讨等互动环节，形成双向交流的过程。新员工培训的课程除了传递知识外，还要增进培训讲师和员工间的情感交流，或者建立用人部门和员工之间的感情纽带。

6.9 如何保证师徒制有效运行

典型问题： 如今已经有很多企业意识到师徒制的重要性，然而在实际运行过程中，发现运行得并不理想，不是师傅不愿意教徒弟，就是徒弟不愿意学。企业如何保证师徒制的有效运行？

类似问题： 如何正确看待师徒制在人才培养中的作用；师徒制运行难的根本原因是什么；师徒制运行需要哪些支持条件等。

6.9.1 师徒制有效运行的逻辑

一谈起人才培养，很多人第一时间想到的是搞集中培训。集中培训只是在短时间内针对某一类岗位大量地输出一部分信息，不可能全面系统地把所有岗位需要的知识和技能都呈现出来。

实际上，岗位需要的知识和技能的获取绝大部分是发生在日常工作中的，集中培训的定位大多是查漏补缺。企业人才培养最高效的方式是师徒制。在很多欧美企业中，这种模式也叫导师制。

师徒制要想有效运转，需要师傅和徒弟共同努力。要保证师徒制的有效运行，需要在 4 个方面做出努力，如图 6-13 所示。

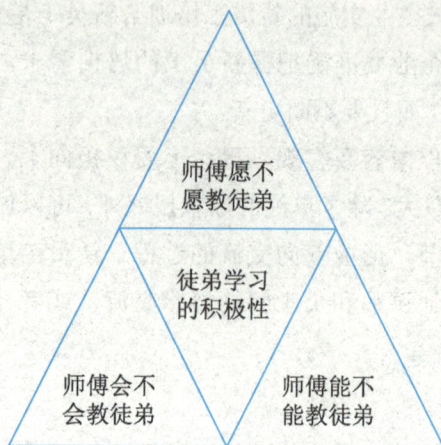

图 6-13　师徒制有效运行的 4 个方面

❶ 徒弟学习的积极性

师徒制的核心是徒弟的成长，徒弟如果不愿意学习成长，师徒制无法成立。要保证徒弟具备学习成长的积极性，企业可以为徒弟设计完善的职业发展通道，设计岗位技能评定标准，总之就是随着个人能力的成长，徒弟能够获得好处。

❷ 师傅愿不愿教徒弟

出于某些原因，有的师傅不愿意教徒弟。针对这种情况，企业可以让师傅和徒弟之间签订师徒帮带协议、设立对师傅的奖励机制，同时强化监督检查机制，解决师傅不愿意教徒弟的问题。

❸ 师傅会不会教徒弟

有的师傅能力很强，但是像"茶壶里面煮饺子——有嘴道不出"。针对这种情况，企业可以对师傅实施培训，通过培训让师傅学会提炼知识和经验的方法，并能够传授给徒弟。企业也可以量化师傅应该教徒弟的具体知识和技能类别、量化培训教材、量化操作标准，让师傅教徒弟的过程变得简单易行。

❹ 师傅能不能教徒弟

有的师傅想要教徒弟，但是师傅本身的工作较忙，或者师傅的直属上级不允许师傅教徒弟。针对这种情况，企业可以通过完善师徒制的制度要求，从制度层面保证师徒制落实；企业也可以通过岗位设计，让徒弟成为师傅的"B

角"（继任者），实现师徒制的运行。

6.9.2 承诺一致性原理的应用

要促进师傅能够持续地关心和帮助徒弟，让徒弟能积极响应师傅的传授，除了制度上的规定和奖罚上的约束之外，HR 也可以利用"承诺一致性原理"。所谓承诺一致性原理，就是当人们做出承诺之后，会不自觉地偏向于实现这个承诺。这个承诺对自己的影响越大，人们实现的动力也越大。

心理学家曾经在纽约的沙滩上做过一个实验。一个实验人员扮演成游客，放下随身听假装去上厕所；另一个实验人员扮演成小偷把随身听偷走，并且在过程中故意让一名受试者看到。观察受试者会不会出面阻止"小偷"。结果这个实验运行了 20 次，只有 4 个受试者出来阻止"小偷"。

后来，实验人员改变了做法。他在上厕所之前，请求旁边的受试者帮他看好自己的物品，在得到受试者的肯定答复后，他再假装去上厕所。同样的实验运行了 20 次，有 19 个受试者出面阻止"小偷"。

承诺一致性原理在企业师徒制的运用中能起到非常重要的作用。大部分企业实施师徒制的时候，靠的只是企业关于师徒制的规章制度，或者只是人力资源部关于师徒制的强调，没有让师傅做出任何承诺，也没有让徒弟做出任何承诺。

没有承诺就没有承诺一致性原理，这也是很多企业师徒制失败的原因之一。要运用承诺一致性原理，企业在推行师徒制的时候，可以参考如下操作。

1. 在师傅和徒弟之间正式建立师徒关系的时候，在部门内举办比较隆重的"拜师仪式"。在拜师仪式上，师傅要做出对徒弟传授技能的承诺，徒弟也要做出认真学习的承诺。仪式越隆重，效果越好。

2. 有的企业比较传统，不习惯拜师仪式，可以通过师傅和徒弟之间签署师徒帮带协议的方式达到相互的承诺。签订师徒帮带协议的时候，HR 要在场，除了强调师傅和徒弟的权利义务关系之外，也要让双方做出口头承诺。

3. 在每周或每月公开的会议上，公布当前的师徒关系缔结情况，让师傅和徒弟分别上台发言，做出各自的承诺。

HR 可以根据承诺一致性原理，采取适合自身企业的方法，来保证师徒制的运行。

6.9.3　师徒制评估的 3 个层面

人都有惰性，因为师徒制人才培养是一种长效机制，不是帮别人看一会儿东西那么简单就能完成。所以，即便师徒之间做出了承诺，HR 也不能把师徒制的运行想得顺理成章，觉得能够一帆风顺。

要落实师徒制，HR 需要有勤勉的态度。HR 首先要克服懒惰，做好检查评估工作。HR 在发现企业的师徒制存在问题的时候，要注意 3 个层面。

1. 教给别人知识和学习知识本身都是技能，不是每个人天生就具备这类技能。HR 要评估有没有教过师傅应该怎么教徒弟？有没有明确要求徒弟应该怎么学？

2. HR 有没有规定师傅应该教给徒弟哪些具体内容？按照什么标准来教？教到什么程度才能让徒弟学会？有没有明确师傅教徒弟的进度？

3. 人们趋向于做别人检查的，而不是别人要求的。如果 HR 完全不检查，师傅和徒弟很可能会失去推进师徒制的动力。HR 有没有在师徒制运行的过程中实施过检查？有没有在师徒关系结束后做过评估？有没有对比较优秀的师傅实施过奖励？有没有对不那么优秀的师傅采取过一定的措施？

有效运行师徒制并不是一味对师傅和徒弟提出要求，HR 要做好各项保证和检查工作。当 HR 从这 3 个层面对师徒制实施评估之后，往往能发现师徒制无法有效运行的真实原因，也能发现自身努力的方向。

6.10　如何解决企业缺少培训讲师的问题

典型问题：培训讲师是非常重要的培训资源，没有好的培训讲师，培训往往无法开展。可是，培训讲师也是非常难获取的培训资源，很多企业想要实施培训，却找不到适合的培训讲师。企业缺少培训讲师，怎么办？

类似问题：培训讲师可以通过哪些方式获取；如何开发和培养内部的培训讲师；如何选择外部的培训讲师等。

6.10.1 培训讲师的 2 种获取方法

培训讲师资源的质量，决定了整个培训管理体系中资源层面的质量。培训讲师的获取方式有 2 种，分别是内部开发和外部聘请，它们的优缺点以及获取途径如表 6-5 所示。

表 6-5 　内部开发和外部聘请培训讲师的优缺点及获取途径

讲师来源	优点	缺点	获取途径
内部开发	1. 熟悉企业内部情况，培训过程中的交流较为顺畅； 2. 讲师自身能够为学员树立榜样； 3. 易于管理，便于沟通； 4. 成本相对较低	1. 权威性相对较低； 2. 选择范围较小，难出高手； 3. 可能出现近亲繁殖现象； 4. 参训人员可能热情不够	内部专职或兼职讲师； 优秀的部门主管； 专业技术人才； 骨干员工； 中高层管理者； 拥有某项技能的兴趣爱好者等
外部聘请	1. 选择范围大，可获取高质量的讲师资源； 2. 可以给企业带来较多的新理念、新方法、新工具； 3. 对参训人员有较大的吸引力，可获得良好的培训效果； 4. 能够提高培训的档次，引起企业内部各方的重视	1. 培训讲师对企业缺乏了解，培训失败的风险较大； 2. 通用课程为主，有可能会让培训缺乏针对性，适用性低； 3. 难以形成系统的培训； 4. 成本相对较高	培训或咨询机构的专业讲师； 行业标杆企业的兼职讲师； 某领域的专家或学者； 高校教师； 长期稳定合作的大型供应商或客户提供的培训讲师资源等

内部讲师资源和外部讲师资源比较起来，究竟哪种资源更好呢？

对具备一定的管理能力或对内部管理要求比较高的规模企业来说，从人才长远发展的角度来看，一般来说，以内部开发的培训讲师为主，以外部聘请的培训讲师为辅会更有利于企业发展。

因为通过内部开发培养培训讲师，能锻炼一部分核心员工的能力，能激发他们深入研究某一领域的热情和积极性，能增加他们的荣誉感。从某种程度上来说，成为企业的培训讲师也是企业给优秀员工提供的一种激励因素。

对于一些内部无法传授的课程，除了聘请外部讲师作为辅助之外，也可以通过聘请外部讲师，让内部讲师学习和内化外部讲师的知识，逐渐把外部课程的知识，转化成适应企业内部需要的课程。

6.10.2　内部讲师的 5 步开发方法

内部培训讲师的开发可以分成 5 步，如图 6-14 所示。

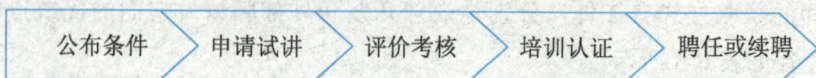

公布条件 ▷ 申请试讲 ▷ 评价考核 ▷ 培训认证 ▷ 聘任或续聘

图 6-14　内部培训讲师开发的 5 步

❶ 公布条件

开发内部培训讲师的第一步是企业公布内部培训讲师的选拔资格条件。担任内部培训讲师的资格条件应当根据企业的实际需要制定。通用的任职资格条件一般包括愿意帮助他人的品质、领域的专业能力、相对比较好的绩效和良好的沟通与表达能力。

❷ 申请试讲

感兴趣、想做内部培训讲师的员工，可以自行申请参加企业统一举办的试讲。这个环节最容易出现的问题是企业在发出号召后，很少有人报名。遇到这种情况，HR 要搞清楚员工不愿意报名的原因，并且针对问题重新审视报名通知和担任培训讲师的条件。

❸ 评价考核

这一步是企业对报名后参加试讲的候选人进行评价和考核的过程。这里的评价和考核指的不仅是对员工试讲环节的评价考核，更重要的是对员工日常工作的评价考核。对内部培训讲师的评价考核，最重要的是态度，其次是绩效，最后是能力。

❹ 培训认证

当初步选拔出具备内部培训讲师潜质的人才之后，因为他们中很多人通常不具备内部培训讲师需要具备的经验提取、授课表达、课程设计、课程制作等相关能力，所以企业要统一组织关于内部培训讲师的培训。培训结束之后，要对参训人员进行检验和认证，通过认证者才有资格被聘任为内部培训讲师，认证不通过者不能获得聘任。

❺ 聘任或续聘

对于新通过认证的内部培训讲师候选人，可以采取聘任；对于已经成为企业内部培训讲师，复训后认证通过的，可以采取续聘。如果企业的战略、机构、流程、员工等因素随时间变化比较大，对内部培训讲师可以每年聘任一次；如果这些因素随时间变化比较小，可以 2 ～ 3 年聘任一次。

6.10.3　外部讲师的 3 个甄选方法

企业寻找外部讲师的原因是企业在某一方面的信息或能力存在不足，需要外部讲师补足。所以，外部培训讲师必须要具备一定的专业素养，具备足够的经验和较高的能力水平。企业在选拔外部讲师时，需要注意 3 个甄选方法，如图 6-15 所示。

图 6-15　外部讲师的 3 个甄选方法

❶ 只选对的，不选贵的

外部培训讲师需要具备培训课程的开发能力，培训项目开发及授课的经验。只有适合的才是最好的。名校的毕业背景、多年的工作经验、丰富的授课经验、某大型企业高管的背景等宣传噱头并不能作为外部培训讲师适应企业需要的证明。企业在选择外部讲师时不要只看讲师的水平，还要看讲师擅长的培训主题、内容、风格是否适合自身。

❷ 不看广告，要看"疗效"

再好的广告也不如顾客体验试用后的感受。在引进外部讲师之前，HR 应当试听一下其课程。同时，企业应当让外部讲师提供曾经服务过的客户培训效果较好的证明。比如，培训结束之后的评估，好的培训效果不仅是停留在课堂效果方面，更重要的是企业的某些环节是否真实地发生了变化。

❸ 大家好，才是真的好

仅靠试听和外部讲师提供的资料还不足以构成选择外部讲师的依据，尤其是在选择企业期望长期合作的外部讲师时。在外部讲师提供资料后，HR 应当像招聘环节实施背景调查一样，了解外部讲师的背景和口碑。

6.11　如何萃取经验，高效设计培训课程

典型问题： 如何让内部培训讲师有效地萃取经验，并且把经验设计成有助于内部传播的培训课程？

类似问题： 如何从无到有开发培训课程；培训课程应该拥有什么样的内容结构以帮助员工学习；如何帮助内部培训讲师设计培训用的专业课程等。

6.11.1　培训课程结构设计

成年人的学习强调学以致用，因此在设计培训课程的环节，需要首先引起成年人的注意，让其主动发现问题，然后给予其理论指导并让其在实战中有效地演练和运用，并通过对问题的解决形成总结反思，形成持续改进、不断提升的闭环，如图 6-16 所示。

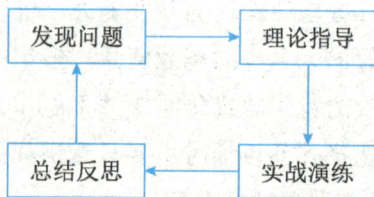

图 6-16　培训课程设计的逻辑

① 发现问题

培训的目的是解决问题，但是参训人员很可能在培训开始之前没有意识到问题，或者已经意识到问题，但是对问题的认识不深刻、不全面、不到位。因此，在培训课程开始的阶段，培训讲师要通过游戏、提问、测试、案例研讨等各种方式吸引参训人员的注意，启发参训人员的思维，帮助其发现问题，激发其学习欲望，提升其认知水平。

❷ 理论指导

发现问题后，培训讲师可以开始正式的课程，也就是向参训人员提供科学的解决问题的方法和理论指导。在设计这部分培训课程的内容时，应当注意始终遵循 KISS（Keep It Simple and Stupid，保持培训课程的简单易懂）原则，让所有的内容简单易懂，尽量不要有过多复杂的原理。

❸ 实战演练

成年人喜欢在实战中学习，期待用学到的知识解决实战问题，喜欢参与、讨论与互动。所以在设计课程时，课程开发人员应尽量设计出能让参训人员实战演练的环节。实战演练的环节不仅能够让参训人员在培训过程中获得练习，而且能够让培训讲师对参训人员的实际操作实施一定的点评、纠正或指导，巩固培训的内容，加深参训人员学习的印象，增强培训的效果。

❹ 总结反思

在课程的最后，除了总结课程的全部内容之外，还可以增加总结反思的环节。培训讲师通过与参训人员对培训课题进行进一步的研究、交流、探讨，将学习所得升华，让参训人员深入反思自身距离学习目标还存在哪些差距，应继续做出哪些方面的努力，对参训人员形成不断提升的闭环。

6.11.2 培训课程开发步骤

培训课程的开发不仅要注意课程本身的设计环节，还应在课程设计之前注重目标的确定和任务的分析，在课程设计之后注意其在培训教学环节中的应用及应用之后得到的反馈与评价。培训课程开发的流程如图 6-17 所示。

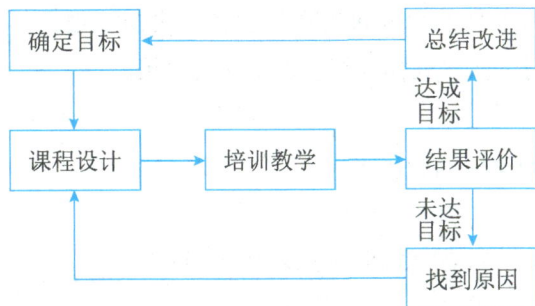

图 6-17 培训课程开发流程

❶ 确定目标

在开发培训课程之前，课程开发人员要明确课程主要针对的是哪些具体痛点、解决哪些具体问题、想达到哪些具体目标。针对要达到的目标，课程开发人员要分析解决问题需要做的工作任务以及培训课程中需要包含的具体内容。

❷ 课程设计

根据课程开发人员确定的目标和课程内容、培训课程的结构设计培训课程。建筑物的建设过程中是先搭骨架，再填充混凝土，最后进行装修。课程的设计也是同样的道理，课程设计在确定课程的主题之后，一般需要先确定分成几个部分、有几个标题或目录，再确定包含哪些内容，最后进行整体性、系统性的优化。

❸ 培训教学

完成培训课程设计之后，就可以开始进行培训了。有条件的企业在正式的培训之前可以先进行小范围内的试讲，以便及时发现课程的不足之处，及时改进。

❹ 结果评价

在正式的培训之后，通过对培训结果的评价，HR 能够得出该培训课程是否达成了预期的目标。如果达成目标，做一定的总结改进之后，HR 要根据新一轮培训目标的确定形成闭环；如果没有达成目标，HR 要及时查找原因，对课程进行修改或重新设计。

培训课程经过多次设计、实施和完善后，可以考虑定版。之后随着环境的变化，再不断地修订。一般来说，定版后的培训课程一般保持一年至少修订一次的频率。有条件的企业可以在每次开课之前，根据行业变化、当下热点和参训人员类别对课程进行调整以提升课程效果。

6.11.3 培训课程内容框架

培训课程的内容框架如图 6-18 所示。

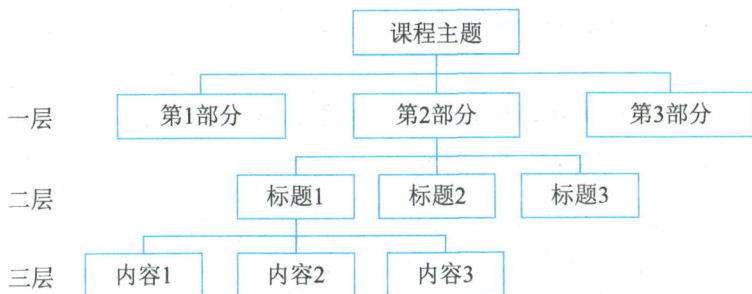

图 6-18　培训课程内容框架

整个培训课程的内容框架应当遵循"论点—论据—论证"的逻辑和系统顺序。设计培训课程的内容框架的步骤如下。

1. 选定的课程主题应言简意赅，能让参训人员通过课程主题看出该培训课程待解决的主要问题。每个培训课程解决的问题最好是具体的某一个或某一类问题，内容较宽泛的课程往往起不到效果而且不容易被参训人员接受。比如，"如何组织一场会议"就是比较可取的课程题目，"会议管理与企业文化"这个课程主题就显得较为宽泛。

2. 确定课程中共有几部分内容来说明课程主题。各部分内容之间应当相对独立，对说明课程主题都应当具有一定的支撑作用。

3. 列出每个关键部分之下分别有多少标题段落。标题段落是对各部分内容的细分，用来支撑每部分的内容。

4. 列出每个标题之下有哪些具体内容。内容是对标题的再次细分，用来支撑标题。

6.12　如何根据需要选择适合的培训形式

典型问题： 在设计培训课程的时候，可以选择不同的培训形式。根据培训需要，HR 应该如何选择培训形式？

类似问题： 除了传统的培训讲师讲课，学员听课的培训模式之外，还有哪些培训形式；不同的培训形式有哪些优缺点；选择培训形式的时候要考虑哪些因素等。

6.12.1　直接传授类培训形式

常见的直接传授类培训形式可以分为讲授法和讲座法两种,它们的优缺点以及适合的培训目标如表 6-6 所示。

表 6-6　讲授法和讲座法的优缺点以及适合的培训目标

形式	优点	缺点	适合的培训目标
讲授法	知识比较系统、全面; 有利于大面积培养人才; 对培训环境的要求不高; 有利于培训讲师的发挥; 学员能够向培训讲师请教疑难问题	一次传授内容多,学员难以完全消化; 不利于教学双方的互动; 不能满足学员个性化的需求; 培训讲师水平直接影响培训效果; 学过的知识不易被巩固	学习和接受比较标准化的新知识
讲座法	培训不占用大量的时间,形式比较灵活; 可随时满足员工某一方面的培训需求; 易于培训对象加深理解	讲座中传授的知识相对集中; 内容可能不具备较好的系统性	传达信息; 扩展眼界; 丰富认知

6.12.2　游戏参与类培训形式

常见的游戏参与类培训形式可以分为角色扮演和拓展训练两种,它们的优缺点以及适合的培训目标如表 6-7 所示。

表 6-7　角色扮演和拓展训练的优缺点以及适合的培训目标

形式	优点	缺点	适合的培训目标
角色扮演	参与性强,学员与培训讲师之间的互动交流充分; 学员可以互相学习,可以提高学员参与培训的积极性; 模拟环境和主题有利于增强培训效果;及时认识到自身存在的问题并进行改正,明白自身的不足,使各方面能力得到提高; 具有时间、形式等方面的高度灵活性,组织者可以根据培训的需要改变学员的角色,调整培训内容	场景是人为设计的,如果设计者没有精湛的设计能力,设计出来的场景可能会过于简单,使学员得不到真正的角色锻炼、能力提高的机会; 实际工作环境复杂多变,而角色扮演中的环境却是静态的、不变的; 角色扮演中体现出的问题分析往往仅限于个体,不具有普遍性	接受新知识; 改变态度; 解决某类问题; 改善人际关系

形式	优点	缺点	适合的培训目标
拓展训练	以体验活动为先导，使训练充实丰富； 学员通过身体力行的活动来感受并悟出道理； 学员能够体会到发自内心的胜利感和自豪感； 大型的分组活动有助于增强团队合作的意识； 实现心理、体能、智能的共同挑战	可能会被看作一种旅游活动或体育运动； 若组织不力，有人会心不在焉； 若项目不够新颖，或设计流于形式，很难激发学员的热情； 可能出现危险； 培训费用较高	解决某类问题； 改善人际关系； 提高团队凝聚力

6.12.3 实践参与类培训形式

常见的实践参与类培训形式可以分为模拟演示、团队协作、头脑风暴3种，它们的优缺点以及适合的培训目标如表6-8所示。

表6-8 模拟演示、团队协作、头脑风暴的优缺点以及适合的培训目标

形式	优点	缺点	适合的培训目标
模拟演示	有助于激发学员的学习兴趣； 可利用多种感官，做到看、听、想、问结合； 感受直观，有利于获得感性知识； 有助于学员加深对所学内容的印象	适用范围有限，不是所有学习内容都能演示与模拟； 设备或装置移动不方便，不利于培训场所的变更； 操作前需要一定的费用和精力做准备	解决某类比较具体的问题； 学会某类特定技能
团队协作	增强学员的团队意识和集体意识； 利用团队的群体压力增强培训的效果； 利用团队实现培训期间对培训学员的管理； 利用集体荣誉感增强学员的参与意识	对培训场地有一定的要求； 对团队中队长的能力和主动性有一定要求； 管理不善可能引起群体对培训的抵触	改变员工对某事物的态度； 增强团队的凝聚力
头脑风暴	学员能主动提出问题，表达个人的感受； 有助于激发学员的学习兴趣； 鼓励学员积极思考，有利于能力的开发； 有助于加深学员对知识的理解； 讨论交流可以取长补短，互相学习	若引导不善，可能使讨论漫无边际； 学员自身水平影响培训的效果； 不利于学员系统地掌握知识和技能	接受新的信息和知识； 拓展员工的眼界，拓宽思维广度； 改变员工对某类问题的态度

6.13 如何做好针对不同管理层的培训

典型问题: 管理层的能力素质对企业绩效的影响很大。不同管理层的能力素质有不同的要求,如何根据管理层的特点实施有针对性的培训?

类似问题: 不同管理层的能力要求有哪些特点;针对不同管理层应该培训哪些内容;实施不同管理层的培训时应注意什么等。

6.13.1 高层管理者培训内容

高层管理人员是组织的中坚力量,是企业的最高管理层,管理着整个企业。高层管理人员负责整个企业的战略规划、业务经营模式、组织文化搭建等。高层管理人员主要关注企业的全局、长远、良性的发展问题。

基于高层管理岗位的特征,高层管理人员需要有较强的战略规划能力,进行企业战略规划,对企业总体进行把控。他们首要的工作是及时发现问题和做出正确的决策。因此,他们首先必须具备获取信息、分析信息和决策的能力。

高层管理人员作为企业战略的制定者与决策者,要为企业实现总体目标与达成业绩负责,并负责制定和评价企业长期的目标、战略、规划与计划,进行企业高层的管理决策,评价企业不同部门的总体运作业绩,进行重要人员的选择,就全局项目或问题与下级管理人员进行沟通。

对高层管理人员的培训可以侧重于培养经营意识、领导能力、战略规划能力、决策能力、经营理念、资本运营与投资决策能力、人才开发与制度创新能力、统筹全局的能力、控制能力等高级工商管理方面的培训。

6.13.2 中层管理者培训内容

中层管理人员一般是企业的中流砥柱,是企业的腰部力量。中层管理人员是企业管理人员的重要组成部分,起着上传下达、承上启下的作用。中层管理人员一方面关注着高层管理人员制定的战略规划，另一方面对接着企业员工的执行问题。

基于中层管理岗位的特征，中层管理人员需要较强的组织能力、协调能力、沟通能力，进行企业信息的上传下达，组织部门实现部门目标。他们首要的工作是组织好部门员工实施项目任务和协调上下左右的关系。因此，他们应该具备服务于企业目标与战略的计划与组织实施能力。

中层管理人员应该自觉地服从企业的整体目标与战略和业绩要求，为自己所做的决定负责，并负责制定中期计划和长期计划，供高层管理人员审查；分析管理工作的业绩，考察和确定晋升人员的个人能力和合格情况；建立部门政策；审查日常和每周的生产和销售情况；与下级管理人员磋商生产、人事和其他情况；选择和招募员工。

对中层管理人员的培训可以侧重于团队组建、激励机制、交流沟通、系统思维、识人带人、服务意识、部门目标管理、绩效考核、成本控制、市场营销、人力资源开发与培训、员工激励、沟通技巧、领导艺术等方面。

6.13.3 基层管理者培训内容

基层管理人员是企业管理的基石，在企业中主要处于一线的管理岗位，同时也会负责实际工作。基层管理人员既是企业一线的执行者，又是管理者。因此基层管理人员在工作中既要关注细节、效果问题，进行人员管理；又要身体力行、业绩突出，起到带头作用。

基于基层管理岗位的特征，基层管理人员需要有较强的业务技能，还要能够具体执行业务的指导与监督。他们的首要任务是利用自己丰富的专业知识和经验完成好上级交办的任务，因此，他们应该具有丰富的专业知识和较强的专业基础能力。

基层管理人员主要根据企业的要求组织一线的员工实施规定的任务，对实施的结果负责，并负责确定详细的短期经营计划、实施程序、现场工作流程与标准工作方法；考察一线员工的工作业绩；管理和监督日常经营运作；制定详细的任务分配计划；与操作员工保持密切联系和接触。

对基层管理人员的培训可以侧重于协调沟通、辅导下属、专业技能、服务意识、绩效考核、目标考核、成本管理、质量管理与督导、投诉处理及业务流程、工作指导方法、工作改进方法、人际关系等方面的培训，使基层管理人员具备经营管理工作的基本素质。

6.14　员工不适应岗位经常抱怨怎么办

典型问题： 有些员工在工作一段时间之后，不能适应当前的岗位，常常对工作产生抱怨，这种情况应该怎么办？

类似问题： 员工抱怨自己的工作就像是"打杂"，看不到希望，怎么办；员工在频繁变换工作岗位后，抱怨职业达不到自己的期待，怎么办；员工抱怨绩效总是不达标，薪酬水平一直比较低，怎么办等。

6.14.1　组织满意度和岗位满意度

员工对岗位产生抱怨，最直接的原因是员工的满意度低。在找到应对方法之前，企业首先要搞清楚两个概念：一是组织满意度，二是岗位满意度。

组织满意度，指的是员工因为自己的职业表现能满足岗位要求的程度，所获得的满意度；岗位满意度，指的是员工因为岗位给自己带来的回馈，所获得的满意度。

组织满意度和岗位满意度之间的关系，如图 6-19 所示。

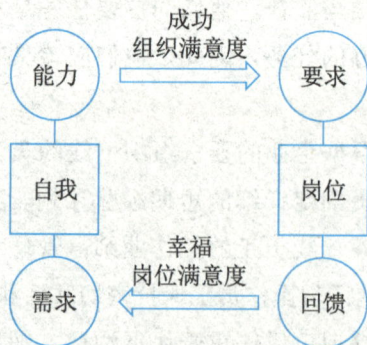

图 6-19　组织满意度和岗位满意度之间的关系

在理想状况下，当员工个体的能力能够满足岗位要求的时候，员工的组织满意度就会提高，员工会获得职业上的成就感。这时，员工会有一种成功的感觉。相应地，当岗位的回馈能够满足员工个体需求的时候，员工的岗位满意度就会提高，员工会获得职业上的幸福感。这时，员工会有一种幸福的感觉。

反过来，如果个体能力不能满足岗位的要求，组织对员工的行为表现就会不满意，员工就无法获得职业上的成功，失去职业上的成就感，员工的组织满意度就会降低；如果岗位的回馈无法满足个体的需求，员工就无法获得对当前职业的满意，失去职业上的幸福感，员工的岗位满意度就会降低。

要想减少员工的抱怨，就要想办法让员工收获自己职业上的满意，提高组织满意度或岗位满意度。不过，要提高员工的满意度，企业首先要搞清楚员工抱怨的究竟是什么？是组织满意度低，还是岗位满意度低？

要帮助员工解决问题，企业要让员工搞清楚这两种满意度的不同，让他自己发现问题究竟出在哪里。这个时候，企业可以让员工思考自己不满意的环节在哪里，是觉得自己不够成功，还是不够幸福？或者是希望自己更加成功，还是希望自己更加幸福？

如果员工觉得自己不够成功，一般是组织满意度有问题，也就是员工的能力不能满足岗位的需要，员工没有成就感。具体表现可能是员工觉得岗位给自己带来的声誉低、地位低，员工在精神上不能满足。

如果员工觉得自己不够幸福，一般是岗位满意度有问题，也就是岗位的回馈不能满足员工的需求，员工没有幸福感。具体表现可能是员工觉得岗位给自己带来的收入低、福利低，员工在物质上不能满足。

6.14.2　提升双满意度的 4 个方法

当找到员工不满意的根源后，企业可以帮助员工分清楚主次，列出解决问题的先后顺序，然后分步努力，逐个击破。组织满意度和岗位满意度常见的 4 种情况及应对措施如图 6-20 所示。

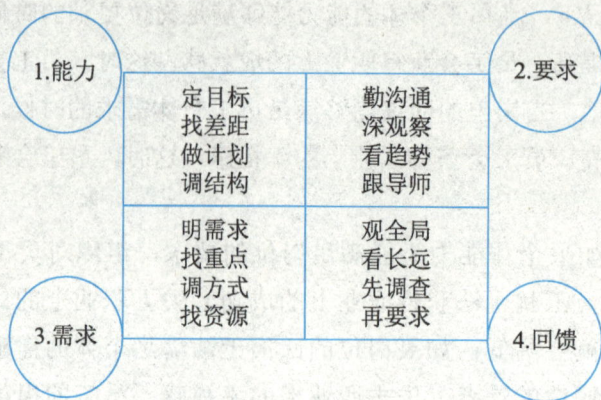

图 6-20　组织满意度和岗位满意度常见的 4 种情况及应对措施

❶ 员工的岗位能力有待提高

HR 首先可以帮助员工设定目标。定好目标之后，HR 可以帮助员工找到差距。员工通过清晰的岗位要求，列出自己和岗位要求之间的能力差距。然后，员工可以制定清晰的、阶段性的能力提升计划，实施计划，通过刻意学习、持续练习，提升缺项的能力，调整自己的能力结构。

❷ 员工不清楚岗位的要求

HR 可以与员工沟通，让其深入观察岗位，明确岗位的具体要求，而且要提醒其时刻关注企业和岗位的变化趋势，提前做准备。HR 可以帮助员工寻找优秀的职业导师，帮助员工成长，让员工少走弯路。

❸ 员工的需求比较高，比较不切实际

HR 可以按照如下步骤实施：第一步，帮助员工系统地探索自己的职业价值观，系统了解自己对职业的需求都有哪些；第二步，找到重点，明确在某一个阶段，员工最需要满足的 2 ～ 3 个核心需求；第三步，帮助员工调整需求获取的方式，员工主动调整工作状态，找到当下其他可以满足自身需求的方式；第四步，寻找资源，调动员工和企业的资源，探索员工可以更好实现自我满足的可能性。

❹ 岗位的回馈比较低

HR 可以审视员工所在岗位的回馈是否在客观上比较低。这里的岗位回馈要从全局的角度去看，不仅包括每月金钱上的短期收益，还包括发展空

间、情感以及其他长远收益。HR需要做一些内外部的薪酬调查，评价的时候要客观。如果最终确认岗位回馈低于市场水平和薪酬策略，可以做出调整。

6.14.3　员工职业能力评估与开发

当员工发现自身的职业能力不足时，企业可以帮助员工找到个人职业能力的缺项，帮助员工补足能力的短板。这里用到的工具是员工能力开发需求表，如表6-9所示。

表6-9　员工能力开发需求表

填表日期：_____年___月___日		填表人：			
姓名		部门		岗位	
所承担的工作	工作职责				
	自我评价	□完全胜任	□基本胜任		□不能胜任
	上级评价	□完全胜任	□基本胜任		□不能胜任
	上级评价依据				
对工作的期望和想法					
达到目标所需要的知识和技能					
达到目标所需要的培训课程					
需要公司提供的非培训的支持					
备注：					

员工能力开发需求表需要员工所在部门的直属上级和员工共同根据员工目前的情况进行工作胜任情况的评价。在确认员工目前所任职岗位的主要工作后，建立工作清单，再按照工作清单一一确认，评估员工是否能够胜任当前的工作。

评估时需要注意过程中的客观公正和实事求是，评估的目的不是证明员工不胜任工作之后淘汰员工或对其降职，而是提升和改进员工的能力。通过评估寻找员工的不足之处，和其一起分析问题，并帮助其找到可行的解决方案。

评估过程中也要求员工能够正确认识自己的现状，员工需要对自己是否胜任工作做出评价。员工如果认为自己不能胜任工作，要说明是哪方面不能胜任。员工需要提供做出自我评价的依据，这里的依据最好是详细、具体的，杜绝凭感觉做评价。

根据工作评价的结果，员工提出对工作的期望和想法，应当主要从职位期望、个人能力提升等方面填写。在这项内容上，员工的直属上级需要和员工不断沟通，发掘员工真正的需求，并且要鼓励员工说真话。有时候员工会因担心将自己的期望说出来会受到他人的否定而选择不说出真实的想法，这会使企业在这方面的工作难以达到预期的效果。

直属上级要和员工从岗位职责和胜任力的角度分析员工所需要提升的知识和技能。根据员工需要提升的知识和技能，结合企业的培训课程体系，直属上级可以为其制定专属的个性化培训方案。最后直属上级应询问员工除了需要企业内部提供的培训之外，还需要其他哪些方面的支持。

6.15　如何完整全面地实施培训评估

典型问题： 很多 HR 知道培训评估的重要性，可是培训评估应该如何实施？实施培训评估的时候又应该注意什么？

类似问题： 培训评估包括哪些类别；如何应用不同的培训评估类别；如何通过培训评估做好培训工作等。

6.15.1　培训开始前的评估

防患于未然，培训评估在培训开始之前就应该做。如果在培训之前不做评估，在培训结束后，HR 往往会发现很多原本在培训前可以避免的错误已经无法挽回，严重的可能造成企业花费大量的人力、物力、时间做的培训却达不到预期的效果。所以培训前的评估往往比培训后的评估更加重要。

在培训开始之前，HR 要评估的内容如图 6-21 所示。

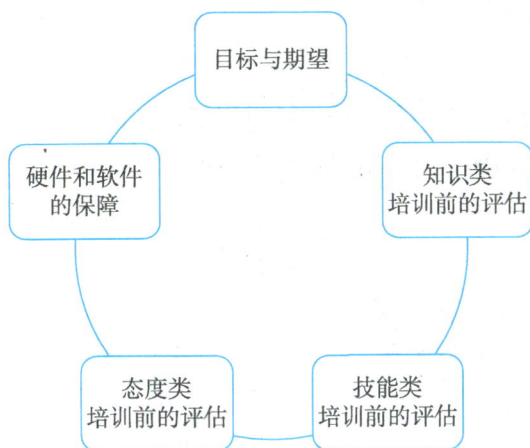

图 6-21　培训开始之前，HR 要评估的内容

❶ 目标与期望

HR 要评估：培训是否已经确定了目标，目标是否有效，目标是否现实，参训人员期望从培训中获得什么，他们的期望是否现实，他们为什么会有这方面的期望，对于参训人员的期望 HR 应该怎么办，培训内容和培训目标之间的匹配度。

❷ 知识类培训前的评估

HR 要评估：培训想要参训人员知道什么；为了让参训人员更好地知道这些内容，培训的方案是否有调整的空间。

❸ 技能类培训前的评估

HR 要评估：培训是为了使参训人员具备哪些技能，培训内容中是否包含这些内容，有没有对员工提出要求。

❹ 态度类培训前的评估

HR 要评估：培训是为了使参训人员在哪些方面的态度做出改变；通过什么方式来衡量和判断参训人员态度上的改变；除了培训之外，有没有其他因素影响着员工态度的改变，如环境、制度、流程等是否会影响员工的态度。

❺ 硬件和软件的保障

HR 要评估：实施培训相关的硬件和软件等保障是否到位，是否存在培训的硬件和软件无法支撑培训正常运行的可能性，是否需要提前做好备选方案，培训费用方面是否有减少的可能性，培训费用和培训效果之间是否存在较强的关联性。

6.15.2　培训运行中的评估

培训运行中的评估是一种对培训的过程管控，HR 对培训过程的管控同样是为了达到培训的预期效果。培训运行中的评估内容如图 6-22 所示。

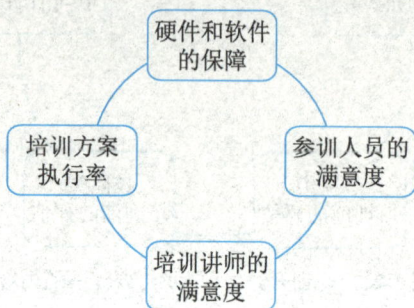

图 6-22　培训运行中的评估内容

❶ 硬件和软件的保障

HR 对培训相关硬件和软件的保障要贯穿培训开始之前和培训运行的全过程。

❷ 参训人员的满意度

很多 HR 对参训人员满意度的关注只是停留在培训结束之后的调查问卷层面。可有时候参训人员出于一些原因，可能会偏向于给培训讲师打高分。这就造成了培训结束后的问卷调查的结果有一定的不真实性。

为了深入了解参训人员的满意度，HR 应当在培训过程中深度参与培训活动，观察参训人员的表现、表情、参与程度等，并在培训过程中随时和参训人员进行交流，通过对话了解他们内心真实的感受，判断他们是否真的满意。

❸ 培训讲师的满意度

在培训运行过程中，HR 对培训讲师满意度的关注与对参训人员满意度的关注是同样的道理。有的企业会给培训讲师发放培训组织方面的满意度调查问卷，但培训讲师有时候出于一些考虑，即便心里有不满意也不愿在问卷中表现。

为了有效了解培训讲师对培训组织方面的满意度，HR 在培训运行过程中，要随时和培训讲师保持沟通，了解他们的需求、意见或建议，便于随时做出调整。

❹ 培训方案执行率

HR 要在培训运行过程中随时关注和评估培训课程实际运行情况是否与计划相匹配，课程的进展是否完全与计划一致，培训的内容是否与预期一样生动，培训的表现形式是否和预期一样等。

比如，有的培训讲师是"文案派"，在课程设计方面非常在行，从文案的角度看，课程内容精彩绝伦，应当能够达到预期的效果，可是由于培训讲师讲课功底较差，实际讲课可能没有自信、没有气场、逻辑不清、解析不深，造成实际的培训效果较差。这种情况如果不在培训运行过程中发现，很难通过培训后的问卷调查发现。

6.15.3　培训结束后的评估

培训结束后的评估，HR 可以运用柯氏四级培训评估模型（Kirkpatrick Model）。柯氏四级培训评估模型是由国际著名学者威斯康星大学（Wisconsin University）教授唐纳德·L. 柯克帕特里克（Donald L.Kirkpatrick）于 1959 年提出的，是目前世界上应用比较广泛的培训评估工具。

柯氏四级培训评估模型按照培训目的和类型的不同，将培训后的评估分为 4 个层级，分别是反应层、学习层、行为层和结果层的评估。柯氏四级培训评估模型中的 4 个层级在培训管理中分别具备不同的定位和用途，如图 6-23 所示。

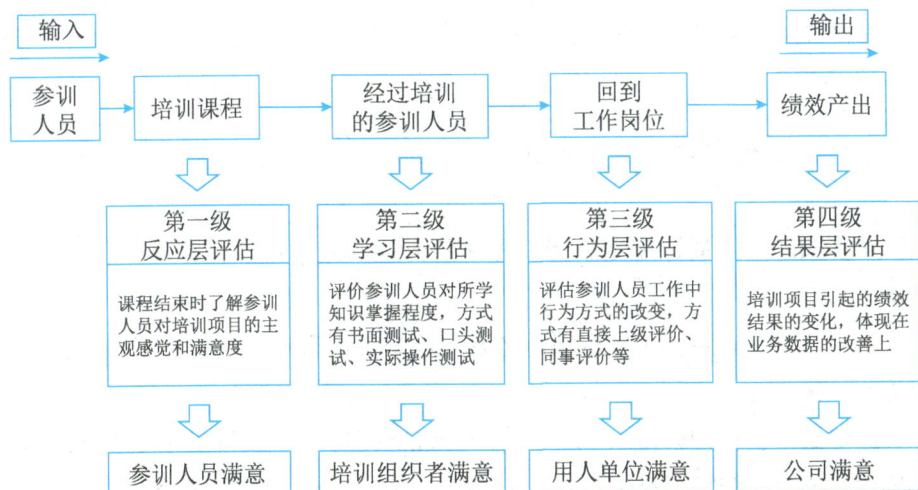

图 6-23　柯氏四级培训评估模型中的 4 个层级在培训管理中不同的定位和用途

从培训的输入到输出贯穿整个培训流程。每一个过程节点对应着不同的评估内容。

第一级反应层评估，评估参训人员对培训组织和授课的满意情况，让参训人员满意。

第二级学习层评估，评估参训人员参与培训的收获情况，让培训组织者满意。

第三级行为层评估，评估参训人员培训后行为上的改变情况，让参训人员所在单位满意。

第四级结果层评估，评估培训是否最终引起员工绩效的改变，让公司满意。

6.16 如何正确地实施对培训工作的考核

典型问题： 企业有培训部门和培训岗位，专职负责企业的培训工作，可是培训工作的内容比较繁杂，如果只用培训计划完成率来考核培训工作，有失偏颇，如何正确地实施对培训工作的考核？

类似问题： 对培训部门实施考核可以有哪些指标；如何防止对培训部门的考核走形式；如何评判培训工作的质量等。

6.16.1 培训考核无效的原因

很多 HR 做培训计划完成情况评估的时候，最常用的指标是培训计划完成率。

培训计划完成率 =（考核期内实际实施培训的数量 ÷ 培训计划中的培训数量）×100%。

原理是年初计划要做 100 场培训，年底的时候，评估实际做了多少场培训。如果做了 98 场培训，培训计划完成率就是 98%；如果做了 105 场培训，培训计划完成率就是 105%。

实际上培训计划的完成情况这类指标只在特定情况下好用，企业不能简单地用这类指标来定义和评估培训工作的质量。这类指标只聚焦于培训的具体操作实施层面，没有考虑企业的战略需求，没有考虑人才发展的需求，也没有考虑培训管理的现况。

培训计划完成率这个指标完成了并不代表就是好的。有时候可能因为计划是年初定的，年中时情况变了就不需要培训了，如果死板地执行培训计划，结果可能造成培训资源浪费。虽然完成了指标，却浪费了成本。

除了培训计划完成率外，评判培训工作质量的其他参考指标如表 6-10 所示。

表 6-10　评判培训工作质量的参考指标

绩效指标	指标定义
培训后参训人员满意度	（考核期内对培训满意的参训人员人数 ÷ 考核期内全部被调查的参训人员人数）×100%
培训后参训人员知识达标率	（考核期内培训后参训人员考试合格的人数 ÷ 考核期内参训人员总人数）×100%
培训后参训人员行为改善率	（考核期内培训后参训人员行为明显改善的人数 ÷ 考核期内参训人员总人数）×100%
培训后参训人员绩效改变率	（考核期内培训后参训人员绩效明显改善的人数 ÷ 考核期内参训人员总人数）×100%
培训讲师满意度（内部客户）	（考核期内对培训讲师满意的内部客户数量 ÷ 考核期内全部被调查的内部客户数量）×100%
培训档案存档率	（考核期内实际归档的培训文件数量 ÷ 考核期内应归档的培训文件数量）×100%

要正确实施对培训工作的考核，企业应当根据培训管理所处的阶段、培训工作的重心、实施培训的目标等信息，来设计对培训工作的考核。

6.16.2　培训工作的 4 个阶段

企业的管理水平和管理能力分成不同的阶段，培训管理水平和能力同样可以分成不同的阶段。培训工作的 4 个阶段如图 6-24 所示。

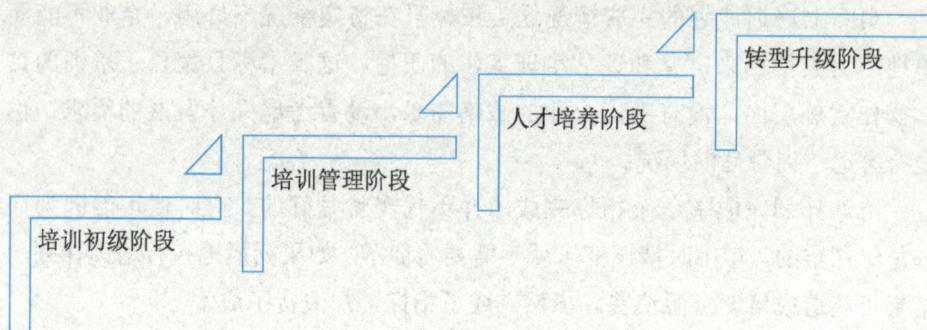

图 6-24　培训工作的 4 个阶段

在培训工作的不同阶段，工作的重点、培训起到的作用、培训管理工作的关键点以及考核培训管理成果、培训工作质量的指标都是不同的。

❶ 培训初级阶段

培训工作的初级阶段是企业培训从无到有的阶段，是一个思维引入和导入的阶段，企业在此之前通常没有系统地实施过培训。当培训工作处于初级阶段的时候，工作的重点应该放在员工知识的扩充、素质的提升、士气的激发和心态的调解上。

在这个阶段，培训主要是一种员工的福利和企业留人的策略。这个阶段因为培训工作还不成熟，企业内部缺乏有效的培训资源开发和管理。这个阶段的培训通常会比较零散。比如，有的企业只做新员工培训，老员工和管理层的培训偶尔有，但不系统。

❷ 培训管理阶段

在培训工作经历过初级阶段之后，培训工作逐渐走上正轨，到了管理阶段。培训管理阶段的工作就像把单点的培训连成线，形成一个完整的培训管理链条。

当培训工作到了管理阶段的时候，企业主要的岗位都有相应的培训计划，内部逐渐开始建立起讲师团队和课程体系，企业的培训工作开始变得有计划性、有目的性、有针对性。在这个阶段企业需要开始构建岗位胜任力模型，根据岗位胜任力模型建立和开发课程体系。培训在这个阶段的作用主要是吸引人才、培养内部讲师、形成学习型组织的氛围。

❸ 人才培养阶段

随着培训工作的发展，培训将会进入第三个阶段——人才培养阶段。在这个阶段，链条状的人才培养和培训方案已经不能完全满足企业对人才能力的要求，企业必须想办法让整体的人才能力和素质得到提升。

在这个阶段，培训工作的重点已经不是按照培训计划实施培训，而是通过各种方法建立机制，激发员工学习和成长的主观能动性，提高全员综合素质能力，建立以岗位胜任力模型为导向的课程体系，注重搭建以战略为导向的人才梯队。培训在这个阶段的作用是集中管理企业内部的智慧和经验，满足战略发展对人才的需求。

❹ 转型升级阶段

当前 3 个阶段都经历并完备了之后，培训工作将逐步进入第四个阶段，也就是转型升级阶段。在这个阶段企业通常已经有了企业大学，培训工作已经和企业的经营管理紧密相连，培训形式逐渐变得战略化、职能化、专业化、系统化、多样化，培训成为绩效改进的有效途径之一。培训在这个阶段的作用主要是解决企业面临的发展瓶颈和绩效问题，帮助企业实现战略目标和转型升级。

6.16.3 有针对性的培训考核

根据培训工作所处的不同阶段，企业可以有针对性地实施培训工作质量的考核。

❶ 培训初级阶段

在培训初级阶段，培训工作的关键点一般包括新员工培训、员工外派学习、引入外部专业的咨询或者培训公司。这个阶段对培训工作的考核一般采用比较初级的指标，包括培训课时、培训人数、培训费用、课程开发的数量、培训的满意度等。

❷ 培训管理阶段

在培训管理阶段，培训工作的关键点是建立培训课程体系、组建内部讲师团队、建立培训效果转化体系。这个阶段对培训工作的考核比初级阶段采用了更高级的指标，一般包括培训计划达成率、培训课程的参训率、培训讲师的授课次数、所有培训工作的平均满意度等。

❸ 人才培养阶段

在人才培养阶段，培训工作的关键点是绘制员工的学习路径图、明确并打通员工的职业成长通道、对管理人才实行领导力培训项目、搭建公司整体和各部门的人才梯队。企业通过这些关键工作，促进人才主动进行能力提升。这个阶段对培训工作的考核指标主要包括员工学习路径的达成率、培训项目的完成率、人才梯队的完善度。

❹ 转型升级阶段

在转型升级阶段，培训工作的关键点是建立业绩改进模型、建立企业内部"智囊团"、完善企业大学运营管理、实现资源共赢。通常企业培训工作到这个阶段的时候，培训部门已经形成企业大学并将其作为一个独立经营的实体机构。这个阶段对培训工作的考核主要是根据企业的战略目标和导向，考核平衡计分卡的财务指标、客户指标、内部流程指标、学习与发展指标。

在《爱丽丝梦游仙境》中，有这样一段对话。

爱丽丝问猫：“我应该走哪条路呢？”

猫说：“这就要看你想去哪里了。”

爱丽丝说：“去哪里都可以，无所谓。”

猫说：“那你走哪条路都可以，无所谓。”

一个人如果没有明确的目标、规划与计划，就算别人想提供帮助，都不知道该帮什么。

钢铁大王卡耐基曾说：“如果你想要快乐，设定一个目标，这个目标要能指挥你的思想，释放你的能力，激发你的希望。”

优秀公司都有经营目标、战略规划与工作计划，优秀的人生也是。每个人都是一家微型公司，每个名字背后都是一个品牌。要经营好自己这个品牌，让自己在人才市场上立足，必须制定目标、做好规划与计划。

为帮助读者个人发展，更好地制定目标、规划和计划，出版社和我花了近2年时间，推翻了5个版本，设计出了这本手账。这本手账中的工具都是我本人一直在用，亲测有效的。

在使用这本手账时要注意，很多人曾经有梦想，并根据梦想制定了目标、规划与计划。但很多人空有梦想，却不愿为梦想付出努力，不愿尝试，害怕失败，最终让梦想成为幻想。

从梦想到实现梦想之间的距离是行动。

伟大的物理学家爱因斯坦曾说：“在一个崇高的目标支持下，不停地工作，即使慢，也一定能获得成功。”

愿读者用好这本手账，持续行动，实现个人成长与发展。

分类	年份	YEAR1
	年龄	
未来	职业 / 事业目标	
	行动计划	
	需要的资源	
财务	年收入目标（元）	
	行动计划	
	需要的资源	
学习与成长	学习目标	
	行动计划	
	需要的资源	
生活平衡	生活目标	
	行动计划	
	需要的资源	

YEAR2	YEAR3	YEAR4	YEAR5

DATE:

TOP3 GOALS

- ■
- ■
- ■

TIME	GOALS	OTHER

战略/决策/未来

管理战略人力资源　　　　　管理变化
　战略伙伴　　　　　　　　变化推动者

程序 ←　　　　　　　　　　　　　　→ 人员

管理组织基础　　　　　管理员工贡献
　行政专家　　　　　　　员工后盾

日常运作

HR 应如何定位?

DATE:

TOP3 GOALS

- ■
- ■
- ■

TIME	GOALS	OTHER

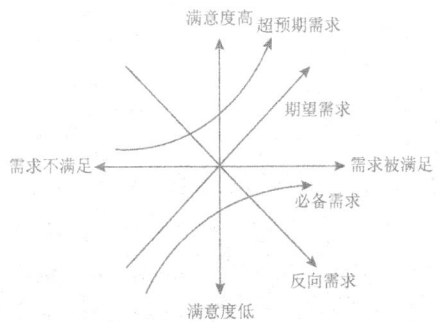

满意度高 超预期需求

期望需求

需求不满足 ←——————→ 需求被满足

必备需求

反向需求

满意度低

如何为企业创造价值？

DATE:

TOP3 GOALS

-
-
-

TIME	GOALS	OTHER

岗位的吸引力	产品 Product	价格 Price	待遇的吸引力
招聘渠道	渠道 Place	促销 Promotion	招聘宣传

如何提高招聘满足率？

DATE:

TOP3 GOALS

- ■
- ■
- ■

TIME	GOALS	OTHER

岗位
名称

岗位
职责

企业
简介

招聘JD

任职
要求

工作
地点

薪酬
待遇

如何编写招聘 JD？

DATE:

TOP3 GOALS

- ■
- ■
- ■

TIME	GOALS	OTHER

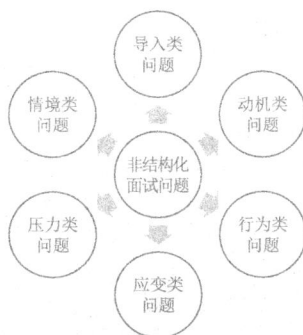

非结构化面试常见问题类别有哪些？

DATE:

TOP3 GOALS

- ■
- ■
- ■

TIME	GOALS	OTHER

电话
调查

委托   背景调查   问卷
调查   实施方法   调查

网络
调查

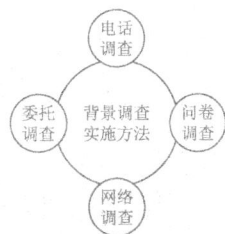

如何实施背景调查？

DATE:

TOP3 GOALS

- ■
- ■
- ■

TIME	GOALS	OTHER

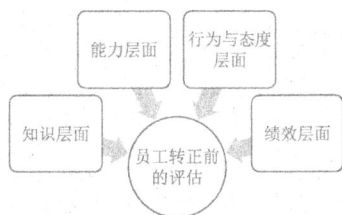

能力层面 | 行为与态度层面

知识层面 | 员工转正前的评估 | 绩效层面

员工试用期要注意什么？

DATE:

TOP3 GOALS

- ■
- ■
- ■

TIME	GOALS	OTHER

| 运作层面 | 培训计划 | 培训实施 | 评估跟踪 |
| | 培训需求 | 方案制定 | 培训内化 |

| 资源层面 | 课程体系 | 资料库 | 培训预算 |
| | 讲师体系 | 媒介与形式 | 基地与物资 |

| 制度层面 | 培训管理制度 |
| | 人才培训与发展策略 |

培训管理体系包括什么？

DATE:

TOP3 GOALS

- ■
- ■
- ■

TIME	GOALS	OTHER

元认知能力

逻辑思维能力　　　高潜力人才　　　沟通表达能力

高情商　　　多元思维

高潜力人才具备哪些特质?

DATE:

TOP3 GOALS

- ■
- ■
- ■

TIME	GOALS	OTHER

DATE:

TOP3 GOALS

- ■
- ■
- ■

TIME	GOALS	OTHER

```
┌──────────┐              ┌──────────┐
│ 确定目标 │◀─────────────│ 总结改进 │
└──────────┘              └──────────┘
      │                         ▲
      │                      达成│
      │                      目标│
      ▼                         │
┌──────────┐   ┌──────────┐   ┌──────────┐
│ 课程设计 │──▶│ 培训教学 │──▶│ 结果评价 │
└──────────┘   └──────────┘   └──────────┘
      ▲                      未达│
      │                      目标│
      │                         ▼
      │                   ┌──────────┐
      └───────────────────│ 找到原因 │
                          └──────────┘
```

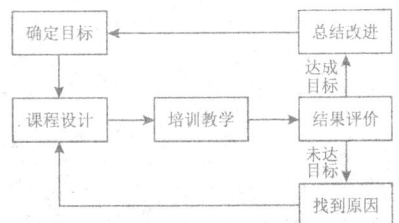

如何开发培训课程？

DATE:

TOP3 GOALS

-
-
-

TIME	GOALS	OTHER

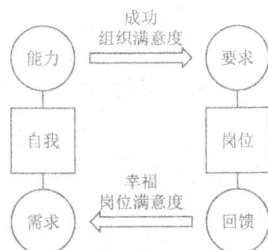

如何实现组织和员工都满意？

DATE:

TOP3 GOALS

-
-
-

TIME	GOALS	OTHER

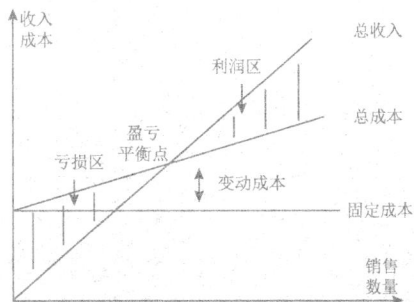

収入
成本

总收入

利润区

总成本

盈亏
平衡点

亏损区

变动成本

固定成本

销售
数量

如何设计薪酬预算?

DATE:

TOP3 GOALS

-
-
-

TIME	GOALS	OTHER

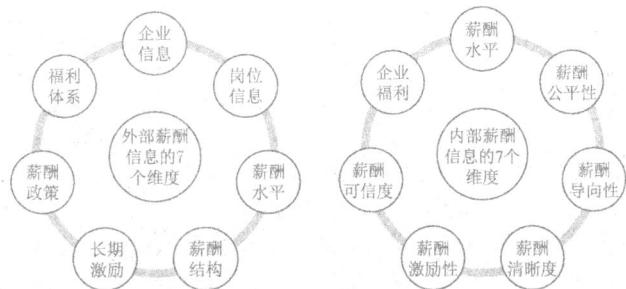

外部薪酬信息的7个维度：企业信息、岗位信息、薪酬水平、薪酬结构、长期激励、薪酬政策、福利体系

内部薪酬信息的7个维度：薪酬水平、薪酬公平性、薪酬导向性、薪酬清晰度、薪酬激励性、薪酬可信度、企业福利

内外部薪酬调查都应当调查哪些维度？

DATE:

TOP3 GOALS

- ■
- ■
- ■

TIME	GOALS	OTHER

薪酬组成	薪酬类目
A 部分 （相对固定的收入）	固定工资
	司龄工资
	固定福利
	固定津贴
B 部分 （短期激励）	季度奖金
	年终奖金
	特殊福利
C 部分 （长期激励）	股票激励
	长期现金
	长期福利

年薪制的组成要素有哪些？

DATE:

TOP3 GOALS

- ■
- ■
- ■

TIME	GOALS	OTHER

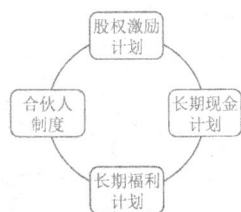

股权激励
计划

长期现金
计划

合伙人
制度

长期福利
计划

长期激励的方式有哪些？

DATE:

TOP3 GOALS

-
-
-

TIME	GOALS	OTHER

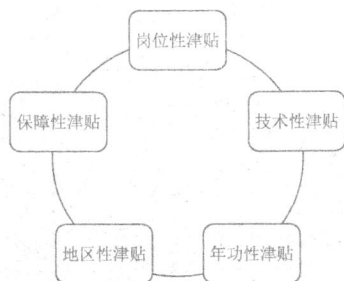

岗位性津贴

技术性津贴

年功性津贴

地区性津贴

保障性津贴

如何设计岗位津贴?

DATE:

TOP3 GOALS

- ■
- ■
- ■

TIME	GOALS	OTHER

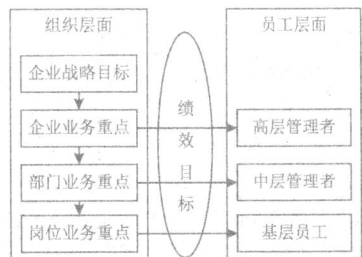

组织层面		员工层面
企业战略目标	绩	
↓	效	高层管理者
企业业务重点	目	
↓	标	中层管理者
部门业务重点		
↓		基层员工
岗位业务重点		

绩效指标来源于哪里？

DATE:

TOP3 GOALS

- ■
- ■
- ■

TIME	GOALS	OTHER

	高 ↑			
关系行为	低任务 高关系	参与	推销	高任务 高关系
	授权	低任务 低关系	高任务 低关系	指示
低	←───────		任务行为	───────→ 高
成熟	高	中	中	低 不成熟

如何根据员工特点实施绩效辅导？

DATE:

TOP3 GOALS

- ■
- ■
- ■

TIME	GOALS	OTHER

环境因素	分类	信息	资源	奖励 / 后续结果
	影响	35%	26%	14%
个体因素	分类	知识 / 技能	素质	动机
	影响	11%	8%	6%

如何进行绩效诊断？

DATE:

TOP3 GOALS

- ■
- ■
- ■

TIME	GOALS	OTHER

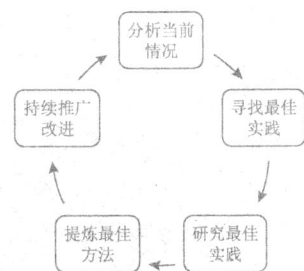

分析当前
情况

寻找最佳
实践

研究最佳
实践

提炼最佳
方法

持续推广
改进

如何进行绩效改进？

DATE:

TOP3 GOALS

- ■
- ■
- ■

TIME	GOALS	OTHER

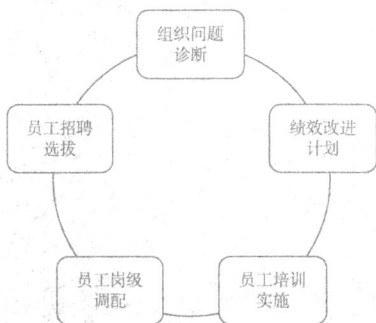

组织问题
诊断

员工招聘
选拔

绩效改进
计划

员工岗级
调配

员工培训
实施

薪酬发放

员工荣誉

薪酬调整

员工发展

股权激励

员工晋升

员工福利

如何进行绩效结果应用?

DATE:

TOP3 GOALS

- ■
- ■
- ■

TIME	GOALS	OTHER

员工关系管理包括哪些模块？

DATE:

TOP3 GOALS

- ■
- ■
- ■

TIME	GOALS	OTHER

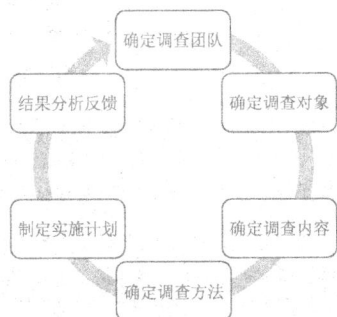

如何实施员工满意度调查？

DATE:

TOP3 GOALS

-
-
-

TIME	GOALS	OTHER

领导带头

举办仪式

主题活动

企业文化
传播方式

文化故事

教育培训

文化载体

如何传播企业文化?

DATE:

TOP3 GOALS

- ■
- ■
- ■

TIME	GOALS	OTHER

入职申明法　张贴公示法

传阅签字法　集中学习法

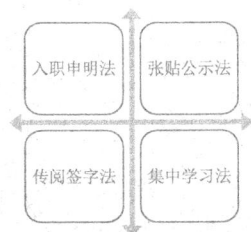

规章制度如何合法公示？

人力资源管理
工作手记
HR如何破解高频难题

（赠工作手账）下册

任康磊　著

人民邮电出版社

北京

第 7 章

薪酬管理

薪酬管理是企业为了实现发展战略，以人力资源战略规划为指导，通过岗位价值分析和薪酬市场调研分析，对薪酬战略、薪酬策略、薪酬模式、薪酬结构、薪酬水平等薪酬制度和政策等进行分析、设计、确立、实施和调整的环状进步过程，以及依据薪酬制度和政策，进行薪酬预算、薪酬控制、薪酬支付、薪酬沟通和薪酬调整的动态管理实施过程。

7.1　如何根据企业战略制定薪酬战略

典型问题： 在建立企业的薪酬体系之前，要确定薪酬战略，薪酬战略和企业战略有关，如何根据企业战略制定薪酬战略？

类似问题： 企业都有哪些战略类型；企业战略类型和薪酬战略类型之间如何匹配；如何确定对员工应采取高薪酬还是低薪酬策略等。

7.1.1　企业的 3 大总体战略

企业的总体战略可以分为发展型战略、稳定型战略和收缩型战略 3 类。

发展型战略是企业利用自身的资源优势，通过企业的增强、扩张、兼并、收购、联合等一系列发展的方式，实现一体化或多元化的战略。实施发展型战略的企业特别强调企业成长、新市场开发、创新意识和企业与员工风险共担等。

稳定型战略是一种平稳运行的较低风险战略。采取稳定型战略的企业一般已经有一定的经营基础，所处经营环境比较稳定，业绩和规模增长缓慢，经营风险较小。稳定型战略一般采取与过去相同或相似的战略目标，几乎不改变经营模式或产品类别。

收缩型战略是企业收缩战线，采取剥离、转移、重组、清算部分资产、产权或资源的战略。采取收缩型战略的企业往往是因为遇到了经营或财务困难，或企业过于庞大或复杂，出现大量的资源冗余、闲置或浪费。

企业总体战略和薪酬战略的对应关系如表 7-1 所示。

表 7-1　企业总体战略和薪酬战略的对应关系

企业总体战略	薪酬战略定位
发展型战略	● 实行高弹性的薪酬策略，员工与企业共担风险、共享收益 ● 适合透明度高的薪酬体系，强调员工参与，注重收益分享 ● 可实行较低的固定薪酬和宽带薪酬 ● 实行与业绩相关的短期激励和长期激励，激发员工的积极性和创新意识 ● 注重内部激励性的同时，还要注重外部的公平性和规范化
稳定型战略	● 薪酬战略以保留人才和维稳为目的 ● 保持薪酬的内外部稳定性，保证对内的公平性以及对外的追随性 ● 薪酬和福利水平一般取中位值 ● 适合综合型的薪酬体系、较高集中度的薪酬管理决策 ● 薪酬管理强调标准化和连续性
收缩型战略	● 薪酬战略更注重成本的控制 ● 适合窄带薪酬和短期激励 ● 绩效和奖金以经营业绩和成本节约为导向 ● 注重核心员工的稳定性，有一定的收益分享和长期激励计划

7.1.2　企业的 3 大竞争战略

企业的竞争战略可以分为成本领先战略、差异化战略和重点集中战略 3 类。

成本领先战略的本质是一种低成本战略，指的是企业在产品性质、用途、质量相近的情况下，企业的成本能够低于竞争对手的成本。采取成本领先战略的企业特别重视生产运营效率的提升和费用成本的控制。

差异化战略是企业通过产品或服务在品牌、设计、用途、质量等方面的差异化或独特性，与竞争对手形成差异化的竞争战略。采取差异化战略的企业特别重视产品或服务与竞争对手产品或服务的不同，运营中强调创新意识、员工成长和团队意识。

重点集中战略是企业聚焦于某一特定的领域、地区或顾客群体，持续为他们提供特定的产品或服务，通过提高质量、效率等方式获得竞争优势的战略。采取重点集中战略的企业需要较强的生产、技术领先优势和持续研发能力，需要在这一领域内深挖用户需求。

企业竞争战略和薪酬战略的对应关系如表 7-2 所示。

表 7-2　企业竞争战略和薪酬战略的对应关系

企业竞争战略	薪酬战略定位
成本领先战略	● 薪酬战略注重成本控制，关注竞争对手的人力成本变化及构成 ● 薪酬水平受成本和竞争对手影响 ● 浮动薪酬应与生产运营效率提升和成本降低关系密切 ● 薪酬管理通常可以采取集权型的方式
差异化战略	● 薪酬战略注重人才的吸引、培养、开发和保留 ● 薪酬水平可以考虑高于或等于市场水平或竞争对手的薪酬水平 ● 浮动薪酬更注重生产运营中的创新和研发结果 ● 薪酬管理通常可以有一定的放权和灵活性
重点集中战略	● 薪酬战略注重专业技术人才的激励和保留 ● 核心人才的薪酬水平应当高于市场水平或竞争对手的薪酬水平 ● 浮动薪酬更注重顾客评价和满意度 ● 薪酬管理需要有一定的放权和灵活性

7.1.3　薪酬战略的 4 种应用

企业的发展可以分为初创期、成长期、成熟期和衰退期 4 种发展阶段，不同的发展阶段对应着不同的薪酬战略，如表 7-3 所示。

表 7-3　企业发展阶段与薪酬战略的对应关系

企业特征	企业发展阶段			
	初创期	成长期	成熟期	衰退期
人力资源管理重点	创新、吸引关键人才、刺激企业	招聘、培训	开发内部人才 保持员工团队 奖励管理技巧	减员 控制人力成本
薪酬战略	重外轻内，提高弹性，注重个人激励	内外并重，结构灵活，个人与集体激励相结合	重公正、促合作，个人与集体激励相结合	奖励成本控制
固定工资	低于市场水平	相当于市场水平	高于、相当于市场水平	相当于、低于市场水平
短期激励方式	绩效激励	绩效激励 福利	利润分享 福利	—
长期激励方式	全面参与股权	有限参与股权	股票购买	—
奖金	高	高	相当于市场水平	视财务状况
福利	低	低	高于、相当于市场水平	视财务状况

7.2 如何准确编制企业的薪酬预算

典型问题： 每到年初或年底，企业都需要编制第二年的薪酬预算，如何编制薪酬预算才不会出现预算过多或过少的情况？

类似问题： 编制薪酬预算的方法有哪些；如何准确计算薪酬预算；编制薪酬预算时要注意哪些事项等。

7.2.1 运用薪酬比例编制薪酬预算

运用薪酬比例编制薪酬预算可以用于销售业绩相对稳定，业绩上没有大起大落的企业。这种方法是以销售额为基数，按照一定的薪酬费用比率，推算出企业薪酬预算总额。这种方法叫薪酬比例推算法。

薪酬比例推算法计算薪酬预算总额的公式如下。

薪酬预算总额 = 本年度销售预算总额 × 上年度薪酬费用比率。

其中，上年度薪酬费用比率 = 上年度薪酬总额 ÷ 上年度销售总额。

在薪酬比例推算法中，薪酬总额通常包括广义的所有经济性薪酬的总金额。其推算出的薪酬预算总额，也应包含相应的薪酬类目。有的企业为了计算方便，也可以将薪酬总额转化为财务上的人工成本。对应计算出的薪酬预算总额，也应改为财务上的人工成本预算总额。

对于上年度薪酬费用比率，我们可以进行进一步的推算。

上年度薪酬费用比率 =（上年度薪酬发生总额 ÷ 员工总人数）÷（上年度销售总额 ÷ 员工总人数）= 人均薪酬额 ÷ 人均销售额。

薪酬费用比率，其实也是企业对员工人均发放的薪酬额与企业人均产生的销售额之间的比率。也就是说，薪酬比例推算法的原理，其实是保持企业销售额稳定的情况下，对员工支付的薪酬额的比率也稳定。

举例

某企业上年度的销售额为 30 000 万元，上年度发放的薪酬总额为 4 500 万元。本年度预算销售额为 36 000 万元，则本年度的薪酬预算总额应是多少？

按照薪酬比例推算法，本年度薪酬预算总额的计算过程如下。

本年度薪酬预算总额 =36 000 万元 ×（4 500 万元 ÷30 000 万元）=5 400 万元。

薪酬费用比率随着行业特点和企业规模的不同而不同。比如，规模较大的企业相对于规模较小的企业，由于规模效应，薪酬费用比率通常会比较低；资本密集型行业相对于劳动密集型行业，由于资本金额和劳动力数量的差异较大，薪酬费用比率通常也会比较低。

7.2.2　运用盈亏平衡编制薪酬预算

运用盈亏平衡编制薪酬预算的方法叫盈亏平衡推算法，也叫量本利推算法。这种方法是企业根据产品的产量、运营的成本和产生的利润三者之间的相互作用关系，来控制成本、预测利润的综合分析方法。

利用盈亏平衡推算法计算薪酬预算总额，首先要利用盈亏平衡分析计算出企业销售额的盈亏平衡点。当企业的实际销售额高于盈亏平衡点销售额时，企业就盈利；当企业的实际销售额低于盈亏平衡点销售额时，企业就亏损。

企业盈亏平衡点的示意如图 7-1 所示。

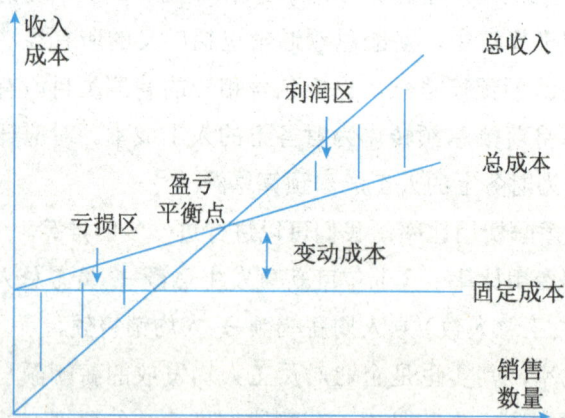

图 7-1　企业盈亏平衡点示意

另外，还需要确定企业的安全盈利点销售额。安全盈利点销售额指的是企业在达到这个销售额的情况下，不仅能够确保股东的权益，还能够应对企业可能遭受的风险和危机的销售额。

盈亏平衡点的销售收入 = 固定成本 + 变动成本。

举例 ?

某企业产品的单价是 100 元，生产每件产品的人力成本为 30 元，其他成本为 20 元，该企业每月的固定成本为 20 万元，该企业产品的盈亏平衡点销量是多少？盈亏平衡点销售额是多少？

100 × 盈亏平衡点销量 =200 000+（30+20）× 盈亏平衡点销量。

盈亏平衡点销量 =4 000（件）。

盈亏平衡点销售额 =4 000×100=400 000（元）。

盈亏平衡推算法计算薪酬预算总额的公式如下。

薪酬预算总额 = 本年度销售预算总额 × 合理的薪酬费用比率。

其中，最低薪酬费用比率 ≤ 合理的薪酬费用比率 ≤ 最高薪酬费用比率。

最高薪酬费用比率 = 上年度薪酬总额 ÷ 盈亏平衡点销售额。

最低薪酬费用比率 = 上年度薪酬总额 ÷ 安全盈利点销售额。

举例 ?

某企业上年度的销售额为 40 000 万元，上年度发放的薪酬总额为 6 000 万元。该企业的盈亏平衡点销售额为 35 000 万元，安全盈利点销售额为 50 000 万元，本年度的销售预算总额为 45 000 万元。则该企业本年度的薪酬预算总额应是多少？

该企业可采取的最高薪酬费用比率 =6 000 万元 ÷35 000 万元 =17.14%（四舍五入）。

该企业可采取的最低薪酬费用比率 =6 000 万元 ÷50 000 万元 =12%。

上年度实际发生的薪酬费用比率 =6 000 万元 ÷40 000 万元 =15%。

将 3 个薪酬费用比率数值比较后，该企业相关管理层考虑自身订单的增加、生产的稳定性以及技术更新带来生产效率的提高，认为完成 45 000 万元的销售预算不需要再增加劳动力。随着业绩的增长和 CPI（Consumer Price Index，居民消费价格指数）的提高，相关管理层决定将薪酬总额提升 5%。

本年度的薪酬预算总额 =6 000 万元 ×（1+5%）=6 300 万元。

可以利用盈亏平衡推算法，反过来验证这个薪酬预算总额的合理性。

本年度薪酬费用比率 = 本年度薪酬预算总额 ÷ 本年度销售预算总额 =6 300 万元 ÷45 000 万元 =14%。

本年度薪酬费用比率介于最高薪酬费用比率和最低薪酬费用比率之间。

从本案例对薪酬预算计算过程的推演能够看出，如果仍然采取去年 15% 的薪酬费用比率，则在管理上显得有些简单粗放，并不合理。

7.2.3　运用劳动分配编制薪酬预算

运用劳动分配编制薪酬预算的方法叫劳动分配推算法。这种方法的原理是测算企业在一定时期内新创造的价值中有多少是用来支付人工成本的。劳动分配推算法反映了分配关系和人工成本要素之间的投入产出关系。

劳动分配推算法计算薪酬预算总额的公式如下。

薪酬预算总额＝本年度预算人工成本 × 薪酬费用占比。

其中，本年度预算人工成本＝本年度预算劳动分配率 × 本年度预算附加价值。

本年度预算劳动分配率可以通过上年度劳动分配率推算。

上年度劳动分配率＝上年度人工成本总额 ÷ 上年度附加价值 ×100%。

劳动分配率是反映企业人工成本投入与附加价值产出之间关系的重要指标，也是衡量企业人工成本相对水平高低的重要指标。

举例 ❓

某企业本年度预算的劳动分配率为 45%，本年度预算的附加价值为 8 000 万元，薪酬费用占比 60%，则该企业本年的薪酬预算总额应是多少?

本年度预算人工成本＝ 45% × 8 000 万元 =3 600 万元。

本年度薪酬预算总额 =3 600 万元 × 60%=2 160 万元。

劳动分配推算法中的人工成本、劳动分配率、附加价值等数据可以从财务部门获取，应以经审计后的财务报表中的数据为依据。

7.3　如何低价高效地获取薪酬调查信息

典型问题: 企业在设计薪酬的时候，需要了解同行业的薪酬数据，然而找专业的薪酬调查机构做调查需要一定的费用，其他的薪酬调查信息来源又不一定可靠，如何低价高效地获取薪酬调查信息?

类似问题: 有免费的薪酬信息获取渠道吗;成本低又好用的薪酬信息调查渠道有哪些;使用费用低的薪酬信息调查渠道时,如何保证薪酬信息的准确性等。

7.3.1 薪酬调查信息可以免费获取

如果根据薪酬调查的成本高低来划分薪酬调查渠道，薪酬调查的渠道可以分成 2 种：一种是无偿的薪酬信息获取渠道，另一种是有偿的薪酬信息获取渠道。

有偿的薪酬信息获取渠道一般是专业的咨询服务机构，或者企业利用自身的资源做的薪酬调查。无偿的薪酬信息一般来自政府部门、行业协会、机构定期公布的劳动力市场价格参考。

不同的薪酬调查渠道有不同的适用范围，企业在选择的时候要考虑的因素包括企业自身的特点、薪酬调查项目的难易程度、期望的薪酬数据的数量、期望的调研报告的质量、企业能够承受的成本、需要花费的周期等。

薪酬信息的可靠性与薪酬信息获取渠道的成本的高低之间没有直接的关系。有可能存在免费的薪酬信息获取渠道，但薪酬信息比较可靠；也有可能存在成本较高的薪酬信息获取渠道，但薪酬信息的可靠性较低。为了控制成本，企业应当尽量选择成本较低，但可靠性较高的薪酬信息获取渠道。

7.3.2 外部的 5 种免费薪酬调查渠道

常见的企业外部的 5 种免费薪酬调查渠道如图 7-2 所示。

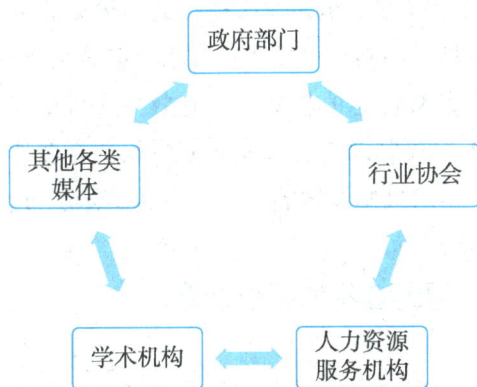

图 7-2　常见的企业外部的 5 种免费薪酬调查渠道

一般来说，国家有关部门、地方各级劳动保障部门以及相关的统计部门会每年定期对全国或本地区各行业、各企业的劳动力市场的价格情况进行调研，并将结果免费公布在官方网站、论坛、报纸、杂志等各官方媒体上，以便于地方政府部门或企业根据此薪酬调研结果，制定本地区或企业自身的各岗位劳动力工资标准。

另外，有的地区的政府部门，会根据当地经济发展水平、城镇居民消费价格指数以及其他的经济指标确定本地区劳动力市场的工资指导线，并形成规范或制度。这是政府部门调节劳动力市场价格，指导企业职工的工资水平、结构和分配的一种宏观调控形式。

政府部门提供的薪酬数据是比较权威的，通常可信度也比较高，属于企业可以免费获取的薪酬信息，而且具有重要的指导意义和参考价值。

除了政府部门提供的薪酬数据之外，通常在不同的行业中，具备权威性的协会也会定期公布这个行业的薪酬信息。比如，化工行业有化工相关的协会，零售行业有零售相关的协会。行业协会建立的初衷，就包括资源交流、信息互通。企业通过加入行业协会，有时候能够方便快速地了解本行业的薪酬情况。

一些学术机构、论坛、杂志以及其他的人力资源服务机构也会公布一些薪酬调研结果。这些数据虽然没有政府部门官方发布的薪酬调研报告那样具有可信度和权威性，但是同样属于企业可以免费获取的薪酬信息，具有一定的参考价值。

除此之外，一些非官方组织、非权威协会、论坛或媒体也会经常发布一些薪酬信息。这些信息虽然同样可以免费获取，但是企业要谨慎使用。

一般来说，综合薪酬信息的权威性、有效性和可信度，企业免费获取薪酬信息的优先级如下：政府部门官方发布的＞权威行业协会发布的＞人力资源服务机构发布的＞学术机构发布的＞其他各类媒体发布的。

7.3.3　内部的 5 种免费薪酬调查渠道

除了外部的免费薪酬调查渠道之外，企业内部的薪酬调查渠道本来就不需要费用。常见的企业内部的 5 种免费薪酬调查渠道如图 7-3 所示。

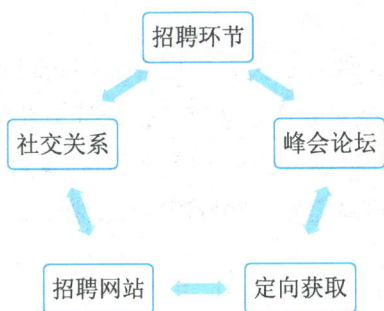

图 7-3　常见的企业内部的 5 种免费薪酬调查渠道

❶ 招聘环节

企业内部渠道中最直接、最有效的薪酬调查方式是通过人才招聘环节获取薪酬信息。通过招聘环节收集薪酬数据的优点是针对性强、费用较低、数据量大；缺点是在招聘面试中，人们趋向于说多自己原岗位或原公司其他岗位的薪酬，所以有时候很难判断信息的真实性和准确性。

❷ 峰会论坛

企业举办或参加峰会论坛、座谈会、讲座活动的时候，可以把薪酬调查作为活动期间的一个环节。这种薪酬调查方式的优点是针对性强，能让企业在短时间内获得大量想了解的信息；缺点是具有一定的时效性，要等到活动开始才能获取到这类信息，而且活动举办方不一定配合企业实施这类薪酬调查。

❸ 定向获取

定向获取薪酬信息的优点是目标性强、目的性强，能够在一定程度上提高薪酬信息的真实性和有效性。具体的操作方式是通过发送电子邮件、电话访谈、约谈见面等方式进行调查。该方式的缺点是接受调查的人不一定愿意配合，可能需要付出一些成本（如小礼品）才能实现。

❹ 招聘网站

通过招聘网站的岗位发布模块和薪酬统计模块，企业能看到薪酬相关的信息，甚至通过一些社交软件也有可能获得一些薪酬相关的信息。这种方式的优点是获取信息的效率较高、速度较快，缺点是获取的信息的可靠性相对较低。

❺ 社交关系

从 HR 或企业领导层的社交关系中同样能够获取薪酬信息。这种信息获取方式的优点是可靠性相对较高，能够方便快捷地获取信息；缺点是人际关系资源有限，能获取到的信息可能不系统，而且在一定程度上耗损人际关系，作为信息获取的回报，可能需要一些资源作为交换。

7.4 薪酬调查应该调查哪些内容

典型问题： 为保证薪酬调查获取信息的全面性，保证薪酬报告的完整性，企业在进行薪酬调查的时候，需要了解哪些信息？

类似问题： 企业应了解哪些外部薪酬信息；企业应了解哪些内部薪酬信息；实施薪酬调查获取信息的时候，企业要注意什么等。

7.4.1 外部薪酬信息的 7 个维度

企业对薪酬信息的调查维度不限于薪酬本身，为了提高调查结果的有效性，还需要对目标企业情况、岗位信息情况以及其他与人力费用相关的薪酬、福利情况进行综合统计、汇总和分析。企业在获取外部薪酬信息时，可以从 7 个维度入手，如图 7-4 所示。

图 7-4　企业获取外部薪酬信息的 7 个维度

❶ 企业信息

企业信息可以包括对标企业所属地域和行业、股权情况、财务状况、职工情况、经营面积、组织机构、部门设置、管理模式、运营流程、汇报层级等。了解企业员工情况时，除了员工人数，还要了解员工整体教育背景、平均工作年限、技术人员占比等。

❷ 岗位信息

岗位信息可以包括岗位名称、具体工作内容、工作职责、任职要求、上下级关系、岗位等级、管理幅度、开展工作的难易程度、工作环境等。获取对标企业的岗位说明书，有助于快速获得这些信息。

❸ 薪酬水平

了解薪酬水平的信息是薪酬调查中最简单的数据收集形式，主要包括每月、每季度或每年的应发或实发工资。根据数据计算出不同的分位值作为薪酬分析的依据。单纯以岗位薪酬水平为依据进行薪酬调整具有一定的局限性，还应考虑其他因素。

❹ 薪酬结构

如果想通过薪酬调查调整和优化薪酬结构，则需要进一步调查不同岗位每月的薪酬组成，包括但不限于无责任底薪、岗位津贴、浮动工资、绩效工资、提成工资、季度和年度奖金等项目的具体数额以及各部分所占的比例。

❺ 长期激励

对于中高层岗位和一些关键岗位，除了要调查短期的薪酬水平和薪酬结构外，还应调查是否存在长期的薪酬激励措施，如股票期权、虚拟股票、股票分红等长期激励计划。

有的企业为了留住关键岗位人才，使这些岗位的年薪保持在行业 50 分位值的水平，但股票期权市值在行业中保持领先地位。这种情况一定要纳入薪酬调查的考虑范围，否则调查结果和分析将不能反映实际情况。

❻ 薪酬政策

如果薪酬调查的成本允许，除了岗位薪酬的现状之外，还应从整体的薪酬政策角度了解对标企业的薪酬实际状况。获取对标企业的薪酬管理制度，有助于快速获得这类信息。

❼ 福利体系

福利体系是人力费用的重要组成部分，福利的组成和结构影响着薪酬调查结果的分析。福利体系除了基本的节假日福利外，还有培训机会、无息贷款、补充保险、弹性工作制、子女教育以及一些非货币性的福利相关计划。为了留住人才，有的企业让薪酬水平保持在市场平均或较低水平，但是把福利体系保持在市场领先水平。

7.4.2　内部薪酬信息的 7 个维度

对内部薪酬信息的调查，可以包括 7 个维度，如图 7-5 所示。

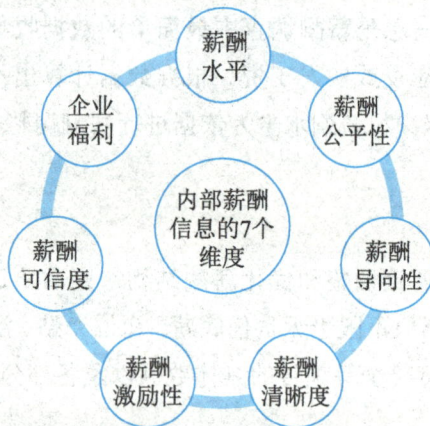

图 7-5　企业获取内部薪酬信息的 7 个维度

❶ 薪酬水平的满意度

员工对薪酬水平的满意度有 3 层含义。

（1）员工目前的薪酬水平与自身所处的位置和阶段是否匹配。

（2）员工目前的薪酬水平能否满足自身或家庭日常生活的基本需要。

（3）员工薪酬水平与外部市场水平相比是否具备竞争力。

❷ 薪酬公平性的满意度

员工对薪酬公平性的满意度有 3 层含义。

（1）薪酬的内部分配是否公平。

（2）薪酬的岗位设置是否公平。

（3）企业分配机制的运行是否公平、公正。

❸ 薪酬导向性的满意度

员工对薪酬导向性的满意度有 3 层含义。

（1）企业的薪酬制度是否完善，制度中的分配依据是否科学、充分、合理。

（2）企业的薪酬制度对外部人才的吸引力如何。

（3）员工离职是否大部分是因为薪酬。

❹ 薪酬清晰度的满意度

员工对薪酬清晰度的满意度有 2 层含义。

（1）企业对薪酬收入的计算是否清晰明了。

（2）企业的薪酬是否应该保密，或者应该保密到什么程度。

❺ 薪酬激励性的满意度

员工对薪酬激励性的满意度有 4 层含义。

（1）企业目前的薪酬是否能够起到激励作用。

（2）企业整体效益和员工工资的关系是否密切。

（3）员工拿到薪酬或奖金时是否有过心情激动的感觉。

（4）员工在工作中的努力和成绩是否得到了企业在薪酬层面的认可和回报。

❻ 薪酬可信度的满意度

员工对薪酬可信度的满意度有 2 层含义。

（1）企业是否总是能够在规定的时间内及时、准确地发放员工应得的工资。

（2）当对薪酬相关事宜提出异议时，员工是否能及时得到满意的答复。

❼ 企业福利的满意度

员工对企业福利的满意度有 4 层含义。

（1）企业的福利设置是否基本能够满足员工的需求。

（2）员工对企业提供的福利项目是否满意，认为企业应该增加或减少哪些项目。

（3）员工对企业提供的培训或学习机会是否满意。

（4）员工对企业提供的假期以及实际能休的假期是否满意。

根据内部调查侧重点的不同，企业的具体情况不同，可以从以上维度中选择不同的薪酬调查维度制作企业需求的调研问卷。企业可以将内部薪酬调查和企业整体的员工满意度调查一起做，在调查员工对薪酬满意度的同时，可以调查员工对工作环境、工作氛围、上下级关系、工作和生活平衡等其他事项的满意度。

7.4.3　实施薪酬调查的 4 项注意

为保证获取的薪酬信息有价值，企业在实施薪酬调查时，要注意 4 点，如图 7-6 所示。

图 7-6　薪酬调查的 4 点注意事项

❶ 合法合规

薪酬调查所需要的数据应通过合法合规的正常程序和方式获取，不能为了获取竞争对手的薪酬信息而使用任何非法手段。

❷ 真实有效

在薪酬数据的采集过程中应采取必要的措施保证数据的真实有效性，主要表现在以下几点。

（1）不能把道听途说的小道消息当作薪酬调研数据，不能把竞争对手广告招募的信息直接当作薪酬调查结果。

（2）如果采取企业自身调查的方式，HR 要能够说明每一个薪酬数据的来源。

（3）如果采用外部机构调查薪酬信息的方式，需要对机构返回的调研报告采取必要的信息核对和验证工作。

❸ 岗位匹配

对标岗位的职责、权限、工作复杂程度、管理幅度、岗位任职要求等要和本企业岗位具备 80% 以上的相似性才算得上匹配。不能只看到岗位名称相同就想当然地认为两个岗位是匹配的。

❹ 定时更新

薪酬调查得到的数据信息具有一定的时效性，很多企业是以年为单位进行薪酬调整，也有企业会根据市场情况随时调整薪酬状况。所以，一般薪酬调研结果的有效期不超过一年。一年后，这个薪酬调研结果不再具备指导意义。

7.5 如何进行薪酬水平的内外部分析

典型问题：有了薪酬调查结果以后，如何判断薪酬水平的高低？如何做薪酬水平分析？

类似问题：如何判断薪酬的外部竞争性；如何判断薪酬的内部公平性；如何应用薪酬调查结果等。

7.5.1 薪酬的外部偏离度

企业统计薪酬调查结果之后，可以通过薪酬偏离度分析，判断当前薪酬水平的高低。薪酬偏离度分析是企业分析反映在岗者薪酬相对外部市场薪酬水平和内部薪酬水平偏离程度的过程。

用某岗位的薪酬水平与外部市场薪酬水平相比，可以计算薪酬的外部偏离度，简称"外偏"。外部偏离度是用来检验该岗位人员当前薪酬水平的外部竞争性的。

外部偏离度的计算公式如下。

外部偏离度 = 某岗位的薪酬水平 ÷ 外部市场薪酬水平 ×100%。

举例 ❓

　　某部门一共有 4 名员工，根据对市场薪酬水平的调查结果，该部门 4 名员工薪酬水平的外部偏离度计算结果如表 7-4 所示。

表 7-4　某部门各岗位薪酬外部偏离度比较（金额单位：元）

某部门	年薪	市场年薪水平	外部偏离度计算
甲 A 岗位	56 487	58 000	56 487÷58 000×100% = 97%
乙 B 岗位	87 459	84 000	87 459÷84 000×100%= 104%
丙 C 岗位	132 564	150 000	132 564÷150 000×100%= 88%
丁 C 岗位	185 640	150 000	185 640÷150 000×100%= 124%
合计	462 150	442 000	462 150÷442 000×100%= 105%

　　表 7-4 中的市场年薪水平来自企业对标的外部市场薪酬水平。假如企业采取的是薪酬领先战略，应当对标市场上 90 分位值的薪酬水平，这里的市场年薪水平可以采取同类岗位 90 分位值的薪酬水平。

　　从表 7-4 的计算结果能够看出，甲的薪酬与市场薪酬水平相比相对较低，说明外部竞争性较差，但是偏离度不大；乙的薪酬与市场薪酬水平相比相对较高，说明具备一定的外部竞争性，但偏离度也不大；丙的薪酬比市场薪酬水平低，且偏离度较高，说明外部竞争性较差；丁的薪酬比市场薪酬水平高，且偏离度也较高，说明外部竞争性较好。

7.5.2　薪酬的内部偏离度

　　用某岗位的薪酬水平与内部薪酬水平相比，可以计算薪酬的内部偏离度，简称"内偏"。内部偏离度是用来检验该岗位人员当前薪酬水平的内部公平性的。

　　内部偏离度的计算公式如下。

　　内部偏离度 ＝ 某岗位的薪酬水平 ÷ 内部市场薪酬水平 ×100%。

举例 ❓

　　某部门一共有 4 名员工，根据公司内部同等级、同类岗位薪酬水平的中位值，该部门 4 名员工薪酬水平的内部偏离度计算结果如表 7-5 所示。

表 7-5　某部门各岗位薪酬内部偏离度比较（金额单位：元）

某部门	年薪	公司同等级、同类岗位年薪水平中位值	内部偏离度计算
甲 A 岗位	56 487	55 000	56 487÷55 000×100% = 103%
乙 B 岗位	87 459	86 000	87 459÷86 000×100% = 102%
丙 C 岗位	132 564	140 000	132 564÷140 000×100% = 95%
丁 C 岗位	185 640	140 000	185 640÷140 000×100% = 133%
合计	462 150	421 000	462 150÷421 000×100% = 110%

与外部竞争性不同，内部公平性并不是看岗位薪酬比内部薪酬水平高或低，而是看偏离度大小。甲和乙的薪酬与内部薪酬水平相比较高，且偏离度不大，说明具备一定的内部公平性；丙的薪酬与内部薪酬水平相比较低，但偏离度不大，同样说明具备一定的内部公平性；而丁的薪酬水平虽然比内部薪酬水平高出很多，但是偏离度较大，说明已经失去内部公平性。

7.5.3　内外偏离度结果分析

企业把外部偏离度和内部偏离度放在一起分析，能够同时分析薪酬的外部竞争性和内部公平性。

举例 ?

某部门一共有 4 名员工，把该部门 4 名员工的外部偏离度和内部偏离度放在一起对比分析，能够看出 4 名员工薪酬水平的外部竞争性和内部公平性，如表 7-6 所示。

表 7-6　某部门各岗位薪酬内外部偏离度比较

某部门	外部偏离度	外部竞争性	内部偏离度	内部公平性
甲 A 岗位	97%	差	103%	良
乙 B 岗位	104%	良	102%	优
丙 C 岗位	88%	差	95%	良
丁 C 岗位	124%	优	133%	差

通过外部偏离度做外部竞争性分析的逻辑与通过内部偏离度做内部公平性分析的逻辑是不同的。

对外部竞争性的判断，只要比市场水平低，就可以判断为"差"；如果超过市场水平，一般可以把外部偏离度在 5% 及以下的算"良"，把外部偏离度超过 5% 的算"优"。

对内部公平性的判断，一般可以把内部偏离度在 ±2% 以内的算"优"，内部偏离度在 ±2 ～ ±5% 的算"良"，内部偏离度在 ±5% 以上的算"差"。

对内部公平性做判断的时候要注意，内部公平性差并不一定是"坏事"。有时候企业为了体现多劳多得，为了体现绩效与薪酬之间的关联，会故意让企业内部同等级、同类岗位的薪酬水平存在较大差异。此时，内部公平性差反而是企业期望见到的。但也要注意内部薪酬的高低分布是否符合企业预期。

7.6　晋升位不足，又想涨薪留人怎么办

典型问题： 企业给员工涨薪全靠员工职位的晋升。企业的管理岗位有限，可是又确实存在很多非常优秀的员工，想给他们涨薪，又不知道该以什么名义涨薪，这种情况应该怎么办？

类似问题： 如何给岗位划分职等职级；如何根据职等职级划分薪酬等级；如何设计宽带薪酬给员工更多薪酬提升的机会；如何定位宽带薪酬的上下限等。

7.6.1　职等职级解决员工涨薪空间问题

员工在职位上不晋升就没有办法涨薪的情况在很多企业中很常见。很多企业采取比较传统的薪酬模式，薪酬水平的高低与职位高低是直接相关的。要解决这个问题，企业可以通过设置多个职等职级的方式，让员工不必升职同样能够有涨薪的空间。

通过岗位的专业知识、岗位需要的能力、贡献大小、业务领域影响力等角度，企业可以测量岗位的价值，划分岗位层级。岗位层级可以通过职等和职级来划分。不同企业对职等职级的定义和应用有一定的差异，表达方式也可能有所不同，但大方向是相同的。

举例

A 企业把所有职位的等级分成 7 个职等，分别是员工、主管、经理、高级经理、总监、副总经理、总经理。每个职等分成 9 个职级，每个职级对应着不同的月薪标准。A 企业职等职级与月薪标准的示意如图 7-7 所示。

职等：员工

职级		月薪标准
	上限	6 800
一级	一等	6 200
	二等	5 600
	三等	5 100
二级	一等	4 600
	二等	4 200
	三等	3 800
三级	一等	3 500
	二等	3 100
	三等	2 800

职等：主管

职级		月薪标准
	上限	8 200
一级	一等	7 500
	二等	6 800
	三等	6 200
二级	一等	5 600
	二等	5 100
	三等	4 600
三级	一等	4 200
	二等	3 800
	三等	3 500

职等：经理

职级		月薪标准
	上限	10 000
一级	一等	9 000
	二等	8 200
	三等	7 500
二级	一等	6 800
	二等	6 200
	三等	5 600
三级	一等	5 100
	二等	4 600
	三等	4 200

职等：高级经理

职级		月薪标准
	上限	12 000
一级	一等	11 000
	二等	10 000
	三等	9 000
二级	一等	8 200
	二等	7 500
	三等	6 800
三级	一等	6 200
	二等	5 600
	三等	5 100

职等：总监

职级		月薪标准
	上限	14 600
一级	一等	13 200
	二等	12 000
	三等	11 000
二级	一等	10 000
	二等	9 000
	三等	8 200
三级	一等	7 500
	二等	6 800
	三等	6 200

职等：副总经理

职级		月薪标准
	上限	17 600
一级	一等	16 000
	二等	14 600
	三等	13 200
二级	一等	12 000
	二等	11 000
	三等	10 000
三级	一等	9 000
	二等	8 200
	三等	7 500

职等：总经理

职级		月薪标准
	上限	21 400
一级	一等	19 400
	二等	17 600
	三等	16 000
二级	一等	14 600
	二等	13 200
	三等	12 000
三级	一等	11 000
	二等	10 000
	三等	9 000

图 7-7 A 企业职等职级与月薪标准的示意

对岗位职等职级的划分也可以有不同的形态。

B 企业把所有职位划分成 7 个职级，分别是员工、主管、经理、高级经理、总监、副总经理、总经理。每个职级分成 9 个职等，每个职等对应着不同的月薪标准。B 企业职等职级与月薪标准的示意如图 7-8 所示。

职级：员工

职等	月薪标准
1	6 200
2	5 600
3	5 100
4	4 600
5	4 200
6	3 800
7	3 500
8	3 100
9	2 800

职级：主管

职等	月薪标准
1	7 500
2	6 800
3	6 200
4	5 600
5	5 100
6	4 600
7	4 200
8	3 800
9	3 500

职级：经理

职等	月薪标准
1	9 000
2	8 200
3	7 500
4	6 800
5	6 200
6	5 600
7	5 100
8	4 600
9	4 200

职级：高级经理

职等	月薪标准
1	11 000
2	10 000
3	9 000
4	8 200
5	7 500
6	6 800
7	6 200
8	5 600
9	5 100

职级：总监

职等	月薪标准
1	13 200
2	12 000
3	11 000
4	10 000
5	9 000
6	8 200
7	7 500
8	6 800
9	6 200

职级：副总经理

职等	月薪标准
1	16 000
2	14 600
3	13 200
4	12 000
5	11 000
6	10 000
7	9 000
8	8 200
9	7 500

职级：总经理

职等	月薪标准
1	19 400
2	17 600
3	16 000
4	14 600
5	13 200
6	12 000
7	11 000
8	10 000
9	9 000

图 7-8 B 企业职等职级与月薪标准的示意

一般来说，职等职级越高，月薪标准越高。对于技术类岗位，企业中存在价值贡献较大，但职等或职级较低的员工，这时企业为了鼓励这部分员工继续晋升，可以提升其月薪水平。所以企业中可能会出现某员工的职等或职级较低，但月薪水平大于职等或职级较高员工的月薪水平。

7.6.2　宽带薪酬解决员工发展空间问题

要实现职等职级划分的薪酬空间，企业可以采取宽带薪酬模式。

宽带薪酬的产生可以追溯到 20 世纪 80 年代末，美国当时大部分的组织发现传统职能型和事业部型组织存在弊端，开始去层级化，组织机构趋于扁平化，组织流程相应更新变化，人员的轮岗情况增加，组织越来越重视人的职业发展。这时，与这种改变相适应的薪酬模式——宽带薪酬就应运而生。

宽带薪酬模式是一种薪酬浮动范围较大的薪酬模式。宽带薪酬是传统的窄带薪酬演化而来的，它是在窄带薪酬的基础上，对薪酬等级和薪酬变动的范围做了重新组合，把原来数量比较多、跨度小的薪酬等级减少，将薪酬上下级之间的浮动范围拉大，而形成的一种薪酬模式。

从窄带薪酬到宽带薪酬的演化过程如图 7-9 所示。

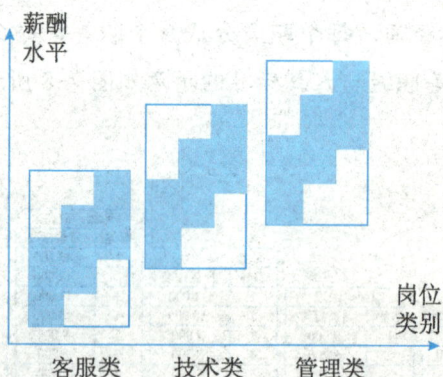

图 7-9　从窄带薪酬到宽带薪酬的演化过程

窄带薪酬在某一类岗位上会划分出不同的多个层级。人数较多的企业可以有十几甚至几十个层级。在这个基础上，宽带薪酬做出了归类和改变。宽带薪酬的归类，把原本很多的薪酬等级减少，从而显得更"宽"，同时将每个等级的薪酬上下限划分得更"宽"。宽带薪酬形成的新的薪酬管理体系，能够满足新的管理模式、业务发展和竞争环境的需要。

传统薪酬模式与宽带薪酬模式最大的差异，在于两者的着眼点和定位不同，如图7-10所示。

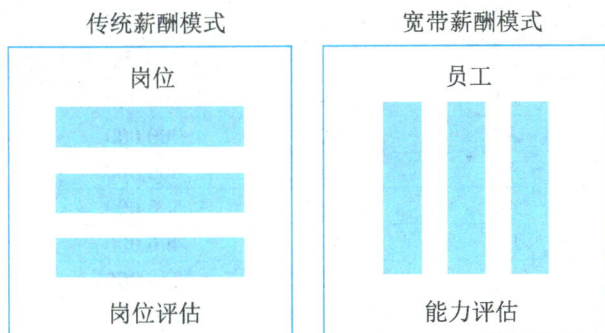

图 7-10 传统薪酬模式与宽带薪酬模式的着眼点和定位

传统薪酬模式更注重岗位的差异，通过岗位评估，定位岗位的价值；通过岗位的价值，定位岗位的薪酬。宽带薪酬模式更注重员工个体能力的差异，通过能力评估，定位员工能力的价值；通过能力的价值，定位员工的薪酬。另外，宽带薪酬模式有助于员工的职业发展。

传统薪酬模式适用于职能型、事业部型或其他偏纵向型的组织机构。在这类严密的直线层级制组织机构中，薪酬结构的设计聚焦在岗位的设置上。薪酬设计以岗位评估为基础，以任务目标为导向。

宽带薪酬模式适用于流程型、网络型或者其他偏横向型的组织机构，在这类工作和汇报关系趋于扁平化的组织中，薪酬结构的设计聚焦在员工（也就是人）的发展上。薪酬设计以能力评估为基础，以员工的职业发展为导向。

7.6.3 宽带薪酬上下幅度范围设计方法

宽带薪酬范围的确定需要设计薪酬区间。宽带薪酬的区间可以与以前相比有较大的跨度。在同一个区间内，最高级与最低级的跨度可以更大，而且上下层级之间可以有一定的交叠。

设计宽带薪酬的上下限时，可以直接参照现有薪酬的上下限。

举例

　　某企业希望整合现有的薪酬层级，实行宽带薪酬模式。在进行岗位盘点和岗位价值评估后，企业现有的岗位情况如表 7-7 所示。

表 7-7　某企业岗位盘点和岗位价值评估结果

岗位类别	岗位层级	岗位价值评分	该岗位薪酬标准最低值（元／年）	该岗位薪酬标准最高值（元／年）
管理岗位	A1	650	800 000	1 000 000
	A2	600	700 000	900 000
	A3	550	600 000	800 000
	A4	530	500 000	700 000
技术岗位	B1	490	400 000	600 000
	B2	410	350 000	500 000
	B3	350	250 000	400 000
	B4	290	200 000	300 000
员工岗位	C1	210	180 000	250 000
	C2	180	150 000	200 000
	C3	150	100 000	150 000
	C4	100	80 000	120 000

　　从表 7-7 中能够看出，企业现有的岗位层级有 12 个。按照岗位类别的不同，可以直接将其划分为 A、B、C 3 种岗位层级，也就是由原来窄带薪酬模式的 12 条"窄带"，划分成宽带薪酬模式的 3 条"宽带"。

　　如果将各岗位类别中窄带薪酬的上下限作为宽带薪酬的上下限，得到宽带薪酬的范围如图 7-11 所示。

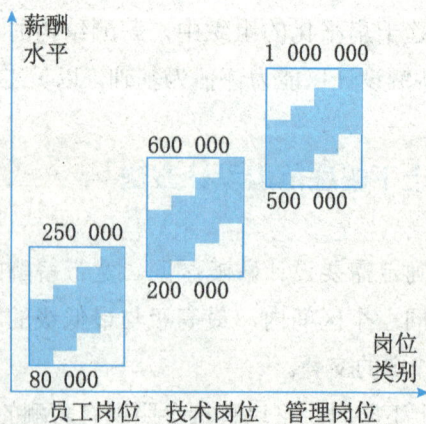

图 7-11　宽带薪酬上下限示意

　　宽带薪酬也可以不参照现有薪酬的上下限。实务中，HR可以根据企业战略、人力资源战略、薪酬战略、市场供需情况、本企业的付薪情况、岗位责任轻重、岗位价值大小以及岗位需求技能水平的高低等因素，按需制定宽带薪酬的最高值和最低值，如图7-12所示。

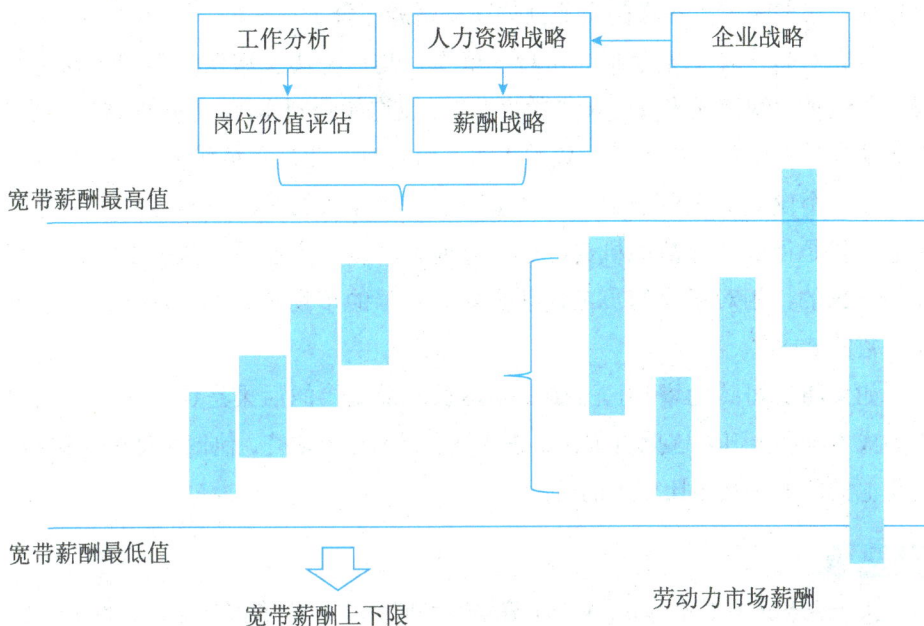

图 7-12　宽带薪酬确定上下限的过程示意

7.7　如何解决老员工贡献低、工资高的问题

典型问题： 企业有一批多年的老员工，能力一般，薪酬却因每年薪酬普调高得出奇。然而，企业利润逐步降低，如今一些年轻员工及管理者能力优秀，担任重要岗位，薪酬水平却达不到老员工的薪酬水平，出现老员工贡献低、工资高的问题，这种情况如何解决？

类似问题： 如何平衡司龄薪酬与员工离职率；如何从薪酬层面避免出现老员工不作为的现象；如何平衡老员工的年功与薪酬；如何让老员工的工作年限与绩效水平成正比等。

7.7.1 薪酬激励的本末倒置

许多企业为了降低员工的离职率，提高员工的忠诚度，表达对老员工的认可，随着老员工司龄的增加，会增加相应的薪酬。这种方式在有的企业是直接体现在薪酬上，在有的企业则体现在司龄工资上。

这其实是一种"无限制的司龄工资"，是一种典型错误的薪酬模式。如果通过这种薪酬模式来降低员工的离职率，也许能起到作用，但长期这样下去，对企业来说不仅要付出大量无效的成本，而且对企业是一种伤害。

在一个健康的企业当中，愿意留下的、有能力的员工不是得到了晋升的机会，就是得到了涨薪的机会，这部分人大约只占企业总人数的20%；而那些剩下来的、相对平庸的员工往往具备比较强的市场替代性，这部分人约占总人数的80%。

如果随着司龄的增长，工资每年增长，最直接的后果是那些普通岗位的人力成本不断上升，这批员工在组织中变得"长生不老"。他们可能顺从组织，但是他们却无法做出比较大的贡献。

举例 ❓

某企业刚入职的保安的基本工资是 2 500 元 / 月。该企业为员工发放司龄津贴，司龄津贴的发放标准是第一年每月发放 100 元，随着司龄的增长，司龄津贴的标准每年增加 100 元。

假如某保安在企业服务了 25 年，随着司龄津贴的增长，该保安人员的工资增加了 2 500 元（假设基本工资不变），增加的工资和原来的基本工资比例达到了 1∶1。这时，就出现了一个严重的本末倒置的现象！

这个工作了 25 年的保安和一个刚入职、年富力强的保安相比会为企业提供更多的价值吗？事实上，有可能会有，但不会有太大差别，而且很可能那个年富力强的新人会比老员工更加认真负责。

这个工作了25年的保安会时刻想着自己每月的工资原本应该是 2 500 元，另外的 2 500 元是企业对自己长期服务的奖励吗？大概不会，他会认为自己每月的工资就"应该"是 5 000 元。

这种随着司龄增加工资就增加的模式，让员工逐渐对薪酬的增长"没了感觉"，也就是企业增加了成本，员工却没有从企业的成本增加中感受到激励。

7.7.2 绩效工资的转换方法

企业应为员工的绩效付费而不是为员工的司龄付费。有的员工的司龄长，但绩效很差，这样的员工企业不保留也罢。与其设计司龄工资鼓励员工增加司龄，不如采取绩效工资鼓励员工提升绩效。

对于当前工资已经虚高的老员工来说，企业可以把一部分司龄工资直接转换成绩效工资，把每月的基本工资调整到和新员工相同或者相近的水平。绩效工资可以按照月度、季度、年度绩效考核的得分折算。

比如，某老员工的月度绩效得分是 80 分，那么，员工本月的实发绩效工资 = 员工本月应发绩效工资 ×80%。因为只要绩效表现不达标就不能拿到满分，这样折算之后，相当于绩效不达标的老员工每月工资会减少，但是其对绩效达标的老员工没有影响。

这里要注意，企业设置绩效工资的目的不是给老员工减工资，而是让老员工的绩效达标。所以企业在推行绩效考核的时候，不要让老员工觉得自己被针对了。

为了避免老员工认为绩效考核在针对自己，企业可以为同类岗位设计一个基本的工资线，只要高于这个基本线的工资，一律设置成绩效工资。比如，将某岗位的基本工资线设置为 5 000 元。假如入职不久的新员工月薪是 5 500 元，那么他每月有 500 元的绩效工资；假如某老员工的月薪是 8 000 元，那么他每月有 3 000 元的绩效工资。

当设置了基本工资线之后，给员工的感觉相对来说比较公平。而且岗位的绩效标准都一样，只要达标了，老员工就能拿到全额工资。既然是老员工，能力上理应比新员工更强，绩效达标的可能性也更高。老员工要想获得全额的工资，必须付出相应的努力。

有时候，企业采取了绩效工资模式之后，会引起一部分老员工的强烈反感。因为绩效考核往往很难拿到满分，只要绩效考核结果不是满分，折算之后，相当于老员工每月的工资大概率会减少。

要缓解这种情况，企业可以让绩效工资变化的同时涨工资。当员工涨工资之后，就算当月的绩效没有达标，折算后也可能大于或等于原来的薪酬。如果绩效严重没有达标，折算后的薪酬还是有可能比原来少，但老员工更容易接受。

7.7.3　应对绩薪不匹配的 3 类方法

面对无限制的司龄工资，除了做绩效工资的转换之外，还有 3 类应对方法。

❶ 彻底废除无限制的司龄工资模式

企业做薪酬调整的时候，可以完全按照绩效结果或贡献大小来实施，而不是按照员工的司龄长短来做调整。这样就能在未来避免再因为这种薪酬模式造成"虚高"的工资。不过，废除这种薪酬模式实际操作起来可能并不简单。

❷ 用其他形式奖励优秀的长司龄员工

对长期服务的员工，企业可以用荣誉、福利或适当奖励的形式体现对其的看重。当然，这里同样建议不需要奖励所有老员工，而是奖励优秀的老员工，也就是绩效比较好的老员工。比如，企业可以在年会上设置一个针对 10 年以上司龄员工的"特殊贡献奖"，由高层领导颁奖和表彰，并发放精美的奖杯和奖品。

❸ 为司龄工资设置上限

如果出于一些原因，企业领导层执意坚持保留司龄工资，可以采取妥协折中的方式，给司龄工资设置上限。同时采取逐渐递减制，而且增长金额不应过大。比如，司龄工资的增加最多 10 年，而且每年递减，第 1 年每月增加 100 元，第 2 年每月增加 90 元，第 3 年每月增加 80 元……第 10 年后不再增加司龄工资，而根据员工绩效来增加工资。

7.8　不同类型的岗位如何设计薪酬结构

典型问题： 不同的岗位适合采取不同的薪酬结构，企业应当如何给不同类型的岗位设计薪酬结构？

类似问题： 常见的薪酬结构模式有哪些；不同的薪酬结构适用于哪些情况；设计不同岗位的薪酬结构时应注意什么等。

7.8.1 薪酬结构策略的 3 种类型

根据不同的企业战略、薪酬战略和不同类型的岗位，固定薪酬和浮动薪酬在总薪酬中所占的比例应有所区别。根据两者之间的比例不同，可以将薪酬结构策略分为 3 种类型，弹性模式、稳定模式和折中模式，如图 7-13 所示。

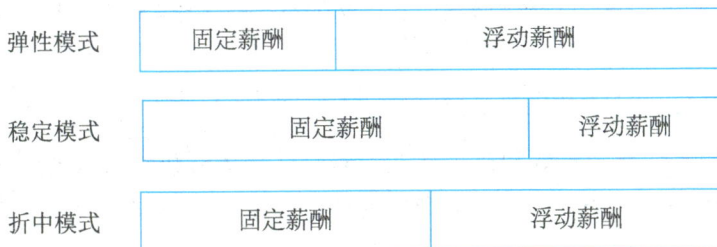

图 7-13　3 种类型的薪酬结构策略示意

弹性模式指的是固定薪酬的比例较低（通常小于 40%），浮动薪酬的比例较高（通常高于 60%）的岗位薪酬设置类型。这种模式通常应用于与企业业绩关联度比较大的岗位，如销售业务人员、总经理、某些岗位的高管等。常见的计件工资制、提成工资制、绩效工资制都属于这种薪酬模式。

稳定模式指的是固定薪酬的比例较高（通常高于 60%），浮动薪酬的比例较低（通常低于 40%）的岗位薪酬设置类型。这种模式通常应用于与企业业绩关联度较低的岗位，如行政助理岗位、财务岗位、人力资源管理岗位等。

折中模式指的是固定薪酬比例和浮动薪酬比例持平，通常是各占 50% 或差别不大的岗位薪酬设置类型。这种模式通常应用于经营状况比较稳定的企业以及企业业绩的关联度和岗位人员的能力素质要求并重的岗位，如技术研发岗位、生产工艺岗位等。

7.8.2 薪酬结构策略分析

弹性模式、稳定模式和折中模式的薪酬结构策略各有优缺点，具体如表7-8所示。

表 7-8　3 种薪酬结构策略的优缺点分析

薪酬结构策略	优缺点
弹性模式	优点：激励性较强，能有效改变员工行为 缺点：员工压力较大，缺乏安全感，可能导致员工离职率较高，忠诚度较低
稳定模式	优点：员工有较强的安全感，忠诚度较高 缺点：激励性较差，往往造成企业的人力成本较高，员工的积极主动性不高，员工感受到的工作压力较小
折中模式	兼具弹性模式和稳定模式的优点和缺点，具有一定的缓冲度和适应性

弹性模式、稳定模式和折中模式的薪酬结构策略在不同人力资源管理需求中的作用是不同的。这 3 种类型的薪酬结构策略在不同人力资源管理需求中的效果如表 7-9 所示。

表 7-9　3 种薪酬结构策略的效果比较

类别	弹性模式	稳定模式	折中模式
激励效应	强	弱	中
员工主动性	强	弱	中
员工忠诚度	弱	强	中
员工压力	大	小	中
员工离职率	大	小	中

7.8.3 薪酬完整组成要素

薪酬按照是否能够被量化，可以分为无形的、不可用金钱数字量化的、聚焦内在价值激励层面的薪酬和有形的、可以用金钱数字量化的薪酬。完整的薪酬结构名称及组成如表7-10所示。

表 7-10 薪酬结构名称及组成

大类	薪酬要素	所属薪酬类别	薪酬总称				
无形的内在价值激励	来自组织的认可	非经济性薪酬	总报酬				
	良好的职业发展通道						
	工作与生活平衡						
有形的可以量化的薪酬	其他法定福利	法定福利	总体雇佣成本				
	住房公积金						
	社会保险						
	其他非法定福利	非法定福利	整体薪酬				
	员工救援计划						
	员工储蓄计划						
	员工养老计划						
	其他各类津贴	总现金津贴					
	交通津贴						
	住房津贴						
	餐费津贴						
	股权激励计划	长期激励	总直接薪酬				
	长期现金计划						
	年终奖金	短期激励	总现金				
	提成奖金						
	绩效工资						
	奖罚落实	浮动支付					
	加班工资						
	固定奖金	固定支付	基本工资				
	司龄工资						
	固定工资						

　　企业在设计薪酬的整体框架时，不应过分注重现金薪酬的作用，应当采取多元化的原则。这样做的好处是既能满足人才竞争的要求，又能满足企业不同发展阶段的要求。比如，奖金设计的多元化，可以设置为月度奖、季度奖、年度奖，可以分为个人奖和集体奖，可以有合理化建议奖、特殊贡献奖、成本节约奖、安全奖、质量奖、超额利润奖等。

7.9 如何设计高管的薪酬

典型问题： 高管岗位是关乎企业命运的重要岗位，对高管薪酬的设计在一定程度上影响着企业经营发展的命运，企业应如何设计高管的薪酬？

类似问题: 高管的薪酬包含哪些部分;高管薪酬可以有哪些模式;为了防止高管离职,企业在设计高管薪酬的时候要注意什么等。

7.9.1 高管薪酬的 3 大组成

高管人员的薪酬可以由 3 部分组成。一部分是相对固定的收入 A;另一部分是定位为人才短期激励的浮动收入 B;还有一部分定位予对人才更长远的长期激励 C。

A 部分是相对固定的收入,可以保证人才家庭和个人的基本生活,一般以月度为单位发放。A 部分也不是一成不变的,应随着物价水平、劳动力市场状况、职级调整、工作年限或企业整体薪酬水平的变化而变化。

B 部分是短期激励,是相对短期的经营业绩和绩效成果的奖励。短期激励发放的时间周期一般以季度或年度为单位。根据绩效状况,B 部分发放的金额可能达到预期,可能超过预期,也可能为零。

C 部分是鼓励人才更长远地为企业做出贡献,把企业的发展和人才的个人发展绑定在一起的方式。C 部分一般在企业和人才双方确定后,在 3 ～ 5 年的较远期兑现。C 部分能有效防止高管为了追求短期利益而做出一些杀鸡取卵式的决策或短期行为。

高管薪酬如果细分,可以划分成 3 种常见的薪酬类目,如表 7-11 所示。

表 7-11 高管薪酬的 3 种组成

薪酬组成	薪酬类目
A 部分 (相对固定的收入)	固定工资 司龄工资 固定福利 固定津贴
B 部分 (短期激励)	季度奖金 年终奖金 特殊福利
C 部分 (长期激励)	股票激励 长期现金 长期福利

管理层级越高、决策对企业发展影响越深远的管理者，C 部分的占比应越高。

7.9.2 高管薪酬的 5 种模式

常见的高管年薪制薪酬模式可以分成 5 种，分别是准公务员模式、一揽子模式、非持股多元化模式、持股多元化模式、虚拟持股多元化模式。这 5 种薪酬模式的适用企业、薪酬结构和激励作用如表 7-12 所示。

表 7-12 常见的 5 种高管薪酬模式

年薪制模式特点	准公务员模式	一揽子模式	非持股多元化模式	持股多元化模式	虚拟持股多元化模式
适用企业	大型国有企业或对国民经济有特殊战略意义的大型集团企业或其控股企业	期望快速发展的企业，或者面临特殊问题的企业	所有企业	股份制企业	所有企业
薪酬结构	A+C 相对固定的收入＋养老金计划	B 固定数量的年终奖金	A+B 相对固定的收入＋短期激励	A+B+C 相对固定的收入＋短期激励＋长期激励	A+B+C 相对固定的收入＋短期激励＋长期激励
激励作用	稳定体面的生活保障以及退休后高水平的退休金保障。一定程度约束管理者的短期行为	承包式的激励。激励作用较大，但可能引发短期行为。激励作用的有效性发挥很大程度上取决于考核指标的科学选择和准确真实的判断	将绩效与薪酬直接挂钩，相对传统薪酬模式更具激励性。缺少激励长期行为的类目，可能激发人才的短期行为，影响企业长期发展	理论上比较有效，形式可以灵活多样，兼顾短期和长期，股票升值可能会使人才获得大额财富，但是实施条件要求相对较苛刻	把股权的概念引入非上市企业甚至非股份制企业中。利用虚拟的股权结构，让人才享受股权分配权，满足人才长期发展的需要

注：上表中的 A、B、C 分别代表相对固定的收入、短期激励、长期激励。

非持股多元化模式、持股多元化模式和虚拟持股多元化模式这 3 种模式是企业使用频率最高、最常见的年薪制模式。这三者之间的不同主要体现在长期激励的操作方面。

持股多元化模式中的股权，指的是实际股权，可以是直接持股，也可以是限制性股票或股票期权。虚拟持股多元化模式中的股权，指的是虚拟股权，可以是虚拟股票、年薪虚股制，也可以是账面价值增值权和股票增值权。

当然，持股多元化模式和虚拟持股多元化模式对长期激励的落实并不应围绕在字面的"股"上，而应围绕在"多元"上，应采取多种多样的长期激励模式，如多元化的长期福利或者参考准公务员模式中的养老金计划。

准公务员模式的考核指标一般是企业当年的业绩目标。一揽子模式的考核指标通常是十分明确的一项或几项指标，如实现利润、增加销售、减少亏损、提高资产利润率等。

非持股多元化模式、持股多元化模式和虚拟持股多元化模式都是根据企业战略和岗位特点制定的。

7.9.3 高管人员薪酬设计策略

高管人员的存在是为了企业的存续和长期稳定发展，因此对高管人员的物质激励应更偏向于长期激励而非短期激励或固定收入。这也是为什么实务中很多企业对高管人员的薪酬设计采取的是年薪制。

有的企业过分重视经营业绩，给高管人员设置的薪酬结构中，与经营业绩直接相关的绩效工资占比很大。这样做容易导致高管人员"杀鸡取卵"，为了高额的回报只追求短期的经营结果，不考虑企业长远发展。

高管人员的相对固定的收入（A）、短期激励（B）、长期激励（C）的占比情况参考表 7-13 所示。

表 7-13 高管人员薪酬结构比例参考

相对固定的收入（A）	短期激励（B）	长期激励（C）
20% ～ 30%	20% ～ 40%	30% ～ 60%

企业在设计高管人员与业绩直接相关的短期激励（B）的时候要格外谨慎。高管人员本身就肩负着制衡企业中追求短期效益的人的责任。如果对高管人员的短期激励过强，高管人员反而会开始追求短期效益，不考虑长期发展。

一般来说，除了销售型企业，不建议对高管人员设置过高的月度和季度绩效薪酬。比较安全的做法是对高管人员直接采取年薪制，绩效工资按年度发放。

高管人员固定工资的金额不应该是"一成不变"的，企业同样可以为高管人员设置和其他岗位人员一样的多级基本工资。当高管人员达到一定的能力、职级或年限等条件后，固定工资可以按照标准相应提升。

高管人员的固定工资中可以包括岗位津贴。高管人员的岗位津贴往往偏向于住房、交通、保险、健康等花费较大或保障性较强的领域，津贴的金额标准通常比普通岗位人员的金额标准高。当给高管人员设置一个其他岗位人员都不具备的津贴时，高管人员的心理满足感往往会更强。

7.10　如何设计有激励性的销售人员薪酬

典型问题： 销售人员的薪酬设计影响着对销售人员的激励效果。好的销售薪酬模式会让销售人员感受到激励，追求业绩提升；不好的销售薪酬模式则起不到激励销售人员的作用。如何设计有激励性的销售人员薪酬？

类似问题： 销售人员的薪酬可以由哪些部分组成；销售提成应该如何设计；销售人员的提成基数应该如何设计等。

7.10.1　销售人员薪酬 3 大组成

销售人员的薪酬，通常由 3 大部分组成，如图 7-14 所示。

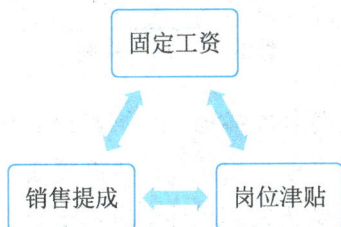

图 7-14　销售人员薪酬的 3 大组成

❶ 固定工资

销售人员的固定工资，也叫"底薪"。销售人员的底薪通常分为 3 种类型。

（1）"无责任底薪"或"无业务底薪"，这种底薪是每月的固定数字，与销售人员的业务完成情况无关，只与出勤情况有关。

（2）"有责任底薪"或"有业务底薪"，这种底薪是随着销售人员的业务完成情况而成一定比例变化的，计算时同样需要兼顾出勤情况。

（3）"混合制底薪"，这种底薪模式是前两种底薪模式的结合，通常把底薪分成两部分，一部分为"无责任底薪"，另一部分为"有责任底薪"。

❷ 岗位津贴

销售岗位的特殊性，决定了销售人员可能经常会面临出差、加班等需求，有的甚至长期驻外，花费的时间、耗费的精力和付出的情感通常与"朝九晚五"的 8 小时制岗位不同。除了必要时产生的加班费，销售岗位通常会设置一定的差旅津贴、交通津贴、探亲津贴、餐费津贴等各类为销售人员考虑、具备一定补贴性质的岗位津贴。

❸ 销售提成

一般认为，销售提成应是销售岗位人员薪酬结构中占比最大的部分，但这并不尽然。选择"低提成"（提成工资在销售人员的工资结构中占比较小）模式还是"高提成"（提成工资在销售人员的工资结构中占比较大）模式，需要根据行业、企业、市场、品牌、产品特性、管理体制、客户群体等的不同而有所不同，划分方法如表 7-14 所示。

表 7-14　提成类型选择参考

提成类型	企业发展阶段	企业规模	品牌知名度	管理基础	客户群体
低提成	成熟期	较大	较高	较强	稳定
高提成	成长期	较小	较低	薄弱	不稳

"低提成"类型的优势是能够稳固和维持企业现有的客户和市场，保持企业的外部稳定，有利于企业平稳发展；"高提成"类型的优势是能够激励销售人员开发市场和扩大销售的积极性，有利于企业开拓新业务、快速占领市场。

7.10.2　销售提成工资设计方法

提成工资，也叫提成奖金，通常指的是与企业某项业绩直接相关的奖金，它是为了鼓励销售人员达成某项业绩目标而设立的奖金形式。所有提成奖金的计算都可以简单地归纳成如下公式。

提成奖金 = 提成基数 × 提成比例。

提成的基数根据需要可以是销售额、毛利额、成本额、利润额等指标。

常见的提成奖金可以分成两类，一类是固定提成奖金，另一类是浮动提成奖金。

❶ 固定提成奖金

固定提成奖金指的是提成额与业绩增长呈二元线性关系的提成形式。假设 A 是每单位商品销售提成额，业绩每增加 X 个单位，销售提成增加 AX。

举例 ❓

某房地产销售公司规定房产经纪人每月的提成奖金为房屋成交价的1%。房产经纪人张三今年连续 5 个月的房屋成交额和提成奖金额如表7-15所示。

表 7-15　房屋成交额和提成奖金额对应关系举例

月份	1 月	2 月	3 月	4 月	5 月
房屋成交额（万元）	150	50	80	300	70
月提成奖金额（万元）	1.5	0.5	0.8	3	0.7

❷ 浮动提成奖金

浮动提成奖金指的是提成额与业绩增长呈阶梯型或指数型增长关系的提成形式。当业绩落在某个范围内时，销售提成的比例为 A，提成奖金额为提成基数 $\times A$；当业绩达到另一个水平时，提成比例为 $A+B$，提成奖金额为提成基数 $\times（A+B）$。

举例 ❓

某汽车销售公司为了鼓励业务员销售，制定的阶梯型的提成奖金政策如表7-16所示。

表 7-16　某汽车销售公司提成比例举例

每月汽车销售数量（台）	每台车的销售提成（元）
$X < 10$	100
$10 \leqslant X < 20$	200
$20 \leqslant X < 30$	300
$30 \leqslant X < 40$	400
$40 \leqslant X < 50$	500
$50 \leqslant X$	600

该公司销售人员张三今年连续 5 个月的汽车销售量和提成奖金额如表 7-17 所示。

表 7-17　张三连续 5 个月的汽车销售量和提成奖金额

月份	1 月	2 月	3 月	4 月	5 月
汽车销售量（台）	35	8	22	28	41
月提成奖金额（元）	14 000	800	6 600	8 400	20 500

7.10.3　销售提成基数设计方法

企业设计销售提成基数，有 3 种常见的方式。

1. 以企业销售的实际回款金额为基数计算销售提成。这种方式能够有效避免销售人员一味地追求销售合同金额、发货量或成交量的持续增长，忽略实际到账金额，而造成公司产生大量呆账、坏账等现金流风险。

2. 直接以销售合同、发货量或成交量的金额为基数计算销售提成。这种方式并不是完全不可取。比如，企业推出一款新产品，希望快速推广应用时；或者企业发展了一项新业务，正处在初期阶段，缺乏经验和成熟度，希望快速得到市场的认可时，用这种销售提成基数就相对比较有效。

3. 将销售提成的基数分成 2 部分：一部分按照销售合同、发货量或成交量的金额提成，另一部分按照实际回款的金额计算。这种方式既考虑了新产品或新业务的拓展，又考虑了企业现金流的风险。

一般来说，销售提成基数的选择如表 7-18 所示。

表 7-18　销售提成基数参考

提成基数	公司战略	公司发展阶段	公司经营风险
按回款额提成	稳定经营 降低财务风险 持续的现金流	成熟期	较小
按合同额提成	迅速推广应用 快速抢占市场	成长期	较大
按回款额和合同额相结合提成	保障当前的现金流 创造未来的现金流	成长期	中等

7.11　如何通过长期激励留住核心人才

典型问题： 要留住核心人才，企业可以实施哪些长期激励方法，如何实施？

类似问题： 常见的长期激励方法有哪些；如何应用股权激励；如何应用合伙人制度等。

7.11.1　长期激励的 4 种方法

长期激励是股东为了保证企业的核心人才能够长期留在企业，能够与企业共同成长发展，达成企业的长远目标，而给予核心人才的一种激励方式。这里的核心人才一般是指关键岗位的高层管理人才和核心技术人才。相对于短期激励的时间周期，长期激励一般立足在 3 年及以上。

长期激励常见的形式有 4 种，如图 7-15 所示。

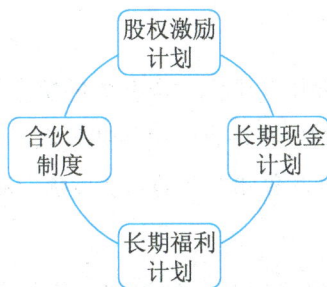

股权激励计划　长期现金计划　长期福利计划　合伙人制度

图 7-15　长期激励常见的 4 种形式

这 4 种长期激励形式的原理类似，一般都是与人才约定，到了某个时间节点，当企业达到某个目标或达成某种效益的时候，企业将按照不同的形式给予人才某种奖励。

当企业的财务状况较好、资金实力比较充裕的时候，企业对核心人才实施的长期激励可以主要采取长期现金计划和长期福利计划；当企业财务状况较差、资金有限的时候，企业对部分核心人才可以主要采取股权激励计划和合伙人制度。

7.11.2　股权激励的 7 种模式

股权激励可以让企业和个人形成利益共同体、激发员工的内在驱动力、有效地吸引和留住人才。尤其是创业企业，在早期无力吸引和留住高端人才以及支付高薪时，股权激励计划可以有效缓解这一问题。股权激励的模式共有 7 种。

❶ 限制性股票

限制性股票是指事先给激励对象一定数量的股票，但对于这部分股票的获得条件和出售条件等会有一定的限制。比如，只有当激励对象在本企业服务满 5 年，才能获得这部分股票；5 年后企业的经营业绩提升一倍，激励对象才可以卖出这些股票变现。

❷ 虚拟股票

虚拟股票是指向激励对象发放虚拟股票，事先约定如果企业业绩较优或实现某项目标时，激励对象可以按此获得一定比例的分红。虚拟股票不属于法律意义上的股权激励，不具备实际的所有权，不能转让或出售，通常也不具备表决权。

❸ 年薪虚股制

年薪虚股制是指将企业中高端人才年薪中的奖金划分一部分出来以虚拟股票的形式体现，规定激励对象在持有一定的期限后，按照企业业绩一次性或分批兑现。这种方式会将激励对象和企业的利益捆绑，将收益的时间线拉长。

❹ 股票期权

股票期权是指企业给激励对象一种权利，让其可以在规定的时期内以事先约定的价格购买一定数量的本企业流通股票，当然如果到了那个时期，激励对象发现行权并不合适，也可以选择不行权。

❺ 直接持股

直接持股是指当激励对象达到某项条件时，企业直接转让股票，在股价提高或降低时，获得账面价值的增长或减少；在股票溢价卖出时，获得收益。转让的方式可以是直接赠予、企业补贴购买，也可以是激励对象自行购买。

❻ 账面价值增值权

账面价值增值权是指激励对象在期初按照每股净资产的期初值购买一定数量的企业股份，期末再按照每股净资产的期末值回售给企业。在实务中可以有两种操作方式：一种是激励对象真实购买；另一种是虚拟购买，过程中激励对象甚至不需要支付资金，期末由企业直接根据每股净资产的增量计算收益。

❼ 股票增值权

与账面价值增值权的道理类似，通过股票增值权的方式，激励对象可以从期初认购股票的价格与期末股票市价之间的增值部分中获益。当然，为了规避股票价值降低的风险，利用这种方式时，激励对象并非实际购买股票，而是获得了这部分股票增值后的收益权。

7.11.3　合伙人制度的 3 种类型

合伙人制度在激励效果上优于股权激励，但是通常激励对象的范围比股权激励小。要谨慎选取合伙人制度中的合伙人。一般来说，对于有持续资源支持的创业元老、处于公司关键位置的少数高管、掌握核心技术的关键人才可以考虑运用合伙人制度。

合伙人制度是指由 2 个或 2 个以上的合伙人拥有公司，共享公司的经营成果，共担公司的经营风险的制度。合伙人制度中的合伙人是公司的股东，可以参与公司的经营，也可以仅出资，不参与公司的经营。

成为公司的合伙人之后，在一定程度上意味着是公司的主人。合伙人的组成规模没有限制，对当前员工实施合伙人制度，一般目的是充分激励部分核心人才的积极性，并有效留住这些核心人才。

在合伙人制度中，常见的合伙人有 3 类，如图 7-16 所示。

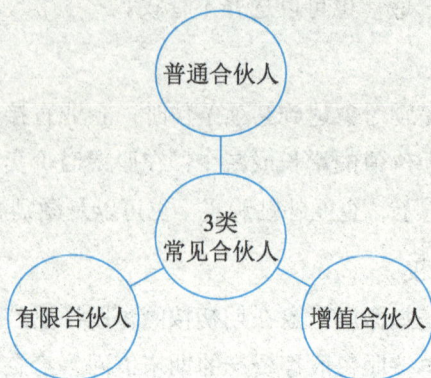

图 7-16　3 类常见合伙人

❶ **普通合伙人**（GP，General Partner）

普通合伙人的模式适用于合伙制公司或有限合伙公司。普通合伙人对公司的经营承担责任，对公司的债务承担无限责任。

❷ **有限合伙人**（LP，Limited Partner）

有限合伙人的模式适用于有限合伙公司。有限合伙人根据其出资比例，承担有限的责任。有限合伙人相当于投资人，不能代表公司，没有重大的决策权。

❸ **增值合伙人**（OP，Operator Partner）

增值合伙人的模式适用于有限责任公司和个体公司。增值合伙人不承担公司的经营风险，但需要承担经营责任，保证公司达到经营目标。增值合伙人可以根据价值进行多次利益分配，拥有晋级制度和灵活退出机制。增值合伙人的选拔注重其拥有的价值或资源。

7.12　如何实施有激励性的薪酬调整

典型问题： 企业不调薪的时候，员工特别希望调薪，调了薪之后，员工怨声载道，表示不买账。关于薪酬调整，企业仿佛不论怎么做，都不能满足员工的需求。企业应该怎样实施调薪，才能让调薪有一定的激励性呢？

> **类似问题：** 薪酬调整的激励性来自哪里；给员工调薪时，可以采取哪些调薪方式；企业应该根据哪些要素确定员工的调薪比例等。

7.12.1 薪酬调整的激励保障

随着企业战略的发展变化，一套薪酬管理体系不可能永远适应和满足企业的需要。这时，就需要对企业的薪酬管理做出有针对性的调整，形成适应企业发展的薪酬策略。薪酬调整是企业保持管理的动态平衡，达到薪酬管理目标的重要手段，也是薪酬管理的日常工作之一。

企业整体的薪酬调整包括薪酬结构调整和薪酬水平调整两类。薪酬结构调整通常伴随着企业薪酬体系的重新设计和薪酬管理的变化。薪酬水平调整一般是在企业薪酬结构不发生变化的情况下，调整薪酬水平高低的过程。薪酬水平调整的频率按照企业具体情况确定，一般可以是一年一次。

薪酬调整不可能做到让每一个员工都满意，但要保证让大部分员工满意也不是不可能。企业应当制定薪酬水平调整的规则，明确薪酬水平调整的频率。比如，可以规定，只要本年度企业的业绩没有下滑，就统一在每年 6 月做一次薪酬调整。

有的企业的薪酬调整非常不规律，很多情况下是企业的领导想起来要调薪时才调薪，或者员工的不满情绪已经达到一定程度之后才调薪。这样的调薪方式会让员工觉得企业亏欠了自己，通常怎么调员工都不会满意。

这就好像某人故意把另一个人惹生气了，等对方情绪已经上来了，怒发冲冠的时候，又想通过一些方式让生气者的情绪平复下来，这显然是比较难的。与其让生气的人平息怒火，不如一开始就不要惹他生气。

7.12.2 薪酬调整的 5 种方法

常见的薪酬调整方法有 5 种，如图 7-17 所示。

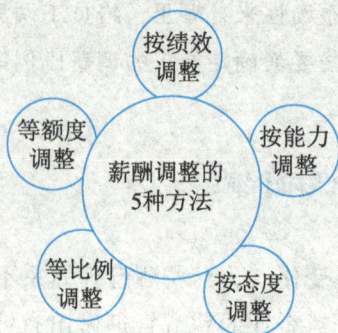

图 7-17　常见的 5 种薪酬调整方法

❶ **按绩效调整**

按绩效调整薪酬的方法是根据员工的绩效水平调整员工的薪酬水平。相同岗位、相同层级的员工,绩效水平越高,薪酬调整的额度或幅度就越大。

❷ **按能力调整**

按能力调整薪酬的方法是根据员工的能力测评结果调整员工的薪酬水平。相同岗位、相同层级的员工,能力测评结果越优秀,薪酬调整的幅度或额度就越大;反之,薪酬调整的幅度或额度就越小。

❸ **按态度调整**

按态度调整薪酬的方法是通过 360 度评估或者上级对下级工作积极性和主动性的评价,判断员工工作态度的优劣程度,根据员工的工作态度调整员工的薪酬水平。相同岗位、相同层级的员工,态度测评的评分越高,薪酬调整的幅度或额度就越大。

❹ **等比例调整**

等比例调整是企业的全体员工在原工资基础上提高或降低同一百分比。比如,全体员工月薪增长 10%。这种薪酬调整方法将使原本就工资高的员工的调整额度大于工资低的员工。

❺ **等额度调整**

等额度调整是不论员工原有工资水平是高或低,一律按照相同的额度给予调整。比如,全体员工月薪增加 500 元。如果不想增加基本工资,也可以把增加的工资以岗位津贴或各类补贴的形式发放。

不论按照哪种薪酬调整方法调整薪酬，都会有一部分员工满意，一部分员工不满意。企业在选择薪酬调整方法的时候，不应以员工满意与否作为首要选择依据，应当根据企业的实际需要做出选择。

7.12.3 5 种调薪方法的应用

企业在应用按绩效调整、按能力调整、按态度调整、等比例调整和等额度调整这 5 种单一式的薪酬调整方法的时候，要注意它们的适用范围和优缺点，如表 7-19 所示。

表 7-19 薪酬调整方法比较

薪酬调整方法	适用范围	优点	缺点
按绩效调整	看重绩效，强调竞争的企业或岗位，如销售业务类岗位、某些管理岗位	员工的绩效水平通常会得到有效的激励	薪酬差距可能越来越大；绩效高者薪酬增加到一定程度可能反而变得懒惰
按能力调整	看重能力，强调能力水平和发展的企业或岗位，如某些技术类岗位、教育培训类岗位	员工的能力水平通常会得到有效的激励	企业为员工的能力付出的成本可能并不能直接体现在企业整体的绩效结果上
按态度调整	看重态度，强调工作积极性和主动性的企业或岗位	员工的工作态度通常会得到有效的激励	过于主观，准确性较差；可能滋生"面子工程"
等比例调整	强调内部薪酬差距的企业或者薪酬管理水平相对较低的企业	操作简单，对员工产生的激励效果相同	原本有差距的基本薪酬因等比例调整差距额越拉越大
等额度调整	解决物价上涨带来的工资购买力下降问题	操作简单，能够保留原有的薪酬差距	对企业员工产生的激励效果不同，高薪者感觉较弱，低薪者感觉较强

除了以上 5 种单一式的薪酬调整方法外，还有 2 种复合式的薪酬调整方法。

❶ 综合性调整

综合性薪酬调整的方法是综合考虑绩效管理、能力评估和态度因素之后，让绩效、能力和态度共同作用的薪酬调整方法。

❷ 多元化调整

多元化薪酬调整的方法是在同一个组织中，对于特定的部分人才，综合运用 5 种单一式的薪酬调整方法和综合性薪酬调整方法而形成的多元薪酬模式。

7.13 如何应对薪酬降低的员工

典型问题：降薪对任何一个员工来说都是不太容易接受的。对于在薪酬调整中降薪的员工，企业应该做哪些工作，才能既避免发生劳动纠纷，又不打击员工的积极性，让其接受薪酬的下调？

类似问题：如何合法合规地为员工降低薪酬；员工薪酬降低后，企业如何与员工沟通；给员工降薪的时候要注意什么等。

7.13.1 降薪的 4 类合法合规操作

常见的企业给员工降薪的类型有 4 种：一是因为经营问题和财务状况，企业被迫给员工降薪；二是因为态度或绩效问题降薪；三是因为能力问题（不胜任岗位）降薪；四是因为违反规章制度降薪。

❶ 企业因为经营困难而整体降薪

整体降薪涉及企业所有的员工，企业在制定降薪方案之前，要充分听取企业各方代表的意见。企业在确定降薪幅度时，要平衡和照顾各方的利益，保证员工降薪后的基本生活开支，员工降薪后的薪酬不能低于当地最低工资标准。

❷ 员工因态度或绩效问题降薪的合法合规性操作

《中华人民共和国劳动合同法》（2012 年 12 月 28 日修正版）第三十五条的规定如下。

用人单位与劳动者协商一致，可以变更劳动合同约定的内容。变更劳动合同，应当采用书面形式。变更后的劳动合同文本由用人单位和劳动者各执一份。

从合法性的角度来说，用人单位要想对劳动者实施降薪，可以用要求劳动者对降薪后的工资单签字确认的方式来体现协商一致，实现对劳动报酬的书面变更。用人单位通过这种操作方式来实施降薪可以最为有效地规避劳动法律纠纷风险。

❸ 员工因能力问题（不胜任岗位）降薪的合法合规性操作

用人单位如果能够证明劳动者不能胜任工作，就有权调整其工作岗位。虽然法律没有明确规定工作岗位调整后是否可以降薪，但如果企业有合法合规且经过合法程序通过、员工签字知悉的相关制度，其明确规定了岗位和薪酬之间的对应情况，则可以执行降薪。当然这里关于调岗的类型也要注意，调换的岗位要适合劳动者继续工作，且不具有侮辱性和惩罚性。

❹ 员工因违反规章制度降薪的合法合规性操作

内容合法合规、通过程序合法合规、有员工签字知悉的规章制度还有另一个功能，就是明确规定当员工出现某类行为的时候，可以给员工调岗、调薪。

7.13.2　员工降薪沟通的 3 种方法

HR 在和员工进行降薪的沟通时，语气、措辞一定要斟酌。不论什么原因，没有一个员工是愿意被降薪的。对于沟通时没有负面情绪的员工，HR 应本着激励的原则；对于沟通时有负面情绪的员工，HR 应本着安抚的原则。

HR 具体实施降薪沟通时可以参考以下方法。

❶ 通过工会和职工代表大会与员工沟通

如果是集体降薪，HR 可以通过召开职工代表大会，通过工会和职工代表大会向全员传达企业经营方面的困难，让员工了解降薪的原因和目的，争取全员的理解和支持。如果是个别员工降薪，可以发动工会的工作人员走访降薪的员工，分别和他们谈话。

❷ 利用减少期望来减少员工降薪的痛苦

人的情绪来源于期望和现实之间的差异。期望越大，现实越差，人的负面情绪就越强；期望越小，现实越好，人的正面情绪就越强。HR 可以通过减少员工期望的方式，来减少员工因为降薪而产生的痛苦。

案例 ❓

　　某企业经营遭到巨大的挑战，财务状况较差，为了维持发展，被迫实施集体降薪。企业的方案是集体降薪10%。在实施降薪之前，HR 放出消息，企业经营正遭受着非常严峻的考验，到了生死存亡的关键时期。企业要想生存，必须全员大规模地降薪，降薪幅度大约会在30%。降薪的同时，可能会有大规模的裁员。这个消息可以传得久一点，也可以再夸张一点，制造出人人自危的紧张氛围。当员工对降薪有了预期，对生存有了危机感后，真正的方案是降薪10%，员工的接受度就会增加。

　　❸ **制定改善措施**

　　如果只是短期的降薪，HR 可以给员工一定的时间，告知员工在什么时间、达到什么样的绩效时，薪酬能达到什么样的水平。这样做不仅可以减少降薪员工的不安全感，而且可以激发降薪员工的工作积极性，给降薪员工目标，让其有奔头。

7.13.3　绩效降薪的 3 类注意事项

　　如果员工因为个人的绩效问题而降薪，企业还应当注意 3 点。

　　1. 向员工说明降薪的具体原因和情况，告知员工降薪是一时的。当员工的绩效水平有所提高之后，员工的薪酬会有所变化。这样做能够保持员工的工作积极性。

　　2. 帮助员工一起查找绩效问题，帮助员工改善当前的绩效，达到高绩效。这样做能够给员工期望，让员工愿意通过自身努力，尝试改变绩效。

　　3. 当员工的绩效发生变化的时候，企业要及时调整员工的薪酬。这里的变化不仅是在员工绩效好转之后，员工薪酬向上变化；如果员工的绩效变差，员工的薪酬还有可能进一步向下变化，这样能够保证政策的一致性。

　　如果企业因为绩效、财务问题而实施集体降薪，同样需要注意 3 点。

　　1. 降薪不要"一刀切"。对于优秀员工或核心人才来说，企业尽量不要对他们实施降薪，甚至对一部分重点的核心人才还要适当增加薪酬。要注意稳定核心员工的情绪，稳定核心人才队伍。对一些企业来说，可以首先考虑对中高层管理者实施降薪，这样做既能体现管理者的责任，又能降低员工的负面情绪。

2.企业应当先考虑降低各类成本，最后再考虑降薪。如果一定要降薪，在内容上也可以先从津贴类、福利类部分开始，而不是直接降低员工每月到手的工资，这样做能减少降薪给员工带来的痛苦。

3.集体降薪的时候一定要注意合法合规，一定要通过职工代表大会和工会，还必须上报劳动行政部门。集体降薪降低的薪酬额度是企业"欠"员工的，当企业整体的绩效得到改善之后，企业要及时恢复员工的薪酬水平。

7.14　如何设计年终奖分配方案

典型问题：许多企业到了年底会给员工发放年终奖，如何设计员工年终奖的分配方案？

类似问题：如何计算年终奖的发放基数；如何确定各部门年终奖的分配系数；如何将奖金分配到各部门；不同员工如何分配年终奖等。

7.14.1　年终奖发放基数

年终奖的基数可以根据企业整体的经济效益情况确定，比较常见的年终奖基数计算方法有 3 种。

1.以企业的净利润为基数，按照一定比例提取的金额作为年终奖基数。

举例 ❓

某企业年终净利润为 2 000 万元，按照董事会决议设定好的规则，按照 10% 的比例提取的金额用来发放员工的年终奖。

年终奖基数 =2 000 × 10%=200（万元）。

2.采用累进利润法来确定提取比例，也就是规定若干个利润段，在不同的利润段采用不同的提取比例，利润越高，提取比例也就越高。

举例 ?

　　某企业规定利润额的达标值是 200 万元。当利润在 200 万元以内时，提取比例为 0，也就是无年终奖；当利润在 200 万元到 500 万元时，提取比例为 5%；当利润在 500 万元到 1 000 万元时，提取比例为 10%；当利润在 1 000 万元到 2 000 万元时，提取比例为 15%；当利润在 2 000 万元以上时，提取比例为 20%。

　　基于利润额的不同年终奖基数提取比例如表 7-20 所示。

表 7-20　基于利润额的不同年终奖基数提取比例

利润额（万元）	年终奖基数提取比例
小于 200	0
200 ～ 500（不含）	5%
500 ～ 1 000（不含）	10%
1 000 ～ 2 000	15%
大于 2 000	20%

　　3. 采用利润率分段法来确定提取比例，即规定若干个利润率分段，利润率越高表明企业盈利能力越强，相应地，分段的利润率越高则年终奖基数的提取比例也越高。

举例 ?

　　某企业规定利润率的达标值为 2%。当企业利润率在 2% 以内时，提取比例为 0，也就是无年终奖；当企业的利润率在 2% ～ 4% 时，则提取比例为 5%；当企业的利润率处于 4% ～ 8% 时，提取比例为 10%；当利润率超过 8% 时，则提取比例为 15%。

　　利润率分段法的年终奖基数提取比例如表 7-21 所示。

表 7-21　利润率分段法的年终奖基数提取比例

利润率	年终奖基数提取比例
小于 2%	0
2% ～ 4%（不含）	5%
4% ～ 8%	10%
大于 8%	15%

7.14.2 部门年终奖分配

确定部门年终奖的过程可以分成4步。

❶ 设计战略贡献系数

战略贡献系数指的是各部门对企业战略贡献的差异，需要企业对各部门的战略贡献能力进行评价。考虑到部门之间的协作与团结，稳妥的方法是不要让各部门之间的战略贡献系数差别太大。

举例

通过对各部门的战略贡献能力进行评价后，某企业把各部门的战略贡献系数界定在0.8 ~ 1.2，战略贡献系数的变动单位为0.1。

战略贡献系数的示意如表7-22所示。

表7-22　战略贡献系数示意

战略贡献程度	战略贡献系数
非常相关（A）	1.2
比较相关（B）	1.1
一般相关（C）	1
比较不相关（D）	0.9
基本不相关（E）	0.8

各部门的战略贡献系数可以根据企业所处的商业周期、企业战略、企业经营重点、企业文化、企业所处的行业、企业的营销模式、企业的核心人力资本构成等因素综合考虑，由最高领导层商讨确认。

❷ 设计部门绩效系数

企业需要根据各部门的年终绩效结果，将各部门的绩效等级对应不同的绩效系数。

举例

某部门绩效系数界定在0.5 ~ 1.5，部门绩效系数的变动单位为0.1。部门绩效系数的示意如表7-23所示。

表 7-23　部门绩效系数示意

部门考核等级	部门绩效系数
超出期望（A）	1.4 ～ 1.5
完成期望（B）	1.1 ～ 1.3
基本完成（C）	1
需努力（D）	0.7 ～ 0.9
需改进（E）	0.5 ～ 0.6

❸ 确定系数权重

接下来，企业需要确定战略贡献系数和部门绩效系数之间的权重。这个权重可以由企业的最高领导层商讨决定。常见的系数权重分配情况有 3 种，如表 7-24 所示。

表 7-24　常见的战略贡献系数和部门绩效系数权重分配

情况	战略贡献系数的权重	部门绩效系数的权重
1	40%	60%
2	50%	50%
3	60%	40%

根据确定后的战略贡献系数、部门绩效系数和两个系数之间的权重，企业能够计算出部门的年终奖系数。

举例 ?

采购部对企业的战略贡献系数为 1.1，部门绩效系数为 1，战略贡献系数的权重为 50%，部门绩效系数的权重为 50%，可以计算出采购部的年终奖系数：1.1（战略贡献系数）× 50%（战略贡献条数的权重）+1（部门绩效系数）× 50%（部门绩效条数的权重）= 0.55+ 0.5=1.05。

❹ 确定各部门年终奖金额

将部门所有人员的月基本工资之和乘以部门的年终奖系数，就可以得到各部门的年终奖金额。

部门年终奖金额的计算公式如下。

部门年终奖金额 = 公司年终奖的额度 × 部门年终奖占比。

其中：

部门年终奖占比 =[（该部门所有员工月基本工资之和 × 该部门年终奖系

数）÷Σ（部门所有员工月基本工资之和 × 部门年终奖系数）]×100%。

举例 ❓

某企业分 A、B、C、D、E 5 个部门，某年年底年终奖的总额为 500 万元。该企业每个部门的人数、部门年终奖系数和部门所有员工月基本工资之和如表 7-25 所示。

表 7-25　某企业部门人数、年终奖系数和工资情况

部门	部门人数	部门年终奖系数	部门所有员工月基本工资之和（元）
A	10	2.0	100 000
B	20	1.8	180 000
C	30	1.5	240 000
D	50	1.2	350 000
E	100	1.0	600 000

A 部门的年终奖占比 =[（100 000×2.0）÷（100 000×2.0+180 000×1.8+240 000×1.5+350 000×1.2+600 000×1.0）]×100%=10.504 2%。

B 部门的年终奖占比 =[（180 000×1.8）÷（100 000×2.0+180 000×1.8+240 000×1.5+350 000×1.2+600 000×1.0）]×100%=17.016 8%。

C 部门的年终奖占比 =[（240 000×1.5）÷（100 000×2.0+180 000×1.8+240 000×1.5+350 000×1.2+600 000×1.0）]×100%=18.907 6%。

D 部门的年终奖占比 =[（350 000×1.2）÷（100 000×2.0+180 000×1.8+240000×1.5+350 000×1.2+600 000×1.0）]×100%=22.058 8%。

E 部门的年终奖占比 =[（600 000×1.0）÷（100 000×2.0+180 000×1.8+240 000×1.5+350 000×1.2+600 000×1.0）]×100%=31.512 6%。

A 部门的年终奖金额 =5 000 000×10.504 2%=525 210（元）。

B 部门的年终奖金额 =5 000 000×17.016 8%=850 840（元）。

C 部门的年终奖金额 =5 000 000×18.907 6%=945 380（元）。

D 部门的年终奖金额 =5 000 000×22.058 8%=1 102 940（元）。

E 部门的年终奖金额 =5 000 000×31.512 6%=1 575 630（元）。

7.14.3　岗位年终奖分配

基于企业的绩效管理体系，可以得出员工个人的绩效考核结果。一般来说，

可以按照 20%、70%、10% 来界定员工的绩效等级比例。根据情况，将员工个人的绩效考核结果与员工个人绩效系数之间形成对应关系。

各岗位考核等级与绩效系数的关系示意如表 7-26 所示。

表 7-26　岗位考核等级与绩效系数示意

岗位考核等级	岗位绩效系数	绩效等级参考比例
超出期望（A）	1.4 ～ 1.5	20%
完成期望（B）	1.1 ～ 1.3	
基本完成（C）	1	70%
需努力（D）	0.7 ～ 0.9	10%
需改进（E）	0.5 ～ 0.6	

将员工岗位绩效系数与员工月基本工资和部门年终奖金额关联，就可以得出员工个人的年终奖。

员工个人年终奖的计算公式如下。

员工个人年终奖金额 = 部门年终奖金额 × 员工个人年终奖占比。

其中：

员工个人年终奖占比 =[（该员工月基本工资 × 岗位绩效系数）÷ Σ（部门员工月基本工资 × 岗位绩效系数）]×100%。

举例 ❓

某部门有张三、李四、王五、赵六 4 名员工，该部门年终奖总额为 50 万元，4 名员工的岗位绩效系数和月基本工资如表 7-27 所示。

表 7-27　某部门员工岗位绩效系数和月基本工资

员工	岗位绩效系数	月基本工资（元）
张三	1.5	10 000
李四	1.2	9 000
王五	1.2	8 000
赵六	1.0	8 000

张三的年终奖占比 = (10 000 × 1.5) ÷ (10 000 × 1.5+9 000 × 1.2+8 000 × 1.2+ 8 000 × 1.0) =34.562 2%。

李四的年终奖占比 = (9 000 × 1.2) ÷ (10 000 × 1.5+9 000 × 1.2+8 000 × 1.2+ 8 000 × 1.0) =24.884 8%。

王五的年终奖占比 = (8 000 × 1.2) ÷ (10 000 × 1.5+9 000 × 1.2+8 000 × 1.2+ 8 000 × 1.0) =22.119 8%。

赵六的年终奖占比 = (8 000 × 1.0) ÷ (10 000 × 1.5+9 000 × 1.2+8 000 × 1.2+ 8 000 × 1.0) =18.433 2%。

张三的个人年终奖 =500 000 × 34.562 2%=172 811 (元)。

李四的个人年终奖 =500 000 × 24.884 8%=124 424 (元)。

王五的个人年终奖 =500 000 × 22.119 8%=110 599 (元)。

赵六的个人年终奖 =500 000 × 18.433 2%=92 166 (元)。

7.15　企业如何设计福利项目

典型问题： 在员工激励的工具中，福利的作用不亚于工资。好的福利体系，能够吸引并留住人才。要让福利发挥作用，企业应当如何设计福利项目？

类似问题： 企业可以采取的福利类型有哪些；不同企业应该如何设计福利项目；不同福利项目可以在什么情况下应用等。

7.15.1　企业福利的 2 大类别

企业给员工的福利通常可以分成 2 大类：一类是法定福利；另一类是非法定福利，也叫作企业福利。企业福利又可以分成 2 类：一类是所有员工都可以享受的福利，另一类是部分员工可以享受的福利。再往下细分，又可以将企业福利分成弹性福利和非弹性福利，或者叫可选福利和不可选福利。

福利的种类如表 7-28 所示。

表 7-28　福利的种类

法定福利		非法定福利（企业福利）			
国家性福利	地方性福利	全体员工享受		部分员工享受	
社会保险 / 公积金 其他法律法规规定的福利		弹性福利	非弹性福利	弹性福利	非弹性福利

　　法定福利是相关法律法规明文规定的福利。这类福利是强制性的，它是所有政策覆盖范围内的企业都要遵守并且执行的，如社会保险、住房公积金、法定节假日、带薪年休假、关于各类假期的休假时间和工资支付、某类特殊时期的津贴、某些特殊环境的津贴、某种特殊岗位的津贴等。

　　根据政策法规覆盖范围的不同，法定福利又可以分为国家性福利和地方性福利。国家性福利指的是全国范围内所有成员都享受的福利；地方性福利指的是以一定地区内的成员为对象的福利。一般来说，相同地区的不同企业之间的法定福利具有一定的一致性。

　　企业福利是企业根据自身情况规定的福利。这类福利通常具备员工激励性，可以作为企业吸引员工、留住员工和激励员工的方式。比如，为员工购买商业补充保险、提供带薪培训与学习的机会、节假日发放钱或物、加强员工休闲娱乐设施建设等。不同企业由于经营状况、运营特点和管理方式等实际情况不同，企业福利的差别比较大。

　　企业福利按照受众对象的不同，可以分成全员享受的福利和部分员工享受的福利。全员享受的福利是企业不分职位和岗位，全员都享受的福利，如全员都享受的班车、车补、房补、电话费补助等福利；部分员工享受的福利是企业某类特殊群体才能享受的福利，如绩效比较高、能力比较强的人员因对企业做出了贡献或做出了企业鼓励的行为而享受的福利等。

7.15.2　不同阶段企业福利设计方法

　　对于初创型企业，企业不需要追求过于系统化、全面化的福利。这个阶段福利设计的主要目的是保障企业基本的用工需求，避免企业的人才流失。同样的，处在衰退期的企业，企业的财务状况决定了企业可能无法给员工提供过高的福利。

需要注意的是，初创型或衰退型的企业的福利虽然可以简约，但不代表就要简单。企业虽然可以节省成本，但不代表要凑合。越在这个时期，越能看出企业福利管理的用心程度。企业应当找准员工的需求，运用最低的费用，创造出最好的福利效果。

企业的资金越有限，能够提供的福利越有限，越应该利用弹性福利和可选的福利工具，越应该体现出多劳多得，越应当强调绩效体系设计。

在企业的成长期，企业的规模开始迅速扩张，企业的战略、经营目标和经营模式也会逐渐清晰。这个时期，企业全体员工需要为了实现统一的目标而共同努力。成长型的企业会引入大量的新员工，这些新员工一般比较关注企业的福利。所以这个时期实施福利管理，不仅是为了保留人才，更是为了吸引人才。

福利是企业建立雇主品牌的一种方式。这个时期的福利除了体现绩效的不同之外，为了更好地吸引和留住人才，也可以适当采取一些普惠的政策。在这个时期，福利可以既体现绩效性，又体现普惠性；既强调弹性、可选的福利，又强调全员都可以享受的福利。

企业进入成熟期后，业务已经比较成熟，企业在市场上的规模和影响力已经形成。这个时期，企业的财务状况相对来说比较好，企业已经具备了给员工提供比较充足的福利的能力。这个时期实施福利管理的目的是进一步稳定人才、传播企业文化和打造雇主品牌。

进入成熟期的企业，员工福利可以涵盖办公环境、餐饮食宿、员工的运动、员工的休闲、员工的医疗、员工的家属等，除此之外，还可以包括弹性工作时间、允许带宠物上班、男员工配偶生孩子其也能享受 4 个月的带薪休假等这类个性福利。

7.15.3 不同阶段企业福利设计内容

根据企业所处时期的特点，企业应当有针对性地设计福利。不同阶段企业对福利的不同设计方式参考如表 7-29 所示。

表 7-29 不同阶段企业对福利的不同设计方式参考

企业	年人均福利费（参考）	企业福利设计目的	可选的企业福利项目（参考）
初创型或衰退型企业	2 倍员工平均月收入以下	保障基本用人需求规避人才流失风险	班车、基础培训、岗位轮换、购书、学习补助、师徒奖励、补充商业保险、节日礼品、生日礼品、灵活假期、书报费、员工体检、弹性工作时间和地点等
成长型企业	2～4 倍员工平均月收入	吸引人才留住人才	除初创型企业福利项目外，可选技能培训、拓展训练、补充医疗保险、团队建设费用、防暑降温福利、取暖福利、带薪旅游、婚丧嫁娶病慰问金、员工奖学金等
成熟型或盈利良好的企业	4 倍员工平均月收入以上	稳定人才传播企业文化打造雇主品牌	除初创型或衰退型企业和成长型企业福利项目外，还可选在职教育、出国学习、考证奖励、补充养老保险、低息贷款、健身活动、特别奖励、子女托管或教育、家属附带医疗、疗养、家属慰问金、咨询服务（理财、心理、健康、婚姻等）、员工茶点、文化娱乐活动、其他现金补贴等

表 7-29 中的内容仅供参考，不同行业的企业应当根据此表的原理，根据企业的需求和实际情况进行再设计，不能盲目照搬。

7.16 如何让福利更有激励性

典型问题： 很多企业发放的福利让员工没有感觉，这样的福利不具有激励性。如何设计和发放福利才能让福利更有激励性？

类似问题： 企业福利的吸引力降低，HR 该如何应对；有激励性的福利都具备哪些特点；如何通过积分制发放福利等。

7.16.1 设计福利的关键立场

福利到底是什么？福利到底是用来解决什么问题的？

福利是企业给员工提供的劳动报酬的间接组成部分，它是企业在工资和奖金收入之外向员工本人或其家属提供的货币、某类实物、某个机会、某项服务或某种权利等。企业通过对员工提供各类福利，能够更好地吸引和留住优秀的人才，增强员工的凝聚力、归属感、满足感或获得感，提高员工队伍的稳定性，从而提升企业的绩效水平。

需要注意的是，提供福利是为了激发人，而不是简单地给员工发金钱或物品。如果提供福利只是为了给员工多发金钱，那企业只要每月给员工的工资多增加一部分就好了，为什么还要设计福利呢？

员工福利要真正发挥作用，绝对不是有没有的问题，也不是多不多的问题，更不是好不好的问题，而是用不用心的问题。什么叫用不用心？就是企业有没有把福利用在关键点上。

福利如果用在关键点上，花不多的钱也能取得很好的效果；如果没用在关键点上，花再多的钱也没有效果。

企业在设计福利的时候，要注意立场。

很多人到了情人节的时候，不知道该给另一半送什么礼物；到了父亲节或母亲节的时候，不知道该给父亲或母亲送什么礼物。不知道该给别人送什么礼物的人，让他们主持设计员工福利的时候，他们通常都设计不好。

为什么会这样呢？因为他们不善于站在别人的立场上思考问题，不知道感受别人的感受、思考别人的思考，所以他们就不知道别人需要什么。我们在送礼物时，当送给别人的礼物恰好能够满足其需求的时候，其收到礼物后的感受就会比较强烈。

要想设计有激励性的福利，HR 首先要学会站在别人的立场上思考问题，思考别人需要什么，而不是自己想给对方什么。

7.16.2 激励性福利的 3 大特点

具有激励性的福利通常具备 3 大特点。

1. 难忘。也就是这类福利通常能够给员工留下一段很难忘记的记忆，能够让员工在一段时间之内不会忘记这个福利。

2. 话题。也就是这类福利能够给员工创造一个话题，让员工有话题、有故事能够和别人聊天。

3. 传播。也就是这类福利产生的话题和故事,具有一定的传播性,能够让员工主动自发去传播。

曾经有人问我:为什么有的企业在设计员工福利的时候,要设计出国旅游呢?有的员工喜欢旅游,有的员工不喜欢旅游。把出国旅游当福利,对员工有激励效果吗?

这里首先要明确,企业通用的福利不可能满足每个员工的需求,也不可能以满足每个员工的需求为目标来设计。所以判断一个福利好不好,不能用有没有人不喜欢这个福利来衡量。如果抱着这样的标准来衡量福利的优劣,那可能没有一种福利是好福利。

出国旅游这个福利完全符合具有激励性的福利的 3 大特点,是一个在激励性方面非常合格的福利项目。

员工只要不是旅游狂人,一般情况下,不会经常出国,没有去过很多国家。在这种情况下,出国旅游就是一种强记忆点,能够给员工留下美好的记忆。如果这段记忆是企业福利给的,员工很自然会对企业有感情。

只要员工不是粗心大意的人,出国旅游的照片,员工一般不会随便乱放乱丢,员工至少会将照片存在某个文件夹里。当员工打开看的时候,又会想起当初的点点滴滴,回忆起当初的美好。

而且,旅游经历也是员工们茶余饭后愿意聊的话题。很多人出国旅游都要拍照,拍完照之后,一般也会在社交软件上发出来,还会关注有多少人给自己的照片点了赞。这就满足了福利的传播性。

7.16.3　积分制福利的实施方法

积分制福利是一种激励性比较强的福利发放方式。运用积分制设计福利的原理,就是把员工领取福利的资格转变成分数值,再让员工用分数值来换自己想要的福利。这种虚拟的积分,只在企业内部生效,而且通常只在员工在职的时候有效。

企业在设计福利积分加减分机制的时候,可以采用一些游戏化的方式来设计,这样会增加员工在工作中的趣味感,可以把员工的工作态度、日常行为、能力水平、绩效水平和福利关联起来。

员工通过不断做出企业期望看到的行为来累计自己的福利积分，到了一定的时间，可以根据自己的需要来兑换福利。

在日常行为方面，可以定义：当员工加班的时候，除了获得正常的加班费之外，还可以获得一定的福利积分；当员工迟到、早退或旷工的时候，会扣减一定的福利积分；当员工的项目提前完成的时候，会有一定的积分奖励。总之，就是把员工的日常行为和员工的福利积分相关联。

在绩效管理方面，企业可以把员工月度的、季度的或年度的绩效结果与福利积分挂钩。比如，当员工的绩效结果是 A 的时候，其可以得到一定的积分；当员工的绩效结果是 C 的时候，其可以得到相对较少的积分；当员工达到某个比较低的绩效水平时，其不能得到福利积分。有的企业绩效评价用的是级别分类，有的企业用的是分数，具体情况可以根据企业实际情况来划分。

案例 ?

某企业规定员工每年的绩效结果可以兑换成个人的福利积分，具体兑换规则如表 7-30 所示。

表 7-30　某企业员工年度绩效结果兑换个人福利积分规则

年度绩效结果	A	B	C	D
员工福利积分（分）	100	80	50	0

员工个人福利积分可以兑换的福利示意如表 7-31 所示。

表 7-31　某企业员工个人福利积分可兑换的福利示意

福利类别	购物卡	补充商业保险	体检卡	出国旅游	……
需要积分（分）	50	100	150	300	……

每个企业的资金、资源都是有限的，企业提供的福利主要要给那些工作态度积极、工作能力比较好、工作绩效比较高的员工，因为这部分员工是企业的核心资源，所以不论是薪酬资源还是福利资源，都应该向这部分员工聚拢，而不应该追求平均主义。

7.17 如何设计岗位津贴

典型问题： 很多企业为员工设计了各式各样的岗位津贴，什么是岗位津贴？如何让岗位津贴发挥应有的作用？企业应当如何用好岗位津贴？

类似问题： 岗位津贴有什么用处；岗位津贴和福利有哪些不同；岗位津贴的类型有哪些；设计岗位津贴时需要注意什么等。

7.17.1 津贴与福利的应用差异

很多人觉得岗位津贴就是一种员工福利，把员工福利和岗位津贴混为一谈，认为福利和津贴都是一回事。实际上，这两者的含义和形式有本质的不同。

岗位津贴是企业为了补偿员工在特殊的劳动条件或工作环境下的额外劳动消耗或生活费用的额外支出而建立的一种辅助工资形式。岗位津贴和员工福利在定位和应用上的不同，主要体现在 3 个方面，如图 7-18 所示。

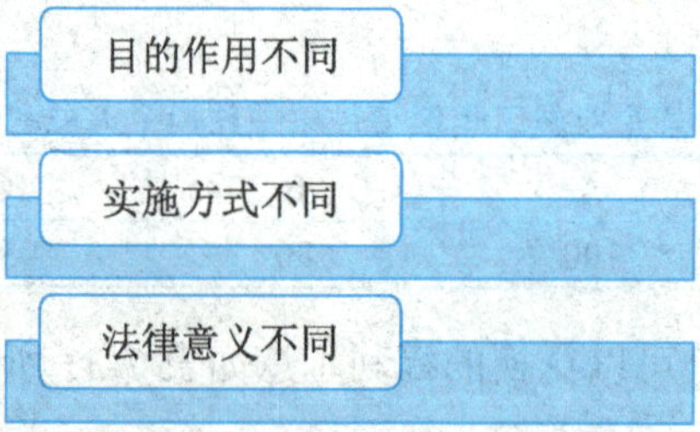

目的作用不同

实施方式不同

法律意义不同

图 7-18 津贴与福利的 3 个应用差异

❶ 目的作用不同

津贴是企业补偿员工在某种工作环境、工作条件下的身体、物质或生活费用的消耗而额外增加的一种现金工资的补充形式。

福利是企业对员工的一种照顾和激励，福利提供了除基本工资、岗位津贴、绩效奖金、提成奖金之外的待遇，是一种对员工的间接回报。

除了津贴和福利之外，还有补贴。补贴是企业为了减少员工的生活支出而提供的一种现金支持，本质上是一种现金福利的表现形式。

❷ 实施方式不同

津贴和福利都有法律和法规规定的强制性部分，也有企业自主规定的个性化部分。

津贴通常是以现金形式发放，发放的规则具有一定的固定性，而且最终必然体现在财务成本中。比如，薪酬专员每月将津贴加总在工资中，随工资一起发放。

福利除了现金形式之外，还有很多是以非现金的形式出现的，具有一定的灵活性。福利并不一定体现在财务成本中。比如，企业为员工提供的弹性工作时间、弹性工作地点，并不直接体现在企业的财务成本中，但是可能会增加员工的满意度，提高员工的工作效率。

❸ 法律意义不同

津贴和福利，在计算最低工资时的法律意义有所不同。根据一些法律法规的规定，有一些津贴和福利不得计入最低工资标准。除了规定之外的津贴可以计入最低工资标准；福利的金钱部分可以计入最低工资标准，非金钱的部分不得计入最低工资标准。

7.17.2　常见岗位津贴的 5 种类型

岗位津贴可以按照多种方式分类，如果按照管理层次划分，可以分成两类：一类是从制度或法规层面统一规定的津贴；一类是企业自主规定的津贴。

岗位津贴如果按照不同的功能划分，常见的可以划分为 5 类，如图 7-19 所示。

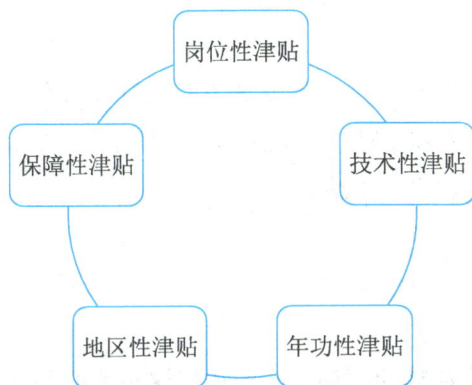

图 7-19　常见的岗位津贴的 5 种类型

❶ 岗位性津贴

岗位性津贴指的是企业为了补偿员工在某些有着特殊劳动条件的岗位上劳动产生的额外消耗而建立的津贴，如高温作业津贴、冷库低温津贴、中夜班津贴、高空作业津贴、井下作业津贴、出差外勤津贴、班（组）长津贴、课时津贴、班主任津贴、科研辅助津贴、殡葬特殊行业津贴、水上作业津贴、废品回收人员岗位津贴等。

❷ 技术性津贴

技术性津贴指的是企业为了激励员工达到某项技术等级或取得某项技术成果而建立的津贴，如技术工人津贴、技术职务津贴、技术等级津贴、特级教师津贴、科研课题津贴、研究生导师津贴、特殊教育津贴、高级知识分子特殊津贴及一些政府特殊津贴等。

❸ 年功性津贴

年功性津贴指的是企业为了进一步鼓励员工的忠诚度和稳定性而建立的津贴，如企业的工龄津贴、教师岗位的教龄津贴、护士岗位的护龄津贴。这类津贴与司龄工资作用重复，所以企业会在司龄工资和年功性津贴中选择其一使用。关于这类津贴用不好可能会带来的问题，在前面的内容中提到过。

❹ 地区性津贴

地区性津贴指的是企业为了补偿员工在某些特殊地点工作而产生的额外的生活费用支出或长期背井离乡的情感而建立的津贴，如外派津贴、边远地区津贴、高寒山区津贴、海岛津贴等。

❺ 保障性津贴

保障性津贴指的是企业为了保障员工的工资收入和补偿员工部分生活费用而建立的津贴，如服装津贴、伙食津贴、住房津贴、房租津贴、交通津贴、过节津贴、书报津贴、卫生津贴等。

7.17.3　实施岗位津贴的 4 个关键

企业在设计岗位津贴的时候，应当体现这种薪酬要素设置的初衷，要以正确的观念来看待岗位津贴，避免岗位津贴的滥发滥用和平均主义。企业在应用岗位津贴的时候，要注意 4 个关键，如图 7-20 所示。

图 7-20　岗位津贴应用的 4 个关键

❶ **明确津贴领取人员的条件和范围**

企业在设计岗位津贴的时候，要体现它的补偿性。岗位津贴不应是所有人员平均发放，而应根据不同岗位，根据不同的条件、环境或范围，发放不同的岗位津贴。岗位津贴应与岗位挂钩，而不应该与从事这个岗位的人绑定。

举例 ❓

某企业规定：当作业环境的温度（设温度为 X）$30℃ \leqslant X < 32℃$ 时，员工每出勤一小时发放 10 元的高温津贴；当作业环境的温度 $32℃ \leqslant X < 34℃$ 时，员工每出勤一小时发放 20 元的高温津贴；当作业环境的温度 $X < 30℃$ 时，不发放高温津贴。

❷ **注意明确津贴的发放标准**

岗位津贴应该有明确的发放标准，也就是岗位津贴应在某岗位满足某个条件时才会发放。

举例 ❓

某企业规定，有高空作业要求的岗位，在从事高空作业的工作日，发放 200 元的高空作业岗位津贴，没有从事高空作业的时候就不发放。这个岗位的员工在某月有 5 天从事高空作业，那么这个员工这个月应得的高空作业岗位津贴 =200×5=1 000（元）。

❸ **注意明确津贴的支付方式**

岗位津贴一般是每月随工资一起发放，但是由于某些岗位的特殊性，有时可以单独发放，有时可以在完成某项特殊任务后集中发放。

举例 ？

某企业规定，所有驻外岗位驻外时间每满 30 天，包含所有的工作日和休息日，发放 20 000 元的驻外生活津贴。发放方式有两种：一种是在驻外时随月工资发放美元，另一种是在驻外任期结束回国后的当年随年终奖一起发放人民币。员工可以在这两种方式中择其一。

❹ **严格执行法律法规对津贴的规定**

国家法律以及地方政策法规对一些津贴有明确的要求，企业设计的岗位津贴，应至少满足相关规定的最低要求。

除注意以上 4 点外，在设计岗位津贴之前，企业还应明确制定岗位津贴的发起、审批、测算、发放等各类流程的运行权限。企业在设计和运行岗位津贴的过程中，要加强监督审查工作。不能让该享受津贴的人享受不到津贴，也不能让不该享受津贴的人享受津贴。

7.18 如何管控员工的异常考勤

典型问题： 考勤是薪酬发放的依据之一，考勤管理是薪酬管理的基础。员工考勤的异常常常造成企业薪酬管理失败，企业应当如何管控员工的异常考勤？

类似问题： 员工出差应当采取什么流程；员工外出应当如何管控；员工请假应当如何管控；员工旷工应当如何处理等。

7.18.1 出差外出管控方法

员工出差和工作期间外出是比较容易出现异常考勤的两个领域。比如，有的员工出差只需要 3 天，而他实际 5 天才返回；有的员工上班期间随意外出办私事。

　　员工因为工作需要出差，必须提前填写出差申请单，填写清楚出差事由、出差期限、途经城市、预计费用等，并遵循企业的权限指引逐级审批。

举例 ❓

　　某企业规定：总监级以下人员出差，上级领导审批；总监及总监以上级别人员出差，除需上级领导审批外，还需要总经理审批；到国外出差，全部由总经理审批。

　　出差申请单模板如表 7-32 所示。

表 7-32　出差申请单模板

出差人			
出差事由			
出差地点			
行程安排			
起止日期			
预计费用			
交通费	住宿费	伙食费	其他费用
审批意见			
直属领导	部门负责人	分管副总	总经理

　　出差申请单是核对考勤的要件，也可以作为出差报销结算的必备附件。若出现紧急状况，未能提前履行出差审批手续的，出差前可以电话或短信的方式向相关领导请示，请他人代走手续。出差人员无法在预定期限返回，必须向相关领导申请，请他人代走手续。

　　出差审批程序的规范性，直接关系到员工考勤的质量。所以，企业对待员工出差的审批流程一定要严肃认真。没有履行出差必备的相关程序，不能算出差，若某员工未履行出差审批程序私自出差，应按旷工处理。

　　员工短期外出办事，应填写外出人员登记表，记录外出日期、外出事由、外出的具体时间段，由直属领导签字同意后方可执行。员工外出返回后，需要考勤管理人员确认。外出人员登记表如表 7-33 所示。

表 7-33　外出人员登记表

日期	工号	姓名	外出事由	外出时间	预计返回时间	实际返回时间	直属领导签批	考勤管理人员核准

员工外出办事须妥善安排时间，事毕返回。因公务在外不能按登记的预计返回时间回企业打卡者，须向直属领导请示，并通知考勤管理人员或人力资源部；否则以其登记的预计返回时间为准，超过一定的时间分别按早退或旷工处理。

7.18.2　员工请假管控方法

企业的休假类型可以分为正常休假、年休假、探亲假、婚假、丧假、事假、病假、产假、流产假、工伤假等。除正常休假外，其余休假员工必须填写请假单。

请假单原则上须在休假前填写，如遇特殊情况，员工必须在上班前以电话或短信的形式通知部门负责人，部门负责人明确表示同意后，由部门负责人指派人员代走请假程序。无请假单又没有实际出勤的，应视为旷工。

请假单模板如表 7-34 所示。

表 7-34　请假单模板

请假人		工号	
请假类型	□事假　□婚假　□年假　□探亲假 □丧假　□病假　□产假　□流产假		
请假时间			
请假理由			
审批意见			
直属领导	部门负责人	分管副总	总经理

年休假、探亲假、病假、婚假、产假、丧假等应当按照国家相关法律法规执行。在国家相关法律法规规定范围内的病假、婚假、产假、丧假等休假视同出勤。正常的婚假、病假、产假等假满结束后需要继续休假的，视为事

假管理。

员工履行病假、婚假等请假手续前，必须及时提交相关的请假证明。比如，在请婚假前，必须向人力资源部提供结婚证；员工请病假，必须提供正规医院开具的病历和诊断证明。无相关证据者，按事假处理。

对事假天数的审批应遵循企业的权限指引。

举例❓

某企业规定：主管级管理者有权审批 7 天以内的事假；经理级管理者有权审批 14 天以内的事假；总监级管理者有权审批 30 天以内的事假；副总经理级管理者有权审批 60 天以内的事假；60 天以上的事假，必须由总经理审批。

需要注意的是，对为避免审批权限的限制连续多次走请假程序的事件应严肃处理，或者在制定考勤管理制度时直接规定当出现一段时期内的连续请假时，必须根据企业的权限指引履行请假手续。

7.18.3 员工旷工管控方法

如果迟到和早退超出了一定的时间范围，如迟到超过 2 个小时，可以视为旷工。请假、调休、出差、补休等行为未获得直属领导同意而直接不到企业上班者，或上班时间无正当理由（没有外出登记或口头向部门负责人说明）擅自离岗者，同样可视为旷工。

如果发现有员工旷工，部门负责人必须第一时间通知人力资源部，人力资源部应根据企业的劳动纪律或相关制度在员工旷工一定天数内，依次发放恢复上班通知函和解除劳动关系通知函。

恢复上班通知函的模板如下。

_____同志：

您自_____年____月___日起一直未正常出勤，现通知您务必于收到本通知后三日内到_____公司人力资源部办理恢复工作手续。

若在规定时间内您未恢复工作，公司将根据《规章制度》第___章第__节第__条规定：连续旷工 7 日者，按自动离职处理，公司有权直接解除劳动关系，由此导致的一切不利后果将由您自行承担。同时，公司保留通过法律途径追究您因未正常履行工作职责给公司造成经济损失的权利。

特此书面通知。

公司

人力资源部

年　月　日

解除劳动关系通知函的模板如下。

_____同志：

因您严重违反《劳动合同》的约定和公司相关规定，现经研究决定，自即日起解除双方劳动合同关系。

请您务必于收到本通知后三日内到_____公司人力资源部办理完毕离职手续，并领取解除劳动关系证明，若在规定时间内未履行上述手续，由此导致的一切不利后果将由您自行承担。

特此书面告知。

公司

人力资源部

年　月　日

7.19　如何计算员工假期工资

典型问题： 面对各种类型的员工休假，员工假期的工资应当如何计算？

类似问题： 如何计算事假工资；如何计算病假工资；如何计算产假工资；如何计算工伤假工资；如何计算婚丧假、探亲假工资等。

7.19.1　事假工资计算方法

事假不属于法定的带薪休假。事假的周期一般是以小时或以天为计算单位。关于事假期间职工的待遇，法律法规没有明确规定，通常是企业和劳动者签订劳动合同时，在合同中约定，或者企业在规章制度中做出明确规定。

对实行标准计时工资制的企业来说，当月事假应减工资的计算公式如下。

当月事假应减工资 =（月标准工资基数 ÷ 当月计薪日）× 事假天数。

举例

张三是某企业的行政文员，该企业对行政文员岗位采取标准工时制。企业规章制度规定员工请事假企业无须支付员工工资。张三的月标准工资为 5 000 元，无其他的补助或工资。某月，该企业行政文员的应出勤天数为 20 天，张三请事假 3 天。

张三该月的应发工资 = 月应发工资 – 当月事假应减工资 =5 000-（5 000 ÷ 20）× 3=4 250（元）。

员工请事假需注意以下事项。

1. 员工请事假时间较长，企业发放的工资可以低于最低工资标准。最低工资是指劳动者提供了正常劳动，用人单位支付的工资不得低于最低工资标准。但是员工事假期间，没有提供劳动，所以可以低于最低工资标准。

2. 并不是员工任何类型的事假企业都一定要批。员工的事假企业批不批准、批准多少天，要看企业内部合法合规的规章制度或与员工签订的劳动合同是否有关于事假的相关规定。若企业已明确规定事假的最长期限和频率，员工应当遵守。

3. 员工必须按照企业规定请事假。企业的规章制度应当对员工请事假的流程有清晰明确的规定。员工必须按照企业规定的流程请事假，不按照企业规定的流程请事假的，可视该事假无效，按照旷工处理。

7.19.2 病假工资计算方法

《企业职工患病或非因工负伤医疗期规定》（劳部发〔1994〕479 号）第三条的规定如下。

企业职工因患病或非因工负伤，需要停止工作医疗时，根据本人实际参加工作年限和在本单位工作年限，给予三个月到二十四个月的医疗期：

（一）实际工作年限十年以下的，在本单位工作年限五年以下的为三个月；五年以上的为六个月。

（二）实际工作年限十年以上的，在本单位工作年限五年以下的为六个月；五年以上十年以下的为九个月；十年以上十五年以下的为十二个月；十五年以上二十年以下的为十八个月；二十年以上的为二十四个月。

《关于贯彻执行〈中华人民共和国劳动法〉若干问题的意见》（劳部发〔1995〕309 号）第 59 条的规定如下。

职工患病或非因工负伤治疗期间，在规定的医疗期间内由企业按有关规定支付其病假工资或疾病救济费，病假工资或疾病救济费可以低于当地最低工资标准支付，但不能低于最低工资标准的 80%。

关于病假工资的具体计算方法，不同省市有单独规定的，应按照省市具体规定执行。

举例 ❓

张三在上海的一家企业担任财务岗位，月标准工资为 8 000 元，除此之外再无奖金、津贴、补贴等其他收入。该企业对员工病假期间的工资无明确规定，执行上海市当地的规定。某月，张三因身体不适请了 10 天的病假。该月的应出勤天数为 20 天。

根据《上海市企业工资支付办法》（2016 年 6 月 27 日发布）的规定，用人单位与劳动者无约定的，假期工资的计算基数统一按劳动者本人所在岗位（职位）正常出勤月工资的 70% 确定。

张三该月的应付工资 =（8 000 ÷ 20）× 10+（8 000 ÷ 20）× 70% × 10=6 800（元）。

7.19.3　产假工资计算方法

《女职工劳动保护特别规定》（2012 年 4 月 28 日发布）第五条、第七条和第八条的规定如下。

第五条　用人单位不得因女职工怀孕、生育、哺乳降低其工资、予以辞退、与其解除劳动或者聘用合同。

第七条　女职工生育享受 98 天产假，其中产前可以休假 15 天；难产的，增加产假 15 天；生育多胞胎的，每多生育 1 个婴儿，增加产假 15 天。

女职工怀孕未满 4 个月流产的，享受 15 天产假；怀孕满 4 个月流产的，享受 42 天产假。

第八条　女职工产假期间的生育津贴，对已经参加生育保险的，按照用人单位上年度职工月平均工资的标准由生育保险基金支付；对未参加生育保险的，按照女职工产假前工资的标准由用人单位支付。

女职工生育或者流产的医疗费用，按照生育保险规定的项目和标准，对已经参加生育保险的，由生育保险基金支付；对未参加生育保险的，由用人单位支付。

所以，产假是带薪休假。在不违反《女职工劳动保护特别规定》的前提下，各企业可以根据各地区的规定和本单位的制度给女职工发放相应的产假工资。

举例

李红是某企业信息部的正式员工，正常缴纳生育保险已 5 年多，月标准工资为 10 000 元，除此之外再无奖金、津贴、补贴等其他收入。某月该企业应出勤天数为 20 天，前 5 天李红正常出勤，后 15 天开始休产假。

李红该月企业部分的应付工资 =10 000 ÷ 20 × 5= 2 500（元）。

李红 15 天产假期间的工资按照用人单位上年度职工月平均工资的标准由生育保险基金支付。

7.19.4　工伤假工资计算方法

关于工伤假期间的工资待遇，《工伤保险条例》（2010 年 12 月 8 日修订版）第三十三条、第三十五条、第三十六条的规定如下。

第三十三条　职工因工作遭受事故伤害或者患职业病需要暂停工作接受工伤医疗的，在停工留薪期内，原工资福利待遇不变，由所在单位按月支付。

停工留薪期一般不超过 12 个月。伤情严重或者情况特殊，经设区的市级劳动能力鉴定委员会确认，可以适当延长，但延长不得超过 12 个月。工伤职工评定伤残等级后，停发原待遇，按照本章的有关规定享受伤残待遇。工伤职工在停工留薪期满后仍需治疗的，继续享受工伤医疗待遇。

生活不能自理的工伤职工在停工留薪期需要护理的，由所在单位负责。

第三十五条　职工因工致残被鉴定为一级至四级伤残的，保留劳动关系，退出工作岗位，享受以下待遇：

（一）从工伤保险基金按伤残等级支付一次性伤残补助金，标准为：一级伤残为 27 个月的本人工资，二级伤残为 25 个月的本人工资，三级伤残为 23 个月的本人工资，四级伤残为 21 个月的本人工资；

（二）从工伤保险基金按月支付伤残津贴，标准为：一级伤残为本人工资的 90%，二级伤残为本人工资的 85%，三级伤残为本人工资的 80%，四级伤残为本人工资的 75%。伤残津贴实际金额低于当地最低工资标准的，由工伤保险基金补足差额；

（三）工伤职工达到退休年龄并办理退休手续后，停发伤残津贴，按照国家有关规定享受基本养老保险待遇。基本养老保险待遇低于伤残津贴的，由工伤保险基金补足差额。

职工因工致残被鉴定为一级至四级伤残的，由用人单位和职工个人以伤残津贴为基数，缴纳基本医疗保险费。

第三十六条　职工因工致残被鉴定为五级、六级伤残的，享受以下待遇：

（一）从工伤保险基金按伤残等级支付一次性伤残补助金，标准为：五级伤残为 18 个月的本人工资，六级伤残为 16 个月的本人工资；

（二）保留与用人单位的劳动关系，由用人单位安排适当工作。难以安排工作的，由用人单位按月发给伤残津贴，标准为：五级伤残为本人工资的 70%，六级伤残为本人工资的 60%，并由用人单位按照规定为其缴纳应缴纳的各项社会保险费。伤残津贴实际金额低于当地最低工资标准的，由用人单位补足差额。

经工伤职工本人提出，该职工可以与用人单位解除或者终止劳动关系，由工伤保险基金支付一次性工伤医疗补助金，由用人单位支付一次性伤残就业补助金。一次性工伤医疗补助金和一次性伤残就业补助金的具体标准由省、自治区、直辖市人民政府规定。

举例 ❓

张三已在某公司工作并正常缴纳工伤保险 7 年多，月工资标准为 8 000 元，除此之外再无奖金、津贴、补贴等其他收入。某月 5 号，张三在工作过程中发生工伤，住院接受治疗。20 天后，张三出院，休了 5 个月工伤假，后接受伤残等级鉴定，评定为 9 级。张三回到公司工作 1 年后，觉得不适应提出离职。

张三发生工伤当月的应付工资 =8 000（元）。

张三发生工伤休假期间的应付工资 =8 000（元）。

张三离职后，由工伤保险基金支付一次性工伤医疗补助金，由用人单位支付一次性伤残就业补助金。

7.19.5　婚丧假、探亲假工资计算方法

《中华人民共和国劳动法》（2018年12月29日修正版）第五十一条规定如下。

劳动者在法定休假日和婚丧假期间以及依法参加社会活动期间，用人单位应当依法支付工资。

所以，职工正常休婚丧假期间，应视同出勤正常计算工资。对于超出法定婚丧假时间标准的假期，用人单位一般应按照事假计算工资。

国务院《关于职工探亲待遇的规定》（国发〔1981〕36号）第五条的规定如下。

职工在规定的探亲假期和路程假期内，按照本人的标准工资发给工资。

所以，职工正常休探亲假期和路程假期间，应视同出勤正常计算工资。对于超出法定探亲假时间标准的假期，用人单位一般应按照事假计算工资。

举例 ❓

张三的月工资标准为8 000元，除此之外再无奖金、津贴、补贴等其他收入。某月张三请了3天婚假、2天探亲假，其他时间正常出勤。该月的应出勤天数为20天。因婚假和探亲假视为正常出勤，该月张三的应发工资仍为标准工资8 000元。

7.20　如何计算计件工资

典型问题：计件工资指的是企业根据预先规定的每件单价和员工生产的合格品件数来确定支付工资的形式。采用计件工资的物质激励作用更强，能够很好地体现按劳分配的原则，能够促进员工不断提高效率，提升自身的劳动熟练程度和技术水平。员工计件工资有哪些种类？如何正确计算员工的计件工资？

7.20.1　个人计件工资计算方法

当产品的生产工艺较为简单，员工能力水平的提升对产品品质和产量无较大影响，产品的整个生产过程都是由单个人完成时，可采用个人计件工资法计算工资。个人计件工资法是一种工资总额与个人劳动成果直接相关的计件工资计算方法，体现的是个人的多劳多得。

个人计件工资法计算个人应付计件工资的公式如下。

个人应付计件工资 =（个人生产的合格品数量 + 因原材料产生的不合格品数量）× 计件单价 + 其他工资加项。

注意，生产过程中会产生不合格品，如果是由原材料造成的，则通常应按照相应的计件单价支付员工工资；如果是由员工的生产加工失误造成的，则不付计件工资。

举例 ?

张三在某年 5 月分别参与完成了 A、B、C 3 种产品的生产任务，其中 A 产品的计件单价为 30 元、B 产品的计件单价为 40 元、C 产品的计件单价为 50 元，张三完成 A、B、C 3 种产品的合格品数量分别为 44 个、52 个、18 个，由原材料造成的不合格品数量分别为 6 个、8 个、2 个，因张三操作产生的不合格品数量分别是 3 个、5 个、2 个，无其他工资加项。

张三该月的应发计件工资 =30 ×（44+6）+40 ×（52+8）+50 ×（18+2）=4 900（元）。

7.20.2　团队计件工资计算方法

当产品的生产工艺较为复杂，产品的生产过程需要由多人形成的工作组分工协作时，可采用团队计件法计算工资。团队计件工资法是一种与个人劳动成果和团队劳动成果都相关的工资计算方法，体现个人多劳多得的同时，也体现团队的多劳多得。

在团队计件工资法中，个人应付计件工资的计算公式如下。

个人应付计件工资 = 个人日工资标准 × 实际出勤天数 × 工资分配系数 + 其他工资加项。

其中：

工资分配系数 = 团队实得计件工资总额 ÷ 团队应得标准工资总额。

团队实得计件工资总额 =（团队生产的合格品数量 + 因原材料产生的不合格品数量）× 计件单价。

团队应得标准工资总额 = ∑（个人日工资标准 × 实际出勤天数）。

举例 ❓

某种产品的生产工艺过程需要五人团队协作，某班组生产该产品，有张三、李四、王五、赵六、徐七5名工人。某月，该班组共生产了5 000件合格的产品，每件产品的计件单价为5元，该班组成员的日工资标准和实际出勤天数如表7-35所示。

表7-35　某班组成员日工资标准及某月实际出勤天数

姓名	日工资标准（元）	实际出勤天数
张三	200	18
李四	180	19
王五	170	21
赵六	160	20
徐七	150	19

每名工人的月应付工资总额计算方式如下。

团队应得计件工资总额 =5 000 × 5=25 000（元）。

团队应得标准工资总额 =200 × 18+180 × 19+170 × 21+160 × 20+150 × 19=16 640。

工资分配系数 =25 000 ÷ 16 640=1.502 4。

张三的应付计件工资 =200 × 18 × 1.502 4=5 408.6（元）。

李四的应付计件工资 =180 × 19 × 1.502 4=5 138.2（元）。

王五的应付计件工资 =170 × 21 × 1.502 4=5 363.6（元）。

赵六的应付计件工资 =160 × 20 × 1.502 4=4 807.7（元）。

徐七的应付计件工资 =150 × 19 × 1.502 4=4 281.8（元）。

7.20.3　集体计件工资计算方法

在团队计件工资计算过程中，员工的知识总量、技能水平、熟练程度、经验层次等不同，由此造成员工的分工、劳动效率、对产品的贡献程度各不相同，其日工资的标准理应各有不同。

然而，对于部分产业或产品，同样是需要多名工人协作完成，如果工人达到一定能力水平后，能力的提升与产品产量的相关程度不大，可以采用集体计件法计算工资。比如，某些产品的生产活动只是简单的重复性劳动，或者团队中工人的能力水平相差不大。

在集体计件工资法中，默认每名工人的日工资标准是相同的。个人应付计件工资的计算公式如下。

个人应付计件工资 = 个人出勤天数 × 工资分配系数 + 其他工资加项。

其中：

工资分配系数 = 集体实得计件工资总额 ÷ 集体实际出勤天数。

集体实得计件工资总额 =（集体生产的合格产品数量 + 因原材料产生的不合格品数量）× 计件单价。

集体实际出勤天数 = ∑（个人实际出勤天数）。

举例 ?

某种产品生产班组有张三、李四、王五、赵六、徐七 5 名工人，采用集体计件工资法计算工资。某月，该班组生产了 8 000 件合格的商品，每件商品的计件单价为 4 元，该班组成员的实际出勤天数如表 7-36 所示。

表 7-36　某班组成员某月实际出勤天数

姓名	实际出勤天数
张三	20
李四	18
王五	17
赵六	19
徐七	21

每名工人的月应付工资总额计算方式如下。

集体实际出勤天数 =20+18+17+19+21=95（天）。

集体实得计件工资总额 =8 000×4=32 000（元）。

工资分配系数 =32 000÷95=336.842 1。

张三的应付计件工资 =20×336.842 1=6 736.8（元）。

李四的应付计件工资 =18×336.842 1=6 063.2（元）。

王五的应付计件工资 =17×336.842 1=5 726.3（元）。

赵六的应付计件工资 =19×336.842 1=6 400.0（元）。

徐七的应付计件工资 =21×336.842 1=7 073.7（元）。

第 8 章

绩效管理

绩效管理的核心作用，是在追求企业资源利用最小化的同时，在满足效率的前提下，追求企业结果和价值的最大化。在这个过程中，通过对员工的持续激励和反馈机制，创造和保持良好的企业氛围，同时帮助企业强化自身的竞争优势。

8.1 绩效管理和绩效考核之间有什么差异

典型问题：很多企业实施的所谓绩效管理实际上是一种简单的绩效考核。绩效管理和绩效考核之间到底有什么差异？

类似问题：什么是绩效管理；什么是绩效考核；企业为什么要实施绩效管理；企业应当如何正确地实施绩效管理等。

8.1.1 绩效管理≠绩效考核

说起绩效管理，很多人觉得绩效管理就是绩效考核。实际上，绩效考核和绩效管理是不同的两件事，绩效管理≠绩效考核。

绩效考核是绩效管理的一个环节，它指的是考核人根据岗位职责和要求制定工作目标，同时采用科学的考核方式衡量、评定被考核人工作的有关特性、工作任务的完成情况、职责的履行程度以及个人的发展情况，并将评定结果通过薪酬、奖罚、沟通等方式反馈给被考核人的过程。

绩效管理指的是组织为了实现发展战略和目标，采用科学的方法，对组织或员工个人的行为表现、综合素质和工作业绩等方面进行全面监测、分析和评价，并在过程中充分调动员工的积极性、主动性和创造性，不断改善员工和组织的行为和综合素质的过程。

绩效管理离不开绩效考核，绩效考核是绩效管理的一环，是绩效管理过程中的一种工具和手段。绩效考核实质上反映的是过去的绩效，而绩效管理更强调未来绩效的提升。只有将绩效考核工作纳入绩效管理的体系和制度中，才能对绩效进行有效的监控和管理，从而实现绩效管理的目标。

8.1.2　绩效管理与绩效考核的 4 点不同

绩效管理和绩效考核在思路和操作方式上有着本质的不同，主要体现在 4 点，如图 8-1 所示。

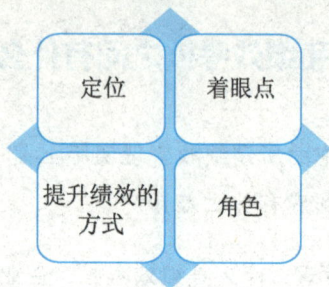

图 8-1　绩效管理与绩效考核的 4 点不同

1. 定位。绩效考核定位于控制员工，绩效管理定位于让员工主动做出承诺。

2. 着眼点。绩效考核着眼于过去的业绩，绩效管理着眼于如何改进将来的绩效。

3. 提升绩效的方式。绩效考核提升绩效的主要方式是奖罚，绩效管理提升绩效的主要方式是指导、鼓励员工自我学习和发展。

4. 角色。在绩效考核中，管理人员是判断、评估、控制工作的细节和解决问题的角色；在绩效管理中，管理人员是指引方向和目标，指导、帮助、沟通和反馈，在允许的范围内积极授权的角色。

在绩效考核中，员工是被动的、反作用的角色，表现防卫性的行为；在绩效管理中，员工是积极主动的角色，在学习和发展过程中表现积极主动的行为。

绩效考核和绩效管理最大的差异在沟通上。沟通在绩效管理过程中的意义重大。说起绩效考核，很多人想到的是年初制定了绩效目标，到了年底秋后算账，看绩效目标有没有完成。

在绩效管理实施的过程中随时保持沟通和反馈，能让考核人持续反思和确认考核的目标，也能让被考核人更加理解和支持考核的执行。考核人与被考核人之间的持续沟通，是绩效管理得以顺利实施的保障，也是科学绩效管理的灵魂所在。

8.1.3　绩效管理的正确认识

有的企业在实施绩效管理时，把每个部门、每名员工的绩效考核指标制定得过于烦琐和复杂，想尽一切办法涵盖员工工作的方方面面。有了执行人，要设立监督人；设立了监督人，还要再设立一个监督监督人的监督人。结果造成对员工各项绩效考核指标的收集需要耗费大量的管理成本，最终将绩效管理演变成一件为了做绩效而做绩效的事。

除了绩效考核之外，有的管理者会把绩效管理和员工激励混为一谈，认为只要企业做了绩效管理，就等于有了激励机制，员工的工作热情、积极性和主动性就必然提高。其实事实并非如此，绩效管理本身确实具备激励效果，但相对而言，企业中的激励机制牵涉的内容和范围更加广泛。

企业的绩效管理和激励机制之间是互相作用、互相补充、互相促进、共同发展的关系，都是为了实现企业最终的目标。

绩效管理常见认识的误区及正确认识总结如表 8-1 所示。

表 8-1　绩效管理常见认识的误区及正确认识总结

分类	误区	正确认识
对工作成果	是一种判断	是一种计划
绩效管理重心	绩效评价的结果	绩效管理的过程
绩效管理目的	寻找错误	解决问题
企业与被考核人的得失	此得或彼失	全胜或全输
关注重点	结果	行为和结果
绩效工作属性	人力资源管理的工作	整个企业各部门的管理程序
对被考核人	是一种威胁	是一种成果或推动

8.2　管理者和员工排斥绩效管理，HR 该怎么办

典型问题：很多企业实施绩效管理时，用人部门的管理者和员工有所排斥，采取不支持、不配合的态度。这时 HR 该怎么办？

类似问题：员工为什么会排斥绩效管理；如何解决员工排斥绩效管理的问题；企业导入绩效管理的时候应当注意什么等。

8.2.1　员工排斥绩效管理的 3 大原因

在大部分企业中，越高层的管理者越喜欢绩效管理，越底层的员工越讨厌绩效管理。因为员工对绩效管理工作的不理解、不配合和不支持，许多企业高层们一谈起绩效管理工作的推进就面露难色。

员工讨厌绩效管理一般有 3 大原因，具体如下 。

1. 员工担心实施了绩效管理之后，自己的收入可能会下降。

人们总是喜欢确定的收益，讨厌可能的损失。比如，如果有两个按钮，当按下 A 按钮时，人们将获得确定的 100 万元；当按下 B 按钮时，人们有 50% 的概率获得 200 万元，有 50% 的概率什么也得不到。这时，大部分人会选择直接按下 A 按钮，获得确定的收益。

员工讨厌绩效管理也是同样的道理，在推行绩效管理之前，员工的工资是稳定的。但是推行绩效管理之后，员工不会觉得自己可能会获得更高的收入，而会觉得自己的收入很可能会因为绩效管理的实施而降低。

实务中，很多企业就是这么做的，有的企业实施绩效管理的时候，只懂得对员工做负激励，员工做得好不会有任何奖励，但是做不好，就要面临工资的损失。在这种企业，员工有反感太正常了。

2. 员工认为绩效管理就是企业对员工的愚弄。

有的员工认为，绩效管理中的绩效工资本来就是从自己的工资中拿出来的。企业只不过是拿了自己该得的钱，又找了个理由"归还"给自己，而且在这个过程中，还以有的员工绩效表现差为理由"克扣"了一部分工资。

员工认为，企业实施了绩效管理之后，自己需要付出更多的劳动才能"赎回"原本属于自己的工资。而实务中有的企业也确实是这么做的，从没有绩效管理到开始推行，员工的绩效工资就是从员工原本的固定工资中拿出了一部分，将其定义为绩效工资。

确实有一些企业不愿意在绩效工资上投入较多，这造成绩效优秀的员工很难拿到应有的薪酬。可是，这样做必然会打击高绩效员工的积极性。

3. 员工讨厌绩效管理是因为很多企业管理水平有限，实施绩效管理的质量存在问题。什么是绩效管理的质量？就是绩效管理的整套流程实施得如何。

企业实施绩效管理的质量，直接决定了员工对绩效管理的接受程度。然而，确实有很多企业的最高管理者因为对绩效管理的理念认识有问题，导致绩效管理的实施有问题，过程监控也有问题。整个绩效管理的实施准备不周、方案粗糙、急于求成，结果造成绩效管理形式大于内容、务虚大于务实，员工能轻易地从中找出很多漏洞。

绩效管理如果运用得当，将会帮助企业解决管理问题；如果运用不当，不但不会减少企业的管理问题，反而会增加许多管理问题。这里的关键，在于掌握绩效管理运用的要领。

8.2.2 员工排斥绩效管理的解决方案

❶ 针对员工担心实施了绩效管理之后自己的收入可能会下降的问题

一般来说，绩效管理和员工收入下降没有必然联系，除非是以下 3 种情况。

（1）企业在实施绩效管理时操作不当，造成绩效管理本身有问题。

（2）企业在实施绩效管理之前，没有向员工传递正确的信息。

（3）收入下降的员工本身绩效就比较差，原本就不该拿到他期望的工资。

针对这个问题，企业首先要保证绩效管理的质量。如果是企业哪里做得不好，员工挑毛病是正常现象。企业要在绩效管理实施之前，做正确的引导和信息传递。绩效管理的全过程最好能公平、公正、公开。员工的薪酬算法可以对本人公开，而且可以加上实施绩效管理前后的比较。

❷ 针对员工认为绩效管理就是企业对员工的愚弄的问题

（1）单独设置绩效工资。绩效工资不应该是从员工的固定工资中拿出一部分，而应是在原来固定工资的基础上增加一部分作为绩效工资。可以参考的做法是在每年调薪的时候，把调薪的部分作为绩效工资，而不是把原来的工资的一部分作为绩效工资。

（2）不愿意增加工资的企业，可以把焦点放在绩效工资的投入产出比上，而不是放在绩效工资的绝对值上。绩效工资投入产出比高的企业，投入更多的绩效工资会带来企业价值的不断提升。

（3）在企业内部建立双赢的思维，明确绩效管理不论是对领导还是对员工都是双赢的，同时强化宣导。设置绩效工资的意义并不是让员工拿回属于自己的工资,而是让员工通过付出更多的努力,为企业提高盈利能力,和企业一起创造更大的价值。

❸ **针对绩效管理质量差的问题**

(1)提高企业人力资源管理从业者的准入门槛,尤其是绩效管理人员的准入门槛,最好任用有实施绩效管理项目经验的人。如果不能做到选人或换人,那就要丰富现有团队的绩效管理知识、技能和经验。

(2)可以学习行业的标杆企业、对标企业、竞争对手的绩效管理做法,取长补短。与行业内对绩效管理工作有一定心得和经验的人交流,防止自己走弯路。

(3)可以借助外部的力量,引入外部专业的咨询机构,帮助企业实施绩效管理。在这个过程中,对内部的各级管理者实施培训。

8.2.3 企业导入绩效管理的 3 项注意

绩效管理是企业的事,绝不是人力资源部一个部门的事。人力资源部门只是绩效管理的组织协调部门,各级管理者才是绩效管理的主角。各级管理者既是绩效管理的被考核者,也是对其下属绩效管理的考核者。

有的管理者对绩效管理的效果抱有不切实际的幻想,认为绩效管理就是一剂灵丹妙药,一用就灵,一劳永逸。这些管理者通常会认为,员工平时工作不积极就是因为没有绩效管理,现在有了绩效管理,大家就有了指标、有了目标。现在这些员工就可以自发地工作,自己就省事了。

其实,绩效管理能取得多大的成效和企业的基础管理水平有很大关系,而企业的基础管理水平不是在短期内就能快速提高的,所以企业推行绩效管理不可能解决所有问题,管理者也不必对绩效管理抱有过高的期望。

管理者绝不是在实施绩效管理之后就可以一劳永逸,不用管员工的工作。如果认为绩效管理可以代替日常正常管理,那是管理者懒散的表现。实施绩效管理,绝不是为了给管理者"省事",不是定好了指标和目标以后,管理者就可以不管了。

实际上,绩效管理不仅不能够代替或免除管理者日常的沟通与管理,相反的，管理者在实施绩效管理的过程中能不能持续不断地和员工保持有效的沟通和信息传递，是绩效管理能不能有效实施的关键。

所以有的人说，绩效管理其实是考核人与被考核人协商一致，并在过程中持续不断双向沟通的动态管理过程。沟通，打通了考核人与被考核人之间的思想和情感，尽可能避免了误会和猜疑的产生，贯穿绩效管理的全过程，能够及时消除绩效管理实施过程中的阻力，保证考核能够相对客观、合理、和谐地运行，提高了被考核人的积极性。

为保证全员参与，企业在导入绩效管理的时候，有 3 项注意。

1. 保证企业最高管理层的参与，利用高层的力量保证企业各层管理者和员工的参与。

2. 联合绩效管理小组，在企业范围内不断地进行绩效管理思想、意识、方法和工具上的教育和培训，让企业内部员工都能真正意识到绩效管理工作的重要性，并能够正确地实施绩效管理。开展培训工作的时候，企业也可以用某个典型的、做得比较好的部门作为样本来让内部人员学习。

3. 从企业文化入手，强化企业的执行力，强调企业上下重视绩效的文化。要把绩效思想融入企业文化，需要企业的管理者及具有一定影响力的员工心中装着绩效管理。管理者和员工的行为要符合企业的要求。用企业文化影响员工是一项长远的工程，企业文化的推行同样需要高层管理者的支持和配合。

8.3 OKR 真的比 KPI 更先进吗

典型问题： 有一个很流行的绩效管理工具，叫 OKR（Objectives and Key Results，目标与关键成果法）。这个工具一出，很多人对 KPI（Key Performance Indicator，关键绩效指标）表现出了不满。OKR 真的比 KPI 更先进吗？

类似问题： KPI 有没有过时；什么是绩效管理程序，什么是绩效管理工具，两者之间有什么联系；OKR 和 KPI 之间究竟有哪些不同点等。

8.3.1　少讲过时，多讲适时

绩效管理工具没有过不过时，只有适合与不适合。如果把企业所处的阶段比作人生所处的阶段，绩效管理不像外穿的衣服，有所谓的过时与不过时；绩效管理更像是人在不同年龄、不同阶段，看不同的书籍。对某些人来说已经不需要看的书籍，对处在其他相应人生阶段的人来说却是需要看的。

阿里巴巴公司（以下简称"阿里巴巴"）的主要创始人马云在湖畔大学讲领导力的时候说："什么叫领导力？领导力就是给下属制定 KPI 的能力。"马云的这句话得到了很多管理者的认同。有人说马云把领导力说得这么简单其实并不全面，但马云实际上在强调领导力的核心能力，就是给下属制定绩效目标并且帮助下属完成这个目标的能力。

马云还说："虽然 KPI 所有人都讨厌，但没有 KPI 是不行的，我们必须要设定 KPI。"马云的这句话说明了 KPI 的重要性。阿里巴巴内部应用的绩效管理工具正是 KPI。

小米公司（以下简称"小米"）的主要创始人雷军曾经在 2016 年提出"开心就好"，对手机的销量不做强调。但 2016 年小米手机的销量出现问题。2017 年 1 月，雷军在小米年会上发表演讲，提出了销售破千亿的指标，并确定开零售店的计划。雷军当时表示，在未来 3 年，小米要开设 1 000 家小米之家。小米的这个目标，说到底其实还是 KPI 的概念。

其实，绩效管理是一种非常古老的管理方法。可以说自人类社会出现大规模的协作劳动开始，就有了绩效管理的思想雏形。比如，秦汉时期的考课制度，就是通过对官员政绩的考察，决定对官员的赏罚；商鞅变法中的赏罚制度，其实本质上也是一种绩效管理制度。从古老的绩效管理制度到现代的绩效管理制度，绩效管理的本质其实没有变过。

不论是 OKR 还是 KPI，它们都是绩效管理的工具，而不是绩效管理程序，它们有各自的应用场景。如果正确应用这两种工具，它们在绩效管理核心的方法上都不会脱离绩效管理的基本框架，也不会影响绩效管理的核心理念，更不会改变绩效管理的核心本质。

8.3.2　绩效管理的工具与程序

在绩效管理中，有两个存在明显差异的词，分别是绩效管理工具和绩效管理程序。正是因为有很多人分不清楚这两个词之间的差异，总把这两个词混为一谈，所以才会有那么多人对绩效管理产生很多误解，从而做不好绩效管理。

绩效管理工具和绩效管理程序之间有很强的关联性，虽然都是为了做好绩效管理，但它们是完全不同的概念。

在绩效管理的过程中，常见的绩效管理工具包括目标管理法（Management by Objectives，MBO）、关键过程领域法（Key Process Area，KPA）、关键结果领域法（Key Result Areas，KRA）、关键绩效指标法（KPI）、目标与关键成果法（OKR）、关键成功要素法（Key Success Factors，KSF）、平衡计分卡（Balanced Score Card，BSC）和 360 度评估法等。

在绩效评价方面还有一些工具，如关键事件法、行为锚定法、行为观察法、加权选择法、强制排序法、强制分布法等。

绩效管理程序一般包括绩效指标分解、制定绩效计划、进行绩效辅导、进行绩效评价、绩效结果反馈和绩效结果应用等。

假如某人肚子饿了，准备自己做饭。这时，他可以选择用电磁炉炒菜，也可以选择用炉灶炒菜；可以选择用不粘锅炒菜，也可以选择用铁锅炒菜；可以选择用铁锅铲炒菜，也可以选择用木头锅铲炒菜。

人们选择什么样的工具炒菜，与人们当时所处的具体情况、人们的用餐习惯、一起用餐人员的接受程度以及成本、效率等多个因素有关。炒菜用的工具确实会在一定程度上影响菜品的味道，但它不会影响炒菜的基本流程。

不论用什么工具炒菜，炒菜都要经历洗菜、切菜、炒制、调味、装盘这一系列过程，并且不会改变炒菜的最终目的——吃饱和吃好。人们在炒菜过程中用到的工具就像实施绩效管理需要用到的绩效管理工具；人们炒菜的整个流程，就像绩效管理程序。

那些说 KPI 过时了，鼓吹 OKR 才是王道的人，是在人为定义两种绩效管理工具的好与坏，是把 KPI 假想或曲解成一个落后的工具。这就好比某人说，用铁锅铲炒菜已经过时了，用木头锅铲炒菜才对。原因是用木头锅铲炒菜，炒菜的流程会更简单，本来用铁锅铲炒不熟的菜，现在用木头锅铲就能炒熟。这听起来多么荒谬。

不论用什么锅,用什么锅铲,其实炒菜的基本流程都差不多。绩效管理也是同样的道理,不论企业用 KPI 还是 OKR,抑或是用更复杂的 BSC,绩效管理的程序和流程其实是差不多的。最能决定企业的绩效管理能否有效落地的,其实不是企业用的是 KPI 还是 OKR,而是绩效管理的程序能不能有效执行。

8.3.3　OKR 与 KPI 的 3 点不同

OKR 与 KPI 在应用的时候最大的不同之处,体现在如下 3 点。

1.指标设置的数量不一样。每个团队或个人的 OKR 一般最多设置 5 个目标,每个目标一般包含 4 个左右关键结果;而 KPI 一般是给每个部门或岗位设置 5 ~ 8 个绩效指标,每个指标有确定的目标范围。

2.OKR 更多是自下而上的目标分解,大约有 60% 的目标来源于底层员工,因为底层员工与客户的接触更紧密,对工作的要求更实际;而 KPI 虽然也有自下而上的指标,但更多是自上而下的目标分解。

3.OKR 与员工直接利益因素不相关,OKR 的结果通常不直接用于员工的薪酬或者晋升。这是 OKR 和 KPI 最大的不同之处。KPI 的结果通常与员工的薪酬、福利、职业发展等联系比较紧密。

互联网上有一些关于 OKR 与 KPI 之间不同的说法。比如,KPI 只关心考核结果或只是用来发奖金的,OKR 才能真正实现企业的目标;OKR 的目标是公开的,KPI 的目标不能公开;基层岗位的 KPI 设置与企业最终目标没关系,OKR 才能实现这种关联性等说法,是对 KPI 的曲解。

从应用的角度来看,OKR 和 KPI 这两种绩效管理工具适合不同的企业。OKR 更适合战略相对比较模糊、变化比较快的企业,如互联网企业;KPI 更适合目标比较清晰、标准化程度比较高、相对比较稳定的企业,如传统的生产制造企业。

8.4　如何设计各类岗位的绩效指标

典型问题: 不同类型的岗位担任着不同的角色,企业应当如何设计绩效指标?

类似问题: 岗位属性和绩效指标设计之间有什么关联;不同的部门应当如何设计绩效指标;不同岗位层级设计绩效指标时应当注意什么等。

8.4.1 常见的 4 类岗位的绩效指标设计

各职能部门的岗位特点和属性不同,可以采取的绩效指标类型也应当有所不同。常见的 4 类岗位的岗位特点、绩效指标设计的原则如表 8-2 所示。

表 8-2 常见的 4 类岗位的岗位特点和绩效指标设计的原则

岗位类型	岗位特点	绩效指标设计的原则
营销类岗位	以完成业务目标为导向; 工作的弹性和灵活性比较大	以结果类指标为主; 以行为类指标为辅
技术类岗位	输出结果与个人专业技术能力有关; 工作的创新性比较大	以能力类指标为主; 以行为类指标为辅
生产类岗位	工作内容比较单一; 工作的机械化程度较高	以对数量和质量的要求为主; 以对能力和行为的要求为辅
行政类岗位	工作内容比较繁杂,工作量比较多; 工作中可能存在的沟通比较多; 工作的不确定性比较大; 工作产出主要是任务的完成质量和完成度	以任务类指标为主; 以行为类指标为辅; 以结果类指标补充

营销类岗位的主要特点是以完成业务目标为导向,岗位目标和企业业绩的关联性比较大,而且这类岗位工作的弹性和灵活性也比较大。所以这类岗位的绩效指标,应以结果类指标为主,如销售额、销售量、毛利额等;应以行为类指标为辅,如合同签署情况、客户档案管理情况、市场调研计划的完成情况等。

技术类岗位通常输出的结果与个人的专业技术能力直接相关,工作的创新性比较大。所以这类岗位的绩效指标一般是以能力类指标为主,如某种技能达标、某个认证通过;应以行为类指标为辅。对于以开发为主的技术类岗位,可以增加一些结果类指标,如产品开发进度、新产品功能等。

生产类岗位的工作内容比较单一,工作的机械化程度比较高,所以绩效指标一般是以生产产品的数量和质量为主，如产品产量、产品产值、抽检合格率等；以能力和行为类指标为辅，如现场的 5S[整理（SEIRI）、整顿（SEITON）、清扫（SEISO）、清洁（SEIKETSU）、素养（SHITSUKE）] 管理、技能达标率等。

行政类岗位的工作内容比较繁杂，工作量比较多；工作中可能存在的沟通比较多；工作的不确定性比较大；工作产出主要是任务完成质量和完成度。所以这类岗位的绩效指标一般是以任务类指标为主，如招聘计划完成率、培训计划完成率；以行为类指标为辅；以结果类指标为补充。

8.4.2 高中基 3 层级绩效指标来源

对于高层、中层和基层人员，由于其职位特性不同，所以其贡献的方式也不同，因此绩效指标的特性也应有所不同。越往高层，越应当注意长期绩效和短期绩效的结合，越应当注重结果而不是行为；越往基层，越应当强调行为、任务或工作的过程。

一般来说，高层管理者注重综合性的财务指标和企业的关键业绩驱动要素；中层管理者注重效益、营运指标和部门对应的业务重点；基层管理者和员工注重相对单一的业务重点和营运工作内容。高层管理者、中层管理者和基层员工与企业、部门和岗位业务之间的对应关系如图 8-2 所示。

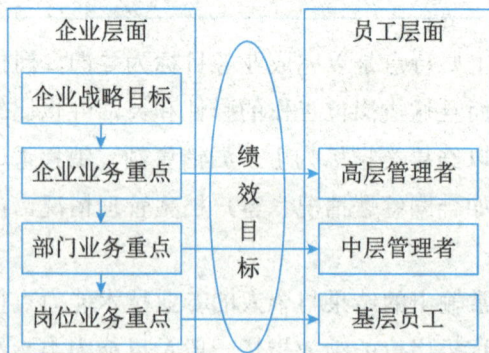

图 8-2 高层管理者、中层管理者和基层员工与企业、部门和岗位业务之间的对应关系

根据这一特点，可以简单地归纳不同职级绩效指标设计特点，如图 8-3 所示。

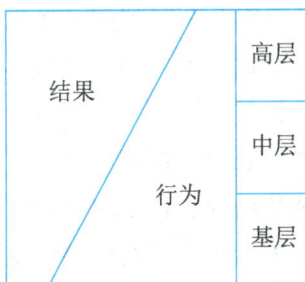

图 8-3　不同职级绩效指标设计特点示意

8.4.3　高中基 3 层级绩效指标设计

根据高层、中层、基层的职级特点的不同，其绩效指标设计的侧重点有所不同，如表 8-3 所示。

表 8-3　高层、中层、基层职级特点与绩效指标设计原则

岗位职级	职级特点	绩效指标设计原则
高层管理人员	对企业整体业绩与某业务单元负主要责任； 工作上有比较高的独立性； 工作内容不固定； 需要处理的非程序化工作比较多	以结果类指标为主
中层管理人员	工作的重点是制定部门的规划和策略，实施部门计划以及打造团队； 工作内容既有固定性，又有灵活性	可以有结果类、流程类、业务类、管理类指标
基层人员	工作的程序化程度比较高； 工作内容相对比较固定； 工作目标与企业目标之间的距离较远	可以具体行为为主，指标能够被清晰地描述、被准确地测量

一般来说，高层管理者注重综合性的财务指标和组织层面的关键业绩驱动要素；中层管理者注重效益、营运指标和部门对应的业务重点；基层管理者和员工注重相对单一的业务重点和营运工作内容。

举例 ❓

张三是某公司的人力资源副总裁（Human Resource Vice President，HRVP），那么张三的绩效指标中和公司业绩挂钩的成分应当多一些，占比一

般应该超过 60%。因为张三已经是公司的副总经理，虽然分管公司人力资源管理板块，但也参与公司整体的决策，与公司整体的命运绑在一起。这时一些实务层面的指标不需要太多。

李四是该公司的人力资源经理，根据李四参与公司决策和管理的程度，他的绩效指标中与业绩挂钩的指标占比应该在 40% ~ 60%。因为李四是人力资源部门的主要管理者，李四对公司战略的传承以及做出的一些决策，会影响公司人力资源管理工作的质量，从而在一定程度上影响公司的业绩。但是一些涉及公司层面的决策，李四没有权利做决策。所以顶层业绩类指标和李四的相关度不高。

王五是该公司的人力资源专员，王五的绩效指标中与业绩挂钩的指标占比应该在 40% 以下；如果王五是比较基层的、事务性工作比较多的专员，占比应当更低，一般不会超过 20%，甚至可以更少。因为这个级别的员工主要是执行人员，他们工作的关键成果应当主要聚焦于能否完成工作，与公司业绩的关联性不大。

8.5　如何检验绩效目标和绩效指标的质量

典型问题： 企业在初步制定绩效目标和绩效指标之后，如何检验绩效目标和绩效指标的质量？

类似问题： 绩效目标的检验需要考虑哪些问题；绩效指标的检验需要考虑哪些维度；企业在设置绩效指标的时候应注意什么等。

8.5.1　绩效目标质量检验方法

通过对照和回答如下问题，企业管理人员可以检验绩效目标的质量。

- 绩效目标能否反映出企业的价值观？
- 绩效目标是否鼓励和支持员工创新？
- 绩效目标是否足够清晰、明确且具体？

- 绩效目标是否能被衡量？
- 绩效目标之间是否具备一致性？
- 绩效目标是否能够保证是结果导向？
- 绩效目标是否包含明确的时间因素？
- 绩效目标是否涵盖了企业或部门或岗位需要完成的关键结果？
- 绩效目标是否与员工的岗位、能力以及能调配的资源相匹配？
- 绩效目标的设定是否考虑了难度，并具有合适的难度水平？
- 所有员工的绩效目标汇总之后，是否与企业整体的绩效目标吻合？
- 绩效目标是否鼓励和支持超越客户期望的行为？
- 各部门和各岗位的绩效目标是否能帮助员工建立信任和尊重的关系？
- 绩效目标制定过程中是否考虑员工意见并与员工讨论达成一致？

对照以上问题回答是或否：是越多，代表绩效目标的质量越高；否越多，代表绩效目标的质量越低，需要修正。

为了保证目标能够达成，在设定目标的时候有一个小技巧。

孙子兵法说："求其上，得其中；求其中，得其下；求其下，必败。"意思是，企业在制定目标的时候：如果设定上等水平的目标，最后可能会得到中等水平的结果；如果设定中等水平的目标，最后可能会得到下等水平的结果；如果设定下等水平的目标，最后可能什么也得不到。

所以，如果企业希望达到的销售目标是 1 亿元，那么在设定目标的时候，最好将目标设置得比预期目标高一些，一般可以高出 5% ～ 10%。这时，可以把目标定成 1.05 亿 ～ 1.1 亿元。这个技巧很容易被忽略，却常常能在绩效管理的目标设定上发挥奇效。

8.5.2　绩效指标质量检验方法

绩效指标的质量可以从 8 个维度进行评估，具体内容如下。

❶ 关联性

绩效指标的关联性指的是评估该绩效指标是否和绩效的责任人有关联。如果绩效指标与被考核人没有关联，那么这项指标即使再重要，也不能作为被考核人的绩效指标。只有与被考核人有关联的绩效指标，才能被当作被考核人的绩效指标。

❷ 可控性

绩效指标的可控性指的是这项绩效指标能否被绩效责任人控制，能否通过被考核人的努力达成。该绩效指标和被考核人之间的关系是否是直接的责任归属关系。对被考核人来说，可控性越低的绩效指标，质量也越低。

❸ 可实施性

绩效指标的可实施性指的是该绩效指标能否被企业有效地实施，实施过程中遇到的难题能否被有效地解决。

❹ 精准性

绩效指标的精准性指的是该绩效指标是否有稳定的数据来源和科学的数据处理方法，能够保证绩效指标的获取是准确无误且不存在偏差的。

❺ 可衡量

绩效指标的可衡量指的是该绩效指标是否能够被度量。这里的度量不仅指的是量化的度量，同时也包括行为层面的度量。

❻ 低成本

绩效指标的低成本指的是绩效管理人员或者考核人员要获取该绩效指标需要付出的成本是否足够低。如果为了获取数据需要付出的成本过高，则该绩效指标的质量就比较低。

❼ 战略一致性

绩效指标的战略一致性指的是绩效指标能否与企业战略所处的阶段相一致，能否与绩效责任人的上层、下层相一致，能否与企业目标、部门目标和岗位目标相一致。

❽ 战略贡献度

绩效指标的战略贡献度指的是绩效指标能否最终对实现企业的某项战略目标提供贡献和帮助。

绩效管理人员在检验绩效指标的有效性时，可以将这 8 项内容作为横向内容，将绩效指标作为纵向内容，对绩效指标进行评分，如表 8-4 所示。

表 8-4　绩效指标有效性检验表

绩效指标	1 关联性	2 可控性	3 可实施性	4 精准性	5 可衡量	6 低成本	7 战略一致性	8 战略贡献度	结论
A									
B									
C									

在使用绩效指标有效性检验表的时候，表格最左端的 ABC 处填写具体的绩效指标；对每项绩效指标对应的 8 个维度的判断可以用高、中、低 3 个层级来表示，也可以用 5、4、3、2、1 从高到低的 5 个分值来表示，还可以用是或否来表示。

8.5.3　绩效指标质量检验案例

绩效指标质量检验的案例如下。

案例

某公司在设置销售业务员岗位的绩效指标时，初步列出了销售额、毛利额、利润额和顾客满意度 4 项指标。对这 4 项指标有效性的检验如表 8-5 所示。

表 8-5　某公司销售业务员岗位绩效指标有效性检验表

绩效指标	1 关联性	2 可控性	3 可实施性	4 精准性	5 可衡量	6 低成本	7 战略一致性	8 战略贡献度	结论
销售额	高	高	高	高	高	高	高	高	高质量
毛利额	中	中	高	高	高	高	高	高	中等质量
利润额	低	低	高	高	高	高	高	高	低质量
顾客满意度	中	中	低	低	中	低	高	高	低质量

销售额与公司销售业务员岗位的关联性最大，销售业务员对这项指标的可控性也最高。在其他的 6 个维度中，销售额的有效性也都比较高，所以销售额对于销售业务员岗位来说，是高质量的绩效指标。

毛利额与销售业务员岗位的关联性居中，销售业务员对这项指标的可控性也居中。虽然在其他的 6 个维度中，毛利额的有效性比较高，但由于是对具体岗位的判断，所以该指标被评判为中等质量的绩效指标。

利润额与销售业务员岗位的关联性比较低，销售业务员对这项指标的可控性也比较低。虽然在其他的 6 个维度中，利润额的有效性比较高，但同样因为是对具体岗位的判断，所以该指标被评判为低质量的绩效指标。

对该公司来说，顾客满意度指标对单一的销售业务员岗位的关联性、可控性和可衡量都居中。虽然该指标的战略一致性和战略贡献度较高，但是在可实施性、精准性和低成本方面都比较低。所以顾客满意度对于该公司的销售业务员岗位来说，是低质量的绩效指标。

8.6 如何设计和编制个人绩效承诺

典型问题：个人绩效承诺（Personal Business Commitment， PBC）指的是员工对绩效达成的个人承诺。如何编制个人绩效承诺？

类似问题：个人绩效承诺表应当如何设计；员工在编写个人绩效承诺时需要注意什么；员工在编写个人绩效承诺时有哪些常见问题等。

8.6.1 个人绩效承诺编制样表

个人绩效承诺反映了团队合作、目标结果与执行措施之间的紧密联系，体现了一种价值观和企业文化，强调了企业成员共同参与企业目标实现过程中承诺的重要性，也体现了绩效管理的核心思想。

个人绩效承诺具体的表现形式是一张表格，但是它区别于普通的考核表。常见的个人绩效承诺分别从结果、执行和团队 3 个方面做出承诺，因为这 3 个方面存在比较严谨的逻辑关系。个人通过承诺结果目标，保证达成某个结果；通过承诺执行措施，保证结果的达成；通过承诺团队合作，保证结果目标和执行措施到位。

个人绩效承诺模板如表 8-6 所示。

表 8-6   员工个人绩效承诺表

姓名		工号		部门		职位	
考核期			年 月 日— 年 月 日				
岗位应有的 KPI							
计划栏 个人承诺	在评估期间内，我郑重承诺						
	结果目标承诺						
	执行措施承诺						
	团队合作承诺						
	签字： 日期：						
结果栏 个人承诺 结果评估	结果目标 完成情况						
	执行措施 完成情况						
	团队合作 完成情况						
	评估人签字： 评估日期：						

8.6.2   个人绩效承诺填写注意

在个人绩效承诺表中，结果目标承诺指的是在考核期内，员工承诺本人能达到的绩效结果的目标，是员工准备"做什么"，准备"做到什么程度"。该项一般应有具体的衡量指标，明确完成"程度"以及"何时"完成。

员工在制定结果目标承诺后，应当做如下检验。

● 是否是结果导向的。

● 是否是明确具体的。

● 结果是否可以被衡量。

● 是否包含时间因素。

● 预计完成时间是否与企业、部门、团队目标的预计完成时间一致。

● 是否反映了需要完成的关键结果。

● 是否有合适的难度水平。

● 是否与员工的岗位和能力等级相匹配。

● 所有员工的目标汇总后是否与企业目标吻合。

- 是否反映了企业的价值观。

执行措施承诺指的是员工为了达成结果目标承诺准备采取的具体措施或行动，是员工准备"如何做"。该项不一定需要有明确的衡量指标，可以是一种对过程的描述。执行评价时，主要看员工是否按照规范要求做了。

制定个人绩效承诺的主要目的是让考核双方能够就目标达成的关键措施互相沟通、认真分析，充分考虑外部障碍和风险。因此，个人绩效承诺中的执行措施承诺并不需要每一个目标都罗列，可以针对比较重要的、有难度的结果目标来罗列。

执行措施承诺并不完全是具体的行动计划，而主要是实施行动计划的浓缩或关键措施。为了更好地实现目标，尤其是比较复杂的目标，有时候还需要一个更加详细、具体的绩效行动方案，那就是"个人绩效行动计划"，如表 8-7 所示。

表 8-7　个人绩效行动计划

序号	对应目标	行动步骤	所需资源	完成时间	监督人	监督时间	备注

团队合作承诺指的是为了保证部门或团队能够实现目标，员工在团队协作、沟通、交流、参与、配合等方面的承诺，是员工准备"与谁做"。这一项主要能够起到导向和引导的作用，强调配合为主，不需要有非常明确的衡量指标。

8.6.3　个人绩效承诺常见问题

个人绩效承诺制定过程中的常见问题如下。

- 目标没有按照 SMART（Specific、Measurable、Attainable、Relevant、Time-bound）原则来制定。
- 没有完成时间和衡量指标。
- 执行措施承诺与结果目标承诺的对应关系不够清晰。
- 目标的合理性有待商榷。

● 有的结果目标承诺没有衡量标准，不知道应该做到什么程度，无法衡量做得好不好。

案例 ❓

某公司人力资源部刚推行绩效管理不久，在实施个人绩效承诺方面存在许多不足。其中，某绩效管理岗位的员工在制定自己的个人绩效承诺时，就展示出许多问题，具体内容如表 8-8 所示。

表 8-8 某公司人力资源部绩效管理岗位个人绩效承诺

承诺类型		内容	存在问题
结果目标承诺	季度目标承诺	明确任职资格与职位、绩效的关系，任职资格体系宣传达到 100%	没有说明预计完成时间（下同）
		无资格认证结果、定岗定级结果与原资格认证结果不匹配，员工的资格认证完成 90%	
		干部任职资格考试完成 90%	
		参与某项目工作的推进、制度的签发，以及各类宣传工作	制度的签发工作并不是该岗位权责范围内能够掌控的；没有说明具体的衡量指标是什么
		监控各类培训工作的推进	没有说明具体的衡量指标是什么
	服务承诺	根据部门结构变动及时进行职位评估 3 个工作日内反馈评估结果	
		某项目选拔计划完成度达到 95%	
	改进承诺	整理任职资格管理制度，修订整理成册	没有说明具体的衡量指标是什么
执行措施承诺		编写任职资格体系宣传材料和任职资格培训教材	执行措施承诺与结果目标承诺之间的对应关系有待商榷；完成执行措施承诺后无法保证结果目标承诺能够完成
		与某部门成员一起清理无资格结果及定岗定级与原资格结果不匹配人员名单，按各种情况分析，并提供指导	
		通过走访各部门，及时掌握各部门任职资格管理工作的进展情况，发现任职资格管理存在的问题	
		定期参与公司的任职资格专题研讨，针对有关问题提供解决思路，形成常见问题解答	
团队合作承诺		与薪酬考核部门共同探讨公司评价体系内部关系	
		与各部门管理者确定资格认证操作办法并给予指导	

8.7　季度考核与年度考核是否属于重复考核

典型问题： 企业的绩效考核分为年度考核和季度考核，季度的绩效指标基本都来源于年度绩效指标的分解。有人认为季度绩效和年度绩效属于重复考核，季度考核是浪费时间，建议取消；有人认为季度考核是为了把握过程，不能取消。季度考核与年度考核是否属于重复考核？

类似问题： 绩效考核的过程和结果应当如何平衡；不同岗位应当如何设计绩效考核的周期；不同层级应当如何设计绩效考核的周期等。

8.7.1　过程管控不可以被忽略

很多企业把绩效管理做成了年初定目标、中间放手不管、年底看结果、用绩效结果来兑换年终奖的简单管理形式，同时又感叹自己企业的绩效怎么总是流于形式。企业这样做绩效管理，绩效结果当然会流于形式。

有效的、不流于形式的绩效管理需要大量的过程管理，包括绩效沟通、绩效辅导、绩效反馈，这些过程管理才是绩效管理的精髓。

在制定了绩效目标、绩效计划之后，需要在运行的过程中不断地对目标和计划进行评估。如果员工走偏了或者员工能力没有达到的时候，管理者需要对员工实施一定的绩效沟通和绩效辅导。

企业通过实施绩效沟通和绩效辅导，能够让考核人与被考核人之间不断地就绩效完成情况进行沟通，保证被考核人始终明确企业和部门的目标和方向，特别是当企业或部门的战略目标或工作重点发生调整或变化时。

只有实施了绩效的过程管理，员工才能得到相应的成长，员工才不会把绩效考核仅仅当成是在挑自己工作上的毛病，而是和企业共同成长。可以说，判断一个企业实施绩效管理的质量水平，主要看的就是这个企业实施的过程管控有效程度。

所以企业在年度绩效评估的基础上，进行月度绩效评估和季度绩效评估是非常必要的。这里的绩效评估，不一定只是用绩效评估结果来发工资、奖金，更重要的是通过绩效评估来改善企业的整体业绩、提高工作效率，实现员工和企业的双赢。

不论多大规模的企业，都要做阶段性的绩效评估；挣扎在生死线上的企业，更要做阶段性的绩效评估。管理者平时应该及时地对员工反馈绩效结果，及时辅导员工的绩效问题，必要时对绩效计划进行调整。

要做好绩效过程管理，企业应当注意以下 3 点。

1. 把绩效管理程序化。
2. 培养各级管理者绩效辅导的能力。
3. 把绩效结果的应用和员工的能力挂钩。

8.7.2　4 类常见岗位的绩效管理周期

4 类常见岗位的绩效管理周期特点及绩效管理周期的关系如表 8-9 所示。

表 8-9　4 类常见岗位的绩效管理周期特点及绩效管理周期的关系

管理岗位类别	绩效管理周期特点	绩效管理周期
营销类岗位	中	月度、季度、半年度
技术类岗位	长	以项目周期为准、以项目阶段性周期为准、季度、半年度、年度
生产类岗位	短	天、周度、月度
行政类岗位	中	月度、季度

营销类岗位由于需要即时性的激励，绩效管理周期不能太长，但是由于营销类岗位通常会有回款的问题，所以这类岗位的绩效管理周期也不能太短。营销类岗位的绩效管理周期一般居中，根据企业情况可以采取月度、季度或半年度为绩效管理周期。对于一些回款金额较大的营销类岗位，可以视情况延长绩效管理周期。

技术类岗位因为产品研发的周期较长，一般应当设置较长的绩效管理周期。对于项目类的岗位，可以将项目的周期作为绩效管理周期。如果项目周期较长，可以根据项目阶段性周期作为绩效管理周期。对于非项目类岗位，可以根据企业情况，以季度、半年度或年度为单位设置绩效管理周期。

生产类岗位因为每天都要从事生产劳动，生产劳动的结果能够得到即时体现，所以生产类岗位的绩效管理周期应当较短，根据企业情况可以采取天、周度或月度为绩效管理周期。

行政类岗位由于绩效管理过程往往成本较高，如果绩效管理周期较短，可能需要付出较高的管理成本；如果绩效管理周期较长，可能达不到管理的效果。所以行政类岗位的绩效管理周期一般也应居中，根据企业情况，可以采取月度或季度为绩效管理周期。

8.7.3　高中基 3 层级绩效管理周期

在实施绩效管理之前，应当确定实施绩效管理的周期。一般来说，绩效管理周期应当根据岗位的职级和属性的不同而有所不同。

对于管理岗位，根据职责权限和管理属性的不同，一般越往高层，绩效管理周期越长；越接近基层，绩效管理周期越短。岗位职级绩效管理周期特点与绩效管理周期的关系如表 8-10 所示。

表 8-10　岗位职级绩效管理周期特点与绩效管理周期的关系

管理岗位职级	绩效管理周期特点	绩效管理周期
高层管理者	长	年度、半年度
中层管理者	中	半年度、季度、月度
基层管理者	短	季度、月度、周度

8.8　绩效指标是不是越量化、越客观越好

典型问题：很多企业的管理者强调绩效指标一定要量化、客观，可实际有一些岗位的绩效指标难以做到量化和客观，对这类岗位采取不量化的、主观的绩效指标就不准确吗？

类似问题：主观的绩效指标比客观的绩效指标更差吗；在设置绩效指标时，该不该想尽一切办法让指标量化；如何平衡绩效指标量化与因为绩效指标量化要付出的成本之间的关系等。

8.8.1　绩效指标的关键追求

为了保证绩效评价体系的客观性和公平性，许多管理者在设置绩效指标的时候，希望把所有的绩效指标设置成客观的、量化的指标，这样就能有效避免被考核人产生负面情绪或避免绩效申诉。实际上，绩效指标不是越客观越好，也不是越量化越好。有时候，企业反而需要保留一些主观指标。

绩效指标客观和量化的好处是当员工认为绩效结果有问题时，员工无话可说，因为客观的事实和数据在那里。但是，如果将绩效指标全部设置成量化的指标，并不意味着绩效评价的结果一定会是公正和公平的。同时，公平和公正的绩效管理体系，也并不一定需要把所有的绩效指标设置成客观的、量化的指标。

有些管理者特别强调并且要求绩效指标必须全部量化，这往往是因为他们不愿意面对看到评价后产生负面情绪的下属，或者他们不具备评价下属工作表现的能力。总之，从某种意义上说，这样的管理者往往是想逃避责任，是不称职的。

当企业的内部管理相对比较不完善的时候，如果追求绩效指标分解要做得精确，反而会让绩效管理的效率变低。造成的结果通常会有两种：一种可能是绩效管理会变成走形式的面子工程，另一种可能是绩效管理反而会让企业的管理效率降低。

8.8.2　绩效指标的管理成本

在绩效管理的实践中，从管理的成本、必要性、运行效率等各个维度考虑，把每一项指标都量化是不现实的。尤其是对一些支持型岗位来说，更是不现实的。

举例 ❓

我曾经所在的公司有一个行政经理，他准备给保洁岗位设定绩效指标。这个行政经理最开始给保洁岗位设置的结果类指标是卫生抽查达标，他每天实施一部分抽查工作。可是在设置过程类指标的时候，他有点犯难，因为他在抽查卫生状况的过程中发现有的保洁人员工作状态并不好。

虽然这些保洁员最后在他的抽查之下卫生也能达标，但是工作的过程中偷懒、聊天现象比较严重，对其他的员工造成了非常不好的影响。于是他突发奇想，给保洁岗位设置了一项工作过程指标——"保洁过程质量达标率"，含义是保洁员工作的全过程都要遵守标准的工作准则，不得有玩手机、聊天、偷懒等情况出现，要保质保量地完成整个工作过程。

为了让这项过程指标得以实施，他认为自己对卫生结果的抽查远远不够。为此他又设置了一个后勤检查岗位，让此岗位人员专门负责每天检查和记录每一个保洁人员的行为并最终形成量化的过程指标。

可是后来我发现他这样做的根本原因，其实是不愿意在自己抽查发现保洁员工作闲散时，当面指出并纠正他们。他害怕面对这样的管理过程，不愿意当一名严格的管理者，就想通过这种方法解决保洁员工作中表现出来的问题。

这个经理为了逃避管理下属的过程，就设置了一个岗位专门做检查和记录，这显然是有问题的，是绩效管理的本末倒置。

8.8.3 绩效沟通的呈现方式

绩效管理的过程，不是简单的数据统计过程。绩效管理过程要发挥考核人和被考核人的主观能动性，是双方为了更好地实现某个目标而就绩效问题共同努力的过程。所以绩效管理过程中的客观公正实际上是在强调考核双方的管理沟通的客观公正，而不是在强调数据结果的客观公正。

绩效管理应当强调客观，但应当是对绩效沟通过程强调客观，而不是追求在绩效数据结果上的客观。如果过分强调量化，反而会出现问题。

比如，企业在设置绩效指标时，给某部门设置的一项指标是培训计划完成率，定义是在规定的时间内，部门需要按照年初制定的培训计划来实施培训。要完成这项指标其实并不难，可是单就这项指标的完成情况来看，其对企业最终目标的达成并不一定具有绝对的正面意义。

因为很多企业的培训计划是在年初制定的，有的部门在运营的过程中，与当初培训计划制定的时候相比，条件已经发生变化，部门内部的员工近期也都忙于新工作，按理说可以不需要再组织培训。

但既然年初的绩效指标已经规定好了，为了完成指标，可能该部门硬着头皮也要培训。这样的培训缺乏目的性和必要性，往往效果很差，实际上浪费了员工的时间，提高了企业的管理成本，得不偿失。可是从客观的量化结果上看，的确是完成了指标。

不是所有的指标都能够被量化，只有当绩效指标可以被量化、相对容易被量化的时候，量化指标才是有必要的。如果指标不能被量化，而硬要将其量化，结果将演变成为了量化而量化，为了绩效考核而绩效考核，绩效管理最终很可能会演变成一种形式，而不再是帮助企业解决问题、实现目标的工具。

当然，这里并不是说量化的绩效指标不好，或者企业绩效管理不需要重视量化指标；而是说企业在设置绩效指标的过程中，不需要过分强调量化指标的应用，也不需要把一些原本不需要量化的指标非要变成量化的。

用过于复杂的方法去追求绩效指标量化的绩效管理是没有意义的，也是有害的。没有比一个称职的直属上级更了解员工绩效情况的了。企业在设置绩效指标的时候，要尊重直属上级的主观评价的作用，也要尊重那些看起来不能被量化的指标的作用。

8.9 管理者如何与员工做绩效面谈

典型问题：绩效面谈是管理者和员工之间就绩效问题进行的沟通。绩效面谈的质量决定了绩效结果。在绩效面谈的环节，管理者应当怎么做呢？

类似问题：管理者在进行绩效面谈的时候，应采取什么样的步骤；在绩效面谈的过程中，管理者应当如何聆听员工的想法；管理者在和员工沟通的时候，要注意哪些内容等。

8.9.1 绩效面谈的 6 个步骤

绩效面谈是绩效结果反馈过程中非常重要的环节，它是管理者与员工就员工在考核周期内的绩效状况进行面谈和交流的过程。管理者在肯定员工成绩的同时，要找出员工绩效中的不足并加以改进。

管理者对员工实施绩效面谈的步骤可以分成 6 步，如图 8-4 所示。

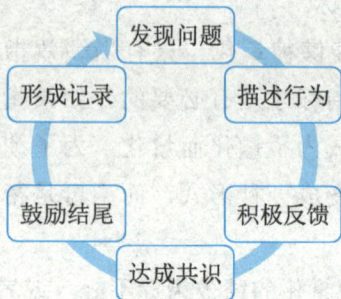

图 8-4　绩效面谈的 6 个步骤

❶ 发现问题

管理者首先要建立良好的沟通氛围，说明自己和员工做绩效面谈的目的；倾听并让员工积极参与绩效面谈过程；和员工谈话的时候，要了解员工绩效目标的进展情况、工作情况、态度情况，有意识地观察和发现员工的问题。

❷ 描述行为

管理者要描述员工日常工作中的具体行为，而不是概括性地直接总结和推论，要解释这些行为对绩效目标可能产生的具体影响。管理者可以向员工表达自己的感受，但是必须说明这只是主观感受，还需要进一步探寻员工的想法，让员工能够自我分析，表达心声。

❸ 积极反馈

除了发现员工做得不好的地方，管理者还要发现员工做得好的地方。管理者要积极地、真诚地、具体地表扬员工的行为，必要时候，可以嘉奖员工的积极行为。

❹ 达成共识

管理者要与员工确认需要改善的工作内容、需要提高的知识和技能、员工需要的资源和支持，并最终与员工达成一致。

❺ 鼓励结尾

在谈话结尾，管理者要着眼于未来，给员工一定的鼓励、支持或帮助，并且规划正面的结果，让谈话以鼓励结尾。

❻ 形成记录

谈话的最后，管理者要按照企业的要求，形成书面的记录，写清楚管理者与员工双方都认同的事情、具体的行动计划、改进的措施以及还有哪些没有达成一致的事项。

8.9.2　有效倾听的 5 个技巧

倾听是沟通的开始，是管理者对员工体现尊重的方式。管理者和员工进行绩效沟通的过程中，要学会有效倾听。要进行有效倾听，管理者要注意 5 个技巧，如图 8-5 所示。

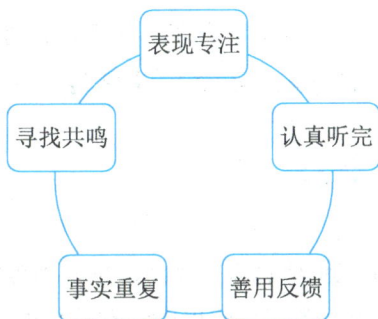

图 8-5　有效倾听的 5 个技巧

❶ 表现专注

管理者可以通过一些非语言的行为，如友好的表情、眼神的接触、时不时地点头、身体自然放松、身体稍微前倾等，让员工感受到管理者对谈话是有兴趣的、管理者已经接收到了员工的信息。

❷ 认真听完

在员工讲完话之前，管理者不要急于做出评判或纠正，也不要轻易发表自己的观点。管理者要认真听完员工的话，认真体会和理解员工想要表达的观点之后，再给员工回应。管理者要站在员工的立场上去思考和理解其观点或提出问题。

❸ 善用反馈

管理者在倾听过程中，要适时给员工一些简单的反馈，如"哦""嗯""是的""没错""这个有意思""我明白"等，以此来认同对方的陈述。管理者也可以通过说"讲一讲，我们讨论一下""我想了解一下你的想法""这个我很感兴趣"等来鼓励员工表达。

反馈不仅来源于言语上的表现，行动同样是一种反馈。比如，管理者应当适时地点头、微笑，可以在本子上记录需要记录的内容，这些行为同样能够给员工继续表达的动力。

❹ 事实重复

为了表示自己在认真地倾听员工讲话，管理者可以针对员工陈述的一些事实或者观点做简单的重复。比如，"我注意到，你刚才说……，我非常认同""你刚才说的……，我理解得对吗"等。

❺ 寻找共鸣

对员工表达的事项，管理者可以先表示自己的认同和理解，表达自己对该事件的想法和员工是相同的。双方交流中的共鸣是下一步沟通的有效保障。

8.9.3　有效沟通的 5 个技巧

良性的沟通能够让员工把信息充分表达出来，不良的沟通往往会让员工表达信息不全面。要实施有效的沟通，管理者应当注意 5 个技巧，如图 8-6 所示。

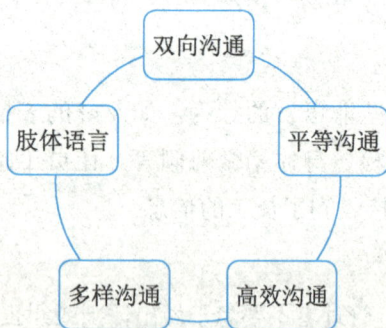

图 8-6　有效沟通的 5 个技巧

❶ 双向沟通

沟通过程一定要是管理者和员工的双向交流，而且应当以员工为主要表达方。有一些绩效面谈是管理者向员工做单向的信息输出，这样无法实现信息的交流互通，不利于员工绩效的改进。

❷ 平等沟通

绩效管理的双方虽然在职位上有所差异，但是在绩效面谈过程中不应过分强调这种等级差异。当绩效面谈的双方能够站在同一个位置上平等交流的时候，绩效面谈的效果才会最好。所以管理者在绩效面谈的时候要放下架子，和员工进行平等沟通。

❸ 高效沟通

绩效辅导中沟通的主要目的是解决实际问题，而不是漫无边际地拉家常。沟通开始的时候，双方可以为了缓和气氛，简单聊一些非工作相关的话题，但时间不宜过长。管理者和员工应保持高效沟通，快速聚焦问题，针对问题迅速讨论，以便形成方案，解决问题。

❹ 多样沟通

对不同性格、岗位、能力、态度的员工，管理者所采取的沟通策略应当是不同的。对于能力较强的员工，绩效沟通可以更倾向于激发其责任心；对于能力一般的员工，绩效沟通可以更倾向于绩效辅导和技能培养；对于既没有能力，态度又不端正的员工，绩效沟通可以适当采取严厉的态度。

❺ 肢体语言

管理者在沟通的过程中，要注意自己的肢体语言。肢体语言能够展示人们的真实想法，如有的人心里并不赞同，但是嘴上却表示自己认可这个观点，这时他可能会不自觉地摇头。管理者不应做一些无意义的肢体语言，以免分散对方注意力，影响沟通效果。

8.10 管理者如何有针对性地辅导员工

典型问题： 当管理者发现员工的绩效水平有问题的时候，管理者如何有针对性地对员工实施绩效辅导？

类似问题： 对于不同类型的员工有哪些绩效辅导方式；管理者如何向员工传授技能；管理者如何激励员工采取行动等。

8.10.1 辅导员工的 4 种方式

在实施绩效辅导的过程中，管理者常常会发现当自己对不同的员工实施相同的绩效辅导行为时，效果是截然不同的。为此，许多管理者非常苦恼，不知道自己的管理行为哪里出了问题。

其实，一套方法只适用于一类员工，只能对一部分员工起作用。因为员工的素质不同、能力不同、态度不同，针对不同类型的员工，管理者应当采取不同的管理方法，而不是一套方法用到底。

要针对不同类型的员工，采用不同的方法，管理者可以用到情境领导理论工具，这套工具能够帮助管理者更好地应对不同的员工，让自己的绩效辅导行为、管理行为更加有效。情景领导理论（Situational Leadership Theory，SLT）是由保罗·赫塞（Paul Hersey）和肯尼思·布兰查德（Kenneth Blanchard）提出的，是一个针对下属不同成熟度采取不同领导风格的权变理论工具。

情景领导理论模型如图 8-7 所示。

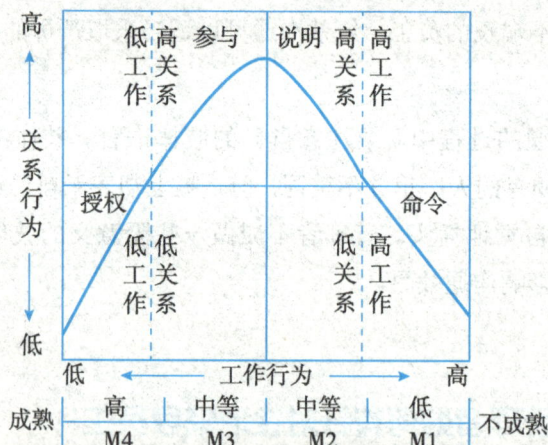

图 8-7　情景领导理论模型

情景领导理论模型把领导行为分成了两个维度，一个是任务维度，一个是关系维度；把员工根据成熟度的不同，分成了 4 种类型；把领导方式分成了 4 种。

从情景领导理论模型能够看出，最有效的管理行为依赖于员工的成熟度，实务中也可以简化为员工的态度和能力。管理者可选的 4 种领导风格，分别是从高度的指示型到高度的授权型。一般来说，管理者可以做如下应用。

1.当员工既没有能力，又不愿意做某项工作时，管理者可以给员工明确而具体的指示。

2.当员工没有能力，却愿意做某项工作时，管理者可以给员工布置更多的工作任务，来锻炼员工和弥补其能力的欠缺，并且给予员工更紧密的关注，让员工在一定程度上能够领会和理解管理者的意图。

3.当员工有能力，但是不愿意做某项工作时，管理者可以让员工更多地参与到工作的发起、讨论、制定、实施等过程中来，并给员工充分的支持。

4.当员工既有能力，又愿意做某项工作时，管理者不需要干预员工太多，可以授权给员工来完成工作。管理者可以适时地在过程中给予一定的协助和支持，以及评估员工工作的成果，帮助员工在下一个周期做得更出色。

8.10.2　传授技能的 6 个步骤

许多管理者工作做得非常出色，但是当要教别人的时候，却不知道该从何处下手。要有效地传授员工技能，管理者可以遵循 6 个步骤，如图 8-8 所示。

图 8-8　管理者向员工传授技能的 6 个步骤

❶ 告知

管理者可以告诉员工某项工作或某项技能的具体操作流程、步骤、方法以及操作过程中的注意事项等。总之就是把与如何做好这项工作相关的一切信息，传递给员工。

❷ 示范

管理者实际操作一遍，让员工观摩学习。员工可以针对管理者的操作提出自己的疑问或想法。

❸ 模拟

管理者要求员工按照自己传授的方法或技巧以及示范操作一遍。在这个过程中，管理者要观察员工的操作与自己传授的方法是否一致。

❹ 改善

管理者针对员工操作中存在的问题，给予指导和纠正。必要的时候，管理者可以重复第一步告知和第二步示范的内容，并让员工重新模拟一遍。持续重复，直到员工能够独立操作达到管理者的要求为止。

❺ 固化

员工在工作中不断地按照管理者传授的方法持续练习，直到将这种方法变成习惯，固化成自己不需要思考的操作。在这个过程中，管理者仍然需要不断地进行指导和纠偏。

❻ 创新

员工与管理者一起探讨，在现有方法的基础上，查看是否有可能进一步创新，达到提高效益或效率、降低成本或风险的目的。

8.10.3　激励行动的 3 个技巧

管理者要激励员工采取某个行为是需要技巧的。要有效地激励员工采取某个行为，管理者可以采取以下 3 个技巧。

❶ 识别管理者期望的行为

管理者首先要识别自己期望员工做出什么行为。这个行为要是具体的，而不是感觉或主观判断出来的；要是能够被员工理解的；要是能够被客观地判断和测量的；而且对员工来说，这个行为是有意义的。

❷ 传达对员工的期望

管理者要明确向员工传达期望他做到的行为，要确保员工能够理解这个期望行为的具体表现，这个行为能够给自己带来的好处，以及如果不执行这个行为，员工可能要承担的后果等。

❸ **对员工持续评价**

管理者要客观地评价员工从事这个行为的结果，过程中要以具体的行为事实为依据而不是主观地判断。管理者要评价这个行为在多大程度上表现出了管理者的期望，行为进展得是否顺利，是否出现问题，是否需要改进。

8.11　如何实施奖罚才能起到效果

典型问题： 许多企业实施奖罚的原则是"好的行为就应该奖，不好的行为就应该罚"。可实际操作起来，发现效果并不好。有奖罚和没有奖罚效果差不多，有的企业在实施奖罚之后，员工怨声载道，联合抵制。企业应当如何实施奖罚呢？

类似问题： 为什么实施了奖罚却没效果；企业实施奖罚应当遵循哪些原则；企业实施奖罚时应当注意什么等。

8.11.1　实施奖罚的 2 大核心

企业实施奖罚时应当注意 2 大核心：奖励贡献、惩罚失职。有效的奖罚，需要奖励贡献，而不能奖励遵守职责；惩罚失职，而不能惩罚不做贡献。

所谓失职，指的是在某岗位任职，应该做到的岗位职责，不做就是失职，也可以理解为没有做应尽的义务；所谓贡献，指的是在做好岗位职责的基础上，又做了不在岗位职责范围内的对企业有利的事情。

假如企业没有注意这 2 大核心，就很可能出问题。

❶ **奖励了遵守职责**

案例 ❓

某公司上班迟到问题严重，公司领导出台一项制度，如果员工每天上班不迟到，公司奖励 1 元钱。月底一天都不迟到的员工，奖励一个小纪念品。这个政策开始的时候是有效的，许多平时经常迟到的员工为了得到奖金和纪念品开始准时上班。

可是后来公司经营出现问题，缩减开支，把奖金和纪念品停掉了。情况一下变得更糟了，不仅那些原本爱迟到的员工继续迟到，那些原来习惯准时上班的员工也开始迟到。

为什么会这样？因为这家公司把按时上班的义务和发放奖金联系起来了，本来再普通不过的按时上班义务有了"价值"。一旦停发奖金，员工会想："我凭什么要按时上班呢？"这就和如果没有加班费，员工会质疑自己凭什么要加班的道理一样。

所以，想要引导员工完成职责或义务范围内的事情，不能用奖励的方式，而应该在员工不履行职责或义务的时候对其实施惩罚。

❷ 惩罚了不做贡献

案例 🤔

某公司的职工食堂承包商发现员工吃完饭后餐盘乱扔的现象严重，工作人员收拾起来十分麻烦，于是找到公司的办公室主任。办公室主任下达规定：对吃完饭不把餐盘放到指定位置者罚款 10 元。

规定刚执行的那几天效果还不错，可过了没多久食堂又回到了原来的状态。因为这条规定实际执行起来非常困难，需要派人每天在那里监督。而且办公室的人对员工罚款的时候经常和员工起冲突。

后来，食堂改变了做法，员工如果能够把餐盘放到指定位置，可以领取一个水果作为奖励。其实，这本来就是近期办公室主任和食堂协商的提高职工用餐标准的项目，就算没有餐盘乱扔的问题，也要在员工餐中加入水果。但是恰好在这个时机，可以把水果当作文明用餐的一种奖励。在采取这种方法之后，效果果然非常显著。

所以，企业对于员工不做贡献的行为，不能惩罚；如果想要鼓励人们做出贡献，应该奖励。

8.11.2 奖罚应用的 3 点策略

奖罚制度的应用不是生搬硬套，也不能任意而为。要有效应用奖罚机制，还需要遵循一些策略。当然这里的策略不是要企业投机取巧，玩弄心计，而是要企业思考如何利用有限的资源，通过有限的努力，得到最有效的结果。

奖罚应用的常见策略包括 3 点。

❶ 奖励必须公开，处罚可以不公开

榜样是员工行为的标尺。企业对员工行为的奖励，表明企业对该行为的鼓励和支持，表明当其他员工做出类似行为的时候，其也能够得到企业的奖励。奖励的公开可以通过对一个人的奖励带动更多人行为的转变。

对于企业明令禁止的"高压线"，处罚时也应当公开，表明企业对该行为是零容忍的，同样能够给其他员工警示。而对于某些并不十分严重的处罚，有时候考虑到员工的自尊心，可以不公开。

❷ 赏小立信，罚大立威

管理是技术，更是一门艺术，对奖罚的应用同样如此。有时候为了树立员工对企业的信任，企业可以通过小事激励员工，让员工在心理上产生企业其他政策言而有信的印象，取得以小博大的效果。

有时候企业为了树立管理的威信，可以重点惩罚级别较高、能力较强或者比较典型的员工。商鞅变法能够在秦国顺利推行，与商鞅在变法之前的立木为信有很大关系。商鞅通过小小的奖赏，为秦国树立了信誉。

❸ 先奖疏远，先罚亲近

这个策略并不是要管理者对不同的人采取不同的奖罚政策，而是指管理者在进行奖罚时，可以在奖罚顺序上采取的一种技巧。

当奖罚有先后顺序时，先惩罚与管理者关系比较亲近的人、先奖励与管理者关系比较疏远的人，这样能够在员工心理上产生较强的效果，能够让员工感受到管理者是公正的，从而激发员工对管理者的信任，能够有效抑制一些不良风气。

8.11.3　奖罚实施的 4 点注意

企业在实施奖罚的时候，需要注意 4 点。

❶ 不能用奖罚代替管理

有的管理者认为有了奖罚，自己的管理工作就简单了。员工在行为上做得好或者不好的地方，就可以全部照搬企业的奖罚规定，管理者不需要与员工沟通交流，帮助员工改变行为。

管理者不针对员工的行为与员工进行沟通和交流，员工并不知道自己究竟哪里做得好或者哪里做得不好，该如何改进，只能机械地等待奖罚结果。这其实是一种管理的倒退。

❷ 不能只有奖或只有罚

有的企业特别注重惩罚，完全没有奖励，结果造成制度确实形成了一定的约束力，但是缺乏温情。员工在这样的环境下，更多的感受是压迫和压抑。

个别企业特别注重正激励，只有很少的几项惩罚，结果造成企业温暖有余、约束力不足。员工工作很随意，认为不遵守企业制度企业也不会把他怎么样。

奖与罚形成的制度就像是两条平行的铁轨，引导着员工行为这趟列车行驶的方向。可是如果只有奖或者只有罚，就像是只有一条铁轨，必然会引起员工的行为产生偏离，起不到奖罚制度应有的引导作用。

❸ 奖罚的实施要有配套措施

奖罚要发挥作用，不是只要一套奖罚管理制度就可以了，还需要其他相关配套措施的建设才能有效地实施。

比如，如何定义奖罚制度的实施部门的具体职责并保证其职责得到有效落实，如何建立完善的奖罚评价标准和评价体系，如何追究相关人员奖罚执行不到位的责任，如何防止管理者利用奖罚制度徇私舞弊等。

❹ 控制情感在奖罚过程中的应用

奖罚制度考验着管理者和员工的情感。管理者在采用奖罚措施时，不能感情用事。对自己不喜欢的人该奖励的时候不奖励，该惩罚的时候格外严厉；对自己喜欢的人该惩罚的时候不严厉，该奖励的时候还有额外的奖励。

管理者在奖励员工时，应当抱着亲切、热情的态度，营造出良好的情感氛围，让员工感受到管理者在情感上对其是充分认可和支持的；管理者在实施惩罚时，应当抱着严肃、庄重的态度，在营造出威严氛围的同时保持对员工的关爱，让员工感受到管理者虽然认可自己，但是自己做错了事，管理者不得不罚自己。

8.12 如何应对绩效信息收集困难

典型问题： HR 在实施绩效管理时，常常做好了各部门的绩效指标，制定了绩效信息和数据提交的模板和具体要求，定好了应上交绩效信息的具体时间。可是到了各部门需要提交信息数据的时候，总是有很多部门交不了数据。绩效信息收集困难，该怎么办？

类似问题： 绩效信息收集的标准流程是什么；绩效信息收集的关键是什么；为保证绩效信息收集到位，企业应当注意什么等。

8.12.1 绩效信息收集的 3 个步骤

绩效数据和绩效信息的收集是为绩效考核、绩效评价和绩效结果的应用做准备的重要步骤。绩效数据和绩效信息是绩效评价的依据，是发现绩效问题、改进绩效的依据，同时也是发生一些劳动争议后，企业可以提供的重要证据。

绩效信息收集的通用流程如图 8-9 所示。

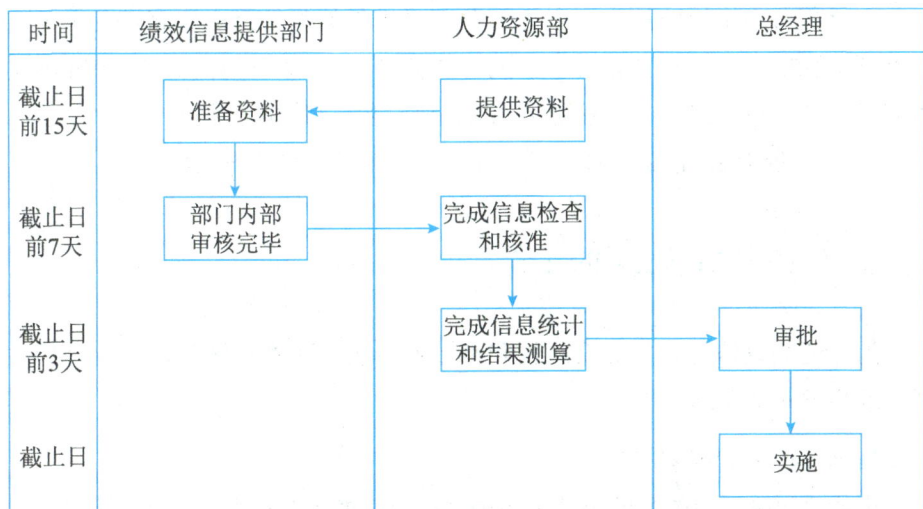

时间	绩效信息提供部门	人力资源部	总经理
截止日前15天	准备资料	提供资料	
截止日前7天	部门内部审核完毕	完成信息检查和核准	
截止日前3天		完成信息统计和结果测算	审批
截止日			实施

图 8-9　绩效信息收集的通用流程

绩效信息收集可以分成 3 步。

❶ 绩效结果实施截止日前 15 天的主要工作

人力资源部把需要收集的绩效信息资料的相关模板、格式、要求等发到绩效信息提供部门的具体负责人手中。

绩效信息提供人应当立即开始筹备绩效信息或数据的搜集、整理或加工处理等相关工作。需要其他部门配合的，绩效信息提供人还需要及时与其他部门沟通并获取信息。

❷ 绩效结果实施截止日前 7 天的主要工作

绩效信息提供人需要把所有信息搜集整理完毕，形成最终要提交人力资源部的结果。绩效信息提供人的直属领导和分管领导有审核绩效信息的责任，同样对绩效信息的真实准确性负责。

绩效信息提供人以及所在部门在对信息审核完毕后，将信息提交至人力资源部，由人力资源部进行信息的检查和核准。在这一步中，对一些重要岗位、敏感信息，或管理要求较高的企业，人力资源部可以请其他部门协助核准。

❸ 绩效结果实施截止日前 3 天的主要工作

经过人力资源部核准的信息和数据，人力资源部要做最终的整理和汇总，形成绩效管理规划、个人绩效承诺等事先规定好的模板测算绩效结果。

为避免人为错误的产生，人力资源部对结果的测算至少要有 2 名人员重复检查 2 次以上。为保证公正性，人力资源部可以邀请审计部、风控部等具备监督职能，并处在一定管理高度的相关部门参与绩效结果的测算过程。

测算后的结果，报总经理审批并在绩效结果截止日公布实施。

8.12.2 绩效信息收集的 4 个关键

为保证绩效信息收集的及时性和有效性，企业在进行绩效信息收集的时候，要注意 4 个关键。

❶ 明确口径和周期

企业要明确绩效信息的统计口径和绩效信息的采集周期。

绩效信息的统计口径是绩效信息或数据统计的具体内容、范围和要求。

人力资源部要规定哪些绩效信息需要收集，哪些绩效信息需要统计，收集过程中绩效信息的提供人需要如何处理和加工这些数据。

绩效信息的采集周期是绩效信息收集的周期。这里的周期，根据考核事项和管理需要的不同，可以分别以天、周、月、季度、半年、年为单位。比如，每周工作计划和工作落实表、月度工作总结、季度工作汇报等。

❷ 明确信息的载体

信息传递载体是绩效信息或数据传递给人力资源部需要用到的表格或系统。这里的表格通常需要人力资源部提前设计出统一的模板。某企业信息数据收集模板如表 8-11 所示。

表 8-11　绩效信息收集模板

数据名称	数据定义	数据 考核岗位	数据 提供部门	数据要求	数据结果

❸ 运用信息系统保障

信息系统是非常有效的管理工具，它不仅能够提高绩效信息传递的效率，而且能够降低管理成本。合理有效地运用信息系统可以保障绩效信息传递工作的有效实施，对于绩效信息的有效传递能达到事半功倍的效果。

❹ 明确各方责任

明确信息采集部门、信息统计部门和信息处理部门之间的权责关系。有的部门既是绩效信息的提供部门，也是被考核部门。这里需要注意，权责的落实最终不能只落实到部门，必须落实到具体的员工身上。

8.12.3　绩效信息保障的 3 个层面

企业要保障绩效信息收集到位，应当注意 3 个层面。

❶ 管理层面

HR 首先要审视，在设置组织机构时，有没有明确划分各部门对于绩效信息提供的权责。从组织机构和部门设置的层面来看，有没有影响部门履行绩效信息提供职责的问题，有没有促进部门职责履行的设计。

当企业已经明确规定出某个绩效信息数据应由某个部门在某个时间节点之前提供。下一步要明确，这件事的实施应由谁来负责管理；如果该部门没有提供数据应当怎么办，是否有相应的惩罚措施；如果这位管理人没有起到应有的作用，应当怎么办。

企业的最高管理层对此同样有相应的职责。当HR在各部门之间追寻绩效信息数据的上交时，企业最高管理层如果不闻不问，只是把这件事推给人力资源部，那么数据的收集一定会出问题。如果最高管理层能够起到一定的监督和督促的作用，绩效信息的收集会容易很多。

如果绩效信息收集的问题比较严重，人力资源部可以组织一次针对该问题的研讨会，请企业的最高管理层和各数据提供部门参加。会上，人力资源部把当前的问题真实、客观地提出来，让所有人参与讨论，形成一致认可的解决方法并付诸实施。

❷ **操作层面**

流程能保证制度有效实施，但是在设计流程时，要注意流程设计过程中的关键控制点和关键负责人。要规定谁对流程的实施进行管理，谁负责流程的运行，谁负责流程的监控，谁来实施流程异常的考核。

绩效信息或数据收集不到位，很多时候是因为部门之间沟通协调不到位。信息提供部门没有全局观念，是因为没有人告诉这个部门绩效管理的全貌，没有人告诉这个部门如果他们数据提供发生延误，会引发企业什么样的管理后果。

有时候人力资源部的勤勉，能够带来较好的效果。人力资源部在绩效信息和数据的收集过程中，不仅要履行收集的职责，还要起到督促的作用。对需要提醒的部门及时做出提醒，对需要帮助的部门及时提供帮助。

❸ **人员层面**

绩效信息提供部门的管理者和员工对绩效管理的理解和认识决定了他们将会如何对待绩效信息和数据提供这项工作。因此，人力资源部还要在企业各部门管理者和员工的意识层面上下功夫。

如果他们的认识到位，那么这项工作可能不需要人力资源部过多干预，他们能自觉做好；如果他们并不理解，认为这项工作是对他们原本职责的附加，是在占用或浪费他们的工作时间，那么这项工作将很难被有效地开展。

人们对事物的认识决定人们的思维，人们的思维决定了人们的行为。从这一点能够看出，在整个绩效管理的过程中，人力资源部对相关人员就绩效管理体系相关问题持续地宣导、教育和培训有多么重要。

8.13 如何解决"鞭打快牛"的绩效问题

典型问题： 有的能力较强的员工由于承担责任较重，负责事情较多，绩效扣分较多；反而是能力平平的员工，平时做执行工作，却能拿到绩效高分。每次绩效分数出来后，那些实际能力较强的员工反而得不到激励。这类问题如何解决？

类似问题： 什么是绩效管理的"鞭打快牛"现象；"鞭打快牛"现象产生的原因；如何解决员工多做多错、少做少错、不做不错的问题等。

8.13.1 "快牛"与"慢牛"产生的原因

有个寓言故事如下。

有一位农夫，他有一头水牛和一头黄牛。一天，农夫拉着两头牛耕田，他先给黄牛套上犁枷，但黄牛任凭他怎么吆喝就是不走，折腾了半天也没耕多少田。无奈之下，农夫换水牛来耕田，水牛比较自觉，也比较听话，不用农夫吆喝，就主动拉着犁往前走，但农夫还是不断地鞭打水牛。

水牛很是不解，就停下来问："主人，我已经尽心尽力地帮你拉犁了，你怎么还老是打我呢？"农夫说："因为黄牛不拉，只有你拉，我不打你，让你跑快些，什么时候才能犁完这些田啊？少废话，快走！"说罢又是一鞭。

多次挨鞭子的水牛想：自己跑得越快，犁的田越多，被鞭打的次数就越多，而黄牛却在旁边优哉游哉地吃草，真是不公平。于是，它最终挣脱犁枷跑了。

这个故事就是"鞭打快牛"的故事。"鞭打快牛"的悲剧故事在很多企业中每天都在上演，尤其是那种管理不到位的企业，这造成企业中的"快牛们"怨声载道，那些"慢牛们"却很潇洒。

有的企业特别重视处罚行为上的错误，而不重视鼓励行为上的贡献。也就是多劳的，因为做的工作多，就错得多，因为错得多，所以评价就低；而那些少劳的，因为做的工作少，就错得少，因为错得少，所以评价就很高。

在这些企业中，安于现状、守旧保守、不作为的人越来越多。大家都不敢放开手脚做事情，生怕事情出了一点错误，就得到企业的负面评价。

要防止企业中"鞭打快牛"的现象，需要扭转企业的人力资源管理和评价逻辑。首先，企业不要只看到"快牛"走得还不够快，要先看"慢牛"为什么总是那么慢？知道了"慢牛"慢的原因之后，企业可以先从"慢牛"入手，通过教育培训，改变他们的态度、提高他们的技能；通过绩效管理，约束他们的行为；通过流程、工具、环境、方法的转变，改善他们的作业环境，把他们变成"快牛"。

另外，企业要搞清楚"快牛"为什么快。"快牛"快的原因有可能是"快牛"所在的团队好，这让他有了一个非常好的工作环境。企业要了解"快牛"是个体优秀，还是因为集体优秀显得个体比较优秀。

搞清楚"快牛"为什么快之后，企业就能够更理性地看待"快牛"和"慢牛"的问题。

8.13.2 "快牛"与"慢牛"的目标合并

有时候，企业出现"鞭打快牛"的现象，是人性使然，很难避免。企业会很自然地把一只"快牛"和另一只更优秀的"快牛"相比，觉得那只比较慢的"快牛"太慢，却忘了还有一只"慢牛"，比那只比较慢的"快牛"还慢。

为了避免这种不假思索的惯性思维，企业可以给"快牛"和"慢牛"设置共同的目标，采取共同的评价标准，以他们共同的目标是否完成为实施奖惩的依据。

这时，可以用到绩效管理中的几个工具，关键事件法、行为锚定法和行为观察法。这些工具操作起来都有一个特点，就是给同类岗位规定出标准化的关键行为事件或任务结果指标。

不论某员工当前是"快牛"还是"慢牛",对于同一个岗位来说,这些关键行为事件和任务结果指标的要求都是一样的。企业通过日常的观察,分类出员工有效的行为或指标和无效的行为或指标。

另外,企业最好不要用扣分的方式。因为用扣分的方式,"快牛"的分数反而会被扣得比较多。企业应该用加分的方式,当员工出现企业希望看到的关键行为事件或任务结果指标的时候立即为其加分。对于因超出岗位正常要求的行为而出现的错误,企业要客观看待,或主动为员工的错误买单。

8.13.3　"快牛"与"慢牛"的正负激励

为了避免出现"鞭打快牛"的现象,企业可以给"快牛"更多的激励,给"慢牛"更多的鞭策。

企业如果发现了优秀的"快牛",要珍惜他,要给他更多的激励,给他更多的宽容。"快牛"应当获得更高的奖励,应该得到更好的培养。总之,企业有好的资源,可以尽量给"快牛",鼓励他变成"快快牛"。

管理领域有个"胡萝卜加大棒"的原理。奖励"快牛"就用"胡萝卜",鞭策"慢牛",就用"大棒"。对待那些真正的"慢牛",企业可以给他们压担子,这时千万不可以手软。

很多 HR 做人力资源管理的时候有个误区,就是把过多的资源、时间和精力放在"慢牛"身上,试图通过不断地在"慢牛"身上做文章,让他们变得更快。实际上,这种做法往往是不高效的。

管理领域有个"8020"原理,讲的是在一个组织中:大约有 20% 的精英,创造着 80% 的价值;其他 80% 的人,创造着 20% 的价值。也就是,"快牛"永远是少数人,"慢牛"永远是多数人。

当企业有一定资源的时候,如培训学习的机会、特殊的福利等,一定要把资源优先给"快牛",让他们继续为企业创造更多的价值,而不是把这些资源给慢牛,期望他们变得更优秀。

当 20% 的"快牛"创造的价值提升 10% 的时候,企业的价值会提升 8%（80%×10%）。

当 80% 的"慢牛"创造的价值提升 10% 的时候，企业的价值只会提升 2%（20%×10%）。

当资源有限的时候，激励原本就优秀的 20% 的"快牛"提升 10% 的价值往往比激励原本就不优秀的 80% 的慢牛提升 10% 的价值更容易。

8.14　民主投票和领导评价，哪种评价方式更好

典型问题： 在没有建立健全人才评价机制的企业中，人才评价成了企业的一大难题。针对这个难题，有人认为应当采取民主投票的方式解决，有人认为应当采取领导评价的方式解决。可两种方式各有利弊，究竟哪种评价方式更好？

类似问题： 民主投票就等于民主吗；领导评价就不民主吗；选择人才评价方式主要应当考虑哪些要素等。

8.14.1　民主投票≠民主

民主投票是企业中一种很常见的让民意参与决策的方式，这种方式会给人一种民主、公平的感觉，但是这种民主对企业来说真的好吗？这种方式真的公正吗？毕竟大众掌握的信息有限，大家都是凭感觉投票，结果可信吗？

领导评价虽然看起来很不民主，很不公平，而且似乎凭感觉的成分更大，但领导毕竟掌握很多员工不知道的顶层信息，而且决策的时候也会做一些全局考虑。虽然决策无法做到让每个人都满意，但也不能说这种方式不好。

"民主投票"这个词其实是有问题的，民主和投票是两个概念。民主是一种状态，投票是一种方式。企业通过投票的方式，并不一定能实现民主的状态。民主是一个公平正义的代名词，但投票的结果却不一定是公平正义的。

在做出一些重大决定的时候，如拆迁，会要求全体同意或绝大多数人员同意，而绝不仅仅是简单的多数人同意就可以通过。在这种情况下，如果出现 51：49，51% 的人员是赢不了的，是不能就此做出支持 51% 人员的决策的，

这也是一种民主。

很多企业里组织的民主投票会出现没有标准的现象，省去了管理者不少的麻烦，让管理者不用承担从个人角度评价员工的责任，管理者躲在了集体意见的后面，让投票的结果替自己说话。

在民主投票的方式下，落选者似乎也只能乖乖接受，很难去投诉不公平，也就消灭了很多的不稳定风险。实际上，投票的结果与事实往往是存在出入的。投票是一种实施民主的方式，但不一定能达到民主的目的。

8.14.2 领导评价也可以民主

假如有两个议题：第一个议题是，地球是否应该绕着太阳转；第二个议题是，明天晚上应该吃什么。关于这两个议题，假如现在有一个小组，做决定的时候应该用民主投票的方法，还是用小组领导评价的方法呢？

显而易见，第一个议题"地球是否应该绕着太阳转"是一种客观的自然现象，这个问题的结论根本不会以小组的意见为转移。第二个议题"明天晚上应该吃什么"是没有正确答案的，不论结论如何，都可能会有一部分人同意，有一部分人反对。人才评价就属于这类议题。

对于这类议题，企业需要一个答案，而民主投票和领导评价都是方法之一。可是对于不论怎么决策都不可能绝对正确的议题，真让有些领导来做决策的时候，很多领导是不敢做决策的。于是在企业中经常能够看到领导把决策权推给民主投票。

在 500 强企业中，对人才的评价却主要来自上级领导的评价。为什么呢？因为上级领导与其他员工相比拥有信息优势，对人才所在岗位的具体要求有更宏观的视野，对人才的评价效率更高。

然而上级领导的评价难免会有个别徇私舞弊的情况，这时怎么办呢？在500 强企业中，这类问题是通过强化绩效申诉的方式来解决的。通常的做法是员工可以随时发起绩效申诉，由绩效申诉小组核查情况。在有些企业中，员工的绩效申诉被驳回后，员工还可以再向更高层的绩效管理团队提起绩效申诉。

8.14.3 效率优先与成本优先

公平是一种比较主观的感觉，每个人的理解都不一样。如果非要给公平找一个大多数人认可的概念，那可能是一视同仁或者数量上的平均主义。公正和公平不同，它带有明显的"价值取向"，有统一的标准。按照这个标准，可能每个人得到的结果在数量上是不平均的，也就是不符合公平的定义，但给人的感觉反而是公平的。

企业要实现民主公正，投不投票并不关键，效益和效率的最大化是需要考虑的重要因素。

如果一个企业里的每一件事都要经过投票，那这个企业一定是世界上运行效率最低的企业之一。

关于人才评价，民主投票和领导评价哪种方法更好？答案不是非黑即白的，不是选了 A 就不能选 B 的。不论用哪种评价方法，都应当保证效率优先和成本优先。不能为了民主失去效率，不能为了追求绝对公平，过分增加管理成本。

比较好的做法是人选标准，标准选人。人们在选标准的时候更有可能不计私利，人们在用标准选人的时候也更有可能不偏不倚。可以采取民主投票，但投的是标准，而不是人；也可以采取领导评价，但领导评价的不是人才评价结果，而是关于投票的范围。

8.15 如何对没有绩效指标的岗位实施客观评价

典型问题： 企业中有很多岗位的职责难以量化考核，HR 难以对这类岗位设定量化的绩效指标，如何客观地对这类岗位实施绩效评价？

类似问题： 绩效评价都有哪些方法；如何通过员工的行为或事件评价员工；通过事件评价员工时要注意什么等。

8.15.1   难量化职责的评价方法

绩效评价常用的方法包括关键事件法、行为锚定法、行为观察法、加权选择法、强制排序法、强制分布法等。其中，关键事件法比较适合用来评估岗位职责比较难以量化，但是工作的流程和工作的行为标准相对比较容易明确的岗位。

关键事件法以事实为依据，管理者在进行绩效评价的时候不仅注重对行为本身的评价，还要考虑行为所处的情境。这种绩效评价方法评价的内容通常是员工的特定行为，而不是他们的个性、态度或者品质。

关键事件法可以用来为员工提供明确的信息，让他们知道自己在哪方面做得比较好，在哪方面还有进步的空间。通过这种方法，HR 不仅能获得一个岗位的静态情况，也能够获得这个岗位的动态情况。

关键事件法需要确定员工为了完成工作职责需要做出的相关行为，并且记录那些最重要、最关键的行为并评判结果。当然，这里的行为有时候是积极的、企业想看到的，有时候是消极的、企业不想看到的。

关键事件法一般是在目标岗位的上级收集下属履行职责过程中的一系列行为时应用。上级通过对这些行为中最成功、最有效的事件和最失败、最无效的事件进行分析和评价，在和下属进行面谈讨论后，改进下属的绩效。

关键事件描述的内容包括以下情况。

（1）事件发生的背景或原因。

（2）员工有效的行为。

（3）员工无效的行为。

（4）员工关键行为的结果。

（5）员工能否控制行为结果。

在上级和下属能够总结和运用这些信息之后，人力资源部可以汇总各岗位的关键事件情况分析记录，进行分类、总结出不同岗位的关键行为和关键行为的具体要求。

8.15.2　关键事件法设计步骤

企业设计和实施关键事件法的过程可以分成 4 步。

❶ **识别关键事件**

运用关键事件法进行绩效评价时,最重要的工作是对关键事件的识别。如果关键事件识别存在偏差,将会对后续的一系列评价工作产生误导。

识别关键事件,对应用者有比较高的专业要求,应用者如果对岗位了解不深或者经验较浅,很难在短时间内识别出岗位的关键事件。

为了有效识别关键事件,企业可以成立专业小组,具体包括以下步骤。

(1)成立岗位分析小组,小组成员中包含对岗位有一定了解的专业人员。

(2)分析小组中包含懂得关键事件法运作原理并有操作经验的人员。

(3)分析过程中组员充分互动、沟通和讨论,要兼听,不要盲目听从片面之言。

企业也可以利用其他的分析方法,如可以利用岗位的工作日志或周报提取资料、个别访谈、调查问卷等方法。

❷ **记录信息资料**

识别关键事件时,分析人员需要观察和记录的关键信息和资料的内容至少包括以下几点。

(1)关键事件发生的前提条件。

(2)关键事件发生的背景和过程。

(3)关键事件发生的直接或间接原因。

(4)关键事件的具体行为表现。

(5)关键事件发生之后的结果。

(6)员工控制和把握关键事件的能力。

❸ **归纳总结特征**

汇总关键事件分析和设计过程中的所有资料后,分析小组归纳和总结出这个岗位的主要特征、具体的行为控制要求和需要的具体行为表现。

❹ **形成规范应用**

企业可以根据归纳总结的各岗位的关键事件情况,在企业内相关岗位推行关键事件评价方法,可以要求部门按考核期形成部门关键事件评估结果表,模板如表 8-12 所示。

表 8-12　部门关键事件评估结果表

部门	姓名	关键事件描述					打分	评估日期	评估人签字
		情景	目标	行动	结果	其他补充			

人力资源部可以利用关键事件法的应用和设计原理，在本企业中进行更加灵活的应用。比如，有的企业要求部门管理者在月度、季度或年度的报告中统一指出自身或团队成员绩效较优的行为或较差的行为；有的企业是把关键事件评价方法和量化的绩效评价方法相结合。

8.15.3　关键事件法应用案例

美国通用汽车公司（General Motors Corporation，GM）在 1955 年开始运用关键事件法对员工的绩效进行评价。在实施关键事件法之前，GM 首先成立了一个绩效评价委员会，负责领导和实施绩效评价工作。

绩效评价委员会经过对企业各岗位的分析和调研，制定出针对不同岗位的评价项，包括身体条件、身体协调性、算数运算能力、了解和维护机械设备能力、生产率、与他人相处的能力、协作性、工作积极性、理解力等，并要求生产一线的管理人员对下属的关键事件进行描述。

描述的要求包括以下几点。

1. 事件发生的背景。

2. 事件发生时的环境。

3. 行为有效性或无效性。

4. 事实后果受个人控制的程度。

比如，GM 有一位管理人员对他的一位下属在协作性方面的记录如表 8-13 所示。

表 8-13　GM 关键事件记录样例

日期	姓名	有效行为	无效行为
某年月	约翰	虽然今天并没有轮到约翰值班，但他还是主动留下来加班到深夜，协助其他同事完成了一份计划书，以便公司第二天能够顺利与客户签订合同	公司总经理今天来视察，约翰为了表现自己，当众指出了杰克和麦克的错误，导致同事之间关系紧张

GM 使用关键事件评价方法，获得了良好的效果。各岗位员工的有效行为越来越多，无效行为越来越少，企业的管理效益快速提升。

当时 GM 绩效评价委员会的主任，也是人力资源部的负责人说："大多数员工并不愿意做错事，如果管理者能不厌其烦地指出员工的不足之处，他们会设法纠正自己的行为。"

关键事件法的结构化评估样表如表 8-14 所示。

表 8-14　关键事件法结构化评估样表

姓名	员工编号	部门名称	岗位名称
员工的有效行为			
员工的无效行为			
管理者为改变员工的无效行为都采取了哪些措施？			
该岗位的说明书是否有需要修改的部分？建议如何修改？为什么？			
考评者（直属上级）评语			
签字：　　日期：			

续表

姓名	员工编号	部门名称	岗位名称
被考评者自述（可以包括结果申诉，也可以解释有异议之处）			
签字： 日期：			
双方面谈纪要（包括双方协商一致的部分和未统一的部分）			
签字： 日期：			

这种结构化的表格，能够让管理者根据各项要求，以文字的形式记录员工的行为，做到有理可依、有据可查。格式化之后，便于管理者参与，使采取关键事件法进行绩效评价变得相对简单，聚焦性、准确性也有所提升。

8.16 发生绩效申诉，如何判断是非

典型问题： 绩效评价结果有时难免会引起一些员工的不满，有些员工会发起绩效申诉。当 HR 收到绩效申诉时，如何判断是非对错？

类似问题： 面对员工的绩效申诉，HR 应当如何求证事实；绩效申诉有哪些处理方式；HR 在建设绩效申诉体系时，要注意什么等。

8.16.1 绩效申诉的多个求证方向

绩效管理中的申诉渠道是员工表达对绩效管理的意见的重要方式。一个健康的企业，员工有绩效申诉是正常现象。如果完全没有绩效申诉，很可能是员工有意见却无处表达，这反而不能暴露出企业绩效管理中存在的问题。

HR 在进行绩效申诉调查的时候，应当从多个方向求证绩效申诉的真实性。绩效申诉的求证方向如图 8-10 所示。

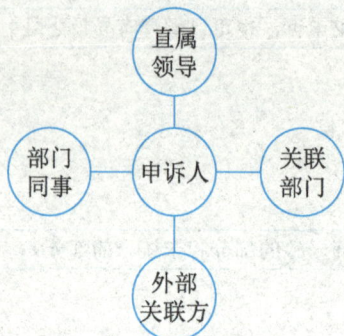

图 8-10　绩效申诉的求证方向

绩效申诉的调查渠道，不限于对申诉人与其直属领导做调查，还可以向申诉人的部门同事了解情况，或者向其他关联部门了解情况，必要的时候，甚至可以把调查范围拓展到供应商、经销商或客户等外部关联方。

举例 ❓

我以前所在公司的销售部门业务员小张在一次绩效结果出来以后，到人力资源部做绩效申诉，说销售部门的管理者孙经理对他的主观评价中的某一项的分数过低。这项绩效指标定义为客户对业务员的评价情况。

根据小张的描述，孙经理没有了解过客户的情况，仅凭个人对员工的主观感觉进行评分。小张因为某次事件得罪了孙经理，认为孙经理的评分是有意针对自己的。

在接到这个绩效申诉后，我们对整个销售部门的绩效评价展开调查，分别约谈了这个部门的所有员工和管理者孙经理。为了进一步验证小张描述的该项绩效指标评价的公正性，我们还通过电话访谈的形式与一部分客户进行了交流，最终得出事实依据。

小张的客户对小张的评价普遍较好，而且据了解，小张确实是一个比较优秀的销售人员，孙经理给小张打低分，应属孙经理和小张的个人恩怨。后来因为这件事，我们公司撤销了孙经理的职务。我们也借助这个事件，整顿了销售部门内部的工作风气。

8.16.2　绩效申诉的多种处理方式

绩效申诉不仅有为员工"伸张正义"的作用，还有稳定员工情绪的作用。HR 在处理员工的绩效申诉时，可以采取多种处理方式。有时候，即便企业做出再多努力，绩效评价结果中也难免会有一定的主观分数。而且在很多情况下，企业没有必要刻意去避免这种主观评价分数的出现。

有时候员工只是因为管理者针对自己的主观评分比较低而情绪失控。其实在这种情况下，员工进行绩效申诉的目的并不一定是真的需要一个明确的说法，而只是情绪上比较难过，想借绩效申诉渠道发泄情绪。

当 HR 经过调查之后，发现管理者的主观评价存在一定的公正性，绩效申诉人的理由并不充分。这时 HR 要做的，是对绩效申诉人做思想开导，向其说明情况，告知其事实，征求其理解。

有的绩效申诉在企业高层领导研究后，支持了管理者的评分结果，驳回了员工的申诉，就已经代表了企业的态度。在企业高层做出决策之前，HR 可以大胆假设、小心求证。但企业高层一旦做出了决策，HR 应当支持企业高层的决策，直接把工作重点放在对员工做思想开导上。

HR 要劝员工正视绩效评价的结果，正视自己的问题。虽然作为管理者，可能在管理的方式方法上存在一些问题，但对员工的评价要是公正的。员工更应该放下情绪，关注自身是否存在问题。如果员工自己把工作做好，自然能收到好的绩效评价结果。

8.16.3　建立绩效申诉体系的 4 点注意

企业建立绩效申诉体系是有一定难度的，因为员工的绩效申诉大部分来源于自己的直属上级。大多数情况下，员工害怕得罪领导，造成自己未来不容易开展工作，所以不会轻易采取申诉。但私底下，可能产生许多牢骚，长期下去，并不利于企业文化氛围的建设。

企业在建设绩效申诉渠道时，要思考并解决员工不敢申诉、不愿申诉或不能申诉的问题，在企业中树立绩效管理和绩效考核的公信力。企业要建立绩效申诉体系，要注意 4 点，如图 8-11 所示。

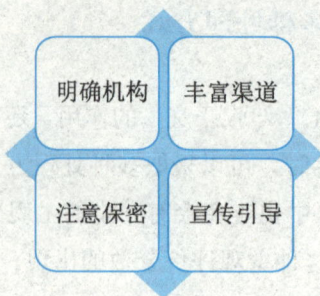

图 8-11 建立绩效申诉体系的 4 点注意

❶ 明确机构

建立绩效申诉体系的第一步是明确企业内部绩效申诉的对口管理机构和相关权责。一般来说，人力资源部是绩效申诉事件的受理和调查机构。绩效管理委员会下设的绩效管理小组可以作为绩效申诉的裁决机构。

❷ 丰富渠道

企业应当设立方便快捷的绩效申诉渠道，让员工有绩效管理的相关问题时，愿意说出来。绩效申诉的渠道应该多种多样，不要拘泥于一种，如邮箱、社交软件、内网平台、员工意见箱或直接到人力资源部诉说等任何能方便员工传递信息的渠道都可以作为绩效申诉的渠道。

❸ 注意保密

人力资源部在接受绩效申诉的时候，对绩效申诉人以及绩效申诉事件要严格保密。对于匿名的绩效申诉，人力资源部要尊重申诉人的隐私，应当把工作重点放在查实事实上，不需要过分调查申诉人具体是谁。人力资源部在绩效申诉事件调查的过程中也要采取保密的原则，不要泄露所调查的具体事件。

❹ 宣传引导

企业在建立绩效申诉体系时，要在内部给员工正确的宣传引导。企业的最高管理层要对其他管理层宣导维护自身权益是员工具有的权利，员工维护自身权益是一件很正常的事，管理层要以平常心对待。

8.17 如何进行绩效问题的诊断与改进

典型问题： 当发现绩效问题之后，如何进行绩效问题诊断，并改进绩效？

类似问题： 绩效问题可以从哪些方向进行诊断；绩效问题诊断的步骤是什么；诊断和改进绩效问题时应注意什么等。

8.17.1 绩效诊断工具

绩效诊断是通过各种方法，查找、分析和发现引起各类绩效问题的原因的过程。企业通过绩效诊断，能够快速聚焦绩效问题的源头，从而形成有目的、有针对性的行动方案，更精准、快速地提升绩效水平。比较简单有效的绩效诊断工具是吉尔伯特行为工程模型。

行为学家托马斯·吉尔伯特（Thomas F. Gilbert）曾研究影响企业绩效水平的因素。在调研了 300 多个企业以后，形成了一系列的调研报告和著作。

其中，在《人的能力》（*Human Competence: Engineering Worthy Perfor mance*）一书中，吉尔伯特提出了这个非常有价值的行为工程模型工具。企业通过这个工具，可以更有针对性地进行绩效诊断，更有效地设置行动计划及其优先级。

吉尔伯特行为工程模型把影响企业绩效的因素分成两大类：一类是环境因素，另一类是个体因素。环境因素主要来源于企业的内部或外部，个体因素来源于员工个人。环境因素和个体因素又分别可以分成 3 类小的因素，所以，影响绩效的因素一共可以分为两个大类、6 个小类，它们的分类及比例关系如表 8-15 所示。

表 8-15 吉尔伯特行为工程模型中影响绩效的因素的分类及比例关系

环境因素	分类	信息	资源	奖励或后续结果
	影响	35%	26%	14%
个体因素	分类	知识与技能	素质	动机
	影响	11%	8%	6%

在这 6 个小类中，不同的因素的影响占比不同

影响占比排第一的因素叫"信息"，含义是绩效信息的通畅性，包括明确清晰的工作行为标准和绩效目标、与此对应的明确及时的绩效反馈，以及能及时获取所需信息的畅通渠道。

影响占比排第二的因素叫"资源"，含义是员工能够获取的资源条件，包括工具、系统、适当的流程、易于查阅的参考手册、充足的时间、专家或专家体系，以及充足的、安全的附属设施。

影响占比排第三的因素叫"奖励或后续结果"，可以分为经济性和非经济性的，包括有形的奖励和无形的奖励，如对员工的认可、员工可以获得的晋升或处罚。它不是针对某个人的，而是针对企业中所有人的。

影响占比排第四的因素叫"知识与技能"，含义是员工能够通过各种职业技能培训获取的、能够让自己胜任本职工作的知识和技能。

影响占比排第五的因素叫"素质"，包括员工的个人特点、性格特质、行为偏向、生理特质、心理或情绪特质，以及由生活状况、生活方式、生活环境等因素造成的个人认知和习惯上的局限性。

影响占比排第六的因素叫"动机"，包括员工在某方面的价值认知、员工把工作做好的信心、员工的情绪偏向，以及员工其他能够被环境、文化、氛围等因素引发的主观情绪和能动性的变化。

8.17.2　绩效改进步骤

吉尔伯特行为工程模型可以作为指导，启发绩效管理人员通过提出问题、诊断、发现和改进企业当前存在的绩效问题。利用吉尔伯特行为工程模型解决问题的思路是要寻找亮点，找到把绩效工作做得更好的最佳实践，然后把最佳实践复制到相关领域。

运用吉尔伯特行为工程模型做绩效诊断和改进的步骤可以分成 5 步，如图 8-12 所示。

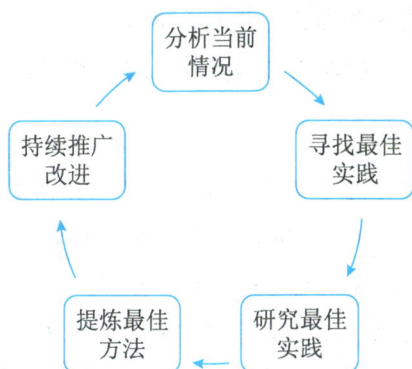

图 8-12　运用吉尔伯特行为工程模型进行绩效诊断和改进的步骤

❶ 分析当前情况

对当前企业存在的问题做详细的分析，而不是盲目地采取行动。

❷ 寻找最佳实践

找到在这个领域中做得最好的那个人或案例，也就是该领域中绩效结果较好的情况。

❸ 研究最佳实践

研究这个人或案例为什么做得好，采取了什么方法，或者秘诀是什么。

❹ 提炼最佳方法

把最佳实践中运用的工作方法和秘诀提炼出来，变成其他人能够学得会的工具或模板，并开始推广。

❺ 持续推广改进

对最佳实践进行广泛推广，对过程中遇到的问题进行不断修正，以达到最终目标。

这套绩效诊断的方法可以适用于任何企业、任何行业、任何绩效问题。

8.17.3　绩效改进案例

研究吉尔伯特行为工程模型，可以得出一个结论——对绩效影响最大的是环境因素，影响占比为 75%，而个体因素的影响占比仅为 25%。

但是大多数企业平常最常做的、最习惯做的，是为了改善被考核人的绩效，坚持不懈地想办法诊断和改变员工个体，而不是从环境层面，或者说从信息、资源、奖励或后续结果这些组织、流程、规范等层面去诊断和发现问题。实际上，改变环境往往对企业来说成本更低，效果也更好。

案例 ❓

我所在的公司招聘压力非常大，公司要在一个新的区域发展，总部派了3名招聘专员过去协助当地的人事专员进行招聘工作，但招聘效果很差。这3个人进行了3个多月的招聘，招聘满足率只有30%。

在绩效分析的时候，这3位招聘专员都表示，在这个新区域招聘效果比较差的主要原因是企业对当地劳动者来说没有品牌知名度，大部分劳动者没有听说过这个企业。在劳动者有就业需求的时候，他们会选择该区域的一些知名企业。

这时，公司新聘请了一位招聘经理。我想测试一下他的能力，就把他派到了那个新区域，让他协助当地的人事专员继续开展人才招聘工作。由于其他的新区域还有招聘任务，公司把派去那个区域的3名招聘专员撤出来调配到其他的新区域了。

没想到的是，这位招聘经理到了那个区域以后，只用了一个月的时间，招聘满足率就达到了90%。我很震惊，就要求这位招聘经理回总部进行交流，让他讲讲是怎么实施的招聘任务。这一步就是发现最佳实践。

这位经理从招聘渠道、招聘方法和面试技巧3个方面讲了很多方法。我觉得这套方法非常值得推广。这一步，就是提炼最佳方法。

我要求这位招聘经理把这些方法做成课程，第二天上午给其他招聘专员培训，让他们学习这些方法。这一步，就是持续推广改进。

这位招聘经理的培训，效果非常好，公司整体的招聘满足率都有所提升。而且通过他的分享，公司也总结出了一套在扩张新区域时使用的招聘流程和方法。这套流程和方法帮助公司在之后的人才招聘工作中取得了优秀的成绩。

8.18　如何分析绩效问题背后的根本原因

典型问题： 企业发现绩效问题时，如何根据当前的绩效问题分析其产生的原因，并从源头上防止绩效问题再次出现？

类似问题： 什么工具比较适合做绩效问题分析；绩效问题分析的步骤是什么；绩效问题分析时应当注意什么等。

8.18.1　绩效问题分析工具

绩效问题分析是绩效改进的前提，是企业根据当前表现出来的绩效问题，找到绩效差距、深入探索，发现根本原因的过程。比较常用的绩效分析方法是鱼骨图法。企业在进行绩效问题分析的时候需要注意，绩效问题分析的目的是解决问题，不要为了分析而分析。

鱼骨图法最早是在 20 世纪 50 年代初由日本著名的质量管理专家石川馨教授发明的，它可以用来分析问题和原因之间的关系。运用鱼骨图法分析绩效问题，有助于各方对绩效问题达成共识，揭示问题的潜在原因，明确问题的根本原因。

采用鱼骨图法分析绩效问题的维度可以分成 2 类。

❶ 生产制造类问题

生产制造类的相关问题通常可以分成人员、机械设备、材料、方法、环境、测量 6 个相关因素，如图 8-13 所示。

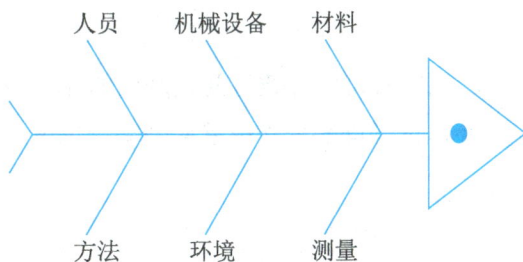

图 8-13　生产制造类问题因素类别

❷ 管理服务类问题

管理服务类的相关问题通常可以分成人员、程序、政策、地点 4 个相关因素，如图 8-14 所示。

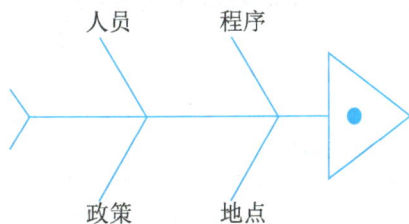

图 8-14　管理服务类问题因素类别

8.18.2　绩效问题分析步骤

运用鱼骨图法进行绩效问题分析的时候，过程中最好由多人参与。在绘制鱼骨图的时候，通常可以采用头脑风暴法，把参与者的意见和想法全部收集起来，并通过鱼骨图将其展示出来，具体步骤如图 8-15 所示。

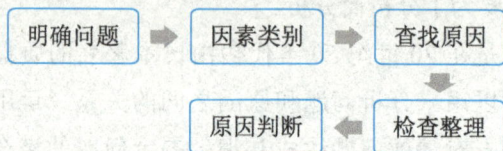

明确问题 ➡ 因素类别 ➡ 查找原因 ⬇ 原因判断 ⬅ 检查整理

图 8-15　运用鱼骨图法进行绩效问题分析的步骤

❶ 明确问题

简明扼要地把待解决的绩效问题填入鱼骨图的"鱼头"中。

❷ 因素类别

根据需要解决的问题，列出影响该问题的因素类别。

❸ 查找原因

利用头脑风暴法，把所有可能导致该问题产生的原因按照其不同的分类填入各分支。根据需要，也可以在分支中继续分支，也就是进一步探讨和分析更深层次的原因。

❹ 检查整理

对得出的鱼骨图进行进一步的检查和整理，对比较含糊的内容进行补充，对存在重复的内容进行合并。

❺ 原因判断

进一步进行小组讨论，对原因进行充分的比较和探讨，对引起问题的可能性最大的几个原因进行进一步的数据收集和整理，作为下一步问题分析和改进的重点内容。

8.18.3　绩效问题分析案例

绩效问题分析的案例如下。

案例 ❓

　　某生产制造公司近期连续收到 3 起因为某产品质量问题引起的顾客投诉，经过调查发现，核心问题是该产品的质量很不稳定。针对如何解决此问题，该公司人力资源部协同生产技术部门组成小组，以鱼骨图法为工具，进行了产品质量不稳定问题的梳理。

　　因为是生产制造类问题，该公司从人员、机械设备、材料、方法、环境、测量 6 个因素出发，利用头脑风暴法，对可能引发该问题的原因进行梳理，经过检查和整理，得出鱼骨图，如图 8-16 所示。

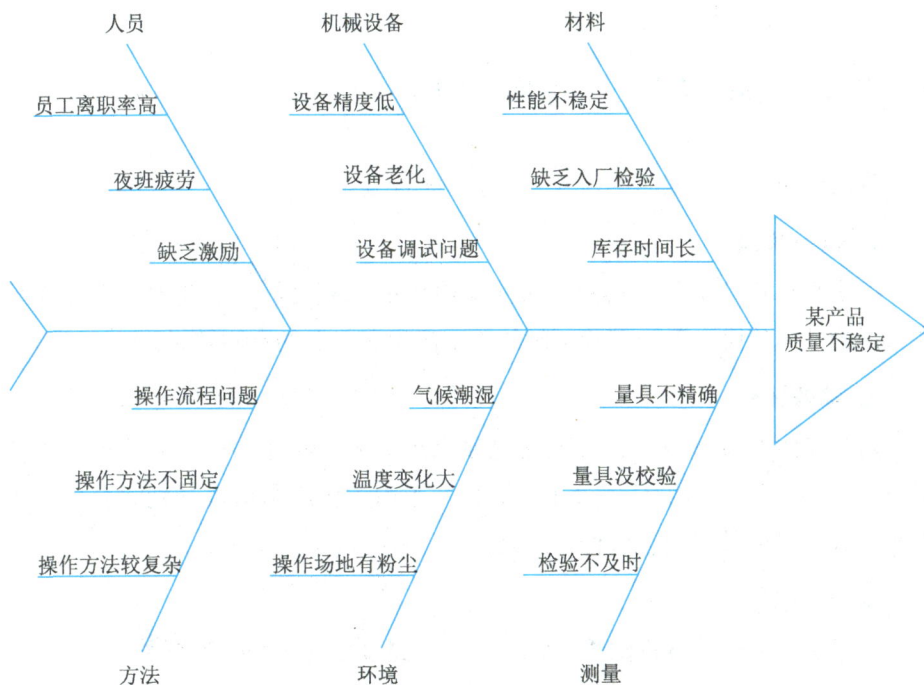

图 8-16　某公司某产品质量不稳定鱼骨图

　　小组经过进一步的讨论，认为所有这些可能的原因中，最可能导致该产品质量不稳定的原因有以下 3 点。

　　1. 操作方法不固定且较复杂。

　　2. 操作场地有粉尘且气候潮湿、温度变化大。

　　3. 原材料性能不稳定，缺乏入厂检验。

　　针对这 3 点原因，该小组决定进一步收集资料并查找问题。

8.19　用强制分布法时，如何将负面效应降到最低

典型问题：很多企业做绩效评价的时候，会采取强制分布法。然而实施强制分布法之后，却发现一些排名靠后的员工产生诸多负面情绪，并由此给企业带来很多负面效应。如何正确地实施强制分布法，把负面效应降到最低？

类似问题：强制分布法实施的标准步骤是什么；实施强制分布法有哪些常见问题；企业在实施强制分布法时，要注意什么等。

8.19.1　强制分布法的 4 个实施步骤

强制分布法的实施，可以分成以下 4 个步骤。

❶ 区分等级

确定企业期望的划分等级和每个等级中的人数比例。需要确定不同等级所对应的不同奖励，各个等级之间的差别应当有一定的激励效果。

❷ 绩效评分

对员工进行绩效评分。如果是直属上级或某个特定的评价人评价，则可以直接得出结果；如果是评价小组评价，则由评价小组成员分别评分后，计算平均分，得出员工的绩效评价结果。

❸ 等级划分

根据员工的绩效评价结果，将员工划分到事先划分好的等级中。

❹ 开展实施

依据事先确定的规则，参照员工最终的等级划分结果，实施并兑现相关激励政策。

举例 ❓

某公司采用强制分布法评判公司内所有员工的年度绩效。公司管理层讨论后，决定把全公司所有员工分成 ABCDE 共 5 个等级，每个等级对应的人数占比如表 8-16 所示。

表 8-16　某公司绩效分布等级和人数占比

绩效分布等级	A	B	C	D	E
人数占比	10%	20%	30%	30%	10%

年度绩效等级评定为 A 的员工第二年薪酬将提升 20%；

年度绩效等级评定为 B 的员工第二年薪酬将提升 15%；

年度绩效等级评定为 C 的员工第二年薪酬将提升 10%；

年度绩效等级评定为 D 的员工第二年薪酬将提升 5%；

年度绩效等级评定为 E 的员工第二年薪酬不变。

该公司按照大部门评价绩效和划分人员等级，要求每个大部门的人员同样按照该比例划分。大部门内，人员绩效评定工作由部门负责人负责组织，由人力资源部负责监督和协助部门负责人实施。

某部门共有 10 名员工，该部门负责人为了体现公正性，成立了评价小组，从工作态度、工作能力和工作绩效 3 个维度，对部门内的成员进行评价，评分表如表 8-17 所示。

表 8-17　某公司某部门绩效评价评分表

部门	姓名	工作态度（权重 30%）	工作能力（权重 30%）	工作绩效（权重 40%）	得分

汇总各评价小组成员的平均评分结果后，得到部门所有员工的绩效评价结果，并根据评价结果，参照等级划分比例，划分出不同员工所属的绩效等级，如表 8-18 所示。

表 8-18　某公司某部门绩效评价结果和等级划分

姓名	绩效评价结果	所属绩效等级
张晓萌	82	C
李舒淇	87	B
王海燕	83	C
徐峰	89	A
王磊	75	D
张强	72	E
李艳	81	C

姓名	绩效评价结果	所属绩效等级
刘乐乐	78	D
徐晓梅	76	D
王晓明	86	B

该部门负责人将该结果提交至人力资源部。人力资源部汇总全公司的绩效评价结果后，第二年薪酬提升按照此结果实施。

8.19.2 强制分布法的 3 个常见问题

随着杰克·韦尔奇在美国通用电气公司（General Electric Company，GE）推行强制分布法的成功，这种方法得到了国内越来越多企业的认可和青睐。许多公司采用这种方法后同样取得了较好的成效，但是也有一些公司使用这种方法后收获了失败的苦果。

举例 ❓

某公司决定采取强制分布法评价员工的绩效。该公司的方案是根据员工绩效考核分数，把员工分成 4 类，各类别和占比如表 8-19 所示。

表 8-19　某公司强制分布法员工分级样表

绩效类别	A	B	C	D
人数占比	20%	30%	40%	10%

考核结果为 A 的员工，工资提升 15%，享受的效益奖金是 C 类员工的 3 倍；考核结果为 B 的员工，工资提升 5%，享受的效益奖金是 C 类员工的 2 倍；考核结果为 C 的员工，工资不变，享受效益奖金；考核结果为 D 的员工，工资不变，且无任何奖金奖励。连续两次考核结果为 D 的员工，将会被淘汰。

然而，这个方案实施之后，却出现了一系列问题。

1. 团队氛围问题。

被分在 B、C、D 类的员工对被分在 A 类的员工不满。尤其是被分在 B 类的员工，有的人可能和 A 类员工分数差别不大，但是得到的工资提升和奖励差别很大。这造成 B、C、D 3 类员工士气下降，工作变得消极，将工作都推给被分在 A 类的员工做。被分在 A 类的员工虽然工资和奖金高，但感到在团队中受到了排挤，也因此士气低落。

2. 结果公正问题。

公司的人力资源部、办公室、财务部等部门由于员工的人数较少，就采取了打包考核的方法。把这些部门的员工放在一起，根据绩效考核分数进行排序。然而，有的部门管理者为了让自己部门的员工排名靠前，就想方设法提高本部门员工的绩效考核分数。

公正的部门管理者所在部门的员工反而分数较低，被分到了 B 类和 C 类。这造成公正的部门管理者反而受到员工的埋怨，有的管理者甚至为此选择了辞职。渐渐地，管理者和员工之间的关系变得复杂起来，公司内部出现了一种"考核氛围"。

3. 应用实施问题。

考核结果出来后难以服众，造成难以按照考核结果实施薪酬调整。不少公认的好员工由于种种原因被分到 B 类或 C 类；而一些公认表现和成绩平平的员工，却不知为何被分到 A 类。公司总经理看到这种结果后，没有按照这样的结果实施薪酬调整，这导致员工认为公司总经理言而无信。

另外，公司个别岗位员工虽然连续两次被分为 D 类，但是由于其所属岗位专业性较强，是公司的核心岗位，而且这类人才难以从外部获取，所以公司实际上并没有淘汰他们。这类岗位的有些员工因为一次被分为 D 类，主动辞职，跳槽到别的企业，工资反而提高了不少。

在该公司实施强制分布法后，A 类员工对总经理有意见，B 类员工不服气，C 类员工推卸责任，一部分 D 类员工公司还要费尽心力挽留。原本氛围融洽的公司，却在实施这种方法后变得有些混乱。

8.19.3　强制分布法的 3 个注意事项

实施强制分布法的过程中会出现各种问题，最主要的原因是操作方法不当。企业要避免实施强制分布法时出现问题，有 3 个注意事项。

❶ 认识方面

强制分布法是对员工的评价分类方法，并不能代替绩效管理。绩效管理的质量好坏决定了强制分布法能否有效地实施。如果前端的绩效管理质量有问题，盲目实施后端的强制分布法，往往就会出现问题。

❷ 支持方面

由于强制分布法对应着不同类别人员的奖励，没有实施过这种方法、对这种方法理解不深的企业运用这种方法时要特别小心。完善的绩效管理体系中，客观公正的人才评价、绩效结果的合理反馈、员工的沟通与辅导等工作对实施强制分布法的支持作用至关重要。

❸ 实施方面

在实施强制分布法之前，要做好充分的调研工作。选取的人才分类和比例要具有一定的依据和科学性，不能凭感觉划分比例。在实际实施的过程中，可以存在一定的灵活调整空间。对于一些特殊岗位或不适合采取强制分布法的部门或岗位，可以选择其他绩效评价分类方法。

8.20　如何有价值地应用绩效结果

典型问题：绩效结果不是只能用来作为确定薪酬和奖金的依据，企业可以将员工的绩效结果应用在哪些方面？

类似问题：有哪些重要但容易被忽略的绩效结果应用领域；绩效结果在组织层面有哪些应用；绩效结果在员工层面有哪些应用等。

8.20.1　绩效结果在绩效沟通中的应用

绩效结果应用的第一个领域是提供上下级之间就绩效结果进行沟通的机会，有助于改进工作绩效。在绩效管理的过程中，管理者的角色不应该是评判员工绩效结果的法官，而应该是一个促进绩效改进的教练。

管理者不仅要承担起监督的责任，更要负责好人才培训和开发的工作。管理者把考核结果及时反馈给员工，员工通过不断完善和提高自己的能力，来达到绩效持续改进的效果，这整个过程才是绩效管理实施的根本目的。

通过这种绩效结果的反馈过程，管理者和员工之间能够形成一种共同解决绩效问题的伙伴关系，管理者可以向员工传达绩效需要改进的部分，员工也更容易认可。管理者和员工之间可以共同探讨改进工作绩效的方法。

员工在这个过程中能够发现自身的短板，认识到待解决的问题，制定自身的发展计划。这会让员工的绩效朝着企业希望的方向发展，增加企业期望看到的行为，减少企业不期望看到的行为，从而为达成更高的绩效奠定基础。

绩效结果在绩效沟通中的应用，实际上应该是绩效结果在企业绩效管理中最重要的应用领域。绩效结果是动态变化的，当前绩效结果反映出的问题在进行绩效沟通和改进之后，在未来的绩效结果中可能就不会出现。所以管理者不应过分纠结当前绩效结果中的问题，应与员工一起不断提高绩效。

8.20.2 绩效结果在组织层面的 5 个应用

绩效结果在组织层面的常见应用有 5 个，如图 8-17 所示。

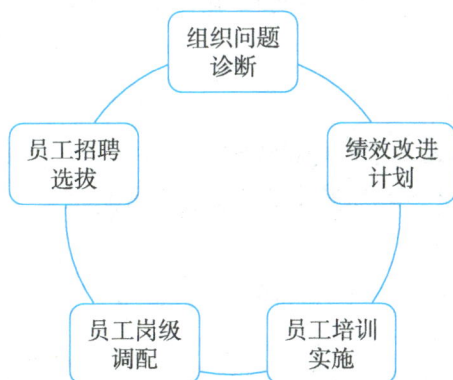

图 8-17 绩效结果在组织层面的 5 个应用

❶ 组织问题诊断

组织绩效问题的诊断可以分成两种：一种是直接绩效诊断，另一种是间接绩效诊断。直接绩效诊断指的是企业对绩效管理活动中所有相关因素进行诊断、分析并改正，以提升企业的绩效管理水平；间接绩效诊断指的是企业通过绩效诊断活动，在发现绩效管理问题的同时，及时发现企业除绩效管理外其他经营和管理方面存在的问题。

❷ 绩效改进计划

绩效改进计划是管理者与员工经过充分的沟通讨论后制定的行动计划。绩效改进计划的制定要本着切合实际、具体明确、时间固定的原则。绩效改进计划的内容包括绩效改进项目、绩效改进原因、当前的绩效水平、期望的绩效水平、绩效改进方式、绩效改进期限等。

❸ 员工培训实施

企业通过绩效结果能够发现员工的培训需求。一般某部门的绩效水平明显降低的时候，人力资源部应当找出该部门绩效水平下降的原因，判断该部门员工是否需要相应的培训。比如，当销售部门业绩下滑时、生产部门生产的产品质量降低时、技术部门新产品研发延期时，人力资源部都应当关注。

❹ 员工岗级调配

绩效结果是企业对员工实施职位或岗位调配的重要依据。员工的岗级调配不仅包括纵向职位上的晋升或者降职，还包括横向岗位上的调岗或工作轮换。

❺ 员工招聘选拔

绩效结果可以作为人才招聘和选拔的重要依据，主要体现在招聘计划的制定、人才筛选的参考、招聘效果的检验 3 个方面。

8.20.3　绩效结果在员工层面的 7 个应用

绩效结果在员工层面的常见应用有 7 个，如图 8-18 所示。

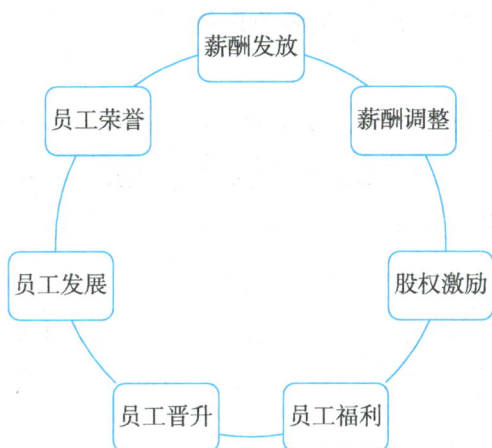

图 8-18　绩效结果在员工层面的 7 个应用

❶ 薪酬发放

比较常见的绩效结果应用是利用绩效结果发放绩效工资。与基本工资、岗位津贴、福利等保障性收入不同，绩效工资属于激励性收入。保障性收入主要根据岗位工作的重要性、责任大小、能力要求高低等按照企业的规定执行，与业绩挂钩的激励性收入一般是以企业的绩效结果为基础。

❷ 薪酬调整

绩效结果在薪酬调整中的应用主要是根据员工的绩效结果对其基本工资进行调整，调薪的比例根据绩效结果的不同也应当有所区别。一般员工绩效结果评分越高，调薪的比例也就越高。薪酬调整的周期一般是以年为单位，根据不同需要也可以以半年度或季度为单位。

❸ 股权激励

绩效结果可以作为股权激励的重要依据。股权激励的行权方式一般是与企业的经营业绩挂钩：一是与企业的整体业绩状况有关，二是与个人的绩效结果有关。具体考核指标，可以视不同企业的具体情况制定。

❹ 员工福利

绩效结果在员工福利中的应用主要是在企业福利中，而非在法定福利中。它通常是以企业对绩效达到一定程度的优秀员工发放的额外福利的形式出现。如果企业设计了菜单式福利计划，可以将各种额外福利分配确定为福利分数，然后员工用获得的绩效分数兑换需要的福利项目。

❺ 员工晋升

绩效结果同样可以应用在员工的晋升中。如果企业缺乏有效的基于绩效结果的员工晋升体系，企业员工的工作热情、创造力、执行力将大打折扣，这直接影响着员工的满意度和流失率。

❻ 员工发展

绩效结果可以与员工的职业发展关联。员工的直属上级、部门负责人或人力资源部可以根据员工的绩效结果，与员工一起制定符合员工情况的个人发展计划。

❼ 员工荣誉

绩效结果可以和员工的荣誉管理相关联。绩效结果在员工荣誉管理中最常见的应用是把员工的荣誉与绩效结果相关联。绩效结果越好，员工评优的机会就越多；绩效结果越差，员工评优的机会就越少。

第 9 章

员工关系管理

员工关系管理不仅是对企业和员工之间法律层面雇佣关系的管理，更重要的是对企业与员工之间情感关系、人际关系的管理。企业通过做好员工关系管理，能够提高员工的满意度，增强员工的稳定性，提高工作效率，减少管理内耗，降低企业成本。

9.1 员工关系管理应该做成"知心姐姐"吗

典型问题： 某员工关系管理专员，由于工作性质和各部门同事关系不错，后来却发现自己成了员工的"知心姐姐"。员工经常带着个人情绪找其抱怨，甚至有员工提出无理要求。员工关系管理，究竟应该如何正确实施？

类似问题： 员工关系管理如何平衡企业和员工的利益；员工的个人意见企业是否应当尽量满足；如何全面系统地实施员工关系管理等。

9.1.1 员工关系管理的典型误区

对于员工关系管理究竟应该怎么管、管什么、管到什么程度，企业普遍对其的认识是混沌的。很多企业要么对员工"不闻不问"，要么对员工"千依百顺"；要么对员工"太抠门"，要么对员工"太大方"。

那么，这其中的"准心"在哪里呢？

员工关系管理的最终目的，绝不仅是让每一位员工满意，而应该是使每一位"权利人"满意。什么是"权利人"？权利人指的是员工、顾客、股东、投资人、社会与环境，甚至包括供应商和竞争对手。正确的员工关系管理，是尊重各个"权利人"的权利，同时保证与权利对等的各个"义务人"履行相应的义务。

员工关系管理有 3 大价值，如图 9-1 所示。

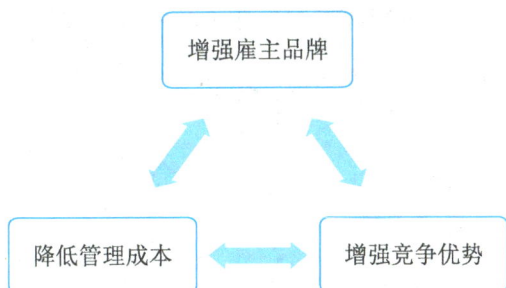

图 9-1　员工关系管理的 3 大价值

❶ 增强雇主品牌

雇主品牌是企业作为雇主在人力资源市场中的形象。雇主品牌代表着求职者对雇主的一种信任、一种想象和一种预期。随着新生代员工进入职场，求职者很关注入职后在企业的工作情况，越来越多的雇主点评网站被求职者使用，同时很多社交平台也成了求职者打探企业情况的常用渠道。优秀的员工关系管理能够让企业内部的员工对企业产生认可，从而形成口碑效应。

❷ 增强竞争优势

企业和员工之间存在利益上的对立统一关系，所以企业需要实施员工关系管理。企业通过员工关系管理，可以提高内部员工的稳定性、满意度和敬业度，从而提高企业的生产效率，增强企业的竞争优势。

❸ 降低管理成本

员工关系管理的质量，直接决定了企业员工之间交流的质量，影响着企业的沟通成本，从而影响着企业的管理成本。好的员工关系管理，能够让团队之间的沟通更加顺畅，工作完成质量更高。

9.1.2　员工关系管理的 6 项内容

员工关系管理的目的是企业可持续发展。企业在实施员工关系管理的时候，一方面要注意合法合规，另一方面要注意合情合理。员工关系管理的工作内容非常繁杂，从宏观角度来讲，企业中只要与人有关的工作，都和员工关系管理工作有一定的联系。

企业中常见的员工关系管理工作包括 6 项内容，如图 9-2 所示。

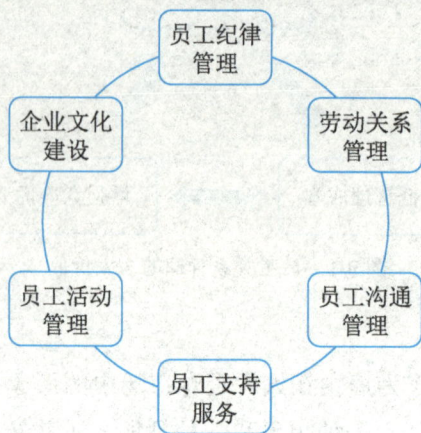

图 9-2　员工关系管理工作的 6 项内容

❶ 员工纪律管理

员工纪律管理的主要工作内容包括：制定并维护企业统一的制度、流程、规范或标准作业程序（Standard Operating Procedure，SOP）；通过员工纪律管理实施过程中的宣传、引导、纠偏、奖罚等方式，提高员工行为的统一性和组织纪律性。

❷ 劳动关系管理

劳动关系管理的主要工作内容包括：办理员工入职和离职手续；规避入职和离职过程中的相关风险；人员信息管理；人事档案管理；劳动合同管理；劳动保障物资管理；处理员工投诉；处理劳动争议；处理突发意外事件等。

❸ 员工沟通管理

员工沟通管理的主要工作内容包括：建立并维护员工上下级之间畅通的沟通渠道；建立并维护合理化建议制度；建立并维护员工参与企业部分决策的方式；引导并帮助员工在工作中建立良好的人际关系；确保员工的民主管理等。

❹ 员工支持服务

员工支持服务的主要工作内容包括：员工援助计划（Employee Assistance Program，EAP），帮助员工平衡工作与生活；员工满意度调查，优先解决员工最关注的问题；监测并处理劳动风险事项；提供员工生活与工作中相关知识的普及培训服务；提供员工身心健康服务等。

❺ 员工活动管理

员工活动管理的主要工作内容包括：创建并维护员工各类业余活动的方式、地点或氛围；定期组织开展各类文化、体育、娱乐活动；丰富员工生活、缓解工作压力，实现劳逸结合；增强组织的凝聚力。

❻ 企业文化建设

企业文化建设的主要工作内容包括：建立并维护健康向上的企业文化；鼓励员工参与企业文化的建立和维护工作；引导员工认同企业的愿景和价值观，将企业的愿景和规划与员工的愿景和规划连接匹配。

9.1.3 员工关系管理的 4 个方向

企业在实施员工关系管理的时候，要注意 4 个方向，如图 9-3 所示。

图 9-3 实施员工关系管理的 4 个方向

❶ 以追求心理契约为核心

能够留住员工在企业工作的契约，有劳动契约和心理契约两类。劳动契约包括劳动合同、社会保障、薪酬政策、劳动保护等企业依法应当为员工提供的项目；心理契约包括职业发展、工作授权、福利政策、企业文化等具备企业特色的项目。企业要做好员工关系管理，在做好劳动契约建设的同时，要重点做好心理契约建设。

❷ 以统一文化制度为根本

企业中合理的利益分配关系、上下级关系，决定了企业员工关系管理的质量。企业的良性发展依赖多方利益相关者的共赢。企业实施员工关系管理时不需要对不同的员工采取不同的策略，应当对全体员工采取统一的标准。

企业应当通过统一的企业文化标准和规章制度标准建立企业与员工共生共存、共同发展的局面，通过统一的晋升机制、激励机制、约束机制，合理平衡各方的利益关系，保证员工关系管理的和谐发展。

❸ **以直属上级参与为导向**

员工关系管理的关键并非只是人力资源部和员工之间的关系，还包括员工的直属上级和员工之间的关系。HR 在员工关系管理过程中充当着"配角"，"主角"是员工的直属上级和员工。

在日常工作中，员工的直属上级和员工直接接触，能够第一时间掌握员工的工作、生活等情况，能够第一时间对员工实施员工关系管理。员工的直属上级对员工实施员工关系管理，能够提高团队凝聚力，让员工和企业之间的关系更协调，使企业的目标更容易实现。

❹ **以员工认同企业为目标**

员工对企业的认同能够换来双方更好的发展，员工关系管理的终极目标，是实现企业和员工双方的发展以及企业各利益相关方的满意。企业通过实施员工关系管理，让员工认同企业文化、企业愿景、企业理念。

从微观角度看，员工和企业之间存在一定的利益冲突；但从宏观角度看，企业和员工之间是利益共赢关系。当员工认同企业的时候，企业文化以及企业的各项管理制度更容易得到落实，企业的组织能力也会更强。

9.2　如何实施员工访谈深入了解员工信息

典型问题：员工访谈是 HR 的重要工作之一，但是很多 HR 会忽略员工访谈这一工作，或者员工访谈做得不彻底。HR 应当如何实施员工访谈工作，才能深入了解员工信息？

类似问题：员工访谈就是定期和员工聊天吗；员工访谈有哪些分类；员工访谈的实施方法有哪些；员工访谈的标准流程是什么等。

9.2.1　员工访谈的实施方法

定期的员工访谈可以帮助 HR 做好员工的关系巩固，及时了解员工职业生涯的规划，协助员工做出工作调整，以及预防企业管理政策性失误。

员工访谈是企业了解和收集员工相关信息的有效途径。有人认为员工访谈很简单，只是和员工聊天；有人认为员工访谈很难，不知道从何谈起。企业要做好员工访谈，有方法和工具可以借鉴。

按照被访谈员工的人数，员工访谈的形式可以分成单独访谈和团体访谈两种。单独访谈，指的是对单一员工实施的访谈；团体访谈，指的是对多名员工同时实施的访谈。

根据员工访谈过程的计划程度和官方程度，员工访谈可以分成正式访谈和非正式访谈。正式访谈，指的是比较有计划、比较官方的访谈；非正式访谈，指的是计划性比较小、比较私下的访谈。

一般来说，每过一段时间，企业就应该对员工实施一次访谈。时间间隔可以根据企业的实际情况确定：对于比较小的团队，时间间隔可以设置得相对较短，如每周对员工实施一次访谈；对于比较大的团队，时间间隔可以设置得相对较长，如每月对员工实施一次访谈。

每次员工访谈的时间不需要太长，对单个员工来说，一次访谈的时长一般不超过 30 分钟。这里要注意，企业要对所有员工实施平均访谈，不要对某个员工高频率实施访谈，不要忽略了某些员工。

员工访谈的实施人最好由员工的直属上级担任，因为员工的直属上级对员工的基本情况更了解。员工访谈能够增强直属上级和员工之间的情感，增强团队凝聚力。

HR 也要定期实施员工访谈，但限于人数，HR 在实施员工访谈时，可以采取个别访谈、抽查访谈或者针对问题进行访谈的形式。

不论是员工的直属上级，还是 HR，为保证员工访谈的平稳实施，对员工访谈的实施次数应当做好记录，如表 9-1 所示。

表 9-1　员工访谈次数记录样表

姓名	第 1 周谈话次数	第 2 周谈话次数	第 3 周谈话次数	第 4 周谈话次数	本月合计谈话次数
小张					
小王					
小李					
小刘					

如果管理成本允许，也可以详细记录员工访谈的内容。

9.2.2　员工访谈的 6 个步骤

企业实施员工访谈，可以参照 6 个步骤，如图 9-4 所示。

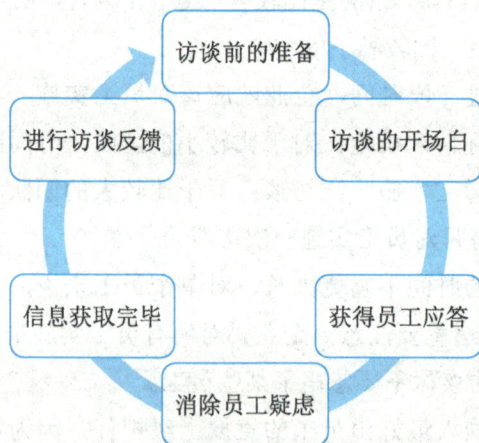

图 9-4　实施员工访谈的 6 个步骤

❶ 访谈前的准备

如果采取正式访谈，在访谈开始之前，要明确员工访谈的目标，事先准备和目标相关的资料和访谈问题。同时，企业需要和员工约定好时间和地点，让员工也做好准备。对访谈的提前安排能够有效防止访谈过程中可能产生的各项干扰。

如果采取非正式访谈，在实施访谈之前，要充分了解员工当前的工作情况，选择员工工作相对不忙的时间实施访谈，或者选择中午或工作间歇的休息时间实施访谈。总之，实施访谈不能影响员工的正常工作。

❷ 访谈的开场白

如果采取正式访谈，在访谈开始时，要解释访谈的目的，说明这次访谈想要达成的目标，争取员工的充分理解。如果过程中需要做一些笔记，可以提前向员工说明。整个访谈的开场要注意采用较友好的方式，营造一个较为宽松的环境，去除彼此间的偏见。

如果采取非正式访谈，可以用让彼此轻松愉悦的谈话方式开场。

❸ 获得员工应答

在访谈过程中，要引导整个访谈的过程。如果员工偏离主题，要及时把员工带回当下的主题。要给员工充分的思考时间，让其充分考虑后再作答。访谈的目的是挖掘"事实"，所以在访谈的时候要注意区分"观点"和"偏见"。

❹ 消除员工疑虑

有时候，不论如何提前造势，员工对访谈的理解始终和访谈人之间存在差异。这时，要充分使用提问和倾听的技巧。如果发现员工对这次访谈存在理解不清的部分，要及时说明，防止造成误会。

❺ 信息获取完毕

当访谈结束时，要核查一下员工是否已经获得所有信息，询问员工是否还有其他话要说。要总结关键信息，并告知员工企业下一步可能会采取的行动，同时感谢员工为访谈投入的时间和努力。

❻ 进行访谈反馈

在访谈过程中，对员工提出的疑问或想法，可能需要在一段时间内向员工反馈。在访谈结束后，企业要及时了解情况，争取在最短的时间内给员工反馈。

9.2.3　员工访谈的 3 项总结

对于员工访谈过程中暴露出的问题，要详细记录，记录问题提出人、提出时间。对该问题的真实性，要做必要的核查，并根据问题的重要和紧急程度，排出待解决问题的优先级顺序。员工访谈问题的记录如表 9-2 所示。

表 9-2　员工访谈问题记录表

发现问题	问题提出人	问题提出时间	问题查证结果	问题改正优先级

对于排出优先级顺序的待解决问题，形成解决方案，每个问题和方案都要对应相关的责任人、参与人和完成时间。员工访谈问题改正的记录如表 9-3 所示。

表 9-3　员工访谈问题改正表

待解决的问题	解决方案	责任人	参与人	完成时间

对员工访谈后的总结汇报工作，应该注意 3 个要点，如图 9-5 所示。

图 9-5　员工访谈总结汇报的 3 个要点

❶ 客观统计

员工访谈的目的是了解员工的意见，所以，总结汇报的内容应当客观反映员工的意见，不要加入过多访谈人的主观感受。

❷ 结论为先

汇报的时候先说结论，然后再说得出这个结论的过程。如果有时间，可以详细说明一下员工访谈过程中，员工提出的比较有代表性的意见或建议。

❸ 带着方案

员工访谈的最后，通常会发现一些问题。这些问题有的能够被改善，有的很难被改善，这时要分清楚主次，定好先后，制定解决方案。

9.3 如何帮助员工减轻工作压力

典型问题： 有的员工工作压力比较大，造成身体和心理的健康受到危害，企业如何帮助员工减轻工作压力？

类似问题： 如何平衡工作压力和绩效；如何从整体上做好对员工身心健康的关怀；如何协助员工应对中年危机等。

9.3.1 实施 EAP 助力减压

企业要成体系地解决员工的身心健康问题，可以实施 EAP。EAP 指的是员工援助计划（Employee Assistance Program），它是由企业为员工或员工的家庭成员提供长期的、系统的援助和福利类项目，解决员工身体、心理和行为上的问题，达到提高员工绩效、改善组织氛围和企业管理的目的。

目前，全球至少有 88 个国家开展了 EAP。在世界 500 强企业中，有 90% 以上的企业拥有属于自己的 EAP 服务。随着微软、国际商业机器公司（International Business Machines Corporation，IBM）等跨国企业进入国内，EAP 也开始在国内企业中应用并实施起来。

案例

老王工作 20 年了，他原本是公司的办公室主任，负责公司的行政管理事务，工作内容比较烦琐。因为部门人员短缺，他无奈之下承担起了一些人力资源管理的事务性工作。从 1 年前开始不知道为什么，本来爱说爱笑、人缘很好的他却开始讨厌和同事接触，一想到要和同事说话就心情烦躁。

繁重的工作任务、公司组织机构变化带来的管理混乱让他应接不暇，最近因为下属某项工作的失误，他遭到了上级的问责，这令他的精神接近崩溃。他变得情绪低落、疑神疑鬼、满腹牢骚、身心疲惫。

工作上的不如意也严重影响了他的家庭生活。每天加班导致他回家越来越晚，妻子对此很不满意，他们吵了几次后，进入冷战状态，他的婚姻出现危机。以前看见老婆和孩子心里就会升起一种幸福感的他，现在觉得他们好烦，不想和他们说一句话。

工作和家庭的矛盾就像两座大山，已经压得他不知所措。他觉得自己的身体状况也已经大不如前，常常会感到胸闷、气短、喘不过气来。他的头发比以前白了许多，也少了许多。最近公司组织了一次健康检查，他的血压比去年明显偏高。医生说这是长期工作压力大的表现，建议他要多休息，缓解压力。

老王所在的公司 2 年前引进了 EAP 项目，在一个热心同事的建议下，老王找到了公司的心理咨询师求助。第一次咨询结束后，老王感到自己对现在的烦恼有了更清晰的了解和认识，并且客观地分析了自己究竟想要什么、能做什么。几次咨询后，老王更加清晰地认识到自己的角色定位。

他和妻子通过深度交谈达成了和解，家庭生活逐渐恢复了从前的和睦。他改变了自己的工作计划和安排，改变了自己的工作方式，在工作成效上有了很大的改善。他再也不讨厌和同事接触了，工作关系得到了缓和。他的心情渐渐舒畅，身体也不再有异样感。他越来越感到，自己逐渐恢复了对工作和生活的掌控感。

9.3.2 EAP 的 3 层面内容

比较完整的 EAP 项目包含 3 个层面，如图 9-6 所示。

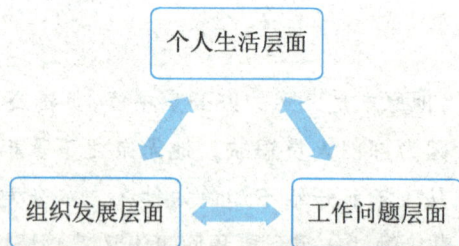

图 9-6　EAP 项目的 3 个层面

1. 个人生活层面，包括员工的身心健康问题、人际交往问题、家庭关系问题、经济改善问题、情感困扰问题、法律咨询问题，以及焦虑、酗酒、药物成瘾及其他与个人生活息息相关的各类问题。

比如，企业提供的婚恋关系经营、亲子教育与沟通、家庭代际沟通、营养保健、体重与睡眠管理、慢性病管理的培训和咨询服务；外派员工的家庭关系维护；提供综合的健康评估、心理咨询、健康审查和教练服务等。

2.工作问题层面，包括员工对工作的要求、工作的公平感、工作的满足感、工作的幸福感、工作中的关系问题、家庭与工作之间的平衡问题、工作中产生的心理压力问题及其他与工作相关的各类问题。

比如，企业提供的人际沟通、职业发展、压力管理等方面的培训和咨询服务；对外派员工进行外派前的跨文化适应评估，外派期间的心理健康风险筛查，工作压力疏导，以及回国后的心理调整适应等。

3.组织发展层面。前两个层面通常是针对不同问题的个体案例，而组织发展层面通常是指由组织活动造成的群体案例，这往往需要通过一些组织层面的举措，通过系统的人力资源管理手段，使组织能够从EAP中获得最大的益处。

比如，解决由于业务调整、组织变化，某一群体员工面对岗位变动或裁员而产生的适应性问题；解决由于公司兼并、重组、收购等引起的与新公司、新同事、新文化之间的适应性问题等。

不同的企业，可以根据自身的情况和要求，个性化地选择、设计和定制自己需要的EAP项目。同时，对于不同的员工群体，如女性员工、孕期或哺乳期员工、新员工、基层管理者、压力较大的员工等，EAP应该为其量身定做更具针对性的解决方案。

9.3.3　EAP 的 6 步实施法

EAP 在美国诞生、成熟，在美国的企业中得到了许多宝贵的实践检验。但是国内企业在导入和实施 EAP 时，绝不能简单地照搬美国模式，而是要根据国内社会的文化背景，针对国内企业的特点，将 EAP 本土化。

EAP 的实施可以分为 6 个步骤，如图 9-7 所示。

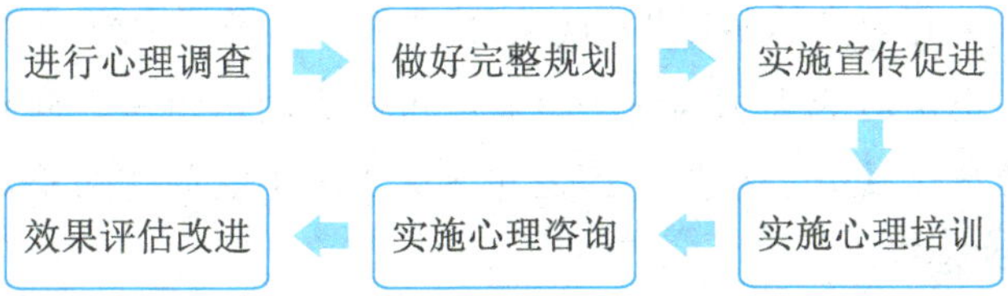

图 9-7　EAP 实施的 6 个步骤

❶ 进行心理调查

国内企业 EAP 导入的开始往往是以解决问题为导向，其次才有精神福利的功能。这里的心理调查，就需要运用心理学、管理学的研究方法和工具，对组织进行调查评估，系统地把握员工整体的状况，把握组织层面的心理，准确聚焦于组织需要改进的问题。

❷ 做好完整规划

EAP 是一套系统的、长期的解决方案，需要整体的规划，以让项目更加具备实施性、科学性和系统性。企业在经过反复的研讨和论证之后，要构建出 EAP 模型和系统的解决方案，其中最好包括短期的规划和中长期的规划。

❸ 实施宣传促进

EAP 的宣传促进是一个在传播学思想指导下进行资源整合的过程。企业一方面可以把 EAP "是什么" "怎么用" 等信息介绍给员工，增进他们对 EAP 的了解，提高他们对 EAP 的接纳度；另一方面可以通过传授职业心理健康知识，让员工学会自我治疗和自我管理。

❹ 实施心理培训

EAP 的培训涉及家庭、职业、生活等多个领域，旨在帮助员工平衡生活和工作，达成员工对自我社会角色分配的认可，协助组织培养和开发员工的潜能，在提升员工价值的同时实现企业管理的提升和效益的提高。

❺ 实施心理咨询

专业的心理咨询是 EAP 项目中最能够为员工提供有针对性帮助的服务，它可以帮助那些受心理问题困扰的员工走出困境，通过帮助他们梳理职业问题、人际问题、夫妻情感问题等，使他们在心理层面更加自立、自强、积极，更加从容地面对生活和工作。

❻ 效果评估改进

EAP 项目运行要实施阶段性的总结和评估，这是对 EAP 项目工作阶段性的总结分析，也是对成果和问题的检验。可以运用访谈法、问卷调查法等分析方法，形成量化的分析结果。评估和改进过程中的问题与不足，并为下一阶段的 EAP 做准备。

9.4 如何善用鲶鱼型人才

典型问题： 当前企业的员工大多安于现状，领导想引入鲶鱼型人才打破当前安逸的局面，可鲶鱼型人才如果运用不当，可能会引发一系列的负面问题，企业应当如何善用鲶鱼型人才？

类似问题： 什么情况下，企业可以应用鲶鱼型人才；应用鲶鱼型人才有哪些利弊；应用鲶鱼型人才时要注意什么等。

9.4.1 鲶鱼型人才的应用场景

鲶鱼效应也叫激活效应。企业有时候为了实现管理目标，可以应用鲶鱼效应，来激活人才的工作动力。要实现鲶鱼效应，企业可以刻意引入和运用鲶鱼型人才。

比如，企业处在战略转型时期，员工的素质和技能必须提升，否则他们就会被市场淘汰。这时，员工就需要学习新的知识、学习新的技能，需要付出更多的努力来适应新的环境。

可是这种转变说起来容易，实际操作时，老员工并没有那么容易跟着企业的战略转型一起改变。大多数员工喜欢按部就班、安于现状，不喜欢变化。很多企业的战略转型最后以失败告终，就是因为遭到了员工的联合抵制。

那么，企业要如何让员工接受这种变化呢？可以开大会、搞培训、做研讨，利用各种企业内部舆论，从文化上、制度上，让员工深刻理解意识到这种变化的必要性。这些事情很多企业也会做，然而收效甚微。

除了运用这些方式之外，企业还可以利用鲶鱼型人才，引发鲶鱼效应，促进内部的变化。有效地运用鲶鱼型人才，能够打破企业内部原本的平衡，创造新的平衡；打破原来的节奏，重塑新的节奏；甚至打破原有的文化，建立新的文化。

案例 🔖

我曾经所在公司市场部的员工墨守成规，做出来的活动策划毫无新意。这和市场部负责人的管理能力有一定的关系，不过那个负责人是刚提拔上来的，管理能力不足在情理之中。

当初提拔他是因为他的业务能力相比于部门其他人来说比较优秀，工作态度也相对比较积极。他成为这个部门的负责人之后，很难推动工作的原因是他对老员工没有威慑力。他平时找不出这些老员工的任何错误，但老员工就是没有成绩，做出来的结果不达标。

为了帮助这个市场部负责人，我策略性地帮他招聘了几个应届生，由他自己带。这些应届生的工作积极性和学习能力都很强，他们为了证明自己的能力任劳任怨、成果突出。让原来的老员工感受到了危机感，激发了老员工的动力，提高了团队整体的竞争力。

9.4.2　鲶鱼型人才的利弊分析

企业在应用鲶鱼型人才之前，需要正确看待鲶鱼型人才的利弊，实施有效的控制，让鲶鱼型人才真正发挥价值，否则会引发混乱。

鲶鱼型人才具备非常优秀的潜质，他们可能在作为新员工入职的时候，就展现出了过人的能力。但鲶鱼型人才并不是老好人，他们不畏惧、不退缩，他们可能会遵循某种比较良性的原则，来对抗企业中形成的比较恶性的风气。

对于原本相安无事的群体来说，他们就像是突如其来的"异类"。他们的这种对抗，必然会让企业原本平静的水面上泛起一些波澜，会让企业中那些原本安于现状的团队成员产生危机感。因为大多数人倾向于追求安逸，毕竟改变是要付出代价的。

鲶鱼型人才也不是万能的。因为有时候鲶鱼型人才可能会张扬激进，不考虑他人的感受，容易造成团队内部人际关系的混乱，阻碍团队合作；而且，有时候鲶鱼型人才的想法太多，容易导致团队的意见和思想难以统一，增加沟通成本。从短期看，可能会造成员工工作效率下降。

鲶鱼型人才能不能和原有成员形成优势互补，能不能和团队成员有效地合作，是否具备团队意识，这些情况都将影响企业战斗力的发挥。如果鲶鱼型人才的个人观念非常重，无视团队成员的存在，单打独斗的行为非常明显，那么这种鲶鱼型人才不但不会产生鲶鱼效应，而且还会损耗团队的战斗力。

9.4.3 用好鲶鱼型人才的 3 个关键点

企业要用好鲶鱼型人才，引发鲶鱼效应，有 3 个关键点，如图 9-8 所示。

图 9-8 用好鲶鱼型人才的 3 个关键点

❶ 选准

企业在运用鲶鱼型人才之前，首先要找一个能够管得住的"鲶鱼"。具备鲶鱼型潜质的人才不是那种愣头儿青，不知轻重的人，而是能坚持用正确的方式做事的人。"鲶鱼"找准了，他能引发鲶鱼效应；如果找不准，他可能会变成一只"鲨鱼"，可能会把团队搅乱。

❷ 关心

企业要关心鲶鱼型人才的生存问题。俗话说"枪打出头鸟"。有时候喜欢出头的人才最后可能会离开，原因是他们的好动可能有意无意得罪了很多人，结果落得"出师未捷身先死，长使英雄泪满襟"。也正是因为"鲶鱼"不好当，那些原本具备鲶鱼潜质的人才才会望而却步，变成了一只低调的"小鱼"，想动却不敢动。

❸ 引导

企业要适时地引导鲶鱼型人才。让鲶鱼型人才在追求卓越的同时，学会低调和韬光养晦；让鲶鱼型人才在忠于企业的同时，学会知进退；让鲶鱼型人才在努力工作的同时，讲究做人做事的方法或手段。

9.5 如何防止管理层任人唯亲

典型问题： 某管理者上岗后，把部门内部的员工全部换成了自己的亲信。如果限制管理者用人，管理者的绩效可能受影响；如果不限制管理者用人，又会严重影响企业的用人规则。如何防止管理层出现任人唯亲的现象？

类似问题： 任人唯亲究竟是好事还是坏事；企业应不应该管控任人唯亲；为什么会出现管理层任人唯亲的现象；如何避免任人唯亲的现象出现等。

9.5.1 任人唯亲的主要危害

有句谚语叫"打虎亲兄弟，上阵父子兵"，指的是当面临生死攸关的大事的时候，最可靠的合作者是自己的血亲。一家人团结一致、上下一心、同心同德，做事情就很容易成功。这种思想听起来正确，却也培养和助长了一种坏风气——任人唯亲。有句俗话叫"一人得道，鸡犬升天"，讲的其实就是任人唯亲。

与"任人唯亲"相对应的，是"任人唯贤"。

任人唯贤，指的是根据人才的能力和能够创造的价值来用人。人才的能力强、绩效好，企业就把人才任命到关键管理岗位，让人才承担更大的责任，同时给人才比较高的薪酬和职位。任人唯亲，指的是按照人才和自己的亲近程度来用人，谁和自己走得近、谁和自己认识的时间长、谁比较听自己的话，企业就任用谁。

任人唯贤是所有企业都喜闻乐见的用人方式，而任人唯亲却是一种有可能会给企业带来灾难的用人方式。"任人唯亲"之后，管理层的"自己人"泛滥，占据了大量的岗位，有的还是非常重要的岗位。

一旦管理层离职，很有可能造成群体离职，企业的损失会比较大。而且有时候，因为管理层的"自己人"比较多，企业中缺少与其制衡的力量，甚至可能会形成相互包庇的氛围，企业很难察觉。

虽然任人唯亲可能会带来表面的绩效保障，但基于这种模式的长远危害，企业就算想要管理层保证绩效，也不能放任管理层任人唯亲。

9.5.2 任人唯亲的产生原理

任人唯亲的现象为什么会长期存在，而且很难防范呢？这主要与企业的用人理念和对管理层的管控有很大关系。

举例

我曾经服务过的公司聘请过一个高管，年薪 300 万元。因为这个高管的家在异地，所以谈好他一个月只需要出勤 15 天。当时那家公司同级别高管们的年薪普遍在 100 万元左右，所以这个高管的年薪已经很高了，而且还有出勤上的优惠。如果把年薪换算成时薪，按照出勤时间综合算下来，他的时薪相当于其他高管时薪的 4 ~ 5 倍了。

自从这个高管来之后，他就逐渐开始换手下的中层。他美其名曰是要把基层员工的能力带起来，现在这届中层能力不行，思维僵化，而且成长性差，影响他带新人。

不过，当时公司中层岗位年薪普遍在 30 万 ~ 50 万元。这个高管请来的中层们的年薪全部在 100 万元以上，等于高层的薪酬水平了。他的理由是，一分钱一分货，"高手"的薪酬总是要高一些的。

他请来的这些中层全都是他认识的熟人，大部分是他在原来公司的老部下。他的理由是，自己和这些中层们共事过，大家相互了解，配合起来比较默契。

面对这个高管的做法，领导只能纵容。领导的理由是，既然请了他，就要给他一定的权限，不然他想做什么都伸不开手脚，最后肯定没效果。要让请来的高级人才发挥价值，满足他的一些条件是必要的。

结果不到半年，这个高管离职了，他请来的那些中层们也相继离职了。公司剩下了很多中层管理岗位，只能把原来换下去的那些中层又换回来。

用了外聘的"高手"，如果不满足他的条件，他会抱怨自己没有权限，高手很可能因此达不成绩效；满足他的条件，可能会给企业造成损失，也可能会带来绩效上的收益。相比之下，大多数领导会选择满足外聘"高手"的条件。

9.5.3 避免任人唯亲的 3 个关键点

要避免任人唯亲，首先要梳理这种现象出现的底层逻辑。这个逻辑链条通常是"请高手—高手用自己人—领导同意—高手离开—自己人跟着离开—公司损失—再请高手"这样的恶性循环。

在这个恶性循环当中，最大的问题出现在"高手用自己人"也就是"任人唯亲"上。"请高手"和"高手离开"都不会给公司造成太大的损失，因为毕竟只是一个人的问题。

根据任人唯亲产生的底层逻辑，要避免任人唯亲，企业可以从 3 个关键点入手，如图 9-9 所示。

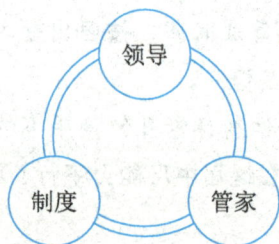

图 9-9　任人唯亲底层逻辑的 3 个关键点

❶ 领导

在任人唯亲的问题当中，领导的纵容是根本原因。如果领导把高手的选拔权和任命权牢牢握在手上，坚决反对任人唯亲，那么这个问题压根就不会存在。

虽然有时候领导确实有些无可奈何，但任何问题都有解决方案。如果领导当初任用高手的时候，把自己的底线说清楚，把用人的权限说清楚，给高手一些权利上的制衡，其实是可以避免这个问题产生的。

领导在聘请高手的时候，提前和高手说明，请他来就是为了解决某个问题，讲清楚他的权限、责任和利益。除此之外，其他的事项需要商量。在用人问题上，高手必须遵循企业任人唯贤的制度。

❷ 制度

建立制度的好处是当有了制度之后，企业就有了统一的标准。企业应当一开始就在制度中直接规定不允许任人唯亲。具体做法是：规定人才必须经过规定的面试和选拔流程，必须符合企业要求的用人标准，必须遵守企业规定的薪酬制度。

人才如果符合企业的要求，可以由人力资源部统一安排工作，不得由介绍人安排工作。人力资源部安排工作的原则之一，就是把人才安排在和介绍人不同的部门。

❸ 管家

做好了领导和制度工作之后，企业中有个角色很关键——"管家"。很多企业的经营发展之所以能一直保持理性、一直遵守规则，不仅是领导和制度的原因，还在于企业有一个愿意管事的管家。

企业中的管家往往坚持原则，既能做到对事不对人，又能处理好各方关系。每个企业都需要这样一个管家，每个领导都希望自己身边有这样一个人。很多成功的 HR，在企业里面就担任着这样的角色。

9.6　如何正确地实施员工满意度调查

典型问题： 为了提高员工满意度，企业需要实施员工满意度调查。然而员工满意度调查如果实施得有问题，可能起不到应有的效果。如何正确地实施员工满意度调查？

类似问题： 实施员工满意度调查有哪些方式；员工满意度调查的实施方法和步骤；员工满意度调查的具体内容都有哪些等。

9.6.1　员工满意度调查的 2 种形式

员工满意度调查是广泛听取员工意见并激发员工参与管理的一种方式，是企业预防和监控的手段，也是企业管理在员工心态和行为上的体现。企业通过员工满意度调查可以捕捉员工思想动态和心理需求，从而采取有针对性的应对措施。

根据不同的需要，员工满意度调查可以采取定量调查和定性调查 2 种方式。

定量调查一般在较大范围内采取收发和填写调查问卷的形式；定性调查一般选取具备代表性的一类人，采取群体或个别访谈的形式。这 2 种方式都需要提前选取待调研的问题、选取调查的对象。

相比定性调查，定量调查的优点是可以更加客观、公正、数据化地反映结果；难点在于问卷的设计环节和数据统计环节。比如，问卷问题不是越多越好，而是根据想要获取的信息设计。如果样本数量巨大，数据统计可以借助计算机而不是靠人工。

相比定量调查，定性调查的优点是可以更加直观地反映定量调查中那些数据背后的问题，以及那些容易被忽略的、没有提前预料到的或难以获取的信息；难点在于实施的过程中往往需要一些特殊的技巧。比如，操作者需要具备较强的沟通技巧，对员工反映的问题有较强的理解能力，对员工的心理有较深刻的把握。

对于定量的员工满意度调查，调查的频率可以每年一次、每半年一次或者每季度一次，不建议实施得过于频繁；对于定性的员工满意度调查，调查的频率可以参考员工访谈的频率。

9.6.2　员工满意度调查的 6 个步骤

员工满意度调查能够收集员工对企业经营管理的意见和要求，同时激发员工参与组织变革，提升员工对组织的认同感和忠诚度，也为企业人力资源管理的决策和改善提供有效的依据。

员工满意度调查的通用流程分成 6 个步骤，如图 9-10 所示。

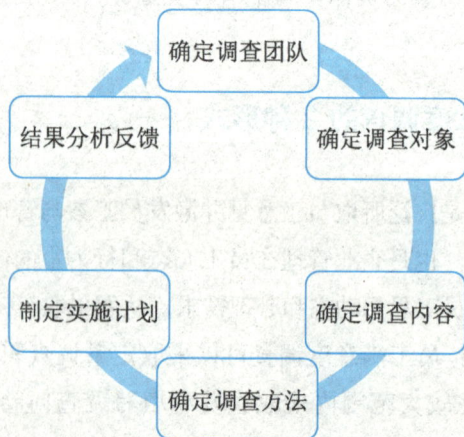

图 9-10　员工满意度调查的 6 个步骤

❶ 确定调查团队

实施员工满意度调查应当有专属的团队。对一般企业来说，员工满意度的专项调查由人力资源部负责组织实施并统计结果，由各部门配合完成。日常员工满意度的情况，由部门内部的直属上级在工作中通过访谈的形式随时关注。

❷ 确定调查对象

员工满意度调查的对象可以是全体员工，也可以是部分员工。当选择部分员工作为调查对象时，可以随机选择，可以针对当前暴露出的问题对员工区分调查，可以根据员工层级区分调查，也可以根据员工所属地区、年龄、性别、部门等区分调查。

❸ 确定调查内容

员工满意度调查的内容可以根据企业需要选择。常见的员工满意度调查的内容包括工作时间、工作环境、工作感受、薪酬福利、晋升空间、学习机会、领导方式、生活保障等。

❹ 确定调查方法

根据员工满意度调查的需要，企业可以确定员工满意度调查的实施方法。员工满意度调查如果从大类上区分，包括定性调查和定量调查，进一步划分包括问卷调查法、员工访谈法等。

❺ 制定实施计划

根据员工满意度调查的对象、内容和调查方法，企业可以设计员工满意度调查的实施方案，形成行动计划，由调查团队组成实施小组，开展实施。

❻ 结果分析反馈

对员工满意度调查的所有数据结果进行综合统计、数据分析，发现其中的问题，对问题做深入挖掘和分析，形成改进措施、解决方案和调查结果的分析报告，报送相关人员。

9.6.3 员工满意度调查的问卷模板

常见的员工满意度调查的内容包括 9 个部分，调查问卷模板如表 9-4 所示。

449

表 9-4　员工满意度调查问卷模板

您好：

　　感谢您参加本次员工满意度调查，本次调查旨在了解员工的需求，便于公司更好地服务员工，创建更适合员工发展的公司文化和工作氛围。我们希望了解您的真实想法，真诚感谢您积极地参与配合，谢谢！

　　本次调查为匿名调查，任何信息都将严格保密，请您放心作答。

　　请您在选择的答案前的"□"中打"√"。

您的性别：□男　□女

您的年龄：□ 30 岁以下　□ 30 岁～ 40 岁　□ 40 岁～ 50 岁　□ 50 岁以上

您的职务：□总监及以上　□经理或副经理　□主管或副主管　□员工

类别	项目	满意度
工作时间	您对上下班时间安排是否满意？	□满意　□不满意　□折中
	您对休假的安排是否满意？	□满意　□不满意　□折中
	您是否能够经常按时下班？	□满意　□不满意　□折中
	您是否能够或愿意接受加班？	□满意　□不满意　□折中
工作环境	您对于工作场所的环境温度、湿度是否满意？	□满意　□不满意　□折中
	您对于工作场所的光线、通风状况是否满意？	□满意　□不满意　□折中
	您对工作场所的噪声情况是否满意？	□满意　□不满意　□折中
	您对工作场所的清洁情况是否满意？	□满意　□不满意　□折中
	您对工作的出差情况是否满意？	□满意　□不满意　□折中
	您对工作中用到的工具和设施是否满意？	□满意　□不满意　□折中
	您对工作中提供的劳动保护用品是否满意？	□满意　□不满意　□折中
工作感受	您对当前的工作量是否满意？	□满意　□不满意　□折中
	您对当前工作耗费自己的体力或精力是否满意？	□满意　□不满意　□折中
	你对当前工作产生的意义和价值是否满意？	□满意　□不满意　□折中
	您对在当前工作中产生的愉悦感是否满意？	□满意　□不满意　□折中
	您对在当前工作中与领导之间的关系是否满意？	□满意　□不满意　□折中
	您对在当前工作中与同事之间的关系是否满意？	□满意　□不满意　□折中
	您对当前工作对您带来的压力与挑战是否满意？	□满意　□不满意　□折中
薪酬福利	您对当前工资是否满意？	□满意　□不满意　□折中
	您对公司告知工资明细的方式是否满意？	□满意　□不满意　□折中
	您对福利的种类和形式是否满意？	□满意　□不满意　□折中
	您对工资、节假日福利发放的时间是否满意？	□满意　□不满意　□折中
晋升空间	您对所在岗位的晋升通道是否满意？	□满意　□不满意　□折中
	您对公司提供的职业发展和晋升方式是否满意？	□满意　□不满意　□折中
	您对公司晋升需要的时间是否满意？	□满意　□不满意　□折中
	您对所在部门领导对您晋升给予的支持是否满意？	□满意　□不满意　□折中

续表

类别	项目	满意度
学习机会	您对当前能接受的岗位业务或管理技能培训是否满意？	□满意 □不满意 □折中
	您对公司能够提供的外出学习和培训机会是否满意？	□满意 □不满意 □折中
	您对公司的培训管理制度是否满意？	□满意 □不满意 □折中
领导方式	您对自己的直属上级是否满意？	□满意 □不满意 □折中
	您对自己直属上级处理问题的能力是否满意？	□满意 □不满意 □折中
	您对自己直属上级安排工作的能力是否满意？	□满意 □不满意 □折中
	您对自己直属上级上传下达的能力是否满意？	□满意 □不满意 □折中
	您对自己直属上级公平公正的态度是否满意？	□满意 □不满意 □折中
	您对自己直属上级以身作则的态度是否满意？	□满意 □不满意 □折中
	您对自己参与决策的程度是否满意？	□满意 □不满意 □折中
生活保障	您对公司的用餐质量及服务是否满意？	□满意 □不满意 □折中
	您对宿舍的环境及服务是否满意？	□满意 □不满意 □折中
	您对公司提供的休闲娱乐设施是否满意？	□满意 □不满意 □折中
	您对公司组织的各类文体活动是否满意？	□满意 □不满意 □折中

对于上述问题中的事项，您有哪些期望补充的内容？

您还有哪些上述问题中没有提到的不满意的事项？

您对公司有哪些意见或建议？

9.7 如何妥善处理员工投诉

典型问题：当员工在工作中受到委屈或遇到问题的时候，或者直属上级对员工的情绪管理不到位，冲突升级的时候，员工可能会产生投诉的冲动。遇到员工投诉时，HR 应如何妥善处理？

类似问题：如何建设员工投诉的渠道；如何接待和处理员工投诉；接待员工投诉时，HR 要注意什么；遇到员工投诉，如何给员工一个满意的答复等。

9.7.1 员工投诉受理的 6 个环节

一般来说，人力资源部是员工投诉的接待方，HR 要本着负责任的态度来应对员工投诉。人力资源部在受理员工投诉时，需要做好以下环节。

1. 建立恰当的投诉沟通渠道，并提前对全体员工公布。如果没有正规的投诉沟通渠道，想投诉的员工可能会选择比较极端的手段，给企业造成不良的影响。企业要建立方便快捷的投诉沟通渠道，可以参考的员工投诉渠道包括专线电话、电子邮件、内容系统等，具体的投诉渠道应当以方便员工为原则来选择。

2. 最好把员工投诉可以拨打的热线电话固定下来，而且把固定电话与手机绑定，保证员工打电话时有人能在第一时间接待员工。有条件的企业要保证投诉电话 24 小时有人接听。

接待员工投诉的人员虽然不需要只负责员工投诉接待，但最好相对固定，人选最好具备以下特质。

（1）本身比较稳定，对企业具有一定的忠诚度。

（2）在企业工作 5 年以上，对企业的文化、政策、内部关系比较了解。

（3）具备一定的社会阅历，家庭和睦，年龄最好在 40 岁以上。

（4）具备一定亲和力，愿意耐心倾听，有接待员工投诉的基本能力。

3. 接到投诉后，要第一时间明确告知投诉者反馈的时间，尤其是当收到匿名投诉的群发邮件时，或者是看到论坛中公示的投诉帖时，要第一时间让对方知道相关部门已经获悉其投诉内容，会马上着手处理。

4. 如果条件允许，最好第一时间与投诉者见面。当面接待员工投诉的效果比通过电话或者互联网等方式接待员工投诉更能让员工满意，而且有助于安抚员工的情绪，推进投诉处理的进展，避免引发投诉的进一步升级。

5. 受理员工投诉时，要客观了解员工的投诉要点。这时，要多听少说，同时引导员工尽量多地表达意见、反映问题。过程中，不要说判断性的语言，不要妄加评论，可以适当说一些表示理解和安慰的语言。不问封闭式的问题，如"是不是""行不行""好不好"等。多问一些开放式的问题，比如，"是什么样的""是怎么回事""你怎么看"等。

6. 做好员工投诉的相关记录，包括投诉的详细情况，如投诉时间、投诉地点、投诉人、投诉人所在部门、投诉方式、投诉对象、投诉的关键事件、投诉的目标等。员工投诉记录表如表 9-5 所示。

表 9-5 员工投诉记录表

投诉人	投诉人所在部门	投诉时间与地点	投诉方式	投诉对象
员工投诉事件				
员工投诉目标				

9.7.2 员工投诉调查的 3 项注意

人力资源部在受理员工投诉后，要查找员工投诉问题产生的原因，妥善解决员工投诉，避免以后再次发生类似的员工投诉问题。

每个投诉的员工都有动机，这个动机也许是控诉某种不公平或不公正。针对投诉的动机，人力资源部可以找到员工的诉求，找准员工投诉的症结，更准确地应对员工投诉。

对此，处理员工投诉的相关工作人员要了解以下内容。

（1）员工为什么要投诉？是什么引起了员工的投诉？

（2）员工投诉的具体对象到底是什么？员工到底对什么不满意？员工是对企业不满意，还是对企业中的个别人不满意？员工是对某件事不满意，还是对整个工作都不满意？员工是对过程不满意，还是对结果不满意？

（3）员工投诉想达到的目的是什么，想达成的目标是什么，想达到的结果是什么？

并不是每一个投诉的员工都说得清楚自己投诉的动机，也不是每个投诉的员工都知道自己想得到什么样的结果。有的员工也许只是一时情绪使然，做出了投诉的行为；有的员工也许因为一些原因不想直说；还有的员工自始至终就没有想过这些问题。

这时，工作人员需要与投诉员工深入沟通，挖掘员工投诉背后的关键信息。

9.7.3 员工投诉处理的 3 个步骤

在对员工投诉的事件进行调查，得出结论之后，如何处理员工投诉，决定了整个员工投诉处理过程的质量。如果处理得当，不仅单次的员工投诉问题能够得到化解，而且能减少未来同类问题引起员工投诉的数量；如果处理不当，可能会让员工投诉问题升级，引发更严重的劳动争议。

处理员工投诉可以分成 3 个步骤，如图 9-11 所示。

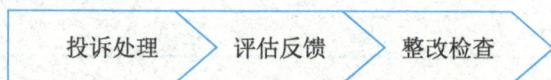

图 9-11　员工投诉处理的 3 个步骤

❶ 投诉处理

（1）处理员工投诉的工作人员应把投诉调查的结果向有关领导汇报，根据领导指示，召集相关部门人员，研讨出针对员工投诉的处理结果和行动计划。

（2）把员工投诉的调查结果告知员工，告知员工问题产生的原因，并把处理结果和行动计划告知员工。

（3）要争取投诉员工对投诉的处理结果的理解和认同。尤其是当处理结果与投诉员工原本的诉求不同时，要充分沟通，征求投诉员工的理解。

❷ 评估反馈

（1）处理员工投诉的关键不在于解决单次的员工投诉，而在于通过对单次员工投诉的处理，准确找到投诉背后的深层次原因。如企业文化、用人机制、规章制度、工作流程等企业层面的问题，以便及时改正这类问题，防止以后再发生类似的投诉。

（2）通过对单次员工投诉的处理结果，企业要评估类似投诉再次发生的可能性，及时做好预防措施，评估要从哪些管理方面做出改变。

（3）针对整个员工投诉的处理过程，形成一份具有可实施性或可行性的整改报告。

❸ 整改检查

（1）将领导审批后的整改报告报送到相关部门，由相关部门执行相应的整改方案。

（2）定期对相关部门的方案进行检查，并评估整改情况。

（3）针对整改情况，形成整改报告，报送有关领导。

9.8　如何正确应用弹性工作制

典型问题： 由于早晚高峰城市交通拥挤，很多企业开始考虑对员工实施弹性工作制。然而有的企业实行弹性工作制之后，员工的工作效率却降低了。如何正确应用弹性工作制？

类似问题： 企业在什么情况下适合采取弹性工作制；实行弹性工作制需要具备哪些条件；如何平衡弹性工作制与人性化管理等。

9.8.1　普华永道实行在家办公

2019 年年初，互联网上有条新闻引起热议。普华永道会计师事务所（以下简称"普华永道"）将于 2019 年 2 月开始，正式全面落实"灵活用工"的制度。这里的"灵活用工"，主要体现在 3 个方面：一是灵活工时，二是灵活工作地点，三是灵活着装。

也就是说，普华永道将不再要求员工每天必须按照朝九晚五式上下班，而是允许员工可以根据自己的时间，在家上班。这个消息出来以后，有人为之叫好，也有人为之担心。很多网友对普华永道这种工作模式的态度是羡慕的，并留言说希望自己的企业能实施这样的政策。

有个网站曾经在互联网上做过一项调查，票选员工心目中最向往的福利，结果显示弹性工作时间排在第一位。弹性工作时间这种福利形式如果运用得当，不仅对企业有利，对员工同样也有利。

只要是员工福利，都需要企业在成本上有所付出。有的福利需要付出大量的财务成本，有的福利需要付出大量的时间成本，而弹性工作时间只需要付出一些管理成本就可以实现，而且这种福利形式换来的员工满意度、员工忠诚度和员工敬业度是很高的。

尤其是对在一二线城市工作的上班族来说，很多人每天上下班通勤 2～3个小时是很普遍的现象。这些时间虽然不属于员工上班的时间，却是员工为了上班必须付出的。对员工个体来说，他同样认为这部分时间是自己不可以自由支配的时间，是和上班时间绑定在一起必须付出的时间。而且，上下班通勤时间过长，在一定程度上也会影响员工的工作热情。

9.8.2 弹性工作制的实施条件

在一个访谈节目中，京东商城的创始人刘强东曾表示："如果员工上下班不打卡，绝大部分企业不到 3 年就会倒闭。" 刘强东这么说，并不是否定弹性工作制这种模式。在国内很多企业中，弹性工作制的实际运行情况确实不那么让人满意。

很多企业推行弹性工作制失败的主要原因有 3 个。

1. 绝大多数岗位不具备弹性工作的可能性。能够实行弹性工作制的岗位大多是设计类岗位、编程类岗位、产品类岗位。除此之外，对于劳动力占大多数的制造业、服务业来说，绝大多数岗位短期内不具备弹性工作的可能性。因为受物理空间的限制，生产资料都在企业，所以不能实现人在家里上班。

2. 很多人其实不具备弹性工作的能力。不是所有人都适合弹性工作制这种工作模式。弹性工作首先需要个人有比较强的自律能力，个人要学会管理自己的时间和成果；其次需要企业有比较强的目标设置体系和管理能力；最后需要企业有比较强的监督机制。

3. 对于需要相互协作的岗位来说，在一起工作有一种仪式感，很多企业需要这种仪式感。员工为了一个目标聚到一起，在一起努力，为了完成一个目标而奋斗的场景，是企业必需的仪式感。这种仪式感，能够促进大家产生工作的激情和信心。很多人没有处于这种场景中，可能原本 2 天就能完成的工作，需要 2 周才能完成。

基于以上企业推行弹性工作制失败的 3 个主要原因，企业要想实施弹性工作制，至少需要满足 3 个条件。

1. 岗位需要的生产资料不能受物理空间限制。

2. 从事岗位的人才需要具备一定的个人素质。

3. 岗位工作相对独立，岗位之间的协作可以突破物理空间的限制。

9.8.3　人性化管理效益与效率

很多人说弹性工作制是人性化管理，然而有时候在人性面前，任何制度可能都是无效的。

比如，有的企业规定"加班 2 个小时第 2 天可以迟到 1 个小时"或者"加班的员工可以免费享用加班晚餐"。这项制度一出，就有可能会有员工在下班之后留在办公室玩 2 个小时游戏之后再打卡下班，目的是换第二天 1 个小时迟到的福利或者免费的晚餐。

实行弹性工作制是为了人性化管理，不适合实行弹性工作制的企业依然可以实施人性化管理。但绝大多数的人性化管理，不适合变成公开的制度，这就是所谓"有情的管理，无情的制度"。

比如，当某个员工的小孩生病，员工需要提前下班接小孩时，企业可以允许该员工提前下班；某个员工某天确实加班到很晚才走，企业可以允许该员工明天迟些上班。企业根据员工特殊情况的特例特办，就是一种人性化管理。

不论严格管理，还是人性化管理，都只是管理手段，最终都是要为企业的效益和效率服务的。

所谓的人性化管理，其实不过是用自律来代替他律，用员工的自我约束来代替企业的外部约束，而并不是盲目地给员工所谓的"自由"。所有的自由，都必须在某一个框架之下；所有的自由，都是有条件的。这个条件，就是员工能够交出企业期望看到的、合格的绩效成果。

第 10 章

企业文化

企业文化指的是企业全体员工经过长期实践形成并普遍遵守的价值标准、基本信念及行为规范。一年的企业靠运气，十年的企业靠经营，百年的企业靠文化。企业文化对企业管理的作用不言而喻，企业建立和推行企业文化，能够有效促进企业的长久经营发展和稳定利润获取。

10.1 如何零基础构建企业文化框架

典型问题： 企业之前没有重视过企业文化，对于企业文化建设是零基础。企业想要构建一套企业特有的文化，可是企业文化究竟是什么，如何搭建企业文化的框架？

类似问题： 构建企业文化应该从哪里入手；如何保障企业文化落地；企业文化包括哪些具体的内容等。

10.1.1 企业文化的3大典型特征

要想让企业文化真正发挥作用，企业应当充分发挥企业文化的基本特征的作用，用企业文化的基本特征来达到企业的管理目的。

企业文化的3大典型特征如图10-1所示。

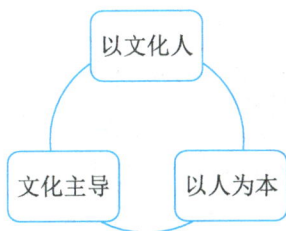

图 10-1 企业文化的 3 大典型特征

❶ 以文化人

以文化人的意思是用文化来让人们的行为产生变化，让人们的行为变得越来越统一，从而用文化规律来管理企业，把文化渗透到企业的经营管理中。

❷ 以人为本

企业文化强调人的价值，把尊重人、理解人、关心人同教育人相结合，以人为主，以人为先，把制度纽带、职务纽带和情感纽带相结合，努力创造一种工作效率和人文关怀相结合的环境，强调职业的同质性，淡化以角色相区分的等级意识。

❸ 文化主导

企业文化能够提高员工的文化素养，改变企业的精神面貌。有效的企业文化必须对企业的正常运作产生正向效果，能够让企业产生正向的经济效益。企业通过建立全员认同的发展战略，通过培养整体员工的文化品位，从而使企业形成源源不断的原动力。

10.1.2 企业文化建设的 4 层保障

在建设企业文化之前，企业首先要确保具备保障企业文化实施的基本环境。一般来说，企业文化要在企业中落地实施，需要 4 层保障，如图 10-2 所示。

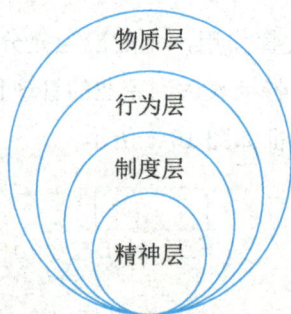

图 10-2 企业文化建设的 4 层保障

❶ 精神层

精神层面的企业文化指的是企业领导者和大部分员工共同遵循的基本理念、价值观、职业道德或者精神风貌，既是企业文化的灵魂，又是企业文化的核心。

企业文化在精神层面的表现形式包括两部分：一是企业愿景、使命、价值观、精神、信仰等核心理念；二是品牌理念、服务理念、产品理念、营销理念、质量理念、人才理念等运营理念。

❷ 制度层

企业文化建设，不能只说不做，也不能仅仅停留在意识形态。企业文化不仅要做，而且还要变成制度、流程、规范，变成必须要做。这里的制度，包括奖罚制度、绩效考核制度、任职资格等一切企业必备的制度。

企业通过制度层面的建设，形成企业内部的"游戏规则"，让企业文化不仅能够变成一种长期的、稳定的存在，而且成为企业上下所有人约定俗成的做事要求，久而久之，成为一种企业风俗和行为习惯。

❸ 行为层

员工是否从心底认可企业文化、是否按照企业文化做事，全部体现在员工日常的行为表现上。如果绝大多数员工的行为符合企业文化，新进入企业的员工将会很快被周围的环境感染，做出符合企业文化的行为；反之，员工会被不符合企业文化的行为影响，从而不能使企业文化有效传承。

行为层体现了员工对企业文化的认同度，是员工在工作中对企业文化的遵循程度。员工是否认同企业文化、是否愿意传播企业文化，不是体现在嘴上、书面文字上，而是体现在日常的行为上。

❹ 物质层

企业文化在物质层面的建设是为了让企业文化能够被看得见、摸得着，能够被员工更直观地感受到。它包括企业的产品、企业的绩效结果、企业的奖罚实施、企业建筑、企业广告、企业标识、工装、工作牌、名片、信纸等。

精神层是企业文化中最核心的一层，它说明了企业文化的核心价值导向以及深层次内涵；制度层是根据精神层延伸出来的，它承接精神层的内涵，是企业内部的游戏规则和制度保证；行为层是各层级管理者和员工的行为表现，是企业文化的落实，它影响着新员工的行为；物质层是企业文化的最外层，它的表现形式非常多，是企业文化的传播形象和外在表现。

10.1.3 企业文化组成的6个结构

企业文化由6个结构组成，如图10-3所示。

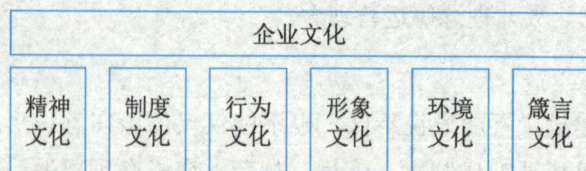

```
┌─────────────────────────────────────────────────┐
│                   企业文化                         │
└─────────────────────────────────────────────────┘
 ┌──────┐ ┌──────┐ ┌──────┐ ┌──────┐ ┌──────┐ ┌──────┐
 │ 精神 │ │ 制度 │ │ 行为 │ │ 形象 │ │ 环境 │ │ 箴言 │
 │ 文化 │ │ 文化 │ │ 文化 │ │ 文化 │ │ 文化 │ │ 文化 │
 └──────┘ └──────┘ └──────┘ └──────┘ └──────┘ └──────┘
```

图 10-3　企业文化组成的 6 个结构

❶ 精神文化

企业的精神文化包括企业使命、企业宗旨、企业愿景、企业精神、企业目标、企业核心价值观、企业战略、企业理念和企业品牌文化等。其中，企业理念可以细分成经营理念、安全理念、管理理念、质量理念、效益理念、用人理念、学习理念、工作理念等；企业品牌文化可以细分成产品品牌、管理品牌、形象品牌等。

❷ 制度文化

企业的制度文化包括管理机制、管理模式、工作方法、管理标准等。其中管理标准可以根据企业的需要分成不同的细分标准。

❸ 行为文化

企业的行为文化包括工作作风、行为规范、思想品行、工作标准、团队精神、交往礼仪等。

❹ 形象文化

企业的形象文化包括企业形象用语、企业形象识别标志和企业形象载体等。

❺ 环境文化

企业的环境文化包括员工文化中心、文化长廊、展厅、车间、科室、餐厅、厂区、家属区等各类场所的环境文化。

❻ 箴言文化

企业箴言属于企业文化的附属内容，包括企业历史上宝贵的格言、警句以及企业领导的经典语录。企业箴言对企业文化有很深的影响，在很多企业中，从企业箴言中能够看到比较贴近行为的文化。

10.2　如何提炼和设计企业文化

典型问题： 企业要打造自己独有的企业文化，要强化企业文化，需要对当前的企业文化进行提炼和设计。如何提炼和设计企业文化？

类似问题： 提炼企业文化需要哪些工具；对提炼出的企业文化如何设计；设计企业文化的时候需要考虑哪些事项等。

10.2.1　企业文化提炼的调查问卷

梳理和提炼企业文化的方法包括调查问卷法、座谈法、访谈法、文件搜集法和观察总结。虽然方法不同，但企业文化提炼过程关注的问题基本相同。企业文化的提炼内容，最终都导向企业文化的基本结构。

提炼企业文化的调查问卷模板如下。

以下问题中，同样的问题会出现个别不同的提问方法，可能答案相同，请照常作答。如果有的题目答不出来或没有答案，可以空白。

1. 如果让你描述自己所在的企业，你会用哪 10 个词？

2. 在本企业工作，什么是最重要的？

3. 在本企业中，最常出现或被使用的词汇有哪些？

4. 在本企业中，什么样的人得到了或应该得到提升？目前情况如何？理想情况如何？

5. 在本企业中，什么样的行为得到了或应该得到奖励？目前情况如何？理想情况如何？

6. 在本企业中，什么样的人比较容易适应？什么样的人比较不适应？

7. 在本企业中，有什么样的仪式？

8. 在本企业中，目前有哪些不变的真理？

9. 在本企业中，有什么样的模范故事，特别是关于企业领导或创始人的？

10. 本企业实现更大发展的关键要素是什么？

11. 这些年来，支撑本企业发展的精神力量、观念是什么？

12. 企业目前比较良好的风气是什么？

13. 这些年阻碍企业发展的观念是什么？

14. 你认为企业最高管理者的个人信念、人生追求、品质特征及领导风格是什么？

15. 企业要实现理想目标与更大发展，应该引进和吸收哪些新观念？

16. 企业员工应共同遵守的价值观或道德准则是什么？其中最重要的是哪个或哪几个？

17. 请描述本企业的宗旨、愿景、使命和核心价值观。

18. 请描述你所知道的或应该有的本企业格言。

19. 企业目前应该改变的不良观念或风气是什么？

20. 你认为企业的哪些原则是必须遵守的？

企业可以对提炼出的企业文化做识别、分析、盘点、诊断和评价。对企业文化的诊断和评价应当站在企业发展的历史角度，寻找企业为什么会具备当前的文化。当前的文化是否符合企业的未来发展？当前的企业文化是否是企业期望拥有的文化？当前的企业文化是否应当修正？应当通过何种方式修正？

10.2.2　企业文化设计的 3 个步骤

提炼出的企业文化也许与企业发展的理念有差距，为了管理企业文化，企业应当对企业文化进行设计。设计企业文化时，应当参考企业现状和未来发展，在原有企业文化的基础上，做适度的调整和提升。

企业文化设计的过程可以分成 3 步，如图 10-4 所示。

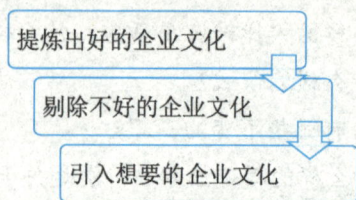

图 10-4　企业文化设计的 3 个步骤

1. 提炼出好的企业文化。在提炼出的企业文化中，有适宜企业长足发展的部分，这部分文化企业应当保护和发扬。

2.剔除不好的企业文化。对于提炼出的企业文化中不好的部分，企业要找到源头，想办法剔除。

3.引入想要的企业文化。对于企业期望具备但实际还不具备的企业文化，企业应当通过一些方式引入。

设计企业文化的过程实际上是形成全员价值观和企业理念的过程，是挖掘和弘扬企业精神的过程，是塑造企业灵魂的过程。

10.2.3 企业文化设计的 4 个层次

在完善和设计企业文化的时候，企业要注意 4 个层次。

❶ 精神层设计

企业在设计精神层企业文化的时候，要在尊重现实、尊重企业的发展历程和个性特色的同时，超越现实，站在一定的高度，预期企业未来的发展方向，将企业文化和企业未来的发展形成匹配。除此之外，还要注意精神层文化的系统性、艺术性和个性。企业理念的设计可以参考企业的优秀传统、模范人物、其他先进企业的理念、中华民族的传统文化和社会中的典型文化。

❷ 制度层设计

企业在制度层的企业文化设计，不能照搬其他企业的制度，不能仅凭经验闭门造车，不能仅靠企业领导一个人说了算，不能无视员工的诉求，不能太抽象，不能只喊口号。制度层的企业文化设计应当契合企业的精神层，服务于企业发展，和企业的战略形成匹配，要简明扼要，具备系统性和可操作性。

❸ 行为层设计

行为层的文化设计要考虑精神层的企业文化落实在行为上的具体表现，以及何种行为能够促进精神层企业文化的落实。当聚焦到具体行为之后，再将行为制度化，或者通过制度引导员工不断做出符合企业文化的行为。

❹ 物质层设计

物质层是企业文化的外在表现，物质层需要设计的形象和要素种类繁多，物质层企业文化设计是一项比较专业、比较繁杂的工作。企业可以请专业的设计公司参与设计，可以参考的设计元素包括企业的名称、标识、旗帜、标准色、标准字、员工服装、产品包装等。

10.3　企业如何选择适合自己的企业文化

典型问题： 在设计企业文化的时候，有很多企业文化类型可以选择，企业如何选择适合自己的企业文化？

类似问题： 选择企业文化的时候，要注意哪些因素；企业文化都有哪些典型类型；处在不同时期的企业如何选择适合自己的企业文化等。

10.3.1　企业文化选择的 2 大因素

企业在选择适合自己的企业文化的时候，首先要充分考虑环境因素。这里的环境因素包括人文环境因素和地理环境因素。

人文环境因素，就是人们日常生活中长期积累形成的行为习惯，是风土人情，它主导着人们的价值观和行为。和企业文化比起来，人文环境因素对人的影响更深刻，而且具有更好的稳定性，比较难改变。

有的时候，人文环境因素还会成为人们的精神支柱，对人们有强大的影响力。如果企业在实施企业文化建设时不考虑人文环境因素的影响，或者与之相悖，那么可能引发与员工之间的文化冲突，有时甚至会引发严重的后果。企业文化应该和当地的风土人情相呼应，而不是相抵触，这样才能融入当地的文化中，真正实现企业文化"落地"。

建设企业文化时如果能够适应人文环境因素，让这种因素为企业所用，这样企业文化才能得到有效的实施。比如，在某些地区，有着某个时间段不工作的传统，企业应当尊重这个传统；或者某些地区有一些特殊的节日，企业可以迎合这些节日。

地理环境因素是受地域性影响的文化因素，这个因素在建设企业文化的过程中同样需要被充分考虑。

10.3.2 企业文化的 4 种典型形象

常见的企业文化形象有 4 种，如图 10-5 所示。

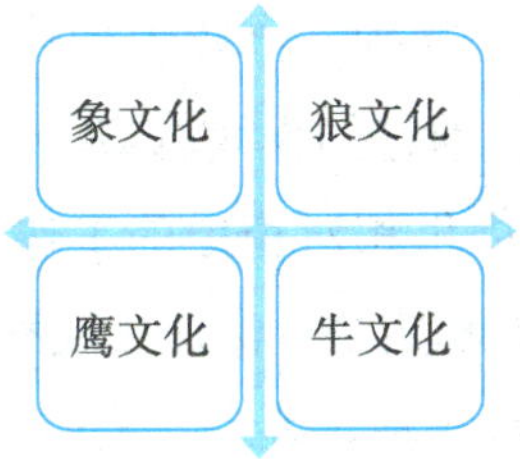

图 10-5 常见的 4 种企业文化形象

❶ 象文化

这类企业文化强调人本理论。在这类企业当中，"以人为本""以人为先""以人为始""人文关怀"等关键词经常出现，强调人与人之间的尊重、友好。这类企业相信，企业能成功，是因为人力资源得到了比较充分的开发和重视。

这类企业通常会为员工提供和谐、友好、舒适的工作环境，主动协助员工解决困难，提高员工的满意度。在这类企业中工作，员工常会感受到被关怀、被重视。象文化比较典型的代表企业有万科、青岛啤酒、海信、长虹、雅戈尔等。

❷ 狼文化

这类企业强调快速发展、弱肉强食，强调狼性精神。在这类企业当中，"冒险""速度""创新""增长""危机意识""持之以恒""团队协作"等关键词经常出现，强调"胜者为王、败者为寇"的适者生存法则。

这类企业通常会为员工提供充满活力的、激发创造力的工作环境。企业非常重视自己在行业中的领先地位，管理层通常具备比较强的冲劲儿。狼文化比较典型的代表企业有华为、格力电器、娃哈哈、李宁、比亚迪等。

❸ 鹰文化

这类企业强调绩效为王、结果导向，强调目标意识。在这类企业当中，"市场份额""市场排名""业绩达成""目标实现"等关键词经常出现，强调实现目标、完成计划、取得业绩的市场意识。

这类企业通常会为员工提供充满竞争的环境，让员工保持高度的市场敏感度，激发员工的竞争意识。这往往是这类企业能够在市场中一直占有一席之地的原因。鹰文化比较典型的代表企业有联想、伊利、国美、平安、光明等。

❹ 牛文化

这类企业强调遵守秩序、一步一个脚印,强调稳健发展。在这类企业当中,"标准""制度""流程""规则""成本""运营""服务"等关键词经常出现,强调稳定发展、稳步前进的大局意识。

这类企业通常会为员工提供相对稳定的工作环境,让员工严格遵守企业创造的某种秩序,通过运营的稳定性,保证比较稳定的产品质量或服务质量。牛文化比较典型的代表企业有海尔、苏宁、美的、汇源等。

10.3.3 企业 4 个时期的企业文化

不同的企业发展阶段有不同的诉求,在不同阶段企业强调的企业文化应当有所不同。企业文化的发展应当适应企业发展的规律,根据企业所处的不同时期,比较典型的企业文化有创业型文化、发展型文化、稳定型文化、衰退型文化。任何一个时期的文化都是为企业发展服务的。

在企业的初创期,内部制度和流程不完善,管理一般会比较粗放。这个时期的管理以人治为主,管理者的经营管理能力决定了企业的发展。在这个时期,企业的战略通常只有一个大方向,并不明确具体,企业的管理重点是持续地经营下去。初创期的企业适合创业型企业文化,应当更强调坚强、勤奋、敢闯敢拼、不断激人奋进。

在企业的成长期,企业规模开始迅速扩张,企业的经营目标逐渐明确,逐渐形成清晰的战略,企业需要自上而下协同努力,共同实现企业战略。这时统一各部门的目标,提高各部门的效率就显得非常重要。成长期的企业适合发展型企业文化,应当更强调诚信、踏实、追求规范、亲情文化。

在企业的成熟期,企业的业务已经比较成熟,外部的市场相对稳定,内部各岗位的工作也相对平稳。成熟期的企业适合稳定型企业文化,应当更强调追求创新、主动行动、加强服务意识。

在企业的衰退期,企业的某些业务开始萎缩,企业进入产品的调整、技术的创新、资源的整合时期,为下一轮的成长做准备。衰退期的企业适合衰退型企业文化,应当更强调追求卓越、个人增值、沟通平等。

企业文化不分好与坏，只分是否适合企业的稳定与发展。每个时期的企业文化主题虽然不同，但都因企业的转变而更改，为企业员工的凝聚力和工作成效服务。

10.4 如何传播与内化企业文化

典型问题： 提炼和设计出来的企业文化要顺利在企业中落地，需要企业文化的传播与内化，如何传播和内化企业文化？

类似问题： 企业文化落地，需要相关人员如何分工协作；企业文化有哪些传播方式；要推广企业文化，需要做哪些工作等。

10.4.1 企业文化内化的工作分工

企业文化内化的过程需要企业各层级人员分工协作。当处在不同位置，担任不同角色的员工各司其职，肩负起自己的职责时，企业文化内化工作才能得到真正落实。

对基层员工来说，是否认同企业文化，决定了他们能否做出企业想要的行为。员工对企业文化内化的作用，就是践行企业倡导的文化。员工的态度和行为是企业文化的集中体现，也直接反映了企业文化的实施效果。

对中层管理者来说，不仅要感受、体会企业文化倡导的观念，更要肩负起向下级传递企业文化的任务。中层管理者的一言一行是企业文化内化最重要的载体，也是企业文化传承的关键。

对高层管理者来说，企业倡导的思想和信念，不一定要说出来，不一定要写下来，他们日常的决策、对是非的判断和倾向都是企业文化的"风向标"，都会给企业里的中基层员工带来直接的影响。

在企业文化内化的过程中，中高层管理者可以养成基于企业文化的管理模式。当出现某个问题时，首先查找该问题对应的事件或行为，找到行为的实施对象（人），然后查看行为对象的观念或品格是否存在问题。若存在问题，进行引导，让行为对象养成有利于企业的习惯，从而产生符合企业文化的行为，避免再次出现类似的问题。

中高层管理者基于企业文化的管理模式如图 10-6 所示。

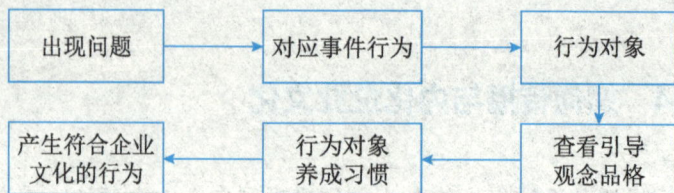

图 10-6　中高层管理者基于企业文化的管理模式

基于企业文化的管理模式可以简单总结成如下口诀：

没有不对的事，

只有不对的人，

根据事来找人，

通过人来管事。

10.4.2　企业文化传播的 6 个方式

企业文化的传播方式非常丰富。企业在选择传播方式时，并非选择一种就可以高枕无忧，而应当不拘一格，采取多种传播方式同时运行。常见的企业文化传播方式有 6 种，如图 10-7 所示。

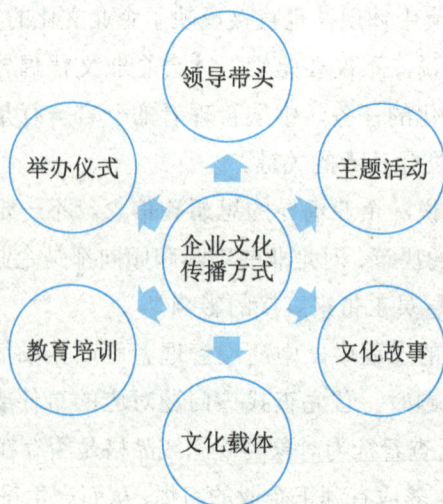

图 10-7　企业文化传播方式

❶ 领导带头

员工的行为直接受管理者的言行影响。企业的中高层管理者是企业文化传播的主力军，他们的言行直接影响着企业文化的落实。如果领导表面说一套，实际做一套，会让员工产生困惑、产生对企业文化的不信任感。领导带头是一种潜移默化地传播企业文化的方式，也是企业文化传播最有效的手段之一。

❷ 主题活动

企业可以举办各类企业文化相关的主题活动，进行企业文化传播。比如，企业可以举办各类基于企业文化的文体活动。除此之外，企业还可以举办争先创优评选、文明单位创建、服务品牌建设、建立职工之家、家园文化设计、专题演讲比赛、俱乐部、读书会、体育竞技、文艺演出、拓展训练、郊游远足、才艺比赛、团建聚餐等活动。

❸ 文化故事

故事容易被员工接受，能够让员工快速掌握企业文化表达的抽象概念和价值观，是企业文化传播比较直观、比较有效的方式。员工有时候很难理解自己该如何做，但在听到或看到其他人的故事之后，就知道其他人是如何做的。员工如果想成为优秀员工，会主动学习其他优秀员工的做法。

❹ 文化载体

企业文化的载体是承载企业文化凝练之后形成的文字内容的"容器"，它凝结着企业文化的核心思想。常见的企业文化载体包括企业文化手册、企业发展历程手册、光荣榜、企业箴言手册、文化故事手册、办公区看板、内部刊物、公告宣传栏等。企业文化除了物理载体之外，还可以运用互联网、局域网、歌曲等作为载体进行企业文化传播。

❺ 教育培训

对企业文化的教育培训是比较直接的企业文化传播方式。企业在新员工入职、老员工复训、培养管理干部的过程中，都应当设计企业文化的培训。企业中的言传身教与日常的思想政治工作，同样能够起到通过思想教育传播企业文化的效果。在教育培训之后，还可以举办培训相关的考试、比赛、讨论会、分享会等相关活动，强化企业文化的传播效果。

⑥ 举办仪式

每个仪式背后，都有企业文化想要传达的理念或价值观。仪式对企业文化的传播能够起到"润物细无声"的效果，让员工不自觉地接受企业文化。企业可以刻意制造一些事件或文化仪式，让企业文化得到有效传播。

除以上 6 种常见的企业文化传播方式之外，还有一种在企业文化建设环节就应当形成的对企业文化传播起到重要作用的方式——制度与流程。企业的制度与流程是企业文化传播最坚实的着陆平台，是企业文化传播的基础。

10.4.3　企业文化的 4 层识别系统

企业文化的传播主要指的是对内的传播，企业文化的推广主要指的是对外的推广。当企业文化的内化工作做到内部和外部统一时，企业文化能够被更多人熟悉并认可，企业文化的存在感会更强。通过企业文化的外部推广，企业形象能够得到展示，能够帮助人们认识企业，有助于企业建立雇主品牌优势。

企业文化应当有一套企业识别系统，简称 CIS（Corporate Identity System）。CIS 可以在企业的精神层、制度层、行为层和物质层上得到体现。

精神层的 CIS 主要指的是理念识别（Mind Identity，MI），相当于企业的"心"；

制度层的 CIS 主要指的是规范识别（Standard Identity，SI），相当于企业的"脑"；

行为层的 CIS 主要指的是行为识别（Behavior Identity，BI），相当于企业的"手"；

物质层的 CIS 主要指的是视觉识别（Visual Identity，VI），相当于企业的"脸"。

企业的外部形象（Corporate Image，CI）就像是人的形象。人们给他人留下印象，是通过外观、言语、行为等实现的。企业要想拥有比较好的外部形象，需要做好各个环节的形象设计和推广工作。

企业可以采取的文化推广活动包括庆典活动、展会活动、赞助活动、促销活动、社区公益活动、公共福利活动、社会援助活动、慈善募捐活动等。

除了举办活动外，企业发布广告同样可以起到文化推广效果。

不同的推广方式，对企业文化的推广效果是不同的。与企业文化的传播原理相同，要想有效地推广企业文化，企业不应仅采用一种方式，应当多种方式并用。

10.5　如何建设跨地区的企业文化

典型问题： 集团化公司往往在不同的城市或地区拥有自己的分公司，不同地区分公司之间文化氛围有比较大的差异，如有的分公司开放活跃，有的分公司严谨低调。这种差异导致总公司的一些战略和思想很难上传下达到位。总公司应该如何建设跨地区的企业文化？

类似问题： 跨地区分公司之间的企业文化存在差异应不应该调整；企业应该鼓励不同地区分公司拥有多元文化，还是应该避免；公司收购兼并，出现两家公司文化之间的融合问题，有哪些注意事项等。

10.5.1　精神文化的高度统一

跨地区的分公司之间，应当保持精神文化的高度统一。

企业的精神文化是企业的灵魂和指引，是企业的核心和凝练，是企业在长期经营发展过程中摸索和总结出来的思想精华，是企业上到高层领导下到基层员工都应当遵守的最高准则。如果同属一个总公司，精神文化却不统一，那将会是"两层皮""貌合神离"。所以即便是跨地区的分公司，都必须保证精神文化的高度统一。

就好比在一个四世同堂的大家庭中，"我们都是一家人"的这个大前提不允许有任何的动摇。不允许发生某人今天是我亲哥，明天就不是了这种事。在这个层面，要充分发挥集团总部的策划和指导作用。总结企业文化，把它传承到每一个分公司中。不过这个层面要相对虚一些、精练一些，不能太过具体，不能要求太多。

举例 ?

2000 年，美国的时代华纳公司兼并美国在线公司，这是一次传统媒体与新兴网络媒体的联合，本来应该是一场双赢的收购。可没想到，因为运营模式不一样、习惯不一样，双方在企业文化上出现了很大的冲突。

美国在线公司的员工说时代华纳公司的员工风格慵懒，做事被动；时代华纳公司的员工说美国在线公司的员工做媒体攻击性太强。这两个新旧媒体公司之间始终相互指责，相互埋怨，员工甚至经常破口大骂。最后，双方不欢而散，股东价值损失 2 000 亿美元。

实际上，美国的时代华纳公司和美国在线公司都是做媒体的公司，只是做媒体的方式方法不一样，领域不一样，各自站的角度不一样，所以才会产生相互之间的不理解。但其实他们的大方向是一致的，要不然也不会出现这场兼并。既然大方向一致，时代华纳公司可以提炼出一个总的精神文化，如服务好广大传媒用户。至于平时工作的方式方法，可以允许有所不同。

10.5.2 行为文化的丰富多彩

跨地区的分公司之间，应当允许行为文化的丰富多彩。

行为文化是最终体现在员工行为活动上的文化氛围。它是文化的一种表现形式。实际上，只要认可总公司的精神文化，不违背总公司的核心价值观，分公司特有的行为文化可以尽可能的丰富多彩。

就好比在一个家庭当中，哥哥喜欢古典文学、弟弟喜欢下象棋、姐姐喜欢跳舞、妹妹喜欢诗词歌赋，爸爸妈妈带着他们玩的时候，可以允许他们有自己不同的娱乐方式，不需要太过关注这种表面上爱好的不同。只要他们坚信彼此是一家人，只要这个家庭拥有共同的精神文化，有共同的目标，就可以。

举例 ?

1995 年,IBM 以 35 亿美元的价格，收购了一家软件公司——路特斯(Lotus)公司。这个公司的企业文化和 IBM 的企业文化差距很大。路特斯公司的文化和其产品一样没有拘束、灵活多样，其员工上班时可以穿休闲服；而 IBM 的员工有统一的制服，每天必须穿整套制服上班，不穿会受到惩罚。

因为路特斯公司规模不大，制度并不完善，而IBM当时已经是"庞然大物"，几乎所有事情都有明确的制度和规范。这两种截然不同的文化碰撞在一起，很可能出问题。IBM的做法是保留原来路特斯公司的独立性，不把IBM的制度和文化强加给这家公司。

在后来的3年当中，路特斯公司的人数增长了一倍，业绩连年增长。收购之前，员工的年化流失率是11%，收购之后这个数字反而降到了6%。路特斯公司没有因为收购越来越萎缩，反而乘坐着IBM这艘大船不断发展壮大。

10.5.3 优势互补与文化融合

在跨地区的分公司之间，应当实现优势互补与文化融合。

跨地区分公司之间的文化存在差异，也存在相互学习和借鉴的可能性。如果跨地区的分公司能抱着相互学习的态度来完成文化融合，整个公司的企业文化会向良性的方向发展。

举例

2002年，惠普公司和康柏公司合并。当时这两家公司的PC（Personal Computer，个人计算机）业务都排在世界前5，这是当时PC领域有史以来最大的一场公司合并，引起了世界主流媒体的关注。

按理说，这两家公司合并，应该会出现比较大的文化冲突。惠普公司比较老，康柏公司比较新；惠普公司的产品强调稳重，康柏公司的产品强调创新。这样的两支团队在一起工作，应该会像时代华纳和美国在线这两家公司一样，天天打架吧？

可是，惠普公司和康柏公司并非如此，它们吸收了彼此文化中优秀的部分，通过把值得学习和发扬的文化相结合，形成了新的企业文化。这两家公司合并之后，其第二年的业绩就超出了华尔街分析师最乐观的预期。

惠普公司和康柏公司，不仅实现了业务的整合，而且顺利实现了企业文化的融合。

10.6　如何低成本举办企业文化活动

典型问题： 企业要落实和传播企业文化，免不了要举办各种活动。举办活动要花费成本，可是企业的财务预算有限，尤其是一些处在发展阶段的企业，财务状况拮据，如何低成本举办企业文化活动？

类似问题： 没有资金支持，还有必要举办企业文化活动吗；企业效益不好时，企业文化活动如何办得精彩；当没有资金支持时，如何才能让企业文化活动不会显得太寒酸等。

10.6.1　行为文化活动的关键点

企业举办企业文化活动的目的是什么？

很多人没有仔细思考过这个问题。这个问题也许对每个企业来说答案不一样，但大方向上，一般都是传播企业文化，提高员工的凝聚力，活跃企业的氛围，为企业经营管理的良好运行服务。

企业文化活动一定要花很多财务成本才能做吗？

其实不一定。很多企业举办的活动朴实无华，却能够给员工留下非常深刻的印象。人们对美好事物的印象不完全来自这件事花了多少钱，而在于这件事发生的过程中有没有一段特别的回忆。

所以，行为文化活动的关键点是如何给员工营造一段特别的回忆。就算财务状况比较拮据，企业依然可以举办企业文化活动。如果企业的财务状况差是由企业文化薄弱引起的，HR 更应当多举办低成本的企业文化活动。

而且，有些企业文化活动本来成本就比较低，如以企业文化为主题的论坛、培训、讲座或演讲比赛；或者唱歌、跳舞、体育比赛、晚会、征文比赛等各种文体活动，企业可以把企业文化的价值观贯穿其中，进行宣导。

企业按照这个思路来举办企业文化活动，能够从思想上突破没有财务预算就办不成企业文化活动的思维魔咒。按照这个思路，HR 在举办企业文化活动的时候可以参考以下思路。

1. 待举办的企业文化活动的目的是什么？

2. 要达到该目的，需要向员工传达哪些感受？

3. 要最深刻地传达这些感受，需要哪些事件支持？

4. 如何最低成本地实现这些事件？

比如，某企业想要强化员工之间互相关心、相互协作的企业文化，可以通过举办拓展游戏活动的方式来实现。

10.6.2 运用内部资源举办活动

HR 在举办企业文化活动的时候，可以节省活动中所有不关键的成本。所谓不关键的成本，就是和达到企业文化活动的目标或目的没关系的成本。当然，因为每个企业举办企业文化活动的目的不一样，所以不可一概而论。

比如，定什么样的场地开展活动对有的企业来说不关键，什么样的餐饮对有的企业来说不关键，乘坐什么样的交通工具对有的企业来说不关键。

除了企业文化活动中必不可少的费用之外，在一些细节的费用上也应当本着能省则省的原则。比如，在会场的布置方面，能用假花就可以不用鲜花；在道具需求方面，能租借就可以不用购买。

HR 要注意运用内部资源，当企业的财务资源吃紧的时候，可以有效运用内部人力资源。企业文化活动的精髓在于员工的共同参与。

当企业没有预算举办活动时，可以发动员工，让员工出谋划策，让员工充分参与活动的策划和活动的实施。当员工积极地参与到活动的策划和实施过程中时，或许活动本身的目的就已经达到了。

10.6.3 运用外部资源举办活动

企业举办活动有时候不一定只能企业自己出钱，企业可以适当动用一些外部资源来获得经费。

举例 🔖

以前我所在的公司的采购总监每到公司举办活动的时候都会找供应商要一些资源支持。供应商因为想和公司保持长期良好的关系，而且供应商也想维护好自身形象，所以有的供应商愿意出一部分费用或者提供一些物品上的支持。

外部资源不仅包括供应商的资源，还包括客户的资源。有些企业可以找到客户，让下游的客户为自己举办企业文化活动提供资源支持。

企业用来采购商品的账户中有时候会有积分，如企业的京东、携程等平台的账户，因为有业务发生，里面的积分往往可以换购一些商品，可以将这些商品作为举办活动的奖品。

为了增强企业文化活动给员工带来的感官冲击，如果是有奖品的活动，"雨露均沾"的方式通常是效果不佳的，应当设置比较少的大奖励，让参与者产生强烈的希望感和失望感。这种感受，很容易给参与者留下深刻印象。

10.7　如何用仪式感传播企业文化

典型问题：仪式感是企业文化建设中一个很重要的组成部分，如何用仪式感传播企业文化？

类似问题：什么是仪式感；仪式感如何在企业文化的传播中发挥作用；运用仪式感传播企业文化时应注意什么等。

10.7.1　仪式感的实施原理

仪式感有巨大的能量，它能够快速让人们产生某种行为。仪式感本质上是一种心理暗示，它可以让人们对某些事情怀有敬畏和重视的心理，它能唤醒人们对生活的尊重。生活中如果没有仪式感，就会弱化人与人、人与物之间的感情。只要仪式不断，人们就不会忘记。

那些注重仪式感的企业，总有种莫名的吸引力；那些注重仪式感的人，比较容易把事情做好。企业中重视仪式感的管理者，通过心理暗示，能够在不自觉中把团队的意识聚集到一起，把团队的行为聚焦到一起；生活中重视仪式感的人，在潜意识里能够暗示自己，感受生活，做好事情。

仪式的本质，是将自然性和社会性暂时剥离。人们在仪式中，社会层级、社会关系变得不再重要，取而代之的，是仪式本身的规则。慢慢地，人们的参与感、意义感和自主性得到了充分的释放。

人们借助仪式，能够把自己从日常中解放出来，获得一种掌控感。当人们获得掌控感时，人们才能确认身边的事物是能够被掌控的，确认自己可以影响环境，确认自己存在。所以这种掌控感，能够给人们带来安全感，能让人们获得价值感。

因为人们只有确认自己的存在，确认自己能够对身边的事物、周围的环境产生影响，确认自己的自主意识，才能确认自己的价值。

10.7.2 仪式感的传播作用

仪式感是人类因为仪式而产生的神圣感觉。仪式，存在于全人类的各种活动中。仪式最大的作用，就是给人们带来仪式感，让人们对仪式传达的内容难忘。

国家举办体育赛事，直接办不就好了吗，为什么还要举办开幕式或者闭幕式？

两个人相爱之后要结婚了，领个证不就好了吗，为什么还要举办婚礼？

升旗仪式、节日庆典、清明扫墓等，这些看似稀松平常的事情其实都是一种仪式，都会给人们带来仪式感。有什么样的仪式其实不重要，重要的是仪式能给人们带来仪式感。

不同的企业有不同的仪式。有的企业的团建活动非常隆重，一定要上级和下级之间互动；有的企业每周五晚上必须聚餐；有的企业在工作例会、年会之前，都要集体背诵企业文化；有的企业在员工生日那天，要求部门所有人一起为员工过生日。

有的企业组织员工在大街上跳舞，外人看着心里会想"要是让我去跳舞，我肯定不去"，但是员工习惯了，也不觉得有什么问题，反而觉得这是一种展示企业风采和个人形象的方式，觉得非常自豪。

有的企业欢迎新员工的仪式非常隆重，管理层带着员工又唱又跳，而且要求新员工宣誓对工作负责、对企业忠诚。这种做法也确实给企业带来了相对比较低的员工离职率。

仪式越隆重，仪式感越强，人们越难忘，效果越显著。员工会因为仪式感而对工作抱有更饱满的热情，员工与企业之间会因为有仪式感的事件紧密联系在一起。仪式感能够让企业文化更加与众不同、个性鲜明、深入人心。

10.7.3　仪式感的应用方法

企业在应用仪式感的时候，首先要明确仪式感没有好坏之分，就像人的价值观一样，"横看成岭侧成峰"，所谓的好坏只是站的角度不同。要评判仪式感，不是看好还是坏，而是看适合还是不适合，有效果还是没效果。

评判仪式感的关键其实不是看做什么，而是看做的事有什么意义。当然，这里的意义指的不是事情本身的意义，而是事情背后，人们赋予它的某种意义。从另一个角度讲，其实仪式感本身就是一种意义！

所以，企业如果想通过某种仪式，让员工产生仪式感，首先要赋予这件事神圣的意义。然后持续地去做，渐渐地，这件事在员工心中会变得越来越重要。

案例 ❓

我曾经服务过的一家公司有做"早礼"的传统。所谓的"早礼"，就是管理层每天早晨要比员工早到 15 ～ 30 分钟，站在公司门口迎接员工的到来，给每一个来上班的员工鞠躬，而且要心存感激、满怀诚意，并且大声地对员工说"早上好"。这时员工也要鞠躬回礼，大声说"早上好"。

每天在这段时间里，公司中所有的上下级关系全都不存在，工作中所有的不愉快全都消失不见，只剩下人与人之间最基本的善意与感恩。

这家公司的风气很正，平时同事之间的关系也比较好，员工的离职率远低于同行业其他公司。

管理大师彼得·德鲁克（Peter F. Drucker）说：管理的本质，就是用善意去激发善意。德鲁克认为管理不是控制、不是压迫，而是激发善意。这对企业运用仪式感来强化企业文化的传播效果，有很强的借鉴意义。

10.8　哪些企业文化是企业应当尽量避免的

典型问题： 很多企业在打造企业文化的时候，会追求一些比较极致的文化。可极致到了一定程度，会变得极端，成了负面的企业文化。哪些企业文化是企业应当尽量避免的？

类似问题： 有些企业的加班文化真的让员工更勤奋了吗；有些企业的追求结果的企业文化真的让企业获得好的结果了吗；有些企业的强调员工执行力的企业文化真的让企业的运转效率变高了吗等。

10.8.1　强调加班的企业文化

有的企业加班现象很严重，而且企业最高管理层公开宣布希望员工采取996 工作制。所谓 996 工作制，指的是上午 9 点上班、晚上 9 点下班、一周工作 6 天的制度。这种工作制本身违法，可是如果企业通过企业文化传播将其变成所谓的"员工自愿"，企业就可以避免承担法律责任了。

很多企业一方面表示不会强制员工加班，或者公开反对员工加班；另一方面，又鼓励员工要想获得高薪和好的职业发展，要有拼搏精神，要有强大的责任心和自我驱动力，要更好地完成工作。

有加班文化，比有加班的制度还可怕。当有加班制度的时候，员工加班，企业必须支付加班费。可是当有加班文化的时候，企业连加班费都不需要付给员工。

在强调加班文化的企业中，员工工作效率真的很高吗？

不一定。有的员工为了融入有加班文化的集体，产生了"一不做二不休"的行为，就是"一不工作，二不休息"，员工没有下班，却也没有在工作。

举例 ❓

曾经有个互联网公司的领导请我到他们公司做调研。他们公司几乎所有员工的作息都是 996，按理说员工对工作的投入已经很大了，可为什么工作效率低，绩效不见起色呢？

我调研后，发现一个典型的员工作息，其代表了这家公司大部分人的作息状态。这个员工的工作状态如下。

上午 9 点带着早饭打卡，坐在工位上吃了早饭泡杯茶看新闻。

上午 10 点进入状态，高效率工作到中午 12 点，然后吃午饭。

吃完午饭午休到下午 1 点半，再来杯咖啡看新闻，从下午 2 点开始工作到下午 4 点。

然后再打开手机看新闻等着下午 6 点吃饭。

在公司吃完晚饭，溜达一会儿消消食，再回公司小睡到晚上 9 点下班。

这个员工的工作状态是 996，但每天真正工作的时间其实只有 4 个小时。

在那家公司，有类似工作状态的员工人数超过了员工总数的 70%。996 工作制本来是违法的，公司营造这种氛围也违背人性。所以这类员工做出这种行为的时候，不会有任何愧疚感，反而觉得理所应当，认为这是对自己付出的一种补偿。尤其当做出这种行为的员工越来越多的时候，员工应对加班文化的"一不做二不休"的默契就形成了。

这家公司表面上的加班文化，实际上是"耗时间"文化。与其让员工每天多上班，为什么不想办法让员工每天好好工作 8 小时呢？如果管理的质量提不上去，加班时间越长，对公司的伤害反而越大。有没有加班文化其实并不关键，怎么提高员工的工作效率，想办法让员工高效地完成工作，形成追求高效率的企业文化才是关键。

企业可以用高效率工作的文化取代 996 式的加班文化，明确量化出员工在工作时间要完成的工作任务，平均化员工的工作量，防止员工在工作时间磨洋工。尤其是要防止企业出现有的员工很忙，有的员工很闲的局面。

10.8.2　只看结果的企业文化

有的企业推行"只看结果"的企业文化。在这类企业中，管理者在给下属布置任务的时候总喜欢说："我不管你怎么办，我只看结果。"当下属在工作中遇到困难的时候，管理者喜欢说："别跟我讲那么多借口，我只要结果。"

这种思想，这类句式，听起来过瘾，但实际做起来，不但没有效果，而且在管理上会有负面影响。

管理领域有一个"猴子理论"。这里的"猴子"指的是困难、麻烦、压力或责任，意思是原本下属身上有"猴子"，下属向上级"诉苦"之后，"猴子"就到了上级身上。原本是下属的烦恼，结果却成了上级的烦恼；下属落得轻松，上级反而忙得要死。

"猴子理论"在工作中确实存在，可并不是每个下级来找上级反映问题都是想向上级"丢猴子"。管理者要懂得区分什么是"猴子"，什么是下属真的需要帮助，要做到心中有数。

盲目追求"只管结果，不管过程"，其实是管理者无能和无知的表现。这时所谓的"没有借口"，其实反而是那些无能的管理者为自己的无能找的借口。"只看结果"的企业文化，并不是好的企业文化。

10.8.3　必须执行的企业文化

与只看结果的企业文化一脉相承的，还有必须执行的企业文化。在这类企业中，管理者强调员工必须得令则行，不论上级管理者的指令是什么，下属都要坚决执行。尤其是将这类企业文化强行和军队联系起来之后，这类企业文化更是有了看似强大的逻辑。它的逻辑是：军队是世界上执行力最强的队伍，要想管理好团队，就要学习军队！

可企业毕竟不是军队，员工来企业上班和军人在军队当兵有着本质的不同。军人的使命是保家卫国，有着与生俱来的崇高使命感和责任感；员工的第一使命是赚钱养家，解决家庭的温饱问题，在付出劳动的同时，协助企业完成目标。

另外，军队虽然强调军人的执行力，可军队并不是一个不允许军人表达个人观点的组织，也不是一个冷酷无情的组织。很多企业拿军队训练为例子，追求必须执行的企业文化，这实际上是对军队组织文化的误读。

比如，某军队训练，要求全体军人在操场上跑 10 圈。刚跑了不到一圈，就有个军人突然间停下说自己肚子疼，有可能是急性阑尾炎，想去看医生。如果按照必须执行的文化，不跑完，班长不会允许这个军人去看医生。可实际上军队里的班长会允许这个军人去看医生，而且很可能会背他去医务室。

军队组织文化的核心其实是努力拼搏、彼此信任的战友情。强调得令则行，是军队组织管理方式的体现，而不完全是军队组织文化的体现。有些企业强调必须执行的企业文化，实际上是在追求一种"无情"的企业文化。

如果无情，企业中怎么会有团队凝聚力？如果无情，员工从哪里获得情感激励？如果有的企业无情地对待员工，而其他企业关心和照顾员工，那员工为什么还要在无情的企业中工作呢？

10.9　如何打造追求高绩效的企业文化

典型问题： 多数企业会追求高绩效，企业文化可以和追求高绩效联系在一起，如何打造追求高绩效的企业文化？

类似问题： 哪些打造追求高绩效比较成功的企业文化可以借鉴；如何保障高绩效企业文化的实施；如何落实高绩效文化等。

10.9.1　名企 IBM 的高绩效文化

打造百年企业，必须要有过硬的企业文化。在世界上所有的百年企业中，国际商业机器公司（International Business Machines Corporation，IBM）随着企业的发展与时代的变化，对企业文化的调整可以称得上经典。

IBM 的创始人老沃森最早把 IBM 的企业文化定义为"尊重个人"。小沃森曾经在《一个企业与它的信仰》一书中对 IBM 的企业文化做了详细的描述，把努力工作，体面的工作环境，公平、诚实、尊重，无可挑剔的客户服务以及工作是为了更好的生活等这些个人理念总结成"尊重个人、服务至上、追求完美"的著名的 IBM 企业文化三原则。

这 3 个原则当时被各大媒体和商业经典案例所引用和学习，然而随着 IBM 的发展，这 3 个原则却渐渐地成了 IBM 的精神枷锁。原因当然不是这 3 句话本身不对，而是随着时间的推移，这 3 个原则逐渐在理解和执行中变味了。

1. 原本的"尊重个人"变成了员工的"为所欲为"。

2. 原本的"服务至上"变成了员工的"自我意识"。

3. 原本的"追求完美"变成了员工的"固执己见"。

郭士纳在接任总裁之后，为了改善当时 IBM 的经营问题，逐渐把 IBM 的企业文化与绩效管理联系在一起，他提出"高绩效文化"的企业文化理念。

高绩效文化强调"力争取胜、快速执行和团队精神"。IBM 鼓励员工追求卓越，期望激发员工的潜能，达到高绩效。在 IBM，一谈起绩效，人们经常说的一句话是"让业绩说话"（Performance Says）。直到今天，这句话也经常被很多公司引用。

为了贯彻这种高绩效文化，IBM 的绩效管理体系是以一种被称为"个人业务承诺"（Personal Business Commitments，PBC）的项目为中心来开展和运作的。个人业务承诺是由"工作成功的结果""怎么成功的过程""整个团队达成的目标"3 个部分组成的。

IBM 的个人业务承诺可以分成 3 个具体层面。

1. 对结果的承诺。

2. 对执行的承诺。

3. 对团队精神的承诺。

IBM 的高绩效文化，直接落实到了绩效管理的层面；IBM 的绩效管理做法，又影响着高绩效文化。企业文化和绩效管理相互支持、相互推动。在这种背景之下，高绩效的期望最终得以在 IBM 有效地推行和落实。

10.9.2　高绩效文化的 3 大机制

借鉴 IBM 打造高绩效企业文化的先进经验，企业要建立高绩效文化，应当让全体员工都主动自发地认可和参与到高绩效文化的建设中来。企业要提高全员高绩效的意识，可以在 3 大机制上做出努力，如图 10-8 所示。

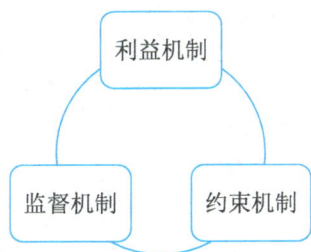

图 10-8　高绩效文化的 3 大机制

企业通过持续运行这 3 种机制，能够让企业中每一个员工意识到高绩效和自己息息相关，从而完成高绩效企业文化的建设。

❶ 利益机制

利益机制就是把高绩效和员工的薪酬待遇挂钩，绩效水平越高，员工的薪酬待遇就越高。企业也可以设置高绩效的专项奖励机制，在绩效达到一定程度之后，给员工发放高绩效的专项奖金或特殊奖励。

❷ 约束机制

约束机制就是企业要制定绩效控制相关的制度、流程等标准化规范，利用制度和流程约束让员工保证行为表现，从而保证绩效水平。除了制度层面的要求之外，企业还可以通过营造高绩效文化的氛围来完成对员工行为的约束。

❸ 监督机制

监督机制就是企业要定期监督员工在绩效方面做得如何。如果做得好，可以及时地实施正向激励；做得不好，可以及时地实施负向激励。监督机制的关键在于发现问题之后的过程管控，而不是秋后算账。

10.9.3　高绩效文化的 3 个保障

要让企业全员参与到高绩效文化的建设中来，除了建立全员和绩效之间的相关性之外，环境同样起着非常重要的作用。环境就像土壤、水和空气，决定着高绩效这颗理念的种子能否在员工的心中扎根、发芽、开花、结果。

要打造高绩效文化，需要 3 个保障，如图 10-9 所示。

图 10-9　高绩效文化的 3 个保障

❶ 高层带头

高层管理者的行为对企业文化的形成与保障有深远的影响。高层带头是打造企业文化最重要的环境因素。要让全员认可高绩效文化，企业的最高管理者首先要以身作则，做出表率，不能说一套、做一套。

❷ 工具支持

企业要落实高绩效的理念，只靠员工个人的主观意愿有时候是很难实现的，还需要一定的工具支持。这里的工具包括一切相关的生产资料，如生产设备、生产工艺、流程规范等。

❸ 激励政策

这里的激励政策不仅包括与薪酬相关的负面惩罚性政策，还包括正面激励性政策。激励性政策应当鼓励创新，鼓励高绩效。因为如果一直做相同的事，原理上不会有不同的结果。高绩效通常与一定的创新有关。

10.10 如何考核企业文化工作质量

典型问题： 某岗位负责企业文化的实施工作，如何对该岗位企业文化工作的质量进行考核？

类似问题： 考核企业文化工作质量应当考核哪些人；考核企业文化工作，可以从哪些维度进行考核；考核某岗位企业文化工作质量时，有些指标该岗位无法控制怎么办等。

10.10.1 企业文化工作考核的常见错误

企业文化工作绝不只是某一个岗位的工作，而是在一个管理系统上的一系列工作。就算某人是企业的一把手，他的一言一行直接影响着企业文化的走向，也不能说就凭他的几项工作布置或开几个会就能把企业文化工作做好。企业文化渗透在企业管理中，企业文化需要持续地引导，需要时间的积累，也需要不断地经营。

对企业文化工作质量的考核：从岗位的角度来说不应该只对某一个岗位实施考核，而应该对企业文化有影响的不同岗位都实施考核；从具体工作的角度来说，不应该只对一两件工作实施考核，而应该对整个企业文化推广行为计划实施考核，或者是对一系列工作实施考核。

如果企业试图通过某一个岗位的某几个指标的年终考核来评判企业文化工作的推行质量，那是极不科学的。这种考核方式别说是考核企业文化工作了，连考核这个岗位的工作人员本身的工作质量都是不科学的。这也是很多企业绩效考核陷入走形式的原因之一。

绩效考核的指标可以简单地分成结果类指标和过程类指标。在考核方式上，对应着对过程的持续监控和对结果的评估。对企业文化工作的考核，在这两方面同样重要，因为企业文化工作的实施质量很难量化。

所谓的结果，大多是主观上的打分或评价，但过程中的工作却是实实在在的。也不能只注重过程，因为企业最想看到的是结果。所以，对结果的考核和对过程的考核这两部分的权重可以四六分或五五分。

10.10.2　企业文化工作考核的 4 个维度

企业文化工作的考核事项，主要包括 4 个维度，分别是制度建设、学习培训、行为素质、文化宣传及其他。要做好企业文化工作，不同岗位的企业文化考核指标参考如表 10-1 所示。

表 10-1　不同岗位的企业文化考核指标参考

岗位	制度建设	学习培训	行为素质	文化宣传及其他
总经理	✓	✓	✓	
各部门负责人		✓	✓	
企业文化管理人员	✓	✓	✓	✓
各级员工			✓	

❶ 制度建设

制度层面的建设是企业文化建设的前提，也是让企业文化有法可依的重要保障。企业文化相关制度文件的完善程度不仅和企业文化管理人员有关，和总经理也息息相关。因为企业文化制度建设的过程中无处不体现着总经理的意识，而且必须获得总经理的支持和参与，制度才能有效地出台和推行。

❷ 学习培训

企业文化是什么，员工应该怎么做，什么样的行为是符合企业文化的行为，什么样的行为是不符合企业文化的行为，这些要通过培训传达给全体员工。学习培训同样不仅是企业文化管理人员的工作，总经理、各部门负责人在这方面都有具体的职责和工作。

❸ 行为素质

在企业明确什么样的行为是企业提倡的行为，什么样的行为是企业绝对不容许的行为之后，接下来就要对员工日常行为与企业文化相符程度进行评估。这可以通过日常的绩效评价，可以通过员工奖罚的记录，也可以通过对员工日常行为的观察和抽查工作。在行为素质层面，需要总经理、各部门负责人、企业文化管理人员和各级员工都参与。也就是说，这其实是一项考核全员的工作。

❹ 文化宣传及其他

这部分主要是对企业文化管理人员的工作职责和具体内容的考核，如对企业内部的宣传标语标识的建设、企业的内部宣传媒体中企业文化相关内容的建设、平时工作中以企业文化为主题的活动等的考核。

企业文化工作考核各项指标的类型如表 10-2 所示。

表 10-2　企业文化工作考核各项指标类型

	制度建设	学习培训	行为素质	文化宣传及其他
参考指标方向	制度完善程度 制度出台时间	培训次数 培训人次 培训效果	行为记录 奖罚记录	各类工作职责完成情况
参考指标类型	定性指标 结果指标	定量指标 过程指标	定性指标 过程指标	定量＋定性指标 过程＋结果指标

10.10.3　企业文化工作考核的监督机制

曾经有 HR 问我："我们根据领导的要求，做了一系列的企业文化推进工作，可是当我们问员工想法的时候，很多员工却说我们在搞形式主义。我们不做事，领导不高兴；我们做了事，员工又不高兴。遇到这种情况，我们应该怎么办呢？"

这个问题非常具有代表性。在企业中负责企业文化传播的人员都想要做出成绩，既然要做出成绩，就要做事情，要做事情就难免陷入一种为了做事而做事的情况。这种情况也叫过度付出。这种过度付出不仅会造成企业文化传播人员的无效劳动，还会造成企业的成本浪费。

要解决这个问题，企业可以引入监督机制。这一点，可以学习经典的司法体系。在经典的司法体系中，警察负责侦破案件，既然是负责破案，要判断警察的政绩，最重要的指标当然是破案率。

警察侦破案件其实很难，需要大量时间去收集证据，寻找证人。那么多的警察中，难免会有人为了追求破案率、提升业绩不按照破案程序办案，甚至有少数警察为了破案伪造证据。这显然就和当初设立警察的初衷相悖。

难道不应该设立警察吗？当然不能，如果没有警察谁来破案呢？难道不应该要求警察有比较高的破案率吗？也不能，如果不要求警察有比较高的破案率，警察很可能会不作为。那怎么办呢？为了平衡，经典的司法体系设立了检察院，检察院负责起诉犯罪嫌疑人，同时也要对警察实施监督检查。

企业文化的推进工作也是同样的道理。为了推进企业文化建设，企业不能不设置负责企业文化建设的人员，既然设置了，其肯定要采取一些行动。企业不能随意限制这类企业文化建设活动，不能因为个别员工不喜欢企业文化活动就不举办；同时，也要注意加强对企业文化建设人员和这类活动的监督，个别员工不喜欢不要紧，但如果大部分员工认为不应该举办某一类活动，企业就应该做出调整。

企业要注意对企业文化活动的客观判断，员工喜不喜欢企业文化建设活动并不是评判活动成功与否的关键，而举办活动的目的和必要性是判断是否应举办活动的关键。

第 11 章

制度流程管理

企业的制度和流程，是员工在工作中必须遵守的企业内部规范的总和，是企业拥有的重要权利。没有规矩，不成方圆，没有制度和流程，企业将陷入一片混乱。企业想要成功需要具备适应企业发展的、系统的、明确的、有可操作性的制度和流程。

11.1 如何系统化地汇编制度

典型问题： 企业把重点精力放在业务发展上，当前的管理体系和制度不完善，暴露出很多问题。企业想系统化地编制企业的制度，可是不知道该从何处入手。

类似问题： 企业的制度包含哪些种类；制度不全时，应当先编制哪些制度；系统地汇编制度时要注意什么等。

11.1.1 制度的 3 大种类

企业中常见的制度可以分成 3 大种类，这 3 大种类制度的名称、含义和包含内容如表 11-1 所示。

表 11-1　企业 3 大种类制度的名称、含义和包含内容

名称	含义	包含内容
行为规范类制度	适用于所有员工，对所有员工的规范程度相同，是所有员工都必须遵守的基本行为准则	员工行为规则、劳动纪律、企业奖罚条例、企业商业准则、办公用品管理制度、物品领用管理制度、保密制度、竞业限制制度、出勤管理制度等
工作流程类制度	适用于所有员工，但并不强调具体的行为，更偏重"标准""流程""秩序"	入职管理制度、转正管理制度、离职管理制度、岗位调整管理制度、岗位晋升或降职管理制度、薪酬管理制度、绩效管理制度、请假管理制度、述职管理制度等
工作内容类制度	适用于部分员工，属于从事特定岗位员工需要遵守的行为规范	生产作业管理制度、生产设备管理制度、产品质量管理制度、技术研发管理制度、市场营销管理制度、采购管理制度、物流控制管理制度、信息系统管理制度、财务会计管理制度、安全检查管理制度等

如果需要，制度可以涵盖企业中的所有行为。有效的制度通常是系统化的制度，但系统化的制度不一定是有效的制度。企业在编制系统化的制度的时候，不应追求"多"，而应追求"有效"。100个没用的制度比不上1个有用的制度。

11.1.2 制度的编制顺序

企业在系统地编制制度之前，要注意以问题为导向。如果企业当前没有任何制度，那么最先制定的制度，应是能够优先解决企业问题的制度，而不是从互联网上搜索出来的制度，或者"拍脑袋""想当然"的制度。

在编制制度以前，企业要明确当前最需要解决的问题、最大的"痛点"。先把问题列出来，然后针对问题，系统化规范制度，并且明确制度编制责任人和制度完成时间。可以根据问题做制度编制工作分配表，如表11-2所示。

表 11-2　制度编制工作分配表

当前问题 （按照重要性排序）	对应的制度	制度编制责任人	制度完成时间

制度的内容要包含期望员工做出的行为和避免员工做出的行为，制度要做到有据可查、有章可循。如果制度制定之后，再出现某类有损企业利益的行为，但是制度中没有相关规定，就要在第一时间针对问题完善制度。

案例 ?

某创业企业新招聘的一名员工消极怠工，经常在上班时间以抽烟、上厕所为借口私自外出，常常一到两个小时不在岗。该员工在岗时，常常浏览与工作无关的网站，做与工作无关的事。

该员工的直属上级已经发现并批评过他多次，但他屡教不改，而且还说："我每天按时上下班，又没有违反企业的制度，你们没有权利把我怎么样。"

当企业制度不全，没有关于日常行为规范的规定时，这个员工的说法也许是对的。这就是当前的问题，这时企业可以针对这一类实际发生的问题，制定相应的制度。

11.1.3 制度的量化获取

企业在编制制度的时候，为了界定行为的性质和程度，要尽量做到量化。对有可能产生争议的事项，设定出具体的实施标准和具体的界定方法。

如果制度的界定过于模糊，当情况真的发生的时候，企业很可能没有办法给行为定性。比如，"数额巨大""金额较高""比较严重"之类的含糊词语出现在制度上，很可能让制度变得无效。

举例 ?

某企业的制度中规定，员工因为违规操作给企业造成损失：损失金额在 1 万元以下的，属于三级违规；损失金额在 1 万元到 5 万元的，属于二级违规；损失金额在 5 万元以上的，属于一级违规。

该企业的某员工在一次操作中，因为不按照工作流程操作，给企业造成了 2 万元的损失。按照制度的规定，该员工属于二级违规。

根据案例中的量化方式，把制度规则界定清楚，当员工违规的时候，企业就可以明确判断出员工行为的属性。具体和量化，才能造就落地的制度，才可能形成有效的制度。因为事实通常是具体和量化的，这种制度能让企业聚焦于事实本身，而不是对事实的主观判断。

企业要想让制度中规定的事项能真正被执行，在制定制度之前，就要思考该怎么获取员工行为发生的证据。

比如，有企业制度中规定员工不得挥霍、浪费企业资源。这个规定本身的初衷是好的，可是要如何判断和审查员工是否有挥霍和浪费企业资源的行为呢？当某具体事件发生的时候，企业要通过什么样的方式，获取员工挥霍和浪费企业资源的证据呢？

如果不规定清楚，制度将很难落实。有些制度的数据虽然比较容易获取，但需要某些岗位的人员在日常工作中做好记录。这些记录工作，企业需要在设计制度的时候就将其纳入。

11.2 如何合法合规地制定并通过规章制度

典型问题： 很多企业在和员工发生劳动争议时，拿出自己的规章制度当作证据，即使规章制度的内容本身合法合规，却还是败诉，因为规章制度建立的程序出了问题。如何合法合规地制定并通过规章制度？

类似问题： 所谓规章制度必须经过的民主程序指的是什么程序；如何证明规章制度经过了民主程序；规章制度应如何公示以代表员工已知悉等。

11.2.1 规章制度有效的 3 个要件

企业的规章制度要想具备法律效力，有 3 个要件缺一不可，如图 11-1 所示。

图 11-1 企业规章制度想要具备法律效力的 3 个要件

❶ 合法合规

企业制定规章制度的前提条件是严格遵守法律法规。对于法律法规中已经规定的事项，企业的规章制度也需要做出规定；对于劳动条件、劳动报酬、劳动福利、劳动保护等方面的待遇规定不得低于劳动相关法律法规或者集团合同规定的最低标准。

对于劳动相关法律法规没有做出强制规定的事项，如果企业自行做出规定，也必须遵循权利和义务对等的原则，不能只规定劳动者的责任和义务，不规定劳动者能够享受的权利。在规定带有惩罚或奖励性质的相关规定时，不能只规定惩罚的条款，而忽略奖励的条款。涉及处罚的标准，不得高于劳动相关法律法规规定的标准。

合法合规是基本要求，除此之外，规章制度还需要"合理"。所谓合理，就是规章制度的条款要在保证公平、公正、恰当的同时，体现出对员工的关爱。有"温度"的制度更容易被员工理解和接受，也更容易执行。

❷ 民主程序

企业规章制度通过的民主程序首先是将企业方初拟的规章制度通过职工代表大会讨论，如果企业没有职工代表大会，可以请全体职工讨论。结合职工代表大会和全体职工的反馈意见，经过平等、充分的讨论和协商后，最终由职工代表大会或全体职工审议确定并通过。

在规章制度实施的过程中，如果某个员工或工会认为某个规章制度中的某个条款不合理，可以提出来，再做谈判和协商。这里需要注意，职工代表大会和工会虽然不是企业中必须存在的组织，但是它们对规章制度的确定和通过起着至关重要的作用。如果没有职工代表大会，那么就需要全体职工通过。但这样企业组织起来会有比较大的难度，不容易实现。

❸ 员工公示

规章制度的公示程序要做到规范。所谓规章制度的公示，就是通过某种方式将规章制度告知全体员工。规章制度公示的方式不拘一格，企业可以通过在宣传栏张贴、网站公告、群发邮件、手机端推送、专题培训、集体开会宣读等方式公示，也可以通过其他适合企业的方式公示。

11.2.2　通过民主程序的 3 项证据

企业在实施民主程序的时候，需要保留好证据，民主程序的证据并不是企业在公示文件中提到的"经过某次职工代表大会讨论通过""已经与工会协商一致"等这些文字，而是能够起到证明职工代表大会讨论通过规章制度事实的决定性证据。

企业在制定规章制度的时候，必须按照程序执行，而且要在每个阶段留存相关的文本记录、签字记录、照片记录、录音记录等，做到有据可查，避免因程序不合法承担不必要的风险。

常见民主程序的证据，包括 3 项，如图 11-2 所示。

图 11-2　常见民主程序的 3 项证据

❶ 参与证据

参与证据指的是职工代表大会所有参会人员实际参与的证据，如职工代表大会的签到记录、参会入场过程的录像或照片记录等。

❷ 过程证据

过程证据指的是所有关于规章制度讨论、协商过程的证据，包括讨论过程的录音、各方讨论过程的录像或照片等。

❸ 结果证据

结果证据指的是关于规章制度的讨论和协商，最终达成一致意见的相关录像记录、录音记录和文字记录，以及所有参会人员在职工代表大会决议上的签字记录。

以上 3 项证据可以作为规章制度经过民主程序的证据，可以作为企业预防劳动争议的基本证据材料。企业要妥善收集、保管好这一类证据材料。

11.2.3　规章制度公示的 4 种方法

发生劳动争议时，员工可能会主张自己并没有看过或学习过规章制度，也就是有的员工会说企业并没有履行公示程序。这种情况一旦发生，企业需要提供规章制度公示的证据，而企业往往很难拿出证据，因此就容易陷入一种不利的局面。

所以企业必须要重视规章制度的公示过程，常见的规章制度的公示方法有 4 种，如图 11-3 所示。

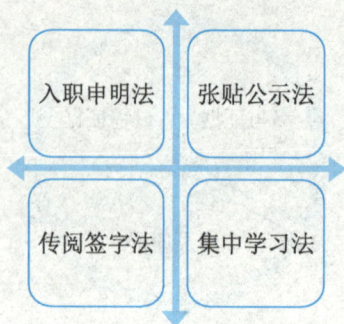

图 11-3 规章制度的 4 种公示方法

❶ 入职申明法

在新员工入职的时候，让新员工阅知规章制度，保留新员工阅知规章制度签字的凭证；在新员工入职培训的时候，保留新员工通过规章制度考试的试卷资料；把规章制度放在劳动合同中，作为劳动合同的附件，和员工签订劳动合同时一起约定签字。

❷ 张贴公示法

企业可以把规章制度张贴在宣传栏，或者做成黑板报的形式；规章制度的张贴公示不仅可以在物理办公环境下进行，而且可以通过互联网进行。比如，在官方网站、内网系统上公示，或者可以通过内网系统或电子邮件主动推送、群发的形式，可以设置员工打开后自动回执。

❸ 传阅签字法

企业可以把规章制度打印出来，由各部门负责人组织在各部门内部传阅学习，已阅者要签字确认；或者直接把规章制度汇编进员工手册，保证人手一本，在员工手册中设置回执页，员工收到员工手册后，在回执页上签字确认，企业统一回收保存。

❹ 集中学习法

企业可以适时组织员工集中学习规章制度。尤其当企业的规章制度发生变化的时候，新老员工对新的规章制度不了解，这时可以集中组织培训，留下培训的影音资料、照片资料、签字资料、培训后的考试资料等。

以上方法并非用了其中一条，企业就可以高枕无忧了，企业在管理成本允许的前提下，用得越多越好。不论作为劳动合同的附件，作为员工手册，还是培训后的签字确认，都要有明确表示员工已经知悉规章制度的说明签字。

参考内容如下。

_____已经详细认真阅读了上述规章制度，已经充分了解其内容和含义，愿意自觉遵守上述规章制度。

以上内容可以印成固定模板，让员工在划线处签字，也可以要求员工按照此格式全部手写。

11.3 如何避免制度流程沦为走形式

典型问题： 企业的制度和流程在制定出来，运行一段时间之后，企业发现存在大量的形式主义问题。有的制度流程成了走过场，没人在意；有的制度流程成了空话，没人理会；有的制度流程成了一纸空文，没人执行。如何避免制度流程沦为走形式？

类似问题： 如何保证制度流程制定之后能够发挥作用；如何避免制度流程形同虚设；制度流程的实施需要哪些保障等。

11.3.1 制度流程编制者的管控

企业的制度流程并不是有没有的问题。如果只是有没有的问题，HR 可以通过互联网搜索各类的制度流程，或者找到成熟企业的制度流程拿来借鉴，然而这样制定出来的制度流程在企业中是无法落地的。

企业在编制制度流程的时候，不应该追求多，也不应该追求全。很多制度流程最后变成了写在纸上、留在嘴上、挂在墙上的没用的制度流程，就是因为在制定制度流程的环节，只考虑了多和全，没有考虑制度流程的生存环境。在一些企业里面"鲜活"的制度流程，到了别的企业中，很可能变成一个"标本"，只能看，不能用。

要让制度流程发挥效果，制度流程的编制者至关重要。有的企业各类制度流程都是由基层员工起草制定的，最高管理者没有参与，这样的制度流程往往没有效果。基层员工可以做制度流程编制的行政工作，要想制度流程有效果，企业的最高管理者必须为制度流程的出台和运行贡献思想或有所付出。

制度流程出台之前，企业的最高管理者对这项制度流程的出台和推行持什么样的态度、参与了多少，决定了这项制度流程最终会有什么效果。如果最高管理者不承担自己该有的责任，这样的制度流程最终会变成废纸。

反过来，如果最高管理者从一开始就重视、参与、了解制度流程中每个环节的设计，为了制度流程的推行，开会的时候做出强调，以身作则执行制度流程，而且定期提醒和检查，这样的制度流程很容易落实。

联想集团创始人柳传志一开始在联想推行开会迟到要罚站制度的时候，自己推行制度，而且身体力行遵守制度，才让这项制度在联想内部得到落实，并生根发芽。

所以，当企业编制和推行制度流程的时候，制度流程的编制者一定要先与最高管理者充分沟通，让最高管理者充分参与到制度流程的制定和推行工作中来，让最高管理者承担责任。

11.3.2 制度流程责任人的管控

有效落实制度流程的另一个关键点，是要明确谁为制度流程的实施负责；或者说，如果某项制度流程得不到贯彻和实施，究竟该找谁。如果针对某个制度流程回答不了这类问题，当制度流程无法落实的时候，就没有责任人可以负责。

举例 ❓

某人力资源经理在接到总经理的指示之后，出台了一项制度——物资采购管理制度。制度出台之后，各部门都不按照这个制度执行，总经理怪罪人力资源经理出台这项制度有问题，人力资源经理感觉很委屈。人力资源经理只是帮助总经理出台制度，制度的思路都是总经理告诉他的，怎么现在制度不落实，总经理反倒怪起他来了？

其实这个人力资源经理并不冤，因为他在制定制度的时候，没有说明制度在得不到落实的情况下，应该怎么办；没有规定清楚，制度不落实应该找谁、由谁来负责。如果没有做出这类规定，制度不落实，总经理只能问责制度的制定者。

所以，企业在制定制度流程的时候，一定要明确谁为制度流程的实施负责，如果制度流程得不到实施应该找谁、应该怎么办。

11.3.3　制度流程问责人的管控

定义出制度流程的责任人之后，还有个关键问题，就是如果制度流程不落实，谁来牵头问责？这个问题非常关键，因为当制度流程不落实的时候，往往没有人愿意站出来做这个"坏人"。如果不在制定制度流程的时候规定清楚问责人，结果就会演变成没有人愿意负责。

企业的最高管理层并不是制度流程的天然问责人。很多情况下，当制度流程无法得到执行的时候，最高管理层只会问责出台制度流程的部门或个人，而不会问责应该为制度流程无法实施负责的部门或个人。

不同的制度流程，应该牵头问责的人也不同。一般根据制度流程的类型和情况，部门级的可以由部门负责人牵头，企业级的可以由审计部牵头，敏感的可以由领导指派的专人牵头，一般的可以由办公室牵头，特殊的可以由总经理助理牵头，更特殊的可以由总经理牵头。

如果制度流程的背后没有奖罚，那么规定了也没有用。

如果制度流程的背后没有检查，那么出台了也没人做。

如果制度流程的背后没有记录，那么实施了也没效果。

11.4　推行制度时，遇到对抗怎么办

典型问题： 企业在推行制度的时候，有时候会遇到一些员工对抗制度，表现为不按照制度执行，或者私下抱怨制度有问题。推行制度时，遇到某些员工对抗，应该怎么办？

类似问题： 面对不执行制度且态度强硬的员工，HR 应该怎么办；遇到中高层管理者不执行制度，HR 应该怎么办；HR 推行制度的时候，应不应该采取强硬手段等。

11.4.1 推行制度可以 "理直气软"

有时候推行制度会遇到各种各样的阻力，如果不采取一定的措施，最终很容易让制度变成走形式。在推行制度的过程中，最让人头疼的是员工的对抗，尤其是一些关键岗位管理者的对抗。

HR 在推行制度的时候，可以采用 "理直气软" 的态度。所谓有理还是没理，要站在某个场景或角度来看。站在企业的角度，谈集体利益，HR 可能是有理的；但是站在员工个人的角度，谈个人利益，HR 可能就没理了。

当然，从健康经营发展的角度来说，集体利益应该大于个人利益。但是很多员工并不这么想，很多员工习惯先看个人利益，再看集体利益。这时候，就需要用 "理直气软" 的态度来推行制度，而不是用理直气壮的态度。

这里的 "理直"，就是 HR 应当永远站在集体利益这一边；这里的 "气软"，就是 HR 在方式方法上，要讲策略，不能太直接。如果能 "以柔克刚"，如果能通过更温和的态度让员工接受制度，那是最好的。

11.4.2 应对员工对抗的 3 个关键点

HR 在遇到员工面对制度的实施出现对抗情绪的时候，应保持镇定、积极应对，缓解员工的消极情绪，把焦点带回具体业务工作上，和员工一起查找问题的根源，而不是怀着抱怨的态度对待员工。

HR 应对员工对抗的时候，要注意 3 个关键点，如图 11-4 所示。

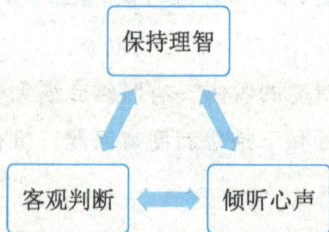

```
            保持理智

   客观判断  ⟷  倾听心声
```

图 11-4　HR 应对员工对抗的 3 个关键点

❶ 保持理智

面对员工的对抗，HR 不能乱、不要慌张，也不要用对抗来回应对抗，要保持客观，了解状况，独立思考，不要被员工"带着走"。

❷ 倾听心声

HR 要倾听和考虑员工的观点，让员工充分表达，找到他们想表达的关键信息或核心思想，判断他们说的是客观事实还是主观判断，是否有理有据。

❸ 客观判断

HR 要判断员工表达内容的合理性。如果是合理的，应当考虑，并且给出一定的弹性空间；如果不合理，那么应当以事实为依据，给员工反馈，和员工一起直面问题。

11.4.3　应对员工对抗的 4 种类型

企业在推行制度的过程中，通常会遇到的员工对抗类型有 4 种，分别是转移型、家庭状况型、找理由型、情绪反应型。这 4 种员工对抗类型的常见语言或表现和应对策略如表 11-3 所示。

表 11-3　4 种员工对抗类型的常见语言或表现和应对策略

员工对抗类型	常见语言或表现	应对策略
转移型	这个事情是这样子的…… 我是有苦衷的…… 我也不想这样……	领会员工的真正含义，但不要被"带着走"；判断当前状况，理性做出判断
家庭状况型	因为我家里最近…… 因为我亲人这段时间……	如果需要,可以从高层管理者处得到特例许可;对这类事件保持一定的关注;保持参与和持续监控状况的演变
找理由型	都是因为其他人的某个问题 都因为……，所以才……	如果原因合理,可以考虑申请特例许可;如果原因不合理,引导员工把问题聚焦于违反制度的实质
情绪反应型	表现出愤怒; 开始哭泣; 长时间沉默	给员工一点时间，放慢谈话节奏，让其平静下来。不要与其对抗,也不要使情况恶化。通过开放式的问题继续对话

员工对抗情绪有时候是一种情绪抒发，有时候是一种信息表达，并不一定是员工故意要和企业的制度对立。有的 HR 为了表达自己对员工情绪的不满，用自己的对抗情绪来对待员工的对抗情绪。这样做不仅解决不了问题，而且很可能会激发企业的内部矛盾，造成不良的后果。

11.5 员工违规时，企业如何正确处置

典型问题：当员工出现违反规章制度的情况时，尤其是在给企业造成损失时，企业可以严格执行规章制度，要求员工照价赔偿吗？会不会出现一些法律风险？

类似问题：如何判定员工是否违反规章制度；员工违反规章制度之后可以如何处罚；员工给企业造成损失，应当如何承担赔偿责任等。

11.5.1 员工违规的判定方法

在企业中，有时候会因员工违规操作而引发事故，既让员工个人受到伤害，又给企业带来财产损失。企业不希望员工违规，当违规发生的时候，企业应当采取相应的措施，在最小化损失的同时，防止违规再次发生。

企业要判断员工是否存在违规操作，首先得有"规"。如果没有"规"，企业不能随意说员工违规。"规"就是企业的规章制度、奖罚条例、操作标准等规范化文件，企业可以把它们统称为规章制度。

在劳动争议处理中，由用人单位处理违规员工引发的劳动争议占有很大的比例。不少用人单位在处理违规员工的时候并不能做到完全合法、合规，这让用人单位在法庭上往往处于劣势。

合法的企业规章制度，不仅能为日后处理员工违纪行为提供标尺，更能为企业的举证做足准备。企业的规章制度要明确员工违规的具体行为表现，明确员工违规的判定标准，明确员工违规行为的证据的获取方法。

当有了规章制度之后，企业判定员工违规操作，还得有确凿的"证据"，或者有一套完整的证据链条。如果没有确凿的证据，企业依然不能认定员工违规，不能随意处罚员工。

员工违规操作，如果造成员工人身损伤，这种情况算不算工伤呢？

判定工伤的标准，并不是员工有没有违规操作的事实，而是员工存不存在主观上的故意。如果员工存在主观故意，那就不算工伤；如果员工不存在

主观故意，那就应当算工伤。

这里的依据是《工伤保险条例》（2010 年 12 月 8 日修订版）中列举的 3
种不得认定为工伤的情况：

1. 故意犯罪的；

2. 醉酒或者吸毒的；

3. 自残或者自杀的。

11.5.2　员工违规的处理方法

在日常工作中，有确凿证据证明员工违规时，企业可以有两种处罚方式。

1. 行政处罚，主要包括警告、记过、记大过、降级、撤职、留用察看、开除。

2. 经济处罚，一般是在给予行政处罚的同时，对员工一次性罚款。

除了这两种处罚方式之外，其他对员工违规的处罚都有可能违法。比如，
有的企业因为员工有过错，出现了废品，就罚员工加班工作，不结束工作不
得回家；有的企业因为员工的某种过错，剥夺员工节假日休息的权利；还有
的企业甚至对员工采取某些形式的体罚、某些形式的限制人身自由、某些形
式的侮辱人格等。这些类型的处罚都是违法的处罚。

面对员工的违规行为，企业一般会比较头疼。如果处理得太轻，不能起
到杀鸡儆猴的作用；如果处理得太重，可能会让员工丧失对企业的信心，让
双方对峙公堂。要恰当地处理员工违规行为，既要做到合理合法，又要避免
发生劳动争议，有 3 点需要企业特别注意。

❶ 公平、公开、公正

公平是指企业要严格按照规章制度进行处罚，同样的情形，必须做出同
样的处罚，不管是员工还是领导，无一例外；公开是指劳动者违反了劳动纪律，
必须公开处理，企业不得私自陷害或侮辱员工；公正是指企业要站在中立的
一方，不偏袒、不偏激，客观地处理。

**❷ 以事实为依据，重视法律，重视证据的力量，严格按照规章制度进行
处罚**

企业在处罚违规员工时，要做到以事实为依据。不以事实为依据的处罚

是不被法律所接受的。以事实为依据的关键是证据，没有证据，不能说员工违规。证据最好是书面的，如果员工口头承认的，也可以作为证据使用，但必须有录音。对于口头的证据，最好让员工签字。

❸ 以教育和警示为主，以惩罚为辅

企业惩罚违规的员工只是一种手段，根本目的不在于惩罚本身，而在于警示。警示当事的员工，也警示其他员工，希望其他人不要犯同样的错误。所以，企业一定要分清楚主次，强化教育和警示的力量，能不处罚，尽量不处罚。

11.5.3 员工违规的赔偿责任

如果员工违规操作，给企业造成了损失，企业可以让员工来承担全部的赔偿责任吗？

《民法通则》（2009 年 8 月 27 日修正版）第一百零六条归责原则的规定如下。

公民、法人违反合同或者不履行其他义务的，应当承担民事责任。公民、法人由于过错侵害国家的、集体的财产，侵害他人财产、人身的，应当承担民事责任。没有过错，但法律规定应当承担民事责任的，应当承担民事责任。

也就是说，员工违规操作，如果是员工的责任，企业可以要求员工承担一定的赔偿责任。不过，前提是要满足 3 个条件。

1. 员工确实存在违反规章制度、操作流程或应当遵守的劳动纪律、职业规范等的行为。

2. 企业确实由于员工的违规行为产生了损失。

3. 员工存在主观上的故意。

只有在以上 3 个条件都满足，而且有确凿证据的情况下，员工才应当承担赔偿责任。关于这 3 个条件，企业负有举证的责任。实务操作中，企业要凑齐这 3 条证据，是不容易的。

如果员工违规操作之后造成损失，能满足以上 3 个条件，企业完成了举证，而且员工本人也表示愿意承担造成的损失，这时企业可以要求员工承担全部损失吗？

因为员工在企业工作，这种劳动关系本身存在着一定的依附性。企业既然享受员工的劳动成果，也要承担一定的经营风险。因此，由员工"全部"承担赔偿责任的情况比较少。

《工资支付暂行规定》（1995 年 1 月 1 日执行）第十六条的规定如下。

因劳动者本人原因给用人单位造成经济损失的，用人单位可按照劳动合同的约定要求其赔偿经济损失。经济损失的赔偿，可从劳动者本人的工资中扣除。但每月扣除的部分不得超过劳动者当月工资的 20%。若扣除后的剩余工资部分低于当地月最低工资标准，则按最低工资标准支付。

一般来说，员工赔偿企业经济损失应以对生产、经营和工作造成的直接经济损失为限。企业的规章制度中规定的赔偿办法，不能与《工资支付暂行规定》（1995 年 1 月 1 日执行）中的规定冲突。具体的赔偿方法企业可以与员工协商。

如果员工在职，可以约定一次性赔偿或逐月按工资比例赔偿。对于已经离职的员工，企业也可以要求一次性赔偿或通过仲裁诉讼等途径解决。

11.6 如何编制完整实用的员工手册

典型问题：员工手册是企业的规章制度、企业文化和企业战略的集合与浓缩，能够起到展示企业形象、明确工作规则、传播企业文化的作用。可很多企业的员工手册没有起到应有的作用，如何编制完整实用的员工手册？

类似问题：员工手册应该包括哪些内容；如何编制员工手册；如何保证员工手册的有效实施等。

11.6.1 员工手册内容框架的 7 个部分

员工手册的内容没有固定格式，一般根据企业的不同而有所不同。常见的员工手册的内容框架包括 7 个部分，如图 11-5 所示。

1.总则	可以说明员工手册的作用定位、内容、适用范围、使用方法、制定过程、通过程序、公示形式、主编部门、版本编号、更新规则、创始人致辞等
2.企业概况	可以说明企业的发展历程、大事记、企业性质、经营范围、主要产品、主要客户、市场分布、行业地位、组织机构、资金实力、隶属关系、合伙人关系、投资人概况、人数规模、所在地区等
3.企业文化	可以说明企业的愿景、使命、价值观、经营哲学、企业形象、企业精神、企业风采、企业理念、企业信仰、典型故事、典型人物、企业标识、标识释义、企业歌曲等
4.行为规范	可以说明企业的仪容仪表要求、工装制度、行为准则、劳动纪律、保密管理、竞业限制、奖惩规则等
5.劳动管理	可以说明企业的人才选拔标准、用人原则、企业与员工的权利义务关系、绩效考核标准、晋升与降职制度、聘用与解聘程序、试用期与转正规定、工资待遇、工资结构、工龄计算、各类奖金、各类补贴、出勤制度、休假制度、轮岗制度、调岗制度、劳动保护制度、报销制度、出差制度、车辆使用制度、安全制度、卫生制度、社会保险与住房公积金制度、早午晚餐制度、住宿制度、图书借阅制度、休假制度、工作地点、工作流程、离职管理制度等
6.投诉建议	可以说明企业的投诉流程、建议反馈方法、工会和职工代表大会制度、劳动争议处理流程等
7.附录	可以包含员工签收页、企业相关部门的联系方式、企业网站、企业地址、交通地图、有寓意的照片等

图 11-5　员工手册的内容框架

11.6.2　编制员工手册的 4 个步骤

编制员工手册可以分成 4 步，如图 11-6 所示。

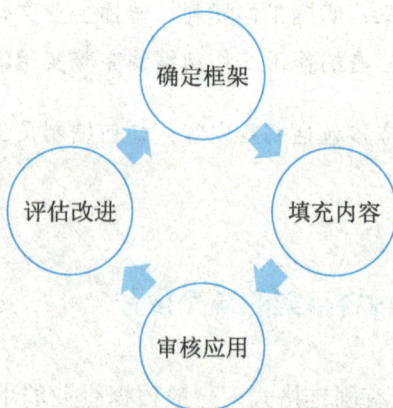

图 11-6　编制员工手册的 4 个步骤

❶ 确定框架

根据企业的需要，设计员工手册的基本框架。一般来说，员工手册框架的组成部分不是越多越好，应当根据企业实际需要，选择最需要的部分。

❷ 填充内容

员工手册中的内容可以从企业已经存在的规章制度中摘录。规章制度中没有包含的内容同样应当遵循制定规章制度的流程来编制，不可以"闭门造车"。

这个部分要注意，不能由负责员工手册编制的部门独自编制。一方面，负责编制员工手册的部门要主动与其他相关部门沟通；另一方面，企业其他相关部门也要主动参与到员工手册内容填充的过程中。

员工手册中可能涉及许多顶层设计的内容，企业在编制员工手册的过程中，最好成立专门的工作小组，由比较高层的管理者担任组长。

❸ 审核应用

编制完成的员工手册在推行前要进行审核。审核类型包括 5 种。

（1）合法合规性审核。

审核员工手册的合法合规性，员工手册中的条款不能与相关法律法规相悖。合法合规性的审核可以由企业内部的法务人员完成，也可以找外部专业的法律咨询机构完成。

（2）实用性审核。

审核员工手册的实用性。可以参考的审核方式是找一部分新员工、一部分老员工、一部分中层管理者组成评审小组，阅读员工手册中的内容，对员工手册的实用性评分，并提出修改意见。

（3）描述性审核。

审核员工手册的文字和图片描述。这里审核的重点不仅是错别字，还包括内容的表达方式，语言的准确度、精练度、逻辑性、条理性。

（4）公示性审核。

经过前 3 步审核后的员工手册在企业范围内公示一段时间，让全体员工看到并对其提出意见，企业可以借此过程进行解释或做出修改。

（5）操作性审核。

审核员工手册的操作性。可以参考的审核方式是直接在新员工中试用，请试用的新员工们反馈意见，根据反馈意见做修改。

❹ 评估改进

经审核后的员工手册，可以先开始小范围试用，试用一段时间后评估效果，做出调整和改进之后，再开始较大范围的试用。

11.6.3　保证员工手册实施的方法

合法合规、精心编排的员工手册能够成为员工管理的重要工具，员工可以通过员工手册了解必要的信息，企业可以把员工手册作为与员工建立劳动关系和与员工解除劳动关系的重要依据。企业如果没有相关的规定，或者规定不够明确，发生劳动争议的时候，就会因为没有依据而陷入被动。所以，编制员工手册不仅是法律赋予企业的权利，也是企业管理的需要。

员工手册一定要在员工入职时发放，人手一本。新员工入职培训的时候，员工手册可以作为入职培训的教材。在员工手册的最后一页，应当设置有"员工签收回执"，由员工签字并在新员工培训结束后，统一上交人力资源部，代表员工已经收到并阅知和学习了员工手册中的内容。回执内容模板如下。

致：××公司人力资源部

兹收到《员工手册》一份，本人已详细阅读并学习了手册中的内容，并谨此声明本人愿意自觉遵守。如有违反，自愿按照公司相关规定执行。

签名：

日期：

需要注意的是，如果企业只有员工手册的签收回执，没有实施新员工培训，或者虽然实施了新员工培训，但是培训过程中没有留下相应的证据，在发生劳动争议的时候，员工可能主张自己并不知情，只是履行企业的手续。这时候仲裁委员会或者法院可能根据情况，支持员工的说法。

所以，企业在实施新员工培训的时候，最好在培训结束后设置关于员工手册内容的考试，尤其是要多设置一些与员工解除劳动关系相关的内容，以及其他一些企业经常发生劳动争议的敏感内容。把员工参加培训的签到表和员工通过考试的试卷，作为证据留存。当然，如果员工考试未通过，可以再次培训，直到通过考试后，再正式上岗。

对所有辞职或辞退的员工，必须及时收回《员工手册》。

第 12 章

人力资源法务

- -

　　随着法制观念的进一步强化，越来越多的劳动者学会了通过法律途径保护自己。如果用人单位不加强法律风险防控意识，那用人单位就会变成双方博弈中的失败者。因此，在企业的发展中，最高效的方法就是训练和培养管理者的法律风险防控能力和处理劳动争议的能力，将法律作为企业发展的最低防线。

12.1 如何减少劳动争议

典型问题： 随着劳动者法律意识的增强，劳动争议的发生频率呈逐年增长的趋势，企业应当如何应对劳动争议，如何减少劳动争议的发生？

类似问题： 出现哪些情况算劳动争议；劳动争议产生的原因有哪些；如何妥善处理劳动争议；企业如何防控劳动争议等。

12.1.1 劳动争议常见原因

企业基础人力资源管理工作没有做好，员工的冲突管理和员工投诉管理没有做好，企业本身存在违背劳动相关法律法规的情况，企业管理中存在较多不合情、不合理的地方，这些都可能会引发劳动争议。当发生劳动争议时，企业要及时妥善处理，避免给自身造成不良影响。

《中华人民共和国劳动争议调解仲裁法》（2008 年 5 月 1 日实施）第二条的规定如下。

中华人民共和国境内的用人单位与劳动者发生的下列劳动争议，适用本法：

（一）因确认劳动关系发生的争议；

（二）因订立、履行、变更、解除和终止劳动合同发生的争议；

（三）因除名、辞退和辞职、离职发生的争议；

（四）因工作时间、休息休假、社会保险、福利、培训以及劳动保护发生的争议；

（五）因劳动报酬、工伤医疗费、经济补偿或者赔偿金等发生的争议；

（六）法律、法规规定的其他劳动争议。

我国的劳动争议案件的数量呈现出高速增长的趋势，劳动者的申诉率越来越高，胜诉率也越来越高。其中，经济发达地区的劳动争议案件数量要远多于经济发展滞后的地区；民营企业的劳动争议案件数量明显超过国有企业。

其中，有社会层面的宏观原因，也有企业和劳动者层面的微观原因。其实大多数的劳动争议是可以避免的。

劳动争议最容易发生在以下 4 种情况中：

1. 企业不按照法律法规的基本要求操作，如不签订劳动合同、不执行正常的试用期约定、不按时足额发放工资等；

2. 用人部门因某人不能胜任工作或违反规章制度，在调岗或辞退过程中产生纠纷；

3. 企业用人的时候比较随意，如不征求员工本人的意见，随意给员工调岗、调薪；

4. 因业务调整，企业需要规模性裁员而引起纠纷。

12.1.2 劳动争议处理流程

根据《中华人民共和国劳动法》（2018 年 12 月 29 日修正版）的规定，企业与员工发生劳动争议，当事人可以依法申请调解、仲裁、提起诉讼，也可以协商解决。劳动争议发生后，当事人可以向本单位劳动争议调解委员会申请调解；调解不成，当事人一方要求仲裁的，可以向劳动争议仲裁委员会申请仲裁。当事人一方也可以直接向劳动争议仲裁委员会申请仲裁。对仲裁裁决不服的，可以向人民法院提起诉讼。

我国劳动争议的处理程序可以概括为"一调、一裁、两审"，如图 12-1 所示。

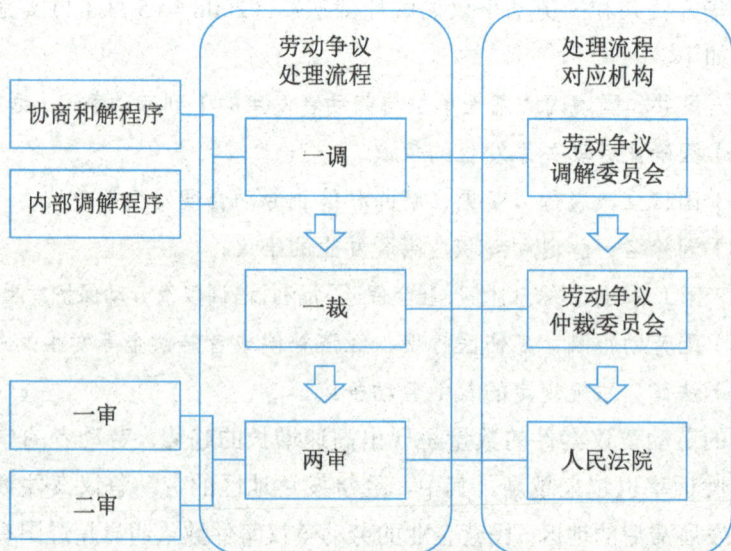

图 12-1　劳动争议处理程序

与"一调、一裁、两审"相对应的机构分别是企业设立的劳动争议调解委员会、劳动争议仲裁委员会和人民法院。

一调，包含两部分：一部分是协商和解程序，另一部分是内部调解程序。

协商和解程序指的是企业与员工就存在劳动争议的问题直接进行协商，并寻找彼此共同认可的解决方案。劳动争议的当事人一方是员工，另一方是企业，通常双方彼此之间已经有一定的了解，所以发生纠纷最好的解决方式是通过直接协商的方式解决。

协商和解程序并不是处理劳动争议的必经程序，劳资双方出于平等自愿的原则，可以协商，也可以不协商。但如果能协商解决的，尽量协商解决，这样员工、企业都能节省时间和成本，提高效率。

根据《中华人民共和国劳动法》（2018 年 12 月 29 日修正版）的规定，在企业内，可以设立劳动争议调解委员会。劳动争议调解委员会由职工代表、企业代表和工会代表组成。劳动争议调解委员会主任由工会代表担任。劳动争议经调解达成协议的，当事人应当履行。

内部调解程序指的是发生劳动纠纷，双方当事人就存在劳动争议的问题向企业设立的劳动争议调解委员会申请调解的程序。

内部调解程序与协商和解程序一样，不是发生劳动争议后的必经程序，双方可以自愿选择。即便双方就劳动争议达成调解协议，也不代表这个协议就具有强制执行力。如果劳资双方任何一方反悔，同样可以向劳动争议仲裁委员会申请劳动仲裁。

和解和调解都是解决劳动争议比较健康的形式，实际上在仲裁程序和法院审理程序中，都会有内部调解程序。所以，一调其实贯穿劳动争议处理的始终。

一裁指的是仲裁程序。仲裁程序是劳动争议中一方当事人将纠纷提交劳动争议仲裁委员会进行处理的程序。劳动争议仲裁委员会是国家授权、依法独立处理劳动争议案件的机构。劳动争议案件和其他民事案件的不同之处在于，申请劳动仲裁程序是提起诉讼的前置程序。

也就是说，如果劳资双方的某一方当事人想提起诉讼，必须先经过劳动仲裁程序，不能直接向人民法院提起诉讼。

两审指的是诉讼程序。根据《中华人民共和国劳动法》（2018 年 12 月

29 日修正版）的规定，劳动争议当事人对仲裁裁决不服的，可以自收到仲裁裁决书之日起 15 日内向人民法院提起诉讼。一方当事人在法定期限内不起诉又不履行仲裁裁决的，另一方当事人可以申请人民法院强制执行。

诉讼程序的启动是有条件的，如果某一方当事人不服劳动争议仲裁委员会的裁决，其才可以向人民法院提起诉讼。诉讼程序具有较强的法律性、程序性，做出的判决也具有强制执行力。

这里的诉讼程序遵循两审终审制度，也就是某一案件经过两级人民法院审判后就宣告终结的制度。如果存在劳动争议的双方当事人的其中一方对人民法院执行一审判决的结果不服，其可以在法定期限内，向上一级的法院提起上诉。

上一级法院有权受理针对下一级法院第一审判决或裁定不服的上诉或抗诉，有权经过对第二审案件的审理，改变或维持第一审法院的判决或裁定。这时，上级法院的第二审判决、裁定，就是终审判决、裁定，当事人不得再上诉。

12.1.3 劳动争议防控方法

知道了如何处理劳动争议，不代表企业就不需要担心发生劳动争议。企业对待劳动争议，应当像对待火灾一样，最重要的不是发生火灾之后如何灭火，而是在还没有发生火灾的时候如何防火。

企业要修炼"内功"，不仅要学会如何处理劳动争议，还要学会如何管理劳动争议，如何预防和减少劳动争议。

要减少劳动争议，企业要做好以下工作。

1. 企业要以法律法规为准绳，严格按照法律法规的规定做事，坚决不做违反法律法规的事。加强劳动合同管理，保证全员签订劳动合同，注意劳动合同的变更管理。当发生劳动争议的时候，争取以协商为主要调解方式。

2. 企业在做到合法合规的同时，还要做到合情合理。合法合规是必要条件，合情合理是充分条件。有了这两个条件，劳动争议的数量将会大大减少。要充分尊重员工的人格，注意员工的感受。

3. 企业要建立健全各项规章制度，规章制度的内容首先要合法合规，其次要尽可能涵盖人力资源管理体系的各个方面，最后要具备可操作性。规章制度中要提前界定清楚劳资双方的权利义务关系，界定清楚评价体系，体现公平公正。

4.各级管理层是长期和员工直接接触的人，企业要增强他们的法律意识，增强他们预防劳动争议的能力。定期组织相关管理人员培训，定期开展劳动纠纷处理活动演练，定期开展劳动争议隐患自查活动。

5.企业要为员工开设员工投诉和处理的快速通道，员工投诉要简单易行。企业接到投诉后要马上处理，处理的过程要客观公正，随时与投诉人沟通进展。为员工开展劳动争议正确处理方式的宣传教育。

12.2 如何判定劳动仲裁的时效和举证责任

典型问题： 仲裁是由双方当事人协议将争议提交（具有公认地位的）第三者，由该第三者对争议的是非曲直进行评判并做出裁决的一种解决争议的方法。劳动仲裁有时效限制和举证要求，如何判定劳动仲裁的时效和举证责任？

类似问题： 法律对劳动争议的仲裁时效和审理时限是如何规定的；劳动仲裁中的举证责任归谁；劳动仲裁的管辖地如何界定等。

12.2.1 劳动争议仲裁时效和审理时限

仲裁异于诉讼和审判，仲裁需要双方自愿；也异于强制调解，是一种特殊调解，是自愿型公断，区别于诉讼等强制型公断。仲裁活动和法院的审判活动一样，关乎当事人的实体权益，是解决民事争议的方式之一。

《中华人民共和国劳动争议调解仲裁法》（2008 年 5 月 1 日实施）第二十七条和第四十三条的规定如下。

第二十七条 劳动争议申请仲裁的时效期间为一年。

仲裁时效期间从当事人知道或者应当知道其权利被侵害之日起计算。

前款规定的仲裁时效，因当事人一方向对方当事人主张权利，或者向有关部门请求权利救济，或者对方当事人同意履行义务而中断。从中断时起，仲裁时效期间重新计算。

因不可抗力或者有其他正当理由，当事人不能在本条第一款规定的仲裁时效期间申请仲裁的，仲裁时效中止。从中止时效的原因消除之日起，仲裁时效期间继续计算。

劳动关系存续期间因拖欠劳动报酬发生争议的，劳动者申请仲裁不受本条第一款规定的仲裁时效期间的限制；但是，劳动关系终止的，应当自劳动关系终止之日起一年内提出。

第四十三条　仲裁庭裁决劳动争议案件，应当自劳动争议仲裁委员会受理仲裁申请之日起四十五日内结束。案情复杂需要延期的，经劳动争议仲裁委员会主任批准，可以延期并书面通知当事人，但是延长期限不得超过十五日。逾期未作出仲裁裁决的，当事人可以就该劳动争议事项向人民法院提起诉讼。

仲裁庭裁决劳动争议案件时，其中一部分事实已经清楚，可以就该部分先行裁决。

12.2.2　劳动仲裁中的举证责任归属

发生劳动争议，当事人对自己提出的主张，有责任提供证据。这是劳动争议举证责任的一般原则。同时，考虑到用人单位作为用工主体方掌握和管理着劳动者的档案、工资发放、社会保险费缴纳、劳动保护提供等情况和材料，劳动者一般无法取得和提供，因此法律法规又对用人单位做出了特别的规定。

《中华人民共和国劳动争议调解仲裁法》（2008 年 5 月 1 日实施）第六条和第三十九条的规定如下。

第六条　发生劳动争议，当事人对自己提出的主张，有责任提供证据。与争议事项有关的证据属于用人单位掌握管理的，用人单位应当提供；用人单位不提供的，应当承担不利后果。

第三十九条　当事人提供的证据经查证属实的，仲裁庭应当将其作为认定事实的根据。

劳动者无法提供由用人单位掌握管理的与仲裁请求有关的证据，仲裁庭可以要求用人单位在指定期限内提供。用人单位在指定期限内不提供的，应当承担不利后果。

12.2.3　劳动仲裁的管辖地界定

仲裁的管辖是指确定各个仲裁委员会受理案件的权限，它是对各个仲裁委员会审理案件的内部分工。对于劳动争议当事人而言，向哪里的劳动争议仲裁委员会提出仲裁申请，直接关系到其请求是否能够被受理，也直接关系到其合法权益能否及时得到保护。因此，劳动争议仲裁委员会的地域管辖问题，对劳动争议当事人非常重要。

《中华人民共和国劳动争议调解仲裁法》（2008 年 5 月 1 日实施）第十七条和第二十一条的规定如下。

第十七条　劳动争议仲裁委员会按照统筹规划、合理布局和适应实际需要的原则设立。省、自治区人民政府可以决定在市、县设立；直辖市人民政府可以决定在区、县设立。直辖市、设区的市也可以设立一个或者若干个劳动争议仲裁委员会。劳动争议仲裁委员会不按行政区划层层设立。

第二十一条　劳动争议仲裁委员会负责管辖本区域内发生的劳动争议。

劳动争议由劳动合同履行地或者用人单位所在地的劳动争议仲裁委员会管辖。双方当事人分别向劳动合同履行地和用人单位所在地的劳动争议仲裁委员会申请仲裁的，由劳动合同履行地的劳动争议仲裁委员会管辖。

12.3　试用期后发现员工有不良记录，如何处理

典型问题： 企业面试完候选人认为合适，上岗后却发现候选人曾经有不良记录。这种情况企业应该如何处理？

类似问题： 对存在不良记录的员工企业可以如何处理；如果企业想辞退有不良记录的员工，需要具备哪些前提条件；应对有不良记录的员工，企业有哪些注意事项等。

12.3.1　不良记录员工的安排方法

不良记录是入职环节中一个比较敏感的问题。这里的不良记录，可能是犯罪记录，也可能是员工在之前的企业中有过的一些违规记录或不良行为记录。很多不良记录在员工入职之前很难查实，企业是在员工入职之后不经意间发现的。

对待有不良记录的员工，企业应当如何安排呢？这其实是一个很难一概而论的话题。

一方面，有不良记录的员工在企业工作，企业内部人员知道之后，难免会有些担心。这种担心不仅会让同事之间工作、相处变得尴尬，而且会显得企业的人力资源管理工作没有做到位，是人力资源管理工作的一种失职。

另一方面，有不良记录的员工不一定是不合格的员工，也不一定会对企业造成损失。有些有不良记录的员工的工作状态非常好，他们甚至可能比普通人还努力。

企业在对待有不良记录的员工时，首先要明确一点，那就是合法合规，企业不能有任何用工歧视。如果有不良记录的员工态度差、能力差、绩效也差，那么可以想办法让他离开；如果有不良记录的员工实际上人还不错，具备做一名合格员工所有的条件，建议企业既往不咎，一视同仁。

12.3.2　辞退不良员工的 3 个前提

企业如果想辞退已经过了试用期但有不良记录的员工，需要满足一些条件。

案例 ❓

张三在某年某月加入了一家物业公司，在填写应聘人员登记表的时候，其中有一项是"有无刑事记录"，张三填写的是没有刑事记录，同时在应聘人员登记表的最后，承诺资料填写如果有虚假成分，愿意承担责任并接受劳动关系的解除，而且公司不需要支付任何经济补偿。

在填写完入职登记表的当天，张三和这家物业公司签订了劳动合同，合同的有效期是 3 年。在正式入职之前，这家公司对张三实施了岗前培训，在培训的过程中，有一项培训内容是学习公司的规章制度。公司的规章制度明确规定：如果员工提供虚假的个人信息，视为以欺诈行为获得岗位，公司将与员工解除劳动关系，并不支付任何经济补偿。新员工培训结束后，张三在规章制度的学习和知悉证明上签了字。

在张三入职 6 个月之后，公司无意中发现张三曾经因为犯罪被判处过刑事处罚。张三曾经因为盗窃罪，被判处 3 年的有期徒刑。所以，公司就以张三提供虚假个人信息，严重违反用人单位规章制度为由，与张三解除了劳动关系，而且公司并没有支付任何经济补偿。

在解除了劳动关系之后，张三对这件事不服，认为公司既没有在试用期内解除劳动关系，也没有提前 30 天告知他要解除劳动关系，而是直接把他辞退，公司这么做不合法，他要求公司支付赔偿金。

那么，在这件事上，这家物业公司的做法是否合法呢？

后来，不论是劳动争议仲裁委员会还是法院，都认为张三在入职的时候，已经承诺了资料填写如果有虚假成分，愿意承担责任，并接受劳动关系的解除。而他实际上隐瞒了曾经犯罪的事实，这种行为已经构成了欺骗，所以公司有权和他解除劳动关系，并不需要支付经济补偿。

从这个案例中能够看出，如果公司发现员工曾经有不良记录，不想继续用员工，可以通过这种方法来和员工解除劳动关系。不过要有效地应用这种方法有 3 个前提。

1.在入职登记表中，要有"是否存在刑事记录"或"是否存在其他不良记录"这一项，而且要有"承诺所填写信息真实有效，否则愿意承担责任并接受劳动关系的解除，且公司不需要支付任何经济补偿"这一项，并且要求员工签字确认。

这里要注意，公司也不能随便规定。在规定的时候要考虑自己的行业属性能否支持自己不任用有刑事记录的人，否则可能涉及就业歧视。

2.在规章制度中，有关于入职必须提供真实有效信息的规定。如果入职提供的信息不真实，公司可以立即与员工解除劳动关系，且不需要支付任何经济补偿。在员工入职时，有学习规章制度的程序，并且有知悉规章制度的记录。

3. 规章制度必须经过合法合规的制定和通过程序，做到内容有效、程序合法，并经过必要公示。

12.3.3 应对不良员工的注意事项

员工曾经的不良记录有可能是迫不得已，有可能是年少无知，可能是阴差阳错，也有可能是无心为之。总之，企业不能一概而论地判断有不良记录的员工就一定不好，因为这是一种就业歧视，是一种国家明令禁止的行为。

就业歧视是指没有法律上的合法目的和原因而基于种族、肤色、宗教、政治见解、民族、社会出身、性别、户籍、残障或身体健康状况、年龄、身高、语言等原因，采取区别对待、排斥或者给予优惠等任何违反平等权的措施侵害劳动者劳动权利的行为。

《中华人民共和国劳动法》（2018 年 12 月 29 日修正版）第十二条的规定如下。

劳动者就业，不因民族、种族、性别、宗教信仰不同而受歧视。

《就业服务与就业管理规定》（2018 年 12 月 14 日修正版）第二十条的规定如下。

用人单位发布的招用人员简章或招聘广告，不得包含歧视性内容。

12.4 如何合法合规地调岗调薪

典型问题： 调岗调薪一直是企业管理过程中最敏感的问题之一，也是员工和企业之间最容易产生纠纷的问题之一。企业如何合法合规地对员工实施调岗调薪？

类似问题： 企业可以单方面给员工调岗调薪吗；什么情况下企业可以合法合规地对员工调岗调薪；企业违法调岗调薪有哪些不利后果等。

12.4.1　调岗调薪的具体条件

用人单位在什么情况下可以给劳动者调岗调薪？

根据《中华人民共和国劳动法》（2018 年 12 月 29 日修正版）、《中华人民共和国劳动合同法》（2012 年 12 月 28 日修正版）的规定，用人单位可以对员工实施调岗调薪的情况可以分为 6 种。在这 6 种情况中，满足其中 1 种情况用人单位就可以合法合规地给员工调岗调薪。

1. 用人单位与劳动者就调岗调薪的问题协商一致。这里协商一致的证据是采用书面形式变更劳动合同的约定内容。只要用人单位与劳动者双方平等协商，双方都同意，而且留下了书面变更的证据，那这时候的调岗调薪就是合法合规的。

2. 劳动者患病或非因工负伤，在规定的医疗期满后不能从事原工作的，用人单位可以为其另行安排工作。这里要注意 3 点。一是劳动者患病或非因工负伤，而不是工伤。如果是工伤需要按照《工伤保险条例》（2010 年 12 月 8 日修订版）的规定处理。二是在规定的医疗期满后。如果是在医疗期内，那么用人单位无权擅自另行安排劳动者的工作。三是医疗期满后，劳动者不能从事原工作。如果医疗期满后，劳动者仍然能从事原工作的，用人单位不得以此为理由调整劳动者的工作岗位。

3. 劳动者不能胜任工作，用人单位可以调整他的工作岗位。这里有个前提，就是用人单位要提前制定好岗位职责，要有充分的证据证明劳动者不能胜任工作。所以这也要求用人单位要有比较精准的绩效评估体系。

4. 劳动合同订立时所依据的客观情况发生重大变化，致使劳动合同无法履行，用人单位可以与劳动者协商变更合同，调整劳动者的工作岗位。这里所说的客观情况发生重大变化，并不是用人单位说变化了就算变化了。根据法律文书的解释，这里的客观情况一般指的是企业迁移、被兼并、企业资产转移等。

那如果客观情况发生变化，用人单位与劳动者协商以后，没有达成一致，怎么办呢？根据《中华人民共和国劳动合同法》（2012 年 12 月 28 日修正版）的规定，用人单位提前 30 天以书面形式通知劳动者本人或额外支付劳动者一个月的工资后，可以解除劳动合同。需要注意，这里的前提是客观情况发生变化。

5.企业转产、重大技术革新或经营方式调整，可以变更劳动合同，调整员工的工作岗位。但是，用人单位不能以此为借口随意调整劳动者的工作岗位。一旦被仲裁机构或者法院认定是滥用权利，此调整就是无效的。

6.用人单位与掌握商业秘密的员工在劳动合同中约定保守商业秘密有关事项时，可以约定在劳动合同终止前或该员工提出解除劳动合同后的一定时间内（这里的一定时间一般不超过 6 个月），调整其工作岗位，变更劳动合同相关内容。这种调整的目的是让该员工远离商业秘密，从而保护企业的利益。

12.4.2　调岗调薪的违法案例

现实中，很多企业对员工实施的调岗调薪是违法的。

举例 ?

赵某是一家知名五星级酒店的大厨，每月的工资是 7 000 元。工作一年之后，赵某患肺炎住院治疗。医疗期满后，赵某已经完全康复，于是要求上班。根据医院对赵某的诊断，他患有的肺炎不具备传染性。

但是酒店认为，赵某患有肺炎，已经不再适合继续担任厨师的工作，要求赵某回来以后担任清洁工作，清洁酒店的床单、毛巾等用品，每月工资为 3 000 元。

赵某不认可，就向当地的劳动争议仲裁委员会提起仲裁，要求解除和酒店的劳动合同，并且酒店应该支付自己经济补偿金。

劳动争议仲裁委员会认为：赵某在医疗期满后，身体已经完全康复，有能力继续从事原工作岗位，酒店没有合理的理由把赵某调整到其他的岗位，因此酒店的做法是违法的。劳动争议仲裁委员会裁决，酒店与赵某立即解除劳动合同，并支付赵某经济补偿金。

这个案例体现的是劳动者患病或非因工负伤，在规定的医疗期满后不能从事原工作的，用人单位可以另行安排工作；劳动者能从事原工作的，用人单位不得随意调整劳动者的工作岗位。

赵某虽然患病，但是在规定的医疗期内治好了病，并且能够胜任原工作，用人单位就没有理由安排其到其他工作岗位并且降低他的薪水。强行调岗，只会给用人单位带来损失。

案例 ❓

　　小薛以前是一家连锁咖啡公司的销售部经理。2017 年 6 月，公司想要购进一批国外新产的咖啡。小薛认为这种咖啡在国内的市场占有量还很少，并不能为公司带来很好的效益，于是就向上级主管部门反映。

　　两个月后，公司人力资源部门通知小薛，说由于工作的需要，现撤掉小薛销售部经理的职位，要求小薛到公司的资料整理部门工作，工资由每月 8 000 元降到每月 3 500 元。小薛不认可，她认为自己的劳动合同到 2018 年 1 月才到期，公司不能随意变更自己的工作岗位。

　　但公司却说，当时签订的劳动合同中明确说过，用人单位可以根据需要随意调整劳动者的工作岗位。小薛向当地劳动争议仲裁委员会提起仲裁，要求公司恢复其岗位。

　　这个案例是典型的用人单位私自调岗的案例。

　　劳动合同中加的条款必须合法合规、合情合理，保证权利义务一致，才能生效。像"用人单位可以根据需要随意调整劳动者的工作岗位"这类条款，就是典型的不合法、不合规的条款。劳动相关法律法规对用人单位在什么情况下可以调整劳动者的岗位，调整岗位的时候要注意什么都有明确的规定，不存在用人单位可以根据需要随意调整劳动者工作岗位的说法。

12.4.3　违法调岗调薪的后果

　　如果用人单位在不符合法律法规的前提下，私自调整劳动者的工作岗位，降低劳动者的报酬，主要的后果有两个。

　　1. 劳动者可以要求用人单位解除劳动合同。用人单位私自调整劳动者的工作岗位，降低劳动者的报酬，属于未按照劳动合同的约定提供劳动条件，没有足额支付工资，所以劳动者有权单方面解除劳动合同。

　　2. 劳动者有权要求用人单位支付经济补偿金。如果劳动者因为用人单位擅自调岗调薪而被迫解除劳动合同，劳动者有权要求用人单位支付经济补偿金；如果因为劳动者不服用人单位擅自调岗调薪，用人单位想要和劳动者解除劳动合同，用人单位就属于违法解除劳动合同，这时候劳动者有权要求用人单位支付双倍的经济补偿金。

12.5　什么是违约金、补偿金、赔偿金

典型问题： 劳动相关法律法规中，有关于违约金、补偿金、赔偿金的相关规定，它们分别代表什么含义？分别在什么场景应用？它们之间有哪些不同？

12.5.1　违约金的应用场景

违约金是指按照当事人的约定或者法律直接规定，一方当事人违约的，应向另一方支付的金钱。违约金的标准是金钱，但当事人也可以约定违约金的标的物为金钱以外的其他财产。

违约金具有担保债务履行的功效，又具有惩罚违约人和补偿无过错一方当事人所受损失的作用。当事人完全不履行或不适当履行债务时，必须按约定给付对方一定数额的金钱或者金钱以外的其他财产。

违约金的设立，是为了保证债务的履行，即使对方没有遭受任何财产损失，也要按法律或合同的规定给付违约金。违约金的标准依法律规定或双方在合同中书面约定。

违约金有两种。

1. 惩罚性违约金，其作用全在惩罚，如果对方因被违约而遭受财产损失，则违约一方除支付违约金外，还应另行赔偿对方的损失。

2. 补偿性违约金，是对合同一方当事人因他方违约可能遭受的财产损失的一种预先估计。给付了违约金，即免除了违约一方赔偿对方所遭受财产损失的责任；即使损失大于违约金，亦不再补偿。

《中华人民共和国合同法》（1999 年 10 月 1 日实施）第一百一十四条的规定如下。

当事人可以约定一方违约时应当根据违约情况向对方支付一定数额的违约金，也可以约定因违约产生的损失赔偿额的计算方法。

约定的违约金低于造成的损失的，当事人可以请求人民法院或者仲裁机构予以增加；约定的违约金过分高于造成的损失的，当事人可以请求人民法院或者仲裁机构予以适当减少。

当事人就迟延履行约定违约金的，违约方支付违约金后，还应当履行债务。

违约金既是一种责任形式，又是一种独特的担保合同履行的方式。在合同中约定了违约金，那么拟违约的一方就会衡量其违约的后果。因此，违约金具有担保属性，且惩罚性越强，担保效力越强。

12.5.2 补偿金的应用场景

经济补偿金是在劳动合同解除或终止后，用人单位依法一次性支付给劳动者的经济上的补助。我国法律一般将其称作"经济补偿"。

《中华人民共和国劳动合同法》（2012 年 12 月 28 日修正版）第四十六条和第四十七条的规定如下。

第四十六条 经济补偿

有下列情形之一的，用人单位应当向劳动者支付经济补偿：

（一）劳动者依照本法第三十八条（未按照劳动合同约定提供劳动保护或者劳动条件的；未及时足额支付劳动报酬的；未依法为劳动者缴纳社会保险费的；用人单位的规章制度违反法律、法规的规定，损害劳动者权益的；以欺诈、胁迫的手段或者乘人之危，使对方在违背真实意思的情况下订立或者变更劳动合同致使劳动合同无效的；法律、行政法规规定劳动者可以解除劳动合同的其他情形。用人单位以暴力、威胁或者非法限制人身自由的手段强迫劳动者劳动的，或者用人单位违章指挥、强令冒险作业危及劳动者人身安全的，劳动者可以立即解除劳动合同，不需事先告知用人单位）规定解除劳动合同的；

（二）用人单位依照本法第三十六条（用人单位与劳动者协商一致，可以解除劳动合同）规定向劳动者提出解除劳动合同并与劳动者协商一致解除劳动合同的；

（三）用人单位依照本法第四十条（劳动者患病或者非因工负伤，在规定的医疗期满后不能从事原工作，也不能从事由用人单位另行安排的工作的；劳动者不能胜任工作，经过培训或者调整工作岗位，仍不能胜任工作的；劳动合同订立时所依据的客观情况发生重大变化，致使劳动合同无法履行，经用人单位与劳动者协商，未能就变更劳动合同内容达成协议的）规定解除劳动合同的；

（四）用人单位依照本法第四十一条第一款（依照企业破产法规定进行重整的）规定解除劳动合同的；

（五）除用人单位维持或者提高劳动合同约定条件续订劳动合同，劳动者不同意续订的情形外，依照本法第四十四条第一项（劳动合同期满的）规定终止固定期限劳动合同的；

（六）依照本法第四十四条第四项、第五项（用人单位被依法宣告破产的；用人单位被吊销营业执照、责令关闭、撤销或者用人单位决定提前解散的）规定终止劳动合同的；

（七）法律、行政法规规定的其他情形。

第四十七条　经济补偿按劳动者在本单位工作的年限，每满一年支付一个月工资的标准向劳动者支付。六个月以上不满一年的，按一年计算；不满六个月的，向劳动者支付半个月工资的经济补偿。

劳动者月工资高于用人单位所在直辖市、设区的市级人民政府公布的本地区上年度职工月平均工资三倍的，向其支付经济补偿的标准按职工月平均工资三倍的数额支付，向其支付经济补偿的年限最高不超过十二年。

本条所称月工资是指劳动者在劳动合同解除或者终止前十二个月的平均工资。

以上规定括注内容为笔者补充。

12.5.3　赔偿金的应用场景

损害赔偿金是指一方当事人因不履行或不完全履行合同义务而给对方当事人造成损失时，按照法律和合同的规定所应承担的损害赔偿责任。根据等价交换原则，任何民事主体一旦造成他人损害都必须以同等的财产予以赔偿。因此，一方违约后，必须赔偿对方因此遭受的全部损失。

损害赔偿金分为约定损害赔偿金和法定损害赔偿金，其中法定损害赔偿金可细分为惩罚性法定损害赔偿金和补偿性法定损害赔偿金。民事责任包括违约责任以补偿为其首要的、基本的功能，惩罚是其例外的、补充性的功能。所以，当法律没有特别规定的时候，法定损害赔偿金原则上应为补偿性法定损害赔偿金。

《中华人民共和国劳动合同法》（2012 年 12 月 28 日修正版）第四十八条的规定如下。

用人单位违反本法规定解除或者终止劳动合同，劳动者要求继续履行劳动合同的，用人单位应当继续履行；劳动者不要求继续履行劳动合同或者劳动合同已经不能继续履行的，用人单位应当依照本法第八十七条（用人单位违反本法规定解除或者终止劳动合同的，应当依照本法第四十七条规定的经济补偿标准的二倍向劳动者支付赔偿金）规定支付赔偿金。

以上规定括注内容为笔者补充。

12.6　制度不全时员工"违规"，该怎么办

典型问题： 有时候，员工做出了一些企业不希望看到的行为，然而这类行为企业并没有在规章制度中做出明确规定。面对这种情况企业应当如何操作？

类似问题： 企业制度不全时，就不能对员工实施惩罚吗；制度不全时如何通过其他渠道惩罚员工；企业与员工协商一致解除劳动关系时需要注意什么等。

12.6.1　制度不全时员工"违规"的应对方法

当企业制度不全时，员工出现"违规"情况，企业可以采取 3 个应对方法。

❶ 批评教育

一般来说，当企业没有明确规章制度的时候，员工出现企业不希望看到的行为，如果情节不严重，可以采取对员工批评教育的方式；如果有必要，也可以组织一些集中的研讨会、培训会；如果情节比较恶劣，可以参考后两条应对方法。

❷ 在已有的制度上找突破

对于问题比较多的员工，其很多不好的行为可能规章制度中都没有规定，也可能有一些不好的行为是规章制度上已经有规定的。这时候，企业可以抓住现有规章制度上的一些规范条款来惩戒员工。在惩戒员工的时候，企业可以一并传达员工其他行为的问题。

❸ 持续关注动态

企业可以把这些存在违规违纪行为的员工以及他们的行为先记录下来，然后再持续观察他们下一步的行为。企业现在对员工的某个行为没有办法，但将来可能有办法。当然，这里企业还是要先进行培训和教育，再进行会议强调，然后再出台正式的制度。

如果在这个过程中，员工意识到自己行为的问题，改变了行为，企业也没必要总盯着他们，毕竟企业的目的不是惩戒员工，而是改变员工的行为。知错能改，善莫大焉。而对于那种屡教不改、情节比较恶劣的员工，企业可以在未来制度健全之后，再找机会惩戒他们。

12.6.2 从现行法律法规中寻找突破口

如果员工的行为涉嫌违反已有的法律法规，企业可以考虑直接将员工移交给司法部门处理。拿打架斗殴举例，人与人相处难免会有摩擦和矛盾，摩擦和矛盾有可能升级成打架斗殴。

假如企业的规章制度中没有对员工的打架斗殴做出任何规定，企业可以视情况考虑走司法程序，把打架斗殴的员工移交给司法部门处理。

法律中对打架斗殴的处罚是比较复杂的，比较轻的，可以算治安违法；比较重的，可以算触犯刑法。

《中华人民共和国治安管理处罚法》（2012 年 10 月 26 日修正版）第四十三条的规定如下。

殴打他人的，或者故意伤害他人身体的，处五日以上十日以下拘留，并处二百元以上五百元以下罚款；情节较轻的，处五日以下拘留或者五百元以下罚款。

有下列情形之一的，处十日以上十五日以下拘留，并处五百元以上一千元以下罚款：

（一）结伙殴打、伤害他人的；

（二）殴打、伤害残疾人、孕妇、不满十四周岁的人或者六十周岁以上的人的；

（三）多次殴打、伤害他人或者一次殴打、伤害多人的。

如果打架斗殴的情节轻微，没有严重后果，则使用《中华人民共和国治安管理处罚法》（2012 年 10 月 26 日修正版）予以治安处罚；如果情节严重，造成严重后果，则依据《中华人民共和国刑法》（2017 年 11 月 4 日修正版）规定，以聚众斗殴罪处罚。如果造成轻伤以上的，就构成故意伤害罪，可能要判刑。

劳动者被依法追究刑事责任的，用人单位可以根据《中华人民共和国劳动合同法》（2012 年 12 月 28 日修正版）中的规定，与劳动者解除劳动合同。

12.6.3　协商一致解除劳动关系的方法

对于一些素质比较差的员工来说，不论企业如何完善制度，这类员工总能做出一些涉嫌违规的行为以及企业不希望看到的行为。这时，与其因为一个员工的问题，去规范制度，不如直接和这个有行为问题的员工协商一致解除劳动关系。

《中华人民共和国劳动法》（2018 年 12 月 29 日修正版）第二十四条的规定如下。

经劳动合同当事人协商一致，劳动合同可以解除。

《中华人民共和国劳动合同法》（2012 年 12 月 28 日修正版）第三十六条的规定如下。

用人单位与劳动者协商一致，可以解除劳动合同。

《中华人民共和国劳动合同法实施条例》（2008 年 9 月 18 日实施）第十九条的相关规定如下。

有下列情形之一的，依照劳动合同法规定的条件、程序，用人单位可以与劳动者解除固定期限劳动合同、无固定期限劳动合同或者以完成一定工作任务为期限的劳动合同：（一）用人单位与劳动者协商一致的。

企业在与员工协商一致解除劳动关系时，可以使用前文提到的劝退不合格员工的方法。

12.7　末位淘汰制能否成为解雇员工的理由

典型问题： 很多企业在绩效考核成绩出来后，会对员工实施"末位淘汰"。然而末位淘汰合法吗？企业实施末位淘汰的过程中可能存在哪些法律风险？企业如何合法合规地实施员工的优胜劣汰？

末位淘汰制，是用人单位为了发展，结合各岗位的特点设定考核指标，以末位淘汰作为标准对员工进行考核，并根据考核结果对得分靠后的员工进行淘汰的管理制度。企业在应用末位淘汰制时，应注意两点。

1. 末位淘汰制属于用人单位的内部规章制度范围。《中华人民共和国劳动合同法》（2012 年 12 月 28 日修正版）对企业的规章制度的制定做出了规定，在规章制度和重大事项决定实施过程中，工会或员工认为不适当的，有权向用人单位提出，通过协商予以修改完善。

由于末位淘汰制属于涉及劳动者切身利益的重大事项，用人单位将其制定为单位的规章制度，要履行前述的制定程序和公示义务，才可能得到法律的认可，成为用人单位管理员工的依据。

2. 末位淘汰制能否作为劳动合同的解除条件，对此我国对于用人单位单方面解除劳动合同的情形在《中华人民共和国劳动合同法》（2012 年 12 月 28 日修正版）中有明确的规定。其中，用人单位能够援引解除劳动合同的条款主要有"劳动者严重违反用人单位的规章制度的"或者"劳动者不能胜任工作，经过培训或者调整工作岗位，仍不能胜任工作的"。

末位淘汰制属于用人单位的规章制度，但并不意味着用人单位对业绩居于末位的劳动者可以单方面解除劳动合同。因为劳动者业绩居于末位，不能等同于构成"严重违反用人单位的规章制度"。"严重违反用人单位的规章制度"是指劳动者明知或应知规章制度的存在，却由于主观故意或重大过失，做出了严重违反规章制度的行为。

然而，处于"末位"往往不是员工故意为之，而是由于其他客观原因才导致这一结果的发生，末位淘汰制并不禁止也不可能禁止劳动者的工作业绩在单位内部居于末位，因此用人单位不能据此解除与劳动者的劳动合同。

劳动者业绩居于末位，是否适用"劳动者不能胜任工作，经过培训或者调整工作岗位，仍不能胜任工作"的规定，也要具体情况具体分析。劳动者业绩居于末位，可能是因为其不胜任工作，也可能其能够胜任工作，却因其他因素在考核中居于末位。因为末位总是客观存在的，每次考核，总会有人居于末位，考核不合格不能直接等同于不胜任工作。

因此，用人单位不能因为劳动者业绩居于末位，就主张其不能胜任工作而单方面解除合同。同时，用人单位应当注意，即使考核居于末位的劳动者确实不能胜任工作，用人单位也无权直接解除合同，而应当对劳动者进行培训或调整工作岗位，只有在其经过培训或调整工作岗位后仍不能胜任工作的情况下，才能提前 30 天以书面形式通知劳动者本人或额外支付劳动者一个月工资后解除劳动合同。

12.8　病假应听从医嘱，还是必须企业批准才有效

典型问题： 有的员工经常请病假，影响正常工作；有的员工以请病假为理由，逃避工作。当员工请病假时，企业应当听从医嘱，还是必须企业批准才有效？企业可不可以不批准员工的病假？关于员工请病假，企业要注意什么？

对于员工因为身体不适需要休病假的情况，一般来说，员工只要提供了正规医院出具的诊断证明，履行了企业规定的请假手续，用人单位就应当批准。

除非是以下几种情况，用人单位可以不批准。

1. 员工没有按照用人单位规章制度的规定履行请假手续。比如，用人单位规定员工请假应当向直属上级申请，员工没有向直属上级申请，而是向同事申请。

2. 用人单位有足够的证据能够证明员工提供的诊断证明不真实。比如，用人单位根据员工的诊断证明与医院核实员工情况时，发现员工根本没有去

该医院做过检查。

3. 员工提供的诊断证明并非正规医院开具，用人单位要求员工到合理范围内的正规医院开具，员工拒绝。这里的合理范围内，一般指的是医院距离用人单位或员工家庭所在地不远。用人单位最好能够报销员工往返的路费，而且给员工一定的时间到正规医院检查，否则出现争议的时候，员工可以主张用人单位的要求不合理。

用人单位应本着实事求是、小心慎重、保障员工正当权益的原则，对员工的病假申请予以审核批准。由员工病假造成的对内部工作的影响，企业可以内部协调妥善处理，避免引起不必要的劳动争议。

12.9 如何计算员工医疗期的期限

典型问题：员工的医疗期应当如何计算？员工享受的医疗期有多长？公休、假日和法定节日算不算在医疗期内？医疗期在什么情况下可以延长？

《企业职工患病或非因工负伤医疗期规定》（劳部发〔1994〕479 号）第二条、第三条和第四条的规定如下。

第二条　医疗期是指企业职工因患病或非因工负伤停止工作治病休息不得解除劳动合同的时限。

第三条　企业职工因患病或非因工负伤，需要停止工作医疗时，根据本人实际参加工作年限和在本单位工作年限，给予三个月到二十四个月的医疗期：

（一）实际工作年限十年以下的，在本单位工作年限五年以下的为三个月；五年以上的为六个月。

（二）实际工作年限十年以上的，在本单位工作年限五年以下的为六个月；五年以上十年以下的为九个月；十年以上十五年以下的为十二个月；十五年以上二十年以下的为十八个月；二十年以上的为二十四个月。

第四条　医疗期三个月的按六个月内累计病休时间计算；六个月的按十二个月内累计病休时间计算；九个月的按十五个月内累计病休时间计算；

十二个月的按十八个月内累计病休时间计算；十八个月的按二十四个月内累计病休时间计算；二十四个月的按三十个月内累计病休时间计算。

劳动部《关于贯彻〈企业职工患病或非因工负伤医疗期规定〉的通知》（劳部发〔1995〕236 号）中，对医疗期的计算和特殊疾病的医疗期做了进一步的规定，具体如下。

1. 医疗期计算应从病休第一天开始，累计计算。

2. 病休期间，公休、假日和法定节日包括在内。

3. 根据目前的实际情况，对某些患特殊疾病（如癌症、精神病、瘫痪等）的职工，在 24 个月内尚不能痊愈的，经企业和劳动主管部门批准，可以适当延长医疗期。

12.10　员工发生什么情况时，应当被判定为工伤

典型问题： 员工上下班途中发生交通事故，算工伤吗？员工外出学习途中发生意外伤害，算工伤吗？企业组织集体活动员工受伤，算工伤吗？员工值班回家受到伤害，算工伤吗？

《工伤保险条例》（2010 年 12 月 8 日修订版）第十四条、第十五条和第十六条的规定如下。

第十四条　职工有下列情形之一的，应当认定为工伤：

（一）在工作时间和工作场所内，因工作原因受到事故伤害的；

（二）工作时间前后在工作场所内，从事与工作有关的预备性或者收尾性工作受到事故伤害的；

（三）在工作时间和工作场所内，因履行工作职责受到暴力等意外伤害的；

（四）患职业病的；

（五）因工外出期间，由于工作原因受到伤害或者发生事故下落不明的；

（六）在上下班途中，受到非本人主要责任的交通事故或者城市轨道交通、客运轮渡、火车事故伤害的；

（七）法律、行政法规规定应当认定为工伤的其他情形。

第十五条　职工有下列情形之一的，视同工伤：

（一）在工作时间和工作岗位，突发疾病死亡或者在48小时之内经抢救无效死亡的；

（二）在抢险救灾等维护国家利益、公共利益活动中受到伤害的；

（三）职工原在军队服役，因战、因公负伤致残，已取得革命伤残军人证，到用人单位后旧伤复发的。

　　……

第十六条　职工符合本条例第十四条、第十五条的规定，但是有下列情形之一的，不得认定为工伤或者视同工伤：

（一）故意犯罪的；

（二）醉酒或者吸毒的；

（三）自残或者自杀的。

《最高人民法院关于职工因公外出期间死因不明应否认定工伤的答复》（〔2010〕行他字第236号）中的相关内容如下。

职工因公外出期间死因不明，用人单位或者社会保障部门提供的证据不能排除非工作原因导致死亡的，应当依据《工伤保险条例》第十四条第（五）项和第十九条第二款的规定，认定为工伤。

《最高人民法院关于审理工伤保险行政案件若干问题的规定》（2014年9月1日实施）的相关规定如下。

第四条　社会保险行政部门认定下列情形为工伤的，人民法院应予支持：

（一）职工在工作时间和工作场所内受到伤害，用人单位或者社会保险行政部门没有证据证明是非工作原因导致的；

（二）职工参加用人单位组织或者受用人单位指派参加其他单位组织的活动受到伤害的；

（三）在工作时间内，职工来往于多个与其工作职责相关的工作场所之间的合理区域因工受到伤害的；

（四）其他与履行工作职责相关，在工作时间及合理区域内受到伤害的。

第五条　社会保险行政部门认定下列情形为"因工外出期间"的，人民法院应予支持：

（一）职工受用人单位指派或者因工作需要在工作场所以外从事与工作职责有关的活动期间；

（二）职工受用人单位指派外出学习或者开会期间；

（三）职工因工作需要的其他外出活动期间。

职工因工外出期间从事与工作或者受用人单位指派外出学习、开会无关的个人活动受到伤害，社会保险行政部门不认定为工伤的，人民法院应予支持。

第六条　对社会保险行政部门认定下列情形为"上下班途中"的，人民法院应予支持：

（一）在合理时间内往返于工作地与住所地、经常居住地、单位宿舍的合理路线的上下班途中；

（二）在合理时间内往返于工作地与配偶、父母、子女居住地的合理路线的上下班途中；

（三）从事属于日常工作生活所需要的活动，且在合理时间和合理路线的上下班途中；

（四）在合理时间内其他合理路线的上下班途中。

12.11　员工今年离职，该不该获得去年的年终奖

典型问题：某企业正式员工张三某年 4 月离职，该企业 5 月发放上年度员工的年终奖。张三在上年度全部正常出勤，张三该不该获得去年的年终奖？员工离职，就不能获得上年度的年终奖吗？企业年终奖发放的人员范围是什么？

国家统计局制定颁布的《关于工资总额组成的规定》（1990 年 1 月 1 日发布）第四条的规定如下。

工资总额由下列六个部分组成：

（一）计时工资；

（二）计件工资；

（三）奖金；

（四）津贴和补贴；

（五）加班加点工资；

（六）特殊情况下支付的工资。

年终奖属于劳动报酬的组成部分，属于奖金的范畴。

《中华人民共和国劳动合同法》（2012 年 12 月 28 日修正版）第十八条的规定如下。

劳动合同对劳动报酬和劳动条件等标准约定不明确，引发争议的，用人单位与劳动者可以重新协商；协商不成的，适用集体合同规定；没有集体合同或者集体合同未规定劳动报酬的，实行同工同酬；没有集体合同或者集体合同未规定劳动条件等标准的，适用国家有关规定。

如果用人单位与劳动者没有在劳动合同中明确约定年终奖的发放方式，在集体合同中也没有约定，在规章制度中也未作规定的，此种情况应当认定属于用人单位与劳动者对于劳动报酬约定不明的情形。

当前我国并没有对年终奖有统一明确的规定，在双方已就年终奖发生争议的情况下，双方可以先进行协商。当协商不成的时候，应当依据用人单位向其他员工发放的年终奖的计算方式，得出离职员工原本可能获得的年终奖数额，再依据其在岗时间比例计算其应得的年终奖数额。

也就是说，在用人单位与劳动者对年终奖的发放约定不明，同时集体合同、规章制度也未作规定或约定的情况下，用人单位应根据同工同酬的原则，向劳动者发放年终奖。

但如果劳动合同中已经有约定，或者用人单位已经有相关规章制度做出规定的情况下，应当按照劳动合同或规章制度执行。如果劳动合同或用人单位的规章制度中约定或规定，年终奖发放前员工离职不得享受用人单位上一年度年终奖的，用人单位可以不支付离职员工年终奖。

关于是否应当给离职人员发放去年的年终奖，用人单位应当注意以下 3 点。

1. 在劳动合同中有没有对年终奖的发放时间、标准、条件等做出明确约定。

2. 在集体合同中有没有对年终奖的相关问题做出约定。

3. 在规章制度中有没有对年终奖的发放办法做出明确细致的规定。

12.12　集体合同和劳动合同的区别是什么

典型问题： 集体合同是什么？有什么用处？拥有怎样的约束力？集体合同与劳动合同的区别是什么？`

《中华人民共和国劳动法》（2018 年 12 月 29 日修正版）第三十五条的规定如下。

依法签订的集体合同对企业和企业全体职工具有约束力。职工个人与企业订立的劳动合同中劳动条件和劳动报酬等标准不得低于集体合同的规定。

《中华人民共和国劳动合同法》（2012 年 12 月 28 日修正版）第五十四条的相关规定如下。

依法订立的集体合同对用人单位和劳动者具有约束力。行业性、区域性集体合同对当地本行业、本区域的用人单位和劳动者具有约束力。

凡符合法律规定的集体合同，一经签订就具有法律效力。

集体合同的效力包括以下 3 个方面的，如图 12-2 所示。

图 12-2　集体合同的效力

1.集体合同的法律效力。集体合同对用人单位和用人单位全体劳动者具有约束力。这种约束力表现在集体合同双方当事人必须全面履行集体合同规定的义务，任何一方不得擅自变更或解除集体合同。

如果集体合同的当事人违反集体合同的规定就要承担相应的法律责任。劳动者个人与用人单位订立的劳动合同中有关劳动条件和劳动报酬等标准不得低于集体合同的规定。

2.集体合同的时间效力。集体合同的时间效力是指集体合同从什么时间开始产生效力，什么时间终止其效力。集体合同的时间效力通常以其存续时间为标准，一般从集体合同成立之日起生效。如果当事人另有约定的，应在集体合同中明确规定。集体合同的期限届满，其效力终止。

3. 集体合同的空间效力。集体合同的空间效力是指集体合同对哪些地域、哪些从事同一产业的劳动者、用人单位所具有的约束力。

集体合同与劳动合同的区别主要有以下 5 点，如图 12-3 所示。

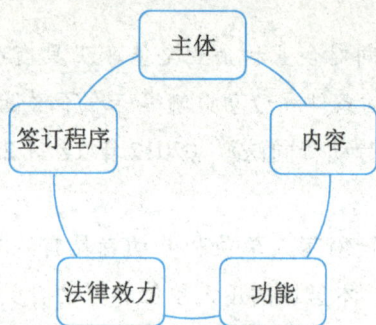

图 12-3　集体合同与劳动合同的区别

1. 主体不同。集体合同的当事人一方是用人单位，另一方是工会组织或劳动者按照合法程序推举的代表；劳动合同的当事人是用人单位和劳动者个人。

2. 内容不同。集体合同的内容是关于用人单位的一般劳动条件标准的约定，以全体劳动者共同的权利和义务为内容；劳动合同的内容只涉及单个劳动者的权利义务。

3. 功能不同。协商订立集体合同的目的是规定用人单位的一般劳动条件，为劳动关系的各个方面设定具体标准，并作为单个劳动合同的基础和指导原则；订立劳动合同的目的是确立劳动者和用人单位的劳动关系。

4. 法律效力不同。集体合同规定用人单位的最低劳动标准，凡劳动合同约定的标准低于集体合同的标准一律无效，所以集体合同的法律效力高于劳动合同的法律效力。

5. 签订程序不同。集体合同需要由职工代表与用人单位先行协商合同草案，经职工代表大会或全体职工讨论通过后方可签订；而劳动合同是由劳动者本人与用人单位直接签订。

12.13 社会保险和商业保险之间有什么不同

典型问题：社会保险包括什么？企业是否可以不给员工缴纳社会保险，改为缴纳商业保险？社会保险有哪些基本特征？社会保险和商业保险之间有哪些区别？

社会保险，是一种为丧失劳动能力、暂时失去劳动岗位或因健康状况造成损失的人口提供收入或补偿的一种社会和经济制度。

社会保险的主要项目包括养老保险、医疗保险、失业保险、工伤保险、生育保险。其主要由政府举办，强制某一群体将其收入的一部分作为社会保险税（费）形成社会保险基金，在满足一定条件的情况下，被保险人可从基金获得固定的收入或损失的补偿。它是一种再分配制度，它的目标是保证物质及劳动力的再生产和社会的稳定。

社会保险具有以下 5 个基本特征。

1. 社会保险的客观基础，是劳动领域中存在的风险，保险的标的是劳动者的人身。

2. 社会保险的主体是特定的，包括劳动者（含其亲属）与用人单位。

3. 社会保险属于强制性保险。

4. 社会保险的目的是维持劳动力的再生产。

5. 保险基金来源于用人单位和劳动者的缴费及财政的支持。

社会保险与商业保险的不同主要体现在 4 个方面，如图 12-4 所示。

图 12-4　社会保险与商业保险的不同

1. 实施目的不同。社会保险是为社会成员提供必要时的基本保障，不以营利为目的；商业保险则是保险公司的商业化运作，以营利为目的。

2.实施方式不同。社会保险是根据国家立法强制实施；商业保险是遵循"契约自由"原则，由企业和个人自愿投保。

3.实施主体和对象不同。社会保险由国家成立的专门性机构进行基金的筹集、管理及发放，其对象是法定范围内的社会成员；商业保险是保险公司来经营管理的，被保险人可以是符合承保条件的任何人。

4.保障水平不同。社会保险为被保险人提供的保障是最基本的，其水平高于社会贫困线，低于社会平均工资的 50%，保障程度较低；商业保险提供的保障水平完全取决于保险双方当事人的约定和投保人所缴保费的多少，只要符合投保条件并有一定的缴费能力，被保险人可以获得高水平的保障。

12.14 如何区分劳动关系与劳务关系

典型问题： 什么是劳动关系？什么是劳务关系？劳动关系和劳务关系之间有什么不同？如何区分劳动关系和劳务关系？

劳动关系，指的是劳动者和用人单位依法签订劳动合同，从而在劳动者与用人单位之间产生的法律关系。劳动者接受用人单位的管理，从事用人单位安排的工作，成为用人单位的成员，从用人单位领取劳动报酬和受劳动相关法律法规的保护。

劳务关系，指的是劳动者与用工者根据口头或者书面约定，由劳动者向用工者提供一次性的或者特定的劳动服务，用工者按照约定向劳动者支付劳务报酬的一种有偿服务的法律关系。用工者和劳动者之间通过建立劳务关系，完成用工者的某些临时任务或特殊任务。

劳务关系和劳动关系在形式上，有着本质的区别，两者对应着两种截然不同的法律关系。

劳务关系可以是两个自然人之间建立的关系，也可以是用人单位和自然人之间建立的关系；而劳动关系必须一方是用人单位，一方是自然人。

劳务关系的双方是平等的民事主体关系，双方在劳务关系运行的过程中不存在行为上的约束，只是一方提供某种服务结果，另一方购买这个服务结果；但劳动关系的双方是隶属关系，劳动者不仅要提供一定的结果，还要在工作期间遵守用人单位的管理和支配。

劳务关系适用的法律依据是《中华人民共和国民法通则》《中华人民共和国合同法》等相关的民事法律法规；劳动关系适用的法律依据是《中华人民共和国劳动法》《中华人民共和国劳动合同法》等相关劳动法律法规。

劳务关系可以通过劳务合同建立民事权利义务关系。这里的合同可以是书面形式的，也可以是口头形式或其他形式的。劳务合同的内容一般是双方平等协商之后的条款，主要约定内容包括工作内容、达到结果和劳务报酬；劳动关系对应的劳动合同中大多是法定条款，比劳务合同全面，而且劳动合同内容的可调节性要小于劳务合同。

当劳务关系的双方产生争议的时候，一般直接通过向人民法院提起诉讼解决。如果双方约定了产生争议之后的仲裁条款，也可以通过仲裁解决。劳动关系的双方产生争议后，必须通过劳动争议的相关流程解决，先实施调解、再进行仲裁，仲裁无法解决的，才能通过向法院提起诉讼解决。

劳务关系和劳动关系的双方对工作结果承担的责任也是不一样的。如果是劳动关系，员工的工作结果一般由用人单位来承担责任，因为是用人单位让员工来工作的；如果是劳务关系，那工作结果由承担劳务的一方单独承担法律责任。

12.15　如何灵活运用不同的工时制度

典型问题：企业可以采取的工时制度有哪些？不同的工时制度代表什么含义，有哪些特点？如何应用不同的工时制度？企业如何申请工时制度？

企业的工时制度可以分为3种，分别是标准工时制、综合工时制和不定时工时制。企业根据自己经营情况的特点，选择适合自身特点的工时制度，能够有效提高用工效率，降低用工成本。

❶ 标准工时制

标准工时制是我国最普遍的工时制度，如果企业不做任何申请，默认其采取的就是标准工时制。标准工时制的工作标准是员工每天的工作时间不超过 8 小时，平均每周的工作时间不超过 40 小时，而且用人单位每周要保证劳动者至少休息 1 天。

如果因为生产经营需要，用人单位可以和工会与劳动者协商之后，延长工作时间。一般情况下，每天延长工作时间不得超过 1 小时；但如果出现特殊原因，需要延长当天工作时间的，在保障劳动者身体健康的条件下，延长工作时间每天不得超过 3 小时。

虽然每天的加班时间可以变化，但是每月的加班时间不得超过 36 小时。显然，在标准工时制的规定下，工作时间比较固定，而且延长工作时间有明确严格的限制条件。

❷ 综合工时制

综合工时制是以标准工时为计算基础，在一定时期范围内，综合计算工作时间的工时制度。采用这类工时制度，可以不再以天为单位来计算工作时间，可以用更长的时间，如以月、季、年为单位来计算工作时间，只要保证平均每一天或者平均每一周的工作时间和标准工时制的时间相同就可以。

也就是说，在使用综合工时制的时候，具体某一天的实际工作时间可以超过 8 小时，具体某一周的实际工作时间也可以超过 40 小时。但综合计算周期内的总实际工作时间不应超过总的法定标准工作时间。当然，超过的部分应该视为延长工作时间并按劳动法的规定支付报酬。而且，延长工作时间的小时数，同样应该遵循平均每个月不得超过 36 小时的规定。

如果在整个综合计算周期内的实际平均工作时间总数不超过这个周期法定标准工作时间的总数，只是这个综合计算周期内具体的某一天或者某一周超过法定标准工作时间，那么不应该算加班。这里有个例外，就是如果在法定休假日安排劳动者工作的，要按照劳动法的规定支付报酬。

什么样的行业适合采取综合工时制呢？

根据劳动部《关于企业实行不定时工作制和综合计算工时工作制的审批办法》（劳部发〔1994〕503 号）第五条的规定，有以下三种。

第一种是交通、铁路、邮电、水运、航空、渔业等行业中因工作性质特殊，需连续作业的职工；

第二种是地质及资源勘探、建筑、制盐、制糖、旅游等受季节和自然条件限制的行业的部分职工；

第三种是其他适合实行综合计算工时工作制的职工，也就是如果你的行业和前面所说的这些行业有相似性，就可以采取综合计算工时工作制。

❸ 不定时工时制

标准工时制和综合工时制都属于定时工时制，它们都是根据工作时间来衡量劳动者的劳动量。而不定时工时制是一种直接确定劳动者工作量的工时制度，也就是它不是按照工作时间，而是根据最后完成的工作结果，来测量劳动者工作量的工时制度。

什么样的岗位可以申请不定时工时制呢？

根据劳动部《关于企业实行不定时工作制和综合计算工时工作制的审批办法》（劳部发〔1994〕503 号）第四条的规定，有以下 3 种。

第一种是企业中的高级管理人员、外勤人员、推销人员、部分值班人员和其他因工作无法按标准工作时间衡量的职工；

第二种是企业中的长途运输人员、出租汽车司机和铁路、港口、仓库的部分装卸人员以及因工作性质特殊，需机动作业的职工；

第三种是其他因生产特点、工作特殊需要或职责范围的关系，适合实行不定时工作制的职工。也就是只要岗位具备前两种的特点，一般来说就是没法按照标准工作时间来计算工时的，都可以申请不定时工时制度。

❹ 特殊工时制的申请

企业如果想实行特殊工时制，需要向有关的政府部门申请，并办理相关的审批手续。不同的省、自治区、直辖市对申请和审批方式的规定不一样，具体以企业所在地人民政府劳动保障行政部门的规定为准。相关部门的审批程序完成并同意后，企业才能合法合规地执行特殊工时制。

企业可以根据需要采取特殊工时制度，但特殊工时制度是为了便于企业灵活用工而设置的，不是企业强迫员工加班或不支付员工加班费的借口。